Talin Suciyan
**Armenierinnen und Armenier in der Türkei**

Talin Suciyan

# Armenierinnen und Armenier in der Türkei

Postgenozidale Gesellschaft, Politik und Geschichte

Übersetzt von Jörg Heinemann

In Zusammenarbeit mit Sibel Türker

**DE GRUYTER**

ISBN 978-3-11-065384-7
e-ISBN (PDF) 978-3-11-065508-7
e-ISBN (EPUB) 978-3-11-065397-7

**Library of Congress Control Number: 2021937996**

**Bibliografische Information der Deutschen Nationalbibliothek**
Die Deutsche Nationalbibliothek verzeichnet diese Publikation in der Deutschen Nationalbibliografie;
detaillierte bibliografische Daten sind im Internet über http://dnb.dnb.de abrufbar.

Umschlagabbildungen © AGBU Nubar Library, Paris: Ausweis des Armenischen Gewerbe-
Waisenhauses Kumkapı, Istanbul (oben); das Armenische Waisenhaus in Makriköy (Bakırköy),
Istanbul, etwa 1920.
Originalausgabe: *The Armenians in Modern Turkey. Post-genocide Society, Politics and History*
London, New York: I.B. Tauris & Co. Ltd., 2016
This translation of *The Armenians in Modern Turkey. Post-genocide Society, Politics and History*
is published by De Gruyter by arrangement with Bloomsbury Publishing Plc.
Aus dem Englischen übersetzt von Jörg Heinemann in Zusammenarbeit mit Sibel Türker.
Druck und Bindung: CPI books GmbH, Leck

www.degruyter.com

Gewidmet dem hoch geschätzten Varujan Köseyan (1920 Edincik–2011 Istanbul), dem Freund und Kollegen, dem Retter und Bewahrer unschätzbarer Quellen.

# Vorwort Kevorkian

„Diese Untersuchung füllt ein Vakuum der Geschichtsschreibung aus. Die in dieser Arbeit angesprochenen Themen stellten bis dato eine weiße Fläche dar, sicherlich dadurch bedingt, dass das akademische Umfeld in der Türkei kein Interesse daran hatte, solcherart Studien durchzuführen. Die Quellen zeichnen sich in ihrer Reichhaltigkeit durch ihre Besonderheit aus und zeigen ausgewogen auf, wie sich die Eingriffe durch den türkischen Staat mit den internen Schwierigkeiten der armenischen Gesellschaft paarten. Wirklich eine Empfehlung wert!"

Raymond Kevorkian,
Verfasser von *The Armenian Genocide:*
*A Complete History*
(London/New York: I. B. Tauris, 2011)

# Danksagung für die deutsche Ausgabe

Das Werk, das Sie in Händen halten, verdankt seine Existenz in deutscher Sprache Jörg Heinemann. Wenn sich nicht er als Übersetzer und Sibel Türker als Lektorin bereit erklärt hätten, hätte ich mich niemals getraut, dieses Projekt zu beginnen. Ich danke Jörg aus tiefstem Herzen für die exzellente Übersetzung von *Armenierinnen und Armenier in der Türkei*. Es freut mich außerordentlich, dass er damit das Buch der deutschsprachigen Welt geschenkt hat. Genauso bin ich Sibel endlos dankbar, die die deutsche Übersetzung mit der türkischen Ausgabe *Modern Türkiye'de Ermeniler* Wort für Wort abgeglichen und mitsamt allen Updates lektoriert hat. Es ist ein Segen, mit ihnen beiden zusammenarbeiten zu können!

Aber ohne die finanzielle Unterstützung der Calouste Gulbenkian Foundation wäre diese Übersetzung nicht möglich gewesen. Daneben haben Harry und Hripsime Parsekian, Garbis und Laura Baydar, Ara und Aline Araz aus den USA sowie die deutsche Rosa-Luxemburg-Stiftung einen Teil der Kosten übernommen. Ich bin allen dankbar, die die Relevanz der Übersetzung und des Erscheinens dieses Buches in deutscher Sprache erkannt und dieses ermöglicht haben.

Vom ersten Tag an haben sich meine Editorin Sophie Wagenhofer beim Verlag De Gruyter sowie die Lektorin Katrin Mittmann umfassend um alles gekümmert. Sie waren und sind stets zuvorkommend und haben sich mit dem Buch tiefgehend auseinandergesetzt, das Manuskript kommentiert, meine Fragen beantwortet und sind immer bereit gewesen, wenn ich Hilfe gebraucht habe. Für ihren Einsatz und ihr Engagement bedanke ich mich herzlichst.

Meine langjährige Freundin Yeliz Soytemel hat es auf sich genommen, nach dem englischen Original und der türkischen Übersetzung auch die deutsche Ausgabe von Anfang bis Ende zu lesen und zu kommentieren. Ich bedanke mich bei ihr ebenfalls sehr herzlich für die Zeit, die aufgewendete Energie und Unterstützung.

Das schöne und sehr gelungene Cover ist Dörte Nielandt zu verdanken. Die Bilder hat uns Dr. Boris Adjemian von der Bibliothèque Nubar in Paris zur Verfügung gestellt. Auch hierfür vielen Dank!

München, 23. März 2021

# Danksagung

Dieses Buch konnte nur dank der Unterstützung durch verschiedene Institutionen zustande kommen. Während des ersten Jahres meiner Forschungen erhielt ich für meine Archivrecherchen in Jerewan, den ersten Schritt der Arbeit, ein Stipendium der Südosteuropa-Gesellschaft, für das ich mich herzlich bedanke. 2012/2013 erhielt ich ein Stipendium der Armenian General Benevolent Union (AGBU), die damit einen halbjährigen Forschungsaufenthalt förderte. Ich bedanke mich herzlich bei der AGBU für die Stipendiengewährung in zwei aufeinander folgenden Jahren. Das englische Original dieses Buches ist eine überarbeitete und erweiterte Fassung meiner Dissertation mit dem Titel „Surviving the Ordinary: The Armenians in Turkey, 1930s to 1950" (Das Gewöhnliche überleben: Die ArmenierInnen in der Türkei von den 1930er-Jahren bis 1950"), womit einem Teil der Anforderungen für die Verleihung des akademischen Grades einer Doktorin der Philosophie im Fach Geschichte und Kultur des Nahen und Mittleren Ostens der Ludwig-Maximilians-Universität, Institut für den Nahen und Mittleren Osten, entsprochen wurde.

Nichtsdestotrotz hätte ich ohne die finanzielle und moralische Unterstützung meiner Eltern, Hasmik und Hamparsum Suciyan, diese Arbeit nur mit wesentlich höherem Zeitaufwand abschließen können. Ich bin dankbar dafür, dass sie meine Entscheidungen auch dann unterstützten, wenn sie mit ihnen nicht einverstanden waren, und ich empfinde es als ein Privileg, solche wunderbaren Eltern zu haben. Auch wenn sich ihnen das Leben nicht immer allzu großzügig erwies, so haben sie doch stets anderen gegenüber Großzügigkeit gezeigt. Ich danke ihnen für ihre Liebe und ihre Unterstützung in dieser ganzen Zeit mit all ihren intellektuellen und emotionalen Herausforderungen.

Ich widme diese Studie dem Gedenken an den verstorbenen Varujan Köseyan, der armenische Zeitungen und andere Publikationen im Armenischen Krankenhaus Surp P'rgich' archivierte und damit kommenden Generationen und auch der Geschichtswissenschaft einen wertvollen Schatz an Informationen vererbt hat. Diese Untersuchung wäre ohne diese Sammlung an Zeitungen nicht möglich gewesen. Köseyans Freundschaft und sein Vertrauen in seinen letzten zwei Lebensjahren haben mich geehrt und mich vieles gelehrt.

Neben Varujan Köseyan haben auch verschiedene FreundInnen und KollegInnen meine Arbeit mit ihrem Enthusiasmus stark unterstützt und mich gefördert, indem sie mir den Zugang zu persönlichen oder institutionellen Archiven ermöglichten. Ich bedanke mich bei Meline Pehlivanian, Christl Catanzaro, Varteni Mosditchian, Yeliz Soytemel, Ara Sanjian, Ara Sarafian, Ari Sitas, Dimitri Theodoridis, Haçik Gazer, Helmut Thiess, Hrach Bayadyan, Kevork Kirkoryan,

Marc Mamigonian, Mihran Dabag, Boğaç Ergene, Aret Kantian, Martin Kühn, Sevan Değirmenciyan, Taner Akçam, Vahé Tachjian, Wolfgang Schmitt-Garibian und Yavuz Aykan. Besonderer Dank gebührt Vartan Matiossian, der die Dissertation gegengelesen und äußerst hilfreiche Anmerkungen gemacht und Beiträge geleistet hat, sowie Marc Mamigonian, der mir zum Manuskript des englischen Originals hilfreiches Feedback gab. Ich bedanke mich bei Tomasz Hoskins vom Verlag I. B. Tauris dafür, dass das Buch angenommen wurde, und bei Sara Magness für die abschließende Durchsicht. Großes Glück war mir auch beschieden durch die Zusammenarbeit mit Burcu Gürsel, die das Buch lektorierte und gewichtige Vorschläge zu meinem Ansatz des „Habitus" machte. Dafür bedanke ich mich bei ihr von ganzem Herzen.

Einer der spannendsten Teile dieser Arbeit waren die mündlichen Interviews, die ich geführt habe. Verwandte von mir in Kanada halfen mir dabei, aus Istanbul und aus Kleinasien stammende ArmenierInnen in Montreal zu kontaktieren, und unterstützten mich auch dabei, Treffen mit ihnen zu arrangieren. Bei all denjenigen, die sich von mir interviewen ließen, bedanke ich mich herzlich; insbesondere danke ich meiner verstorbenen Tante Evdoksi Suciyan Parseghyan (Istanbul 1926–Montreal 2013), die in den Gesprächen mit mir eine große Geduld aufbrachte. Ich fühle mich all denjenigen tief verbunden, die sich auf die mündlichen Interviews mit mir und damit auf die Beschäftigung mit der Geschichte einließen.

Den größten Teil dieser Arbeit habe ich im Sommer 2012 in Yeşilköy (Ayastefanos) verfasst. Dort arbeitete ich in einem Haus, welches mit vielen anderen Häusern das Schicksal teilte, deren BesitzerInnen und BewohnerInnen die Republik Türkei in den 1950er-Jahren verlassen mussten. Die Familie meines Cousins Setrak Mendikyan waren seit 30 Jahren die letzten MieterInnen dieses Hauses. Wie das Haus zuerst vom Staat konfisziert und dann Dritten übergeben wurde, verdeutlicht eine übliche Vorgehensweise, die bis heute anhält und die ebenfalls einer wissenschaftlichen Erforschung wert wäre. Ich hatte das große Glück, dort eine außergewöhnliche Stimmung erleben zu dürfen. In Ruhe und Stille konnte ich mich umso besser auf meine Arbeit konzentrieren. – Das Schreiben brachte auf verschiedenen Ebenen Schwierigkeiten mit sich, was sich vor allem zeigte, als es um die Geschichte meiner eigenen Familie mütterlicherseits wie väterlicherseits ging. Bei Setrak bedanke ich mich für seine Geduld und Unterstützung in all diesen anstrengenden Zeiten.

Eine Gruppe von Freundinnen sowohl in Istanbul als auch in München machte mir jedoch das Leben leichter und half mir in dieser mühevollen Zeit zum Ende der Arbeit hin: Manche lasen meine Texte und machten ihre Anmerkungen dazu, andere sorgten dafür, dass ich nach langen Stunden intensiven Arbeitens wieder vor die Tür kam, und wirkten so einem Ausbrennen entgegen. Ihnen allen gebührt mein herzlichster Dank.

Ich weiß nicht, ob ich mich dieser umfangreichen Aufgabe überhaupt je angenommen hätte, wäre da nicht Aret Gıcır gewesen, der mich in meiner Entscheidung bestärkte und somit auch den ersten Funken für das Projekt entzündete. Sowohl mein erster Betreuer, Christoph K. Neumann von der Ludwig-Maximilians-Universität München, und mein Zweitbetreuer, Hans-Lukas Kieser von der Universität Zürich, standen regelmäßig zur Verfügung, meine Arbeit zu lesen und zu kommentieren. Ihnen gebührt für ihre Hinweise, Anmerkungen und Unterstützung ebenfalls ein herzlicher Dank.

# Inhaltsübersicht

# Vorwort

Eines der größten Probleme bei der Arbeit mit armenischsprachigen Quellen ist, dass sie über die ganze Welt verteilt sind. In meinem ersten Forschungsjahr war ich einen Monat lang in der Armenischen Nationalbibliothek tätig. Danach entdeckte ich das Depot im Armenischen Krankenhaus Surp P'rgich', in dem nahezu alle ab 1927 erschienenen armenischen Istanbuler Zeitungen sowie Zeitschriften, Jahrbücher und andere Druckwerke aufbewahrt werden. Es war stets geplant, das Depot in eine Bibliothek umzuwandeln. Die Sammlung ist zusammengestellt worden von Varujan Köseyan, dem Autor des Erinnerungsbandes zum 150. Jubiläum des Krankenhauses. Varujan Köseyan hat mir berichtet, dass er die Sammlung kurz vor ihrer Entsorgung sichergestellt und an einem Ort zur Aufbewahrung zusammengeführt hat. Ich konnte dort drei Jahre lang in den Semesterferien arbeiten. Ohne diese Sammlung wäre dieses Buch nie zustande gekommen. Ich bin Köseyan zu sehr großem Dank verpflichtet. Und dafür, dass er die Sammlung für die Nachwelt gerettet hat, sollten ihm neben den HistorikerInnen, die zur Türkei ab 1923 forschen, auch die ArmenierInnen auf der ganzen Welt dankbar sein. Durch Varujan Köseyan habe ich nicht nur Zugang zu einer großen Anzahl an authentischen Quellen erhalten, sondern mir war auch seine unschätzbar wertvolle Freundschaft beschieden. Ich habe versucht, die Gespräche, die ich mit ihm geführt habe, als er bereits im Pflegeheim des Krankenhauses lebte, aufzunehmen, soweit dies möglich war. Ich möchte dem geschätzten Andenken Varujan Köseyans aus vollem Herzen meine besondere tief empfundene Hochachtung erweisen. Nach seinem Tod im Jahre 2011 ermöglichte es mir Arsen Yarman, meine Forschungen fortzuführen und abzuschließen, auch wenn die Bedingungen sich als zunehmend ungünstiger erwiesen. Der Raum, den ich nutzte, war stark verstaubt, und es war mir nicht möglich, mich während der letzten Studienmonate darin länger als jeweils eine Stunde aufzuhalten. Von daher freut es mich umso mehr, zu sehen, mit meiner Arbeit dazu beigetragen zu haben, dass dieser Saal inzwischen restauriert wurde und zu einer gut organisierten Bibliothek geworden ist, die eigene ForscherInnen beschäftigt. Auch die Bibliothek des Armenischen LehrerInnen-Verbandes in Istanbul konnte mit einigen wertvollen Primärquellen aufwarten. Dazu gehören zum Beispiel die Protokolle der Sitzungen der Armenischen Nationalversammlung sowie Sammlungen privater Jahrbücher. Die Beschäftigten dieser Bibliothek zeichneten sich durch ihre bemerkenswert große Hilfsbereitschaft aus. Schließlich gelang es mir, die Sammlung der *Nor Or*, die in Surp P'rgich' nicht vorhanden war, im Büro der *Agos* aufzufinden.

Bei zwei Aufenthalten in den USA 2011 und 2012 arbeitete ich in der Bibliothek des „National Association for Armenian Studies and Research" (NAASR) in Bos-

https://doi.org/10.1515/9783110655087-001

ton, beim Armenischen Forschungszentrum der University of Michigan-Dearborn und im „Zohrab Centre" in New York. Ich bedanke mich bei Ara Sanjian, Marc Mamigonian und den MitarbeiterInnen des Zohrab-Zentrums und der *Agos* für die Bereitstellung von Unterlagen und für die Möglichkeit, in den Bibliotheken und Archiven arbeiten zu können. Die StipendiatInnen für Forschung und Lehre beim Armenischen LehrerInnen-Verband und beim Armenischen Krankenhaus Surp P'rgich' standen mir stets mit Rat und Tat zur Seite. Schließlich unterstützten mich FreundInnen beim Aras-Verlag in meiner Forschung, indem sie mir Bücher zusandten und Unterlagen scannten. Auch Ihnen sei herzlich gedankt.

Im Jahr 2012 entdeckte ich ein weiteres wichtiges Archiv mit armenischen Zeitungen in der Bibliothek der Istanbuler Universität, aber die Gebühren waren sehr hoch, und es würde erhebliche finanzielle Mittel erfordern, eine Arbeit dieses Umfanges abschließen zu können. Als eine weitere wichtige Quelle für einige seltene armenische Zeitungen und Jahrbücher und auch Bücher erwies sich die Bayerische Staatsbibliothek. Wolfgang Schmitt-Garibian und Helmut Thiess, zwei der dort tätigen BibliothekarInnen, waren stets bereit, mir bei der Arbeit mit armenischsprachigen Quellen zu helfen. Von ihnen konnte ich vieles über Quellenarbeit erfahren, was mir bis dahin unbekannt war. Ich bedanke mich bei ihnen für ihre Unterstützung.

Der größte Teil des in dieser Studie untersuchten Materials einschließlich der persönlichen Interviews ist in westarmenischer Sprache, ein Teil ist auf Türkisch. Für etwaige Fehler bei ihrer Übersetzung bin ich allein verantwortlich.

In den Anmerkungen nenne ich die Erscheinungsdaten sowie die Ausgabennummern der zurate gezogenen Zeitungen; eine Ausnahme bilden einige Ausgaben der *Nor Lur* nach den 1930er-Jahren, bei denen ich nur die Daten angebe.

*Das „perfekte Verbrechen" besteht nicht darin, das Opfer zu töten oder die Zeugen ... sondern darin, die Zeugen schweigen zu lassen, die Richter taub zu machen und dafür zu sorgen, dass alle Aussagen als widersprüchlich oder unzurechnungsfähig angesehen werden.*

*Jean-François Lyotard*
*The Differend: Phrases in Dispute*

# Einleitung

Das Motto, das ich dieser Untersuchung vorangestellt habe, führt die Wichtigkeit aus, die die Widersprüche und Dilemmata haben, welche mir bei meinen Recherchen begegnet sind: Ich saß in einem staubigen Lagerraum, in dem mehr oder weniger vollständig alle armenischen Publikationen aufbewahrt wurden, die nach 1927 in der Türkei erschienen waren. Und mit der Ausnahme einer Handvoll ForscherInnen hatte sich kaum jemand dafür interessiert. In zahlreichen armenischen Bibliotheken an verschiedensten Orten der Welt hatte ich recherchiert, und in jeder hatte ich mich danach erkundigt, wie oft sie zu Forschungszwecken aufgesucht würden. Die Antwort war stets dieselbe. Die Bibliothèque Nubar in Paris wirkte surreal: 40.000 Bücher, Fotografien, Zeitschriften, persönliche Archive ... Ebenso in Boston, in New York und anderswo: Bibliotheken, Zeitungsarchive, Sammlungen mündlicher Interviews mit Überlebenden aus den 1980er-Jahren. Daraus hätten viele Hunderte Bücher entstehen können! Warum sind sie nicht entstanden? Warum nutzt niemand diese mannigfaltigen Quellen? Solche Fragen ergeben sich daraus, dass es eine direkte Verbindung zwischen der Verwendung all dieser Quellen und der Leugnung gibt: Quellen haben – wenn überhaupt – nur wenig mitzuteilen, wenn schon ihr Vorhandensein geleugnet wird.

In diesem Buch versuche ich mich anhand der Spuren armenischer Existenz in der Türkei an der postgenozidalen Geschichte – an einer Geografie des Völkermordes und seiner Leugnung. Das Verbrechen wird fortwährend reproduziert, indem es negiert wird; die Opfer und die ZeugInnen hingegen leben weiterhin Seite an Seite mit den TäterInnen. Die Opfer und auch die ZeugInnen wurden zum Schweigen gebracht, und was sie dennoch äußern konnten, wurde geleugnet; als Perfektion des Verbrechens wurden Beweise, Erinnerungen und Zeugenberichte immer stärker verdreht. Daher beschäftigt sich dieses Buch hauptsächlich mit der Geschichte der Leugnung; es will auf die Quellen darüber, wie die ArmenierInnen zum Schweigen gebracht worden sind, aufmerksam machen. Unter der schweren Bürde einer institutionalisierten Leugnung stellen sich die Fragen „Was berichten die Quellen?" und – wichtiger noch – „Wie berichten sie es?" und „Wem berichten sie es?". Die Quellen, die ich für diese Studie zu Rate gezogen habe, bilden hinsichtlich des Inhaltes und des Ansatzes keine Einheit: Mitunter haben sie trotz der institutionalisierten Leugnung, die sie umgibt, eine deutliche Aussage; in anderen Fällen bleibt die Aussage indirekt. Wie leicht zu erkennen ist, sind armenisch-

---

**Anmerkung:** Die Transliteration armenischer Wörter orientiert sich an der Transliterationtabelle der *Library of Congress* für das Westarmenische.

https://doi.org/10.1515/9783110655087-002

sprachige Quellen ziemlich erfindungsreich, was die Kunst der Andeutung betrifft. Während meiner ganzen Forschungsarbeit hat mich fortwährend folgende Frage begleitet: Welchen Sinn hat es, zu reden, wenn es niemanden gibt, der zuhört? Armenischsprachige Quellen berichten – direkt oder indirekt – von den Problemen der ArmenierInnen, sie haben Lösungen angeboten und versuchten, machbare Bedingungen dafür zu schaffen, dass die ArmenierInnen am Leben bleiben könnten. Und dennoch: Alles bleibt von der Mehrheit unerhört.

Ich bin mir des Umstandes bewusst, welche Grenzen die Geschichtsschreibung hat, und ich weiß auch von meinen eigenen Beschränkungen, über etwas zu schreiben, das immer schon äußerst schwierig – oder gar unmöglich – auszudrücken war.[1] Deswegen versucht diese Studie, zu verstehen, was es heißt, in die Bedingungen nach dem Völkermord hineingeboren worden zu sein und unter diesen zu leben, Bedingungen, in denen das Sprechen und die Sprache, die Wörter und die Worte, die individuelle und die kollektive Erinnerung umlagert sind von der allumfassenden Leugnung des Genozides. Die Sprache, die Worte, die Erinnerung, auf die ich mich in diesem Buch beziehe, sind zum überwiegenden Teil das Westarmenische – eine Sprache, die nahezu am Verschwinden ist[2] und die faktisch zur Sprache des Schweigens und Verschweigens wurde. Es wird deutlich: Die Unmöglichkeit, die Katastrophe in Worte zu fassen, ist gekoppelt mit der fortschreitenden Auslöschung der Sprache. Das Schreiben dieses Buches ist, um Heidrun Frieses Verweis auf Jean-Luc Nancy zu zitieren, ein Versuch, „das Schweigen [und die Stimmen] ,in die Gegenwart' zu holen":[3]

Schreiben bedeutet nun also nicht, eine Geschichte des Schweigens zu schreiben, und auch nicht, den Versuch zu unternehmen, diese Stimmen sprechen zu lassen, die sowohl konzeptionell als auch in ihren einzelnen Sätzen zum Schweigen gebracht wurden, oder den Faden einer Sprache zu ergreifen, die sich in der lärmenden Stille des Vergessens angenehm eingerichtet hat. Schreiben, und zwar im Abstrakten wie im konkreten Handeln, heißt, sich innerhalb dieser schmerzvollen Katastrophe zu bewegen, innerhalb der Orte der Unterschied-

---

1 Diese Schwierigkeit – oder eher: Unmöglichkeit – verstand ich besser nach der Lektüre der beiden Werke von Marc Nichanian, *Writers of Disaster: Armenian Literature in the Twentieth Century* (Princeton: Gomidas Institute, 2002) und *The Historiographic Perversion* (New York: Columbia University Press, 2009) sowie nachdem ich seinen Vorträgen 2007 in Armenien und in der Türkei beigewohnt habe.

2 Die UNESCO hat Westarmenisch 2010 in die Liste der „gefährdeten Sprachen" aufgenommen. Zu Einzelheiten vergleiche www.guardian.co.uk/news/datablog/2011/apr/15/language-extinct-en dangered (abgerufen am 26. September 2020). Westarmenisch ist eine der standardisierten Formen der armenischen Sprache.

3 Heidrun Friese, „The Silence-voice-representation", in: Robert Fine und Charles Turner (Hg.), *Social Theory After the Holocaust* (Oxford: Liverpool University Press, 2000), S. 175.

lichkeit, der sprachlichen Grenzen, sodass die Formen des Schweigens und die Stimmen „gegenwärtig" gemacht werden.[4]

In diesem Buch versuche ich, eine soziopolitische Geschichte der armenischen Community in der Türkei zu schreiben, die hauptsächlich auf Quellen in armenischer Sprache basiert.

Die Community, oder besser gesagt die Communitys oder auch Gemeinden, bestehend aus apostolischen, katholischen und protestantischen ArmenierInnen, lassen sich nicht deutlich voneinander abgrenzen. So lassen sich einige Quellen, wie die Jahrbücher des armenischen Krankenhauses von Surp P'rgich', in bestimmter Hinsicht als armenisch-apostolisch betrachten, bleiben jedoch den ArmenierInnen im Allgemeinen zugänglich. Hrant Güzelyan beispielsweise war zwar ein protestantischer Armenier, der jedoch für sämtliche armenischen Gemeinden tätig war; und daher lassen sich seine Memoiren nicht einfach den armenischen Protestanten zuordnen.[5]

Neben den bereits genannten Themen beschäftigt sich diese Studie mit Folgendem: Auf welche Weise bewahrten sich die ArmenierInnen zuerst als osmanische Millet und dann als türkische BürgerInnen – nun unter den Strukturen eines Landes nach dem Völkermord und unter den Bedingungen von dessen Leugnung – ihre soziopolitische Existenz? Der Versuch, staatliche Politik und gesellschaftliche Beziehungen in einem postgenozidalen Zusammenhang der Leugnung zu verstehen, eröffnet eine vollkommen neue Perspektive, insbesondere durch die Verwendung armenischsprachiger Zeitungen, Jahrbücher, Memoiren, Zeitschriften und Quellen zur Oral History. Diese offenbaren den sozialen Habitus der postgenozidalen Türkei aus dem Blickwinkel von ArmenierInnen, die in Istanbul, Kleinasien und den östlichen Provinzen verblieben waren. Der Zusammenhang der Leugnung während des Zeitraumes, der sich direkt an den Völkermord anschließt, ist der Angelpunkt, um den sich dieses Buch dreht, denn das Erbe des Osmanischen Reiches aus dem 19. und frühen 20. Jahrhundert hatte gemeinsam mit dem Völkermord in der Republik Türkei ganz besondere soziopolitische Strukturen entstehen lassen. Besonderer Aufmerksamkeit bedürfen hierbei die strukturellen und administrativen Kontinuitäten vom Osmanischen Reich in die Republik Türkei; bei diesen und bei ihrer Rolle im Zusammenhang mit der Reproduktion der Leugnung werde ich im ersten Kapitel verweilen. In diesem Zusammenhang sollte noch einmal die Einparteien-Ära betrachtet werden. Hierbei ist die Institutionalisierung der Leugnung in den Fokus zu stellen,

---

4 Ebenda. Die Autorin bezieht sich auf Jean-Luc Nancy, *The Birth to Presence* (Stanford: Stanford University Press, 1993).

5 Zu den katholischen und protestantischen ArmenierInnen vergleiche Raymond Kévorkian, *1915 Öncesinde Osmanlı İmparatorluğu'nda Ermeniler* (Istanbul: Aras Yay., 2012), S. 87–88.

und dadurch sowie durch die Nutzung der Quellen auch der anderen Communitys lässt sich verstehen, wie die Leugnungsmechanismen miteinander verflochten sind. Dieses Werk ist folglich nicht nur als Geschichte der in der Türkei verbliebenen ArmenierInnen zu verstehen, sondern es schreibt auf der Grundlage armenischer Quellen auch eine Geschichte der Türkei.

## Quellen

In Istanbul publizierte armenische Tages- und Wochenzeitungen bilden einen wichtigen Teil der Quellen zu diesem Werk. Ich habe für ein Verständnis des soziopolitischen Zusammenhanges Leitartikel, Kommentare und Nachrichten analysiert, die zur inneren Dynamik der armenischen Community in verschiedenen Medien erschienen. An zahlreichen Stellen war es außerdem notwendig, andere Quellen aus der Zeit vor oder nach dem Völkermord hinzuzuziehen, wie zum Beispiel die Memoiren der Patriarchen. Dies diente vor allem dazu, den sozialen Zusammenhang der überlebenden ArmenierInnen in der Türkei zu ergründen und zeigen zu können, welche sozialen Dynamiken es innerhalb der Community gegeben hat. Zu diesen zählen auch die Spannungen zwischen den ArmenierInnen, die aus den Provinzen hinzugezogen sind, und den ArmenierInnen in Istanbul. Außerdem habe ich zur Verdeutlichung des Hintergrundes des untersuchten Zeitraumes Zeitungen aus den 1930er-Jahren untersucht, darunter die *Nor Luys* („Neues Licht"), die *Ngar* („Bild"), die *Panper* („Kurier") und die *Nor Lur* („Neue Nachrichten") sowie für die Periode kurz nach dem Zweiten Weltkrieg die *Nor Or* („Neuer Tag", 1945–1946), die *Nor Lur* (1945–1949), die *Marmara* (1944–1950), die *Aysor* („Heute", 1947–1948), die *Tebi Luys* („Zum Lichte", 1950) und die *Paros* („Leuchtturm", 1950). Da auch in der *Jamanak* („Zeit") die hier relevanten Fragen behandelt werden, bin ich außerdem deren Jahrgänge 1941–1944 durchgegangen. Wegen der überwältigenden Fülle des Materials war es mir nicht möglich, alle armenischen Zeitschriften und Zeitungen des behandelten Zeitraumes zur Kenntnis zu nehmen.

Als Referenzwerk zur Reichweite der armenischen Publikationen aus Istanbul im Zeitraum zwischen 1923 und 1950 habe ich mich der *Hay Barperagan Mamuli Madenakidut'yun (1794–1967)* („Bibliografie armenischer Presseperiodika") bedient, die 1970 in Jerewan erschienen ist und für den Zeitraum 1923–1950 in Istanbul 71 Periodika aufführt.[6] Eine andere Aufstellung in derselben Quelle

---

6 Amalia Giragosyan (Hg.), *Hay Barperagan Mamuli Madenakidut'yun (1794–1967)* (Jerewan:

nennt die Titel von Publikationen nach ihrem Ort des Erscheinens und erwähnt 94 Periodika, die von 1924 bis 1950 in der Türkei erschienen.[7] Die unterschiedlichen Anzahlen verweisen darauf, dass wahrscheinlich beide Aufstellungen fehlerhaft sind, denn als Erscheinungsort aller Publikationen dieses Zeitraumes wird in der Bibliografie einzig und allein Istanbul genannt. Wie auch immer war die Anzahl der armenischen Periodika in den ersten Jahrzehnten der Republik immer noch recht groß. Dazu gehörten Wochen- und Monatsmagazine, Jahrbücher, Kinder-zeitschriften und Tageszeitungen.

Bei der Untersuchung der Tages- und Wochenzeitungen wurde mir klar, dass die armenischsprachigen Publikationen sehr vielfältige Zwecke verfolgten. In erster Linie waren Zeitungen für Intellektuelle die einzigen Möglichkeiten, ihren Ideen Ausdruck zu verleihen, wenn dies auch unter starken Einschränkungen erfolgte. Angesichts des Mangels anderer demokratischer Ausdrucksmöglichkei-ten und einer fehlenden politischen Repräsentation der ArmenierInnen war das Vorhandensein der Zeitungen von größtem Wert. An zweiter Stelle dienten die armenischen Zeitungen vor allem zur Vertretung unterschiedlicher Segmente der Community. Ihre politische Haltung war in der Regel für oder gegen das Patriar-chat. Dies gilt besonders für den Zeitraum zwischen 1944 und 1950 und änderte sich auch nicht in Zeiten verstärkter antiarmenischer Kampagnen, egal ob diese staatlich organisiert oder anderen Ursprunges waren. An dritter Stelle bildeten die armenischen Publikationen in der Türkei angesichts des Verbotes, armenische Geschichte zu lehren, Möglichkeiten zur Weitergabe überbrachten Wissens. Sämtliche armenischen Zeitungen begannen früher oder später mit der Veröf-fentlichung von Artikelserien über die Geschichte der armenischen Institutionen oder der Religion oder zur wirtschaftlichen, sozialen oder kulturellen Geschichte. Ich bin bei meiner Lektüre der Zeitungen auf eine erstaunlich große Menge an biografischen und institutionellen Informationen gestoßen. Diese waren zumeist als Einführung zu finden, die armenische Beiträge zur gesamten Gesellschaft seit den Anfängen des Osmanischen Reiches bis zum 20. Jahrhundert behandelten. An vierter Stelle ist zu nennen, dass fast alle Artikel, die in der türkischen Presse zu ArmenierInnen erschienen waren, in übersetzter Form oder in armenischem Alphabet auf Türkisch veröffentlicht wurden. So ließ sich durch die Lektüre der armenischsprachigen Presse die türkischsprachige Presse dahingehend verfol-gen, wie diese über Themen berichtete, welche die ArmenierInnen betrafen. An fünfter Stelle ist zu nennen, dass die armenischen Zeitungen über die armeni-

---

Haygagan SSH Guldurayi Minisdrut'yun, 1970), S. 499 – 513. Ich danke Kevork Kirkoryan dafür, mir diese Quelle zugänglich gemacht zu haben.
7  Ebenda, S. 551–552.

schen Communitys auf der ganzen Welt berichteten. Auch dies war eine wichtige Aufgabe, da alle ArmenierInnen Angehörige in anderen Teilen der Welt hatten. Sechstens ist zu erwähnen, dass die armenischen Gemeinden in Istanbul und anderswo den Vorgängen in Sowjetarmenien vor allem durch die armenische Presse in der Türkei folgen konnten. Diese hatte damit eine Brückenfunktion für alle genannten Communitys. An siebter Stelle sei genannt, dass den armenischen Zeitungen bei der Suche nach Angehörigen, die in der Folge von 1915 vermisst wurden, eine wichtige Aufgabe zukam. Suchanzeigen *(„Gě P'ndrui")* erscheinen bis zum heutigen Tage. Diese dienten und dienen dazu, Menschen über Briefe aus dem Ausland zu informieren und Beziehungen aufrechtzuerhalten. Dazu veröffentlichen die Zeitungen die Namen von Personen, für die Briefe eingegangen sind, sodass die EmpfängerInnen die Briefe bei der Zeitung abholen können; so ließen sich auch Verwandte wiederfinden, deren Spuren verloren geglaubt waren. Schließlich förderten die Zeitungen die Literatur: Sie boten eine Möglichkeit, auf Armenisch zu schreiben und zu veröffentlichen; und auf diese Weise erschienen zahlreiche Romane zuerst als Fortsetzungsgeschichte und erst später in Buchform.[8] Auch die Arbeiten prominenter armenischer AutorInnen, die gerade im Ausland erschienen waren, wurden in Zeitungen als Feuilletonroman publiziert.

Im Folgenden schildere ich die Geschichte der verschiedenen Zeitungen, die für diese Studie untersucht wurden. Die *Nor Lur*, die von 1924 bis 1954 erschien, kam in den 1930er-Jahren als Tageszeitung und in der zweiten Hälfte der 1940er-

---

**8** Ein Beispiel ist *Keheni Jampun Vray* von Adrine Dadryan, über sieben Monate lang veröffentlicht in der *Marmara* und später (1966) in Buchform in Istanbul erschienen. Adrine Dadryan war eine der prominentesten armenischen Romanautorinnen nach der Gründung der Republik. Gemeinsam mit Dr. Armenuhi Özer gab sie ab 1947 die Kinderzeitschrift *Bardez* („Der Garten") heraus. Den Angaben von Pakarat Tevyan zufolge entsprach der Inhalt von *Bardez* denen europäischer Kinderzeitschriften. Wegen finanzieller Probleme erschien die Zeitschrift nur unregelmäßig. Zu Adrine Dadryan vergleiche Pakarat Tevyan, *Erchanig Darekirk' 1950* (Istanbul: Doğu Basımevi, 1949), S. 5 – 6. Adrine Dadryan war die Schwester des Soziologen und Historikers Vahakn Dadrian. Laut Pakarat Tevyan war sie unter den Autorinnen am kühnsten und freimütigsten. Andere Verfasserinnen, die in dem Artikel ebenfalls erwähnt werden, sind: Lilit Koç, Sirvart Gülbenkyan, Araksi Babikyan, Roz Vartanyan, Manişak Giragosyan, Verjin Hacınlıyan, Armenuhi Özer, Malvine Valideyan sowie Diana und Sona Der Markaryan. Vergleiche Pakarat Tevyan, *Erchanig Darekirk' 1946* (Istanbul: Ak-Ün Basımevi, 1945), S. 12 – 17. Im Jahr darauf erwähnte Tevyan in *Erchanig Darekirk' 1947* kurz den Fortsetzungsroman von Dadryan, der in der *Jamanak* unter dem Titel *Martgayin Ts'uts'ahantēsĕ* erschien, und merkte an, dass sie definitiv literarische Reife erlangt hätte. Vergleiche Pakarat Tevyan, *Erchanig Darekirk' 1947* (Istanbul: Doğu Basımevi, Bardez Gazetesi Neşriyatı, 1946), S. 11 – 12. In *Erchanig Darekirk' 1949* fand ich eine Satire über Adrine Dadryan von Varujan Acemyan, der Ähnliches auch über Zaven Biberyan verfasst hatte. Vergleiche Tevyan, *Erchanig Darekirk' 1949*, S. 104.

Jahre alle zwei Wochen heraus.[9] In einem Buch, das anlässlich des 40. Jubiläums der *Jamanak* erschien, wird die *Nor Lur* als scharfe Wettbewerberin der *Jamanak* benannt.[10] Bei der Archivrecherche habe ich festgestellt, dass die *Nor Lur* im Mai 1944 das Erscheinen einstellte und erst im Februar 1945 wieder herauskam. Der Grund der Unterbrechung ist unbekannt, doch beim Neuerscheinen war das Format kleiner, und auch inhaltlich wich diese „neue" *Nor Lur* von derjenigen der 1930er-Jahre ab: Nun überwogen in der Zeitschrift die Kommentare und Leitartikel den Nachrichtenteil, was wahrscheinlich durch die längeren Erscheinungszeit-räume bedingt war. Hier erschienen lange Artikel des Chefredakteurs Vahan To-şikyan (Istanbul 1880 – 1954) und seiner Frau, Hayganuş Mark, der berühmten armenischen Schriftstellerin und Herausgeberin des verbotenen feministischen Magazins *Hay Gin* („Die armenische Frau").[11] Laut Step'anyan war Vahan Toşi-kyan mehr als 50 Jahre lang journalistisch tätig. Zuerst schrieb er in der *Manzume-i Efkar* und danach für die *Jamanak* und die *Verchin Lur* („Neueste Nachrich-ten").[12] Anschließend war er Chefredakteur der *Arshaluys* („Morgendämmerung") und der *Artsakank'* („Echo") in Izmir (1907– 1909).[13] 1922 kehrte er nach Istanbul zurück und arbeitete dann erneut für die *Jamanak* und für die *Verchin Lur*. Schließlich publizierte er die *Verchin Lur* unter dem Namen *Nor Lur*; diese er-schien immerhin 30 Jahre lang[14]; während der Krise um die Patriarchenwahl 1944 – 1950 nahm sie eine Position für das Patriarchat ein.

Zum Jahr des ersten Erscheinens der Zeitung *Marmara* gibt es wider-sprüchliche Angaben. Eine Quittung von 1925 für die Zahlung der Abonne-mentsgebühren der Jahre 1923 – 1924 trägt ursprünglich die gedruckten Titel *Azadamard* („Freiheitskampf") und *Jagadamard* („Der Kampf"), während von Hand *Marmara* darübergeschrieben ist.[15] Offensichtlich wurden die Quittungen der alten Zeitungen für die neue weiterverwendet, was darauf hindeutet, dass die drei Zeitungen miteinander verbunden waren. Sowohl die *Azadamard* als auch die *Jagadamard* (der neue Name beim Wiedererscheinen in der Zeit des

---

**9** Amalia Giragosyan (Hg.), *Hay Barperagan*, S. 144.

**10** Toros Azadyan, *Jamanak: K'aṙasnamea Hishadagaran 1908 – 1948* (Istanbul: Becid Basımevi, 1948), S. 188.

**11** Kaṙnig Step'anyan, „Vahan T'oshigyan", in: *Gensakragan Paṙaran*, Bd. 1 (Jerewan: Hayasdan Hradaragch'ut'iwn, 1973), S. 367. Step'anyan nennt als erstes Erscheinungsjahr der *Nor Lur* 1923.

**12** Step'anyan, „Vahan T'oshigyan", in: *Gensakragan Paṙaran*, S. 367.

**13** Ebenda.

**14** Ebenda. Er verstarb 1954 in Kars auf dem Weg zur Beisetzung des Katholikos aller Armenie-rInnen, Kevork VI.

**15** Sarkis Boghossian, *Iconographie Arménienne, Bd. 2: Catalogue de reproductions en noir et en couleurs de 756 pièces originales du XVe au XXe siècle suite de la collection : nos. 704 – 1365* (Paris: Selbstverlag, 1998), S. 439. Ich danke Vahé Tachjian für den Hinweis auf diese Quelle.

Waffenstillstandes) waren Publikationen der Armenischen Revolutionären Föderation (1909–1915, 1918–1924). Die *Hay Barperagan Mamuli Madenakidut'yun* („Bibliografie armenischer Presseperiodika") hält fest, dass „Marmara", die von Suren Şamlıyan (Kıncılar 1899/1900–Genf 1951) gegründet worden war und später unter Bedros Zobyan erschien, der neue Titel der *Jagadamard* war.[16] Die Tageszeitung *Marmara* erscheint 1940 unter dem Chefredakteur Suren Şamlıyan erneut und existiert noch heute.[17] Ich selber habe die Ausgaben der *Marmara* von vor 1940 allerdings nicht gesehen. Kevork Kirkoryan hat mir freundlicherweise biografische Angaben zu Suren Şamlıyan zur Verfügung gestellt. Laut den Ergebnissen seiner unveröffentlichten Forschung wurde Şamlıyan 1899 oder 1900 in Kıncılar (Geyve) in der Nähe von Adapazarı geboren. Dem *Gensakragan Paṙaran* („Biografisches Lexikon") von Kaṙnig Step'anyan ist zu entnehmen, dass Şamlıyan die Armenische Schule in Istanbul besuchte und anschließend von 1918 bis 1920 für die *Arevelyan Mamul* („Presse des Ostens") und für die *Joghovurti Ts'ayn* („Stimme des Volkes") tätig war, aber auch für türkische Zeitungen (*Akşam, Vakit, Cumhuriyet*) schrieb.[18] Bei der *Marmara* hatte er die Position des Chefredakteurs inne. Offenbar handelt es sich hierbei um die Zeitung des Namens *Marmara*, die vor 1940 erschien, da Step'anyan in seinen biografischen Angaben chronologisch vorgeht. Şamlıyan begann 1928, die *Shep'or* („Die Trompete") und die *Sharjum* („Bewegung") herauszugeben, denen nur eine kurze Erscheinungsdauer beschieden war; anschließend war er für die *Daily Express* und die *Daily Mail* tätig. Gemeinsam mit seiner Familie verließ er die Türkei und ließ sich in Brüssel nieder, wo er die *Belgo-Türk* herausgab. Nach seiner Rückkehr begann er 1940, die *Marmara* herauszugeben, zudem übersetzte er verschiedene Romane und andere Werke ins Armenische,[19] und er verfasste den Roman *Dardaneli Baderazmĕ* („Krieg von Gallipoli").[20] Seine Zeitung stand während der Krise von 1944–1950 in Opposition zum Locum tenens, dem Erzbischof Arslanyan.

---

16 Amalia Giragosyan (Hg.), *Hay Barperagan*, S. 133.
17 Kevork Kirkoryan ist ein armenischer Romanautor und hat zudem einige Jahre lang Forschungen zu armenischen Biografien betrieben. Ich danke ihm herzlich dafür, dass er mir freundlicherweise seine unveröffentlichten Daten zur Verfügung gestellt hat.
18 Ich danke Vartan Matiossian für den Hinweis auf diese Quelle.
19 Kevork Kirkoryan, unveröffentlichte Forschungen (Daten erfasst in 2009).
20 Step'anyan, „Suren Shamlyan", in: *Gensakragan Paṙaran*, Bd. 3 (Jerewan: Khorhrtayin Krogh, 1990), S. 170–171.

Die Zeitung *Jamanak*, die vom Herausgeber Misak Koçunyan (1863 – 1913) gegründet und seit 1908 von dessen Familie herausgegeben wurde,[21] gehörte zu den auflagenstärksten Istanbuler Tageszeitungen,[22] außerdem war sie eine von deren ältesten. Vielen armenischen KolumnistInnen sowie JournalistInnen in der Türkei, die zum einen oder anderen Zeitpunkt ihrer beruflichen Laufbahn für die *Jamanak* gearbeitet hatten, galt diese als Ort, an dem armenische ZeitungsschreiberInnen ihr Handwerk lernen und verbessern konnten.

Eine Zeitung, die ich im dritten Kapitel dieses Werkes eingehend diskutieren werde, ist die *Nor Or*. Sie erschien erstmalig im Juli 1945 zuerst wöchentlich, kam aber schon nach einem Jahr als Tageszeitung heraus. Laut der *Hay Barperagan Mamuli Madenakidut'yun* („Bibliografie armenischer Presseperiodika") erschienen in Istanbul und anderswo mehrere Zeitungen unter demselben Titel.[23] In derselben Quelle wird auch erwähnt, dass Avedis Aliksanyan (Istanbul 1910– Paris 1984)[24] von 1945 bis 1946 Chefredakteur der *Nor Or* war.[25] Soweit ich die Biografien der Herausgeber und JournalistInnen der *Nor Or* interpretiere, waren die Chefredakteure Avedis Aliksanyan, Sarkis Keçyan (Pseudonym S. K. Zanku, Istanbul 1917–Paris 2004)[26] und Aram Pehlivanyan (Pseudonym A. Şavarş; sein türkischer Alias in der Türkischen Kommunistischen Partei war Ahmet Saydan

---

**21** Vergleiche Amalia Giragosyan (Hg.), *Hay Barperagan*, S. 82. Vergleiche auch Toros Azadyan, *Mshaguyt' Azkakragan Darekirk' 1948* (Istanbul: Mshaguyt Kradun, Becid Basımevi, 1947), S. 113.
**22** Es gibt keine statistischen Angaben zur regelmäßigen Verbreitung armenischer Zeitungen in den Provinzen, und auch in den von mir zurate gezogenen Quellen fand ich keinerlei Hinweise zur regelmäßigen Erscheinung. Jedoch erwähnt Kēōrk Halajian in seinen Memoiren das Verbot der Verbreitung armenischer Zeitungen in den östlichen Provinzen. Vergleiche T'ap'aragan (Kēōrk Halajian), *Tebi Gakhaghan* (Boston: Hairenik Publ., 1932), S. 144.
**23** Amalia Giragosyan (Hg.), *Hay Barperagan*, S. 150.
**24** Avedis Aliksanyan wurde in Üsküdar geboren und besuchte die armenischen Schulen Berberyan und Getronagan. Nach dem Verbot der *Nor Or* 1946 wurde er inhaftiert. Nach seiner Freilassung veröffentlichte er bis zu seiner Emigration nach Frankreich 1948 die *Aysor*. Auch in Paris war er weiterhin journalistisch tätig. Zu Einzelheiten vergleiche *Ashkharh* („Welt"), 29. Dezember 1979, Nr. 1119, Paris, in: Aram Pehlivanyan, *Özgürlük İki Adım Ötede Değil* (Istanbul: Aras Yay., 1999), S. 99. Er war ab 1960 Chefredakteur der *Ashkharh*, hatte zuvor die *Luys Parizi* (1957) und die *Lusaghpiwr* (1958) herausgegeben und war Mitglied der Kommunistischen Partei Frankreichs. Zu weiteren Informationen vergleiche *Haygagan Sovedagan Hanrakidaran*, Bd. 1 (Jerewan: 1974), unter dem Stichwort „Alik'sanyan". Ich bedanke mich bei Ararat Şekeryan für das Scannen und Zusenden der beiden Quellen.
**25** Amalia Giragosyan (Hg.), *Hay Barperagan*, S. 150.
**26** Eine detaillierte Biografie von Keçyan ist zu finden auf https://www.arasyayincilik.com/yazar lar/%D5%BD-f-qшɪfɪqnɪ/ (abgerufen am 13. Juni 2021).

(Istanbul 1917–Leipzig 1979).[27] Vor der *Nor Or* veröffentlichte Aliksanyan gemeinsam mit Ara Koçunyan die *Badger*.[28] Die *Nor Or* zählte mit Abstand zu den
prononciertesten armenischen Zeitungen oder war überhaupt die Zeitung nach
1923, die sich am unverblümtesten äußerte. Sie wurde im Dezember 1946 während
des Ausnahmezustandes verboten. Die Gruppe um die *Nor Or*, die erste Generation armenischer Intellektueller nach dem Genozid, wurde Ende der 1940er-Jahre
aufgrund der staatlichen Verfolgung in die ganze Welt versprengt. So verlor die
nach 1915 in der Türkei verbliebene armenische Community ihre Intellektuellen
innerhalb von 35 Jahren zum zweiten Mal. Der Staat bekannte sich in seiner offiziellen Politik, was die Beziehungen zwischen der armenischen Community und
deren Intellektuellen betraf, zu einer kontinuierlichen Linie vom Osmanischen
Reich zur Republik Türkei und verfolgte die Intellektuellen entsprechend auch
nach dem Völkermord weiterhin und sperrte sie ein.

Nach dem Verbot der *Nor Or* erschien 1947 erneut unter dem Chefredakteur
Avedis Aliksanyan die *Aysor* wöchentlich bis 1948. Pakarat Tevyan stellte in *Erchanig Darekirkʻ 1948* fest, dass die *Aysor* das literarische Leben in Europa und in
den USA verfolgte und Werke neuer AutorInnen sowie DichterInnen veröffentlichte.[29]

Die *Tebi Luys* wurde herausgegeben von Rupen Maşoyan (Istanbul 1928–
1999) und Yervant Gobelyan (Istanbul 1923–2010) – zwei wichtigen Namen in der
Geschichte des armenischen Verlagswesens von Istanbul. Maşoyan schrieb unter
anderem für die *Hantes Mışaguyti* („Zeitschrift zur Kultur", herausgegeben von
den Getronagan-Alumni), für die *Jamanak*, die *Agos* und die *Nor Tar* („Die Neue
Epoche"); außerdem lehrte er am Getronagan-Gymnasium.[30] Gobelyan war der
Autor zahlreicher Bücher, zum Beispiel von *Yerani Te*[31] („Schön wärs", 1948),
*Khıcangarner*[32] („Mosaiken", 1968) und *Memleketini Özleyen Yengeç*[33] („Der Krebs,
der seine Heimat vermisste", 1998); 1948 gründete er das Verlagshaus Tebi Luys.
Er begründete zudem die Wochenzeitung *Luys* („Licht") und gab später die *Tebi
Luys* heraus, bis diese wegen finanzieller Schwierigkeiten eingestellt wurde.

---

**27** Eine detaillierte Biografie von Pehlivanyan ist zu finden auf https://www.arasyayincilik.com/
yazarlar/aram-pehlivanyan/ (abgerufen am 13. Juni 2021).

**28** Eine detaillierte Biografie von Koçunyan ist zu finden auf https://www.arasyayincilik.com/ya
zarlar/արա-գոչունեան/ (abgerufen am 13. Juni 2021).

**29** Pakarat Tevyan, *Erchanig Darekirkʻ 1948* (Istanbul: Doğu Basımevi, 1947), S. 5.

**30** Vergleiche auch https://www.arasyayincilik.com/yazarlar/ռուբէն-մաշոյեան/ (abgerufen am
13. Juni 2021).

**31** Dies ist die vom Aras-Verlag vorgeschlagene Transliteration.

**32** Siehe Fußnote 26.

**33** Eine detaillierte Biografie von Gobelyan ist zu finden auf https://www.arasyayincilik.com/ya
zarlar/yervant-gobelyan/ (abgerufen am 13. Juni 2021).

1953–1954 war er für die Tageszeitung *Ayk* („Morgendämmerung") in Beirut[34] tätig; nach seiner Rückkehr nach Istanbul schrieb er bis 1957 für die *Marmara*. Danach lebte er bis 1965 erneut in Beirut, wo er an der Wochenzeitschrift *Sp'iwr̈k'* („Diaspora") beteiligt war. In seinen letzten 15 Lebensjahren arbeitete er für die armenisch-türkische Wochenzeitschrift *Agos*. Die Wochenzeitschrift *Tebi Luys* veröffentlichte in erster Linie literarische Texte, Gedichte und Kommentare zur Kunst in Istanbul, in Sowjetarmenien und in den Diaspora-Gemeinden. Auch wenn in der Bibliografie *Hay Barperagan Mamuli Madenakidut'yun* angegeben ist, dass die *Tebi Luys* seit 1948 erschien,[35] so scheint das Datum nicht unbedingt zu stimmen. Die neunte Ausgabe hat das Datum 29. April 1950, was auf einen Beginn des Erscheinens im März 1950 hindeutet.[36] Diese unterschiedlichen Angaben können davon herrühren, dass zwar 1948 ein Verlagshaus mit diesem Namen gegründet wurde, aber die Zeitschrift selbst noch nicht existierte. Sie musste ihr Erscheinen wegen finanzieller Probleme im Juni 1951 einstellen, kam jedoch ein Jahr später erneut heraus.[37]

Eine andere Wochenzeitschrift, die *Paros*, wurde von Takvor Acun seit 1949 herausgegeben, also inmitten der Krise um die Patriarchenwahl und der sich daraus ergebenden Spaltung der armenischen Gemeinde. „Paros" war weltweit ein sehr gebräuchlicher Name für armenische Periodika, und in *Hay Barperagan Mamuli Madenakidut'yun* werden zahlreiche davon erwähnt, jedoch nicht die Zeitschrift, die in Istanbul publiziert wurde. Laut dem Jahrbuch von Pakarat Tevyan erschien die *Paros* kurzzeitig auch als Tageszeitung; nach fünf Jahren wurde sie 1954 eingestellt.[38]

Neben Zeitungen und Zeitschriften bilden Jahrbücher, die sowohl von Institutionen als auch von Einzelpersonen herausgegeben wurden, die zweite bedeutende Gruppe an Quellen. Einer der bekanntesten Jahrbuch-Verleger war Teotig[39] mit seinem *Amēnun Darēts'oyts'ě* („Almanach für alle"). In diesem Werk

---

34 Ebenda.

35 Amalia Giragosyan (Hg.), *Hay Barperagan*, S. 72.

36 *Tebi Luys*, 29. April 1950, Nr. 9.

37 Pakarat Tevyan, *Erchanig Darekirk' 1953* (Istanbul: Varol Matbaası, 1952), S. 9.

38 Pakarat Tevyan, *Erchanig Darekirk' 1954* (Istanbul: Varol Matbaası, 1953), S. 10.

39 Teotoros Lapçinciyan (Teotig) (Istanbul 1873–Paris 1929) war für die Zeitungen *Piwzantion* („Byzanz"), *Manzume-i Efkar, Ceride-i Şarkiye* und *Dzaghik* („Blume") tätig. Gemeinsam mit seiner Frau Arşaguhi Teotig (Cezveciyan) veröffentlichte er ab 1907 *Amēnun Darēts'oyts'ě* und setzte die Arbeit auch nach deren Tod 1921 fort. Im Jahr 1912 veröffentlichte er sein erstes Buch, *Dib u Dar* („Druck und Letter"), anlässlich des 400. Jahrestages des Druckes in Armenisch. 1915 in Haft genommen, wurde er im Jahr darauf zuerst nach Izmit verbannt und dann über die Route Eskişehir–Konya–Pozantı weiter vertrieben, wo ihn schließlich von dort stammende ArmenierInnen retteten. Er kam zurück nach Istanbul und verließ 1923 wie viele andere die Stadt erneut: zuerst

werden *Ēntartsag Darēkirk' Surp P'rgich' Azkayin Hiwantanots'i* („Jahrbuch des Armenischen Nationalkrankenhauses Surp P'rgich'", *1932, 1937–1939, 1942, 1944–1949*) und *Erchanig Darēkirk'* („Fröhliches Jahrbuch", *1944–1954, 1957, 1958*), untersucht, die beide von Pakarat Tevyan herausgegeben wurden.[40] Beide Almanache deckten Jahr für Jahr eine große Themenvielfalt ab, darunter unter anderem armenische Publikationen und Literatur, neue Gesetze, die armenische Presse, biografische Angaben, Geschichte, Kunst und statistische Daten sowohl zur Türkei als auch zu ArmenierInnen. Bemerkenswert ist, dass Server R. İskit, der mehrere Werke zum Druckwesen in der Türkei herausgab und bei der Generaldirektion für die Presse *(Matbuat Umum Müdürlüğü)* in leitender Position arbeitete, im Abschnitt „Besondere Jahrbücher" *(Hususi Salnameler)* seines Buches *Türkiye'de Neşriyat Hareketleri Tarihine Bakış* („Übersicht über die Geschichte der Druckwerke in der Türkei") kein einziges dieser Jahrbücher nennt.[41] Eine andere Publikation, die im Zusammenhang mit den Jahrbüchern erwähnt werden muss, ist die Sonderausgabe anlässlich des 15. Jubiläums (1938) der Republik Türkei von Toros Azadyan (T. Azad)[42] und Mardiros Koç (M. Koç).[43] Sie enthält einige sehr wichtige statistische Angaben zur armenischen Bevölkerung in den Provinzen. Eine dritte wichtige Quellengruppe sind die Memoiren prominenter zeitgenössischer Intellektueller, zu denen zum Beispiel Toros Azadyan, Hrant Güzelyan (alias Küçükgüzelyan), Agop Arslanyan, William Saroyan und Dr. Hayk Açıkgöz zählen.

Primärquellen meiner Untersuchung bilden zudem persönliche Akten wie die Archive von Aram Pehlivanyan (derzeit in der Obhut seiner Tochter Meline Pehlivanian in Berlin) und mündliche Interviews, die an verschiedenen Orten aufgenommen wurden. Ich habe Interviews zur jüngsten Geschichte geführt mit

---

nach Korfu, dann nach Zypern und schließlich nach Paris. Zu seiner detaillierten Biografie vergleiche Teotig, *11 Nisan Anıtı*, Hg. von Dora Sakayan (Istanbul: Belge Yay., 2010).

**40** Pakarat Tevyan (1893–1967) rief die *Erchanig Darēkirk'* 1928 ins Leben und setzte die Veröffentlichung 40 Jahre lang fort. Vergleiche Arsen Yarman, „Sunum", in: *Surp Pırgiç Ermeni Hastanesi 1900–1910 Salnameleri*, Bd. 13 (Istanbul: Surp Pırgiç Ermeni Hastanesi Vakfı Kültür Yay., 2012), S. 312.

**41** Server R. İskit, *Türkiyede Neşriyat Hareketleri Tarihine Bakış* (Ankara: Milli Eğitim Basımevi, 2000), S. 232–239.

**42** Toros Azadyan (1893–1955). Einer der produktivsten Autoren der republikanischen Ära. Autor und Verleger. Zu seinen Büchern zählen unter anderem *Hushamadean Karagēōzyan Orpanots'i 1913–1948* („Jahrbuch des Waisenhauses Karagözyan"), *Lipananean Husher* („Erinnerungen an den Libanon") und *Kevork Ark. Arslanyan (1867–1951)*. Außerdem war er der Herausgeber von *Mshaguyt' Azkakragan Darēkirk'* 1948 („Mshaguyt' – Ethnografisches Jahrbuch"). Im Jahr 1949 wurde Azadyan als Vertreter des Locum tenens, Kevork Arslanyan, zum Katholikat von Kilikien gesandt.

**43** Mardiros Koç war damals der Chefredakteur der *Jamanak*.

Varujan Köseyan (Edincik 1920–Istanbul 2011), mit Civan und Hayguhi Çakar (beide gebürtig aus Ordu; beide ansässig in Montreal, wo Civan 2016 verstarb), mit Evdoksi Suciyan Parsehyan (gebürtig aus Istanbul, 2013 verstorben in Montreal), mit Baghdik und Shushan Hagopyan (gebürtig aus Istanbul, leben in Montreal), mit A. K. (gebürtig aus Vakıf, Hatay, lebt in Berlin), mit K. B. (gebürtig aus Lice, Diyarbakır, lebt in Berlin), mit Ara Toşikyan (gebürtig aus Istanbul, lebt in Montreal), mit Ara Garmiryan (gebürtig aus Istanbul, 2016 verstorben in Montreal), mit N. D. (gebürtig aus Malatya, lebt in Istanbul), mit A. B. (gebürtig aus Kütahya, lebt in München) und mit K. A. (gebürtig aus Sivas, lebt in München). Im Rahmen dieser Interviews zur jüngsten Geschichte habe ich mit offenen Fragestellungen gearbeitet, wobei ich meist mit dem familiären Hintergrund der/des Befragten begann und dann zu den eigenen Erfahrungen überging.

In der Diaspora gründeten die ArmenierInnen landsmannschaftliche Vereine, die teilweise umfangreiche Bücher zu Geschichte, Ethnografie, Geografie, Bevölkerung und Wirtschaft der Herkunftsorte in den letzten Jahrzehnten herausgaben. Zu diesen Büchern zählen zum Beispiel *Badmut'iwn Antebi Hayots* (1953),[44] *Tiwtsaznagan Urfan Ew Ir Hayortinerĕ* („Das heldenhafte Urfa und seine armenischen Kinder"; 1955),[45] *Badmut'iwn Darōni Ashkharhi* („Geschichte von Muş", 1956),[46] *Kharpert Ew Anor Osgeghēn Tashdĕ* („Harput und Altın Ovası", 1959),[47] *Badmut'iwn Baghnadan* („Die Geschichte von Baghnadan", 1966),[48] *Badmut'iwn Hayots' Arapgiri* („Geschichte der ArmenierInnen aus Arapgir", 1969),[49] *Badmakirk' Chmshgadzak'i* („Geschichte von Çemişgezek", 1971),[50] *Badmut'iwn Zeyt'uni 1409–1921* („Geschichte von Zeytun", 1996),[51] *Badmakirk' Hushamadean Sepasdio Ew Kavari Hayut'ean* („Geschichte der ArmenierInnen aus Sivas und anderen Provinzen", 2 Bände, 1974 und 1983)[52] und *Bolis Ew Ir Terĕ*

---

44 Kevork A. Sarafian, *Armenian History of Aintab / Badmut'iwn Antebi Hayots* (Los Angeles, CA: Union of Armenians of Aintab in America, 1953).
45 Aram Sahagian, *Tiwtsaznagan Urfan Ew Ir Hayortinerĕ* (Beirut: Dbaran Atlas, 1955).
46 Garo Sasuni, *Badmut'iwn Darōni Ashkharhi* (Beirut: Dbaran Sevan, 1956).
47 Vahe Haig (Hg.), *Kharpert Ew Anor Osgeghēn Tashdĕ* (New York: Kharpert Armenian Patriotic Union, 1959).
48 Hovag Hagopian, *Badmut'iwn Baghnadan* (Boston: Hayrenik Publ., 1966).
49 Antranig L. P'oladian, *Badmut'iwn Hayots' Arapgiri* (New York: Hradaragut'iwn Amerigayi Arapgiri Miut'ean, 1969).
50 Haygazn Ghazarian, *Badmakirk' Chmshgadzak'i* (Beirut: Hamazkayin Publ., 1971).
51 Misak' Siseřian, *Badmut'iwn Zeyt'uni (1409–1921)* (Beirut: ohne Verlag, 1996).
52 Badrig Ařak'el, *Hushamadean Sepasdio Ew Kavari Hayut'ean*, Bd. 1 und 2 (Beirut: Mshag Dbaran, 1979, und New Jersey, 1983).

(„Istanbul und seine Rolle", 1965 – 1968).[53] Diese Bücher, von denen nicht alle für diese Untersuchung herangezogen worden sind, enthalten in der Regel eher kürzere Kapitel zur Mitte des 20. Jahrhunderts.

Die Protokolle der Armenischen Nationalversammlung von 1950 und die Berichte ihrer Ausschüsse zur Krise des Patriarchates 1944 – 1950 ermöglichten es mir, meine anderen Quellen zu verifizieren und gleichzeitig die rechtliche Situation bis in die 1950er-Jahre besser und umfassender zu verstehen. In ähnlichem Sinne halfen mir die Memoiren von Toros Azadyan, der beim Prozess in Beirut das Patriarchat vertrat, dabei, die Position des Patriarchates besser zu begreifen.[54] Die Korrespondenz, die der Katholikos aller ArmenierInnen, Kevork VI., während der Krise des Patriarchates in Istanbul mit ebendiesem, mit dem Katholikat von Kilikien in Beirut und mit religiösen Führern an anderen Orten führte, bildet eine ergiebige Quelle zu den internationalen, grenzüberschreitenden und gemeinde-internen Machtbeziehungen, die hinter der Krise lagen.[55]

Die Belege, die ich aus dem „Staatsarchiv über die republikanische Ära" er-halten habe, bestätigten meine Funde zur Haltung des türkischen Staates zur armenischen Presse sowie zu den armenischen Gemeinden im Allgemeinen. Mit anderen Worten: Meine Funde im Archiv des Premierministers, die ich in dieser Studie genauer untersucht habe, waren offizielle Bestätigungen darüber, wie die Leugnung institutionalisiert worden ist.

## Der Grundgedanke dieses Buches

Die moderne türkische Geschichtsschreibung zeichnet sich durch die ausge-wählte Verwendung von Quellen und den Ausschluss anderer Kategorien von Materialien aus. Hätte die osmanische oder türkische Geschichtsschreibung mündliche und schriftliche Aufzeichnungen von KurdInnen, ArmenierInnen, der griechischen Bevölkerung der Türkei (die „Rum"), den AssyrierInnen und ande-ren Gruppen berücksichtigt, wäre die historische Darstellung deutlich anders ausgefallen.[56] Der Kern der offiziellen türkischen Geschichtsschreibung basiert

---

53 Als philologisches Werk unterscheidet es sich in seiner Art von den übrigen genannten Bü-chern: Der Autor des vierbändigen *Bolis Ew Ir Terĕ* ist Hagop J. Siruni, ein bekannter Turkologe, der nach 1915 in Rumänien lebte.

54 Toros Azadyan, *Lipananean Husher* (Istanbul: Doğu Basımevi, 1949).

55 Santro Pehputyan (Hg.), *Vaverakrer Hay Yegeghetsu Badmut'ean: Kevork VI. Gat'oghigos Amenayn Hayots' (1938 – 1955)*, Bd. 6 (Jerewan: Osgan Yerevants'i Publ., 1999).

56 Seda Altuğ, Paper, präsentiert bei der LMU, „Viewing state and society relations in Ottoman-Kurdistan from post-Ottoman Syria", Calouste Gulbenkian Foundation, Gomidas Institute and

hauptsächlich auf staatlichen Dokumenten auf Osmanisch oder Türkisch, auf den Memoiren staatlicher Beamte und auf einzelnen konsularischen Berichten, während umstrittene Bereiche der Geschichte dem Vergessen anheimfielen. Wie Hans-Lukas Kieser in der Einführung zu seinem Werk *Der verpasste Friede* zu Recht feststellt, hat die offizielle türkische Geschichtsschreibung die ArmenierInnen, die KurdInnen sowie das gesamte christliche Erbe Anatoliens einfach weggelassen; doch ohne diese wichtigen Bestandteile wirkt die Geschichte der Türkei wie eine Geschichte Deutschlands ohne JüdInnen oder wie die Kaliforniens ohne die Native Americans.[57] Allerdings ist es nicht nur die Geschichte der östlichen Provinzen, sondern auch die der westlichsten Teile Kleinasiens, die durch die offizielle türkische Geschichtsschreibung getilgt oder fingiert wurde. Erst vor Kurzem wurde damit begonnen, auch andere Quellen zu beachten, wenngleich diese in der Türkei weiterhin nur am Rande öffentlich wahrgenommen werden.[58] So wie sich die Entscheidung, die Quellen der anderen nicht zu verwenden, als eine Form der Leugnung ansehen lässt (durch Auslassung und Verschweigen), so ist eine andere, diese Quellen just im Zusammenhang der Leugnung einzusetzen. Die Durchführung eines Völkermordes ist ein radikales Moment in der Geschichte, der nicht nur die Zukunft des Landes oder der Region, wo er stattgefunden hat, prägt, sondern durch seinen Nachhall über Generationen hinweg auch das Dasein der Überlebenden begrenzt, wo auch immer sie leben mögen. Deshalb muss jede Nutzung dieser Quellen, die die vielfältigen Auswirkungen eines solchen entscheidenden Wendepunktes in der Geschichte außer Acht lässt, darin münden, die Quellen selbst ihrem Zusammenhang zu entreißen.

In den letzten Jahrzehnten in der Türkei, jedoch noch viel mehr in anderen Ländern begann sich – betrieben von einer Handvoll WissenschaftlerInnen – eine andere Form der Geschichtsschreibung auszuformen, zum Beispiel durch Taner Akçam, Seyhan Bayraktar, İsmail Beşikçi, Hamid Bozarslan, David Gaunt, Dilek Güven, Hilmer Kaiser, Hans-Lukas Kieser, Janet Klein, Erik-Jan Zürcher und erst kürzlich Uğur Üngör und Mehmet Polatel. Deren Arbeiten rückten die Geschichte der osmanischen GriechInnen, der ArmenierInnen, der AssyrierInnen und der KurdInnen ins Licht. Armenische HistorikerInnen sowie ForscherInnen anderer Disziplinen leisteten wichtige Beiträge zur Untersuchung der historischen Konti-

---

LMU Turkish Studies Lecture Series: The Ottoman Empire and Its Eastern Provinces, 9. Januar 2013.

**57** Hans-Lukas Kieser, *Der verpasste Friede, Mission, Ethnie und Staat in den Ostprovinzen der Türkei 1839–1938* (Zürich: Chronos, 2000), S. 17.

**58** Vergleiche Biray Kolluoğlu Kırlı, „Forgetting the Smyrna fire", in: *History Workshop Journal* 60(1) (2005), S. 25–44; Dora Sakayan (Hg.), *Smyrna 1922: Das Tagebuch des Garabed Hatscherian* (Klagenfurt: Kitab-Verlag, 2006).

nuität; dazu zählen unter anderem Stephan Astourian, Vahakn Dadrian, Hrant Der Andreasyan, Kevork Bardakjian, Richard Hovannisian, Raymond H. Kévorkian, Marc Nichanian, Kevork Pamukciyan, Ara Sarafian, Vahé Tachjian, Anahide Ter Minassian und Arus Yumul. Sie sorgten auch dafür, dass wertvolle armenische und armenotürkische Quellen wie Memoiren, Romane, Zeitungen, Briefe, statistische Daten und Aufzeichnungen des Armenischen Patriarchates zugänglich wurden, welche HistorikerInnen, die in westlichen Sprachen oder in Türkisch forschen, bis dato nicht zur Verfügung standen. Auch wenn es sich hierbei um eine Entwicklung handelt, die außerhalb der Türkei stattfindet, so wirkt sie sich auch auf die Wissensproduktion in der Türkei aus. Seit Mitte der 1990er-Jahre entwickelt sich auch in der türkischen Wissenschaft ein kritischerer Ansatz, was die Geschichte des frühen 20. Jahrhunderts betrifft. Die türkische Wissenschaft ist in den vergangenen zwanzig Jahren deutlich solider geworden, soweit es um ihre Behandlung einiger der politischen Instrumente zur Verfolgung der verbliebenen nichtmuslimischen Communitys in der Türkei geht, unter denen besonders zum Beispiel die Pogrome vom 6.–7. September 1955, die Vermögenssteuer von 1942, die Vertreibung der griechischen Bevölkerung von 1964, die Massaker und die mörderischen Deportationen in Dersim 1938[59] sowie die Vertreibung der JüdInnen aus Thrakien 1934 hervorstechen.

Bei der Untersuchung dieser Höhepunkte der Verfolgung müssen allerdings auch die eher unsichtbaren, aber dennoch die Leugnung reproduzierende sozialen und politischen Zusammenhänge und die alltägliche Wirklichkeit beachtet werden, in der sich die Ereignisse abspielten – sind diese doch nur in einer bestimmten gesellschaftlichen und politischen Kontinuität möglich. Dieses Werk zielt ab auf ein Verständnis genau dieser gewöhnlichen und banalen Realität des postgenozidalen Habitus und dessen Auswirkungen auf das Leben der ArmenierInnen sowohl in Istanbul als auch in den Provinzen. Der alltägliche Widerhall der Leugnung muss in einem breiteren Kontext von Geschichtsschreibung diskutiert und begriffen werden. Ich bin jedes Mal aufs Neue perplex, wenn ich die Geschichte des Osmanischen Reiches und der Türkei im 19. und 20. Jahrhundert unterrichte: Ist es tatsächlich möglich, über diese Zeiträume zu sprechen, ohne die massenhaften Gräueltaten und die genozidale Wende in der letzten Periode des Reiches zu erwähnen? An dieser Stelle muss ich feststellen, dass das Lehren in

---

**59** Zu weiteren Einzelheiten vergleiche Şükrü Aslan (Hg.), *Herkesin Bildiği Sır: Dersim* (Istanbul: İletişim Yay., 2010), İzzettin Çalışlar (Hg.), *Dersim Raporu* (Istanbul: İletişim Yay., 2011), Yalçın Doğan, *Savrulanlar Dersim 1937–1938 Hatta 1939* (Istanbul: Kırmızıkedi Yay., 2012), Özgür Fındık, *Kara Vagon: Dersim-Kırım ve Sürgün* (Istanbul: Fam Yay., 2012), Cihangir Gündoğdu und Vural Genç, *Dersim'de Osmanlı Siyaseti: İzâle-i Vahşet, Tahsis-i İtikâd, Tasfiye-i Ezhân 1880–1913* (Istanbul: Kitap Yay., 2013).

Deutschland meine Arbeit etwas leichter macht, denn keine seriöse HistorikerIn, die oder der hier geboren oder aufgewachsen ist, könnte sich die deutsche Geschichte des 20. Jahrhunderts ohne den Holocaust vorstellen. Bei der osmanischen und türkischen Geschichte sieht es allerdings anders aus. Die Debatten, die seit den 1970er- und 1980er-Jahren in der deutschen und allgemein in der europäischen Geschichtswissenschaft sowie in den Sozialwissenschaften stattfinden, haben sich in der Geschichtsschreibung zu Osmanischem Reich und Türkei nicht niedergeschlagen, und zwar weder in der Türkei noch anderswo. Hiermit möchte ich nicht den Wert der kritischen Geschichtsforschung in der Türkei in Abrede stellen; doch die Leugnung samt all ihren praktischen und theoretischen Mechanismen wartet weiterhin auf die Erforschung.

Ich muss zugeben, dass mich die armenischsprachigen Quellen sowohl aus der osmanischen als auch aus der republikanischen Ära überwältigt haben; für die WissenschaftlerInnen im türkischen Mainstream bleiben sie jedoch unsichtbar, da sie weder physischen noch sprachlichen Zugang zu ihnen haben. Diese scheinbare Unsichtbarkeit dient jedoch auch der Reproduktion der offiziellen Geschichtsschreibung und der Vermeidung historiografischer Minenfelder im Allgemeinen.

In dieser Arbeit beschreibe ich den soziopolitischen Kontext der Türkei, indem ich die armenischsprachigen Publikationen mit den Belegen aus den staatlichen Archiven zusammenführe. Des Weiteren versuche ich, die innere Dynamik der armenischen Gemeinde in Istanbul und auch in den Provinzen nachzuvollziehen. Welche Bedingungen, Vorschriften und sozialen Strukturen bestimmten die postgenozidale Gesellschaftsbildung in der Türkei? Wie veränderte sich das Leben der ArmenierInnen mit den Problemen, die nach 1923 entstanden, und wie reagierten die armenischen Meinungsführer auf diese Probleme?

## Hauptgründe für die Auswahl dieser Periode

Meine Entscheidung für diese spezifische Periode ergab sich vor allem aus meinen Quellen. Dabei war der wichtigste Grund die Krise um die Patriarchenwahl, die mit dem plötzlichen Tod von Patriarch Mesrob Naroyan (Hartert 1875–Istanbul 1944) im Sommer 1944 begann[60] und ihren Ausgangspunkt im Konflikt um das

---

60 Kaɨnig Step'anyan, „Naroyan Mesrob", in: *Gensakragan Paɨaran*, Bd. 3 (Jerewan: Khorkhrtayin Krogh, 1990), S. 128. Er wurde geboren in dem Dorf Hartert bei Daron in der Provinz Muş und besuchte das Kloster St. Garabed ebenfalls in Muş. Im Jahr 1895 besuchte er das Kloster Armaş (das heutige Akmeşe in der Nähe von Bahçecik) und machte seinen Abschluss 1899. Von 1904 bis 1909 lehrte er in Armaş; 1927 wurde er zum Patriarchen von Istanbul gewählt. Ab 1900

Testament des Patriarchen hatte, sich dann mit den Debatten um die Wahl des Nachfolgers fortsetzte und bis Ende 1950 andauerte. Die Krise spaltete nahezu alle Institutionen der Gemeinde wie auch die armenischen Zeitungen in zwei Lager: für oder gegen den amtierenden Locum tenens, Erzbischof Kevork Arslanyan (Agn/Eğin 1867–Istanbul 1951).[61] Der Heilige Stuhl von Ējmiacin (mit Sitz in Sowjetarmenien), das Katholikat von Kilikien in Libanon, die armenischen Gemeinden außerhalb der Türkei, die türkische Regierung und die armenische Gemeinde von Istanbul – sie alle waren in die Krise aktiv involviert. So wuchs sich die Krise um die Wahl – oder Nicht-Wahl – des Patriarchen in jedem Sinne zu einem internationalen Konflikt aus. Parallel dazu gab es eine internationale Krise aufgrund der Gebietsansprüche, welche die Regierung der UdSSR und die politischen Organisationen der ArmenierInnen auf der Konferenz von San Francisco an die Türkei richteten. Sowohl die Tatsache, dass die UdSSR ArmenierInnen zur Einwanderung aufrief, als auch die Reaktionen der türkischen Meinungsführer hierauf wirkten sich stark darauf aus, wie die in der Türkei verbliebenen ArmenierInnen in den Mittelpunkt der internationalen Nachkriegspolitik gerieten. Da es für die armenische Community in der Türkei absolut keine administrative Körperschaft oder andere Form von Vertretung gab, fiel die Aufgabe, auf all die antiarmenischen Anschuldigungen zu antworten und ihnen entgegenzuwirken, den VertreterInnen der armenischen Öffentlichkeit zu. Außerdem nahm 1940 eines der größten Probleme seinen Anfang, das bis in die Nachkriegszeit hinein anhielt und die armenische Community innerhalb und außerhalb von Istanbul zu einem Umgang zwang: der Vorwurf, die ArmenierInnen hätten eine „fünfte Kolonne" gebildet. Folglich fanden sich armenische Zeitungen entweder in der Rolle politisch Handelnder wieder oder wurden zumindest als solche betrachtet. Dies brachte ihre eigentliche Existenz und ihre Freiheit in Gefahr wie auch das Leben der betroffenen PublizistInnen. Schließlich ist ein weiterer Grund für meine Entscheidung, mich auf genau diesen Zeitraum zu fokussieren, das Schicksal der ersten Intellektuellen nach dem Genozid sowie das, was all ihren Tätigkeiten und ihrem Engagement widerfuhr – vor allem im Umfeld der Zeitung *Nor Or*. 1944 herrschten in der Türkei zwei wesentliche Themen vor, die miteinander zusam-

---

veröffentlichte er literarische und philologische Artikel und Kritiken in armenischen Zeitungen und Jahrbüchern. Mit diesen Artikeln wurde posthum der Band *Nshkharner* herausgegeben; ein anderes Buch, *Nshanavor Tebk'er Haygagan Ants'yalēn* („Wichtige Ereignisse der armenischen Geschichte"), wurde in Jerusalem veröffentlicht (biografische Angaben aus Step'anyan).

**61** Arslanyan hatte die Position des Locum tenens des Patriarchates Istanbul zweifach inne – zuerst nach Patriarch Zavens Niederlegen seines Amtes von 1922 bis 1927, und erneut nach Patriarch Naroyans Tod von 1944 bis 1950. Eine Biografie hat Toros Azadyan verfasst: *Kevork Ark. Arslanyan (1867–1951)* (Istanbul: Mshagoyt Hradaragch'adun, 1952).

menhingen: Es gab einerseits Prozesse gegen die Türkische Kommunistische Partei und ihre Mitglieder sowie organisierte Angriffe gegen Verlagshäuser und Presseorgane, die vorgeblich der Linken zugerechnet wurden; und andererseits gab es antisowjetische Propaganda, die bis nach Kriegsende intensiv fortgeführt werden sollte. Währenddessen war sich aber die Türkei auch der Gefahr bewusst, die darin lag, die Hitler-Regierung durch Exporte strategisch wichtiger Metalle wie von Chromeisenerz zu unterstützen. Levon Thomassian schreibt in seinem Buch *Summer of '42: A Study of German–Armenian Relations During the Second World War*, das auf der Basis von Funden in den Archiven des US-Außenministeriums entstand, dass die Türkei bekanntlich den Krieg durch die Belieferung des Feindes mit strategischen Rohstoffen verlängert hat.[62] Im April 1944 trat Deutschland – einen Monat vor Auslauf des Handelsabkommens – mit Verhandlungen an Ankara heran mit dem Ziel, dieses zu erneuern.[63] Nach der Protestnote des US-amerikanischen und des britischen Botschafters an den türkischen Außenminister, in welchem sie der Türkei mit einer Blockade drohten, sollte diese erneut mit Deutschland Handelsvereinbarungen über Kriegswaren abschließen,[64] stellte Ankara innerhalb von sechs Tagen die Belieferung Deutschlands und aller anderen Achsenmächte mit Chromeisenerz ein.[65] Das öffentliche Lob faschistischer Führer durch VertreterInnen des Staates und die Förderung rassistischer Ideen unter Intellektuellen und in wissenschaftlichen Kreisen durch die Republikanische Volkspartei (CHP) zeigt deutlich, dass die Türkei am Ende des Krieges auf der *falschen* Seite stand. Deshalb war der Zeitraum zum Ende Krieges hin durch Versuche gekennzeichnet, den kemalistischen Nationalismus von den faschistischen und rassistischen Elementen abzugrenzen, die weit verbreitet waren und eine Kontinuität von den Jungtürken zu den republikanischen Eliten aufwiesen. Eines der besten Beispiele für die Versuche einer Distanzierung ist das vom Erziehungsministerium *(Maarif Vekaleti)* herausgegebene Buch mit dem Titel *Irkçılık*

---

62 Telegramm 280 des US-Außenministers (Hull) an den Botschafter der USA in der Türkei (Steinhardt) in Ankara, 30. März 1944, *FRUS, 1944* Bd. 5, S. 822, in: Levon Thomassian, *Summer of '42: A Study of German–Armenian Relations During the Second World War* (Atglen, PA: Schiffer Publ., 2012), S. 93.

63 Cordell Hull, *The Memoirs of Cordell Hull*, Bd. 2 (New York: Macmillan Company, 1948), S. 1372, in: Thomassian, *Summer of '42*, S. 93.

64 Telegramm 689 des Botschafters der USA in der Türkei (Steinhardt) in Ankara an den US-Außenminister (Hull), 15. April 1944, *FRUS, 1944*, Bd. 5, S. 827–828, in: Thomassian, *Summer of '42*, S. 93.

65 Telegramm 717 des Botschafters der USA in der Türkei (Steinhardt) in Ankara an den US-Außenminister (Hull), 15. April 1944, *FRUS, 1944*, Bd. 5, S. 831, in: Thomassian, *Summer of '42*, S. 93.

*Turancılık* („Rassismus, Turanismus")[66] Das Werk enthält Reden des *Milli Şef* („Nationaler Führer"), wie İsmet İnönü genannt wurde, sowie prominenter Meinungsführer wie Falih Rıfkı Atay, Hüseyin Cahit Yalçın, Burhan Belge, Refik Halid Karay, Necmeddin Sadak, Peyami Safa, Asım Us, Ahmet Emin Yalman, Nadir Nadi und Zekeriya Sertel. Sie alle unterstreichen in ihren Beiträgen, dass der Kemalismus Rassismus, Turkismus und Panturkismus ausdrücklich ausschließt. Mit dieser Veröffentlichung arbeitet das Erziehungsministerium – und in Verlängerung der gesamte Staat – Hand in Hand mit Meinungsführern zusammen und teilt mit, dass die Ideale von Turkismus, Rassismus und Panturkismus überholt seien sowie auch rassistische anthropologische Untersuchungen eingestellt werden würden. Nahezu alle Artikel dieser Art wurden im Mai 1944 verfasst, als im berühmten Verfahren gegen rassistische Turanisten Anklage erhoben wurde und rassistisch-turanistische Ideologen zumindest kurzzeitig aus der politischen Debatte vertrieben wurden. Der Prozess war eines der wichtigsten Verfahren in der republikanischen Geschichte; er dauerte bis zum 29. März 1945 und endete mit einem Schuldspruch für zehn der 23 Angeklagten. Allerdings wurden sie alle nach zwei Jahren in die Freiheit entlassen. Die Veröffentlichung des Buches, die Erscheinung der dafür ausgewählten Artikel und das Datum der Gerichtsprozesse fielen zusammen und trugen dazu bei, das Bild des neu geschaffenen Antirassismus und Antituranismus zu festigen.

Am 2. Februar 1945 erklärte die Türkei den Achsenmächten den Krieg und erfüllt damit vor dem gesetzten Stichtag 1. März die Voraussetzung zur Teilnahme an der Konferenz von San Francisco,[67] auf der sich das Land jedoch mit einer anderen und unerwarteten Herausforderung konfrontiert sah: den territorialen Ansprüchen der politischen Organisationen der ArmenierInnen in der Diaspora.

Bekanntermaßen fand im Juli 1946 in der Türkei eine Wahl statt. An dieser beteiligten sich neben der CHP die DP und andere, kleinere Parteien. Damit fanden – zumindest vordergründig – die Jahre des Einparteiensystems ihr Ende.

Wie gingen die ArmenierInnen mit den sich verändernden internationalen und nationalen Bedingungen um? Welche Art sozialer und politischer Aufgaben ergaben sich aus diesen Veränderungen? Um diese Fragen zu beantworten und um deutlich zu machen, wie die Gesellschaft aussah, über die wir hier sprechen, habe ich versucht, vor allem für die ersten republikanischen Jahrzehnte zur demografischen, sozialen, politischen und kulturellen Lage der armenischen Bevölkerung, die nach 1915 in der Türkei verblieben war, so viele Angaben wie

---

66 Maarif Vekaleti, *Irkçılık Turancılık* (Ankara: Türk İnkılap Tarihi Enstitüsü Yayınları, Bd. 4, 1944).

67 Cemil Koçak, *Türkiye'de İki Partili Siyasi Sistemin Kuruluş Yılları: İkinci Parti* (Istanbul: İletişim Yay., 2010), S. 80–81.

möglich zusammenzutragen. Ich möchte in dieser Arbeit zu zeigen, dass die rechtliche, politische, kulturelle, wirtschaftliche und physische Gewalt der letzten Dekade des Osmanischen Reiches, die 1915 einen radikalen Wendepunkt erreichte, einen bleibenden Eindruck auf die Bildung von Staat und Gesellschaft in der Republik Türkei hatte. Dieser historische Wendepunkt wirkte sich aus auf die Gesetzgebung, auf Bildung und Erziehung, die Geschichtsschreibung, auf gesellschaftliche Organisationen, die staatliche Politik, das kulturelle Leben, auf die Demografie, die Strategien und die Verfahren zur Konfliktbeilegung. Ich zeige, dass alle politischen Maßnahmen der Jahre 1915 – 1923 gegen die ArmenierInnen auch in den ersten Jahrzehnten der Republik weiterhin umgesetzt wurden. Es gab nicht allzu viele ArmenierInnen, die nicht ins Exil gegangen waren, doch die, die im Land verblieben, hatten stillschweigend mit der Leugnung des Völkermordes zu leben. Dies nenne ich den postgenozidalen Habitus der Leugnung.

Die vorhandenen Quellen zeigen, dass der Weg in die Diaspora nicht nach 1923 endete, sondern sich auch in den Jahrzehnten danach fortsetzte, und zwar sowohl in Form des andauernden Exodus aus den Provinzen nach Istanbul oder ins Ausland als auch durch den Verlust der institutionellen und rechtlichen Basis als Gemeinde. Der Habitus der Leugnung und der Gang in die Diaspora sind untrennbar miteinander verflochten: Antiarmenische Kampagnen, der alltägliche Rassismus und die anhaltenden Angriffe auf die ArmenierInnen (in der Türkei wie anderswo) sind Ausdrucksformen desselben Habitus. In der Krise um die Patriarchenwahl 1944 – 1950 kristallisierten sich all diese Probleme heraus, als neben den rechtlichen Strukturen die politische Vertretung und die Rolle in der Presse sowie die institutionellen Strukturen und Bezugspunkte verloren gingen und auch die Befugnis der gemeindlichen Autorität und Machtausübung nicht mehr wahrzunehmen war.

Im ersten Kapitel „Soziale Bedingungen der in Istanbul und in den Provinzen verbliebenen ArmenierInnen" zeichne ich den historischen Hintergrund in Istanbul und in den Provinzen nach und zeige auf, welche Rollen ArmenierInnen in den ersten Jahren der Republik auf dem gesellschaftlichen und politischen Parkett einnahmen. Durch die Verdeutlichung der sozialen Auswirkungen der staatlichen Politik rekonstruiere ich auf der Grundlage alltäglicher Erfahrungen eine Sozialgeschichte. Hierfür ziehe ich Nachrichtenmeldungen, Memoiren und mündliche Interviews heran. In diesem Kapitel arbeite ich außerdem das Konzept des postgenozidalen Habitus heraus, indem ich das anhaltende Zusammenspiel zwischen offiziellen und sozialen Praktiken in den Vordergrund rücke. Während der ersten Jahrzehnte der Republik und auch danach mussten diejenigen, die ArmenierInnen in Schulen, anderen staatlichen Einrichtungen oder auch auf offener Straße schikanierten, diskriminierten oder auch körperlich angriffen, keinerlei rechtliche Konsequenzen befürchten. Im Anschluss an die Auslöschung eines beträchtlichen Teiles der Bevölkerung des Landes und der staatlichen Leugnung dieses Völkermordes führten verschiedene andere politische Maßnahmen den Prozess fort. Dazu gehörte nicht nur, den Besitz einzuziehen und die Überlebenden zum Schweigen zu bringen und an den Rand zu drängen, sondern auch, alle Formen von Gewalt gegen sie zu normalisieren. Das erste Kapitel zeigt also die Banalität der Leugnung auf sozialer wie auf offizieller Ebene. In seinem letzten Abschnitt zeige ich, wie diese Banalität internationale Unterstützung fand. Außerdem zeige ich die Kontinuität vom Osmanischen Reich zur Republik Türkei, indem ich die internationalen Mechanismen offenlege, welche die Leugnung und deren Institutionalisierung während der postgenozidalen Periode ermöglichten.

Im zweiten Kapitel erarbeite ich unter der Rubrik „Das rechtliche Umfeld" den neuen rechtlichen Rahmen, in den sich die armenische Community in der Türkei nach 1923 einfinden musste, sowie die rechtliche Situation während der Einparteienjahre. Besonderes Gewicht lege ich aber auf den Zeitraum, mit dem sich die Arbeit auch ansonsten in erster Linie beschäftigt: das Einzeltreuhänder-System und seinen Einfluss auf die Gesellschaft als Ganzes einschließlich der juristischen Probleme, der Frage der Repräsentation, der administrativen Systeme der Gemeinde und der Auflösung der repräsentativen Institutionen. Die Quellen zeigen deutlich den Prozess, wie die rechtliche Basis der armenischen Gesellschaft ausgehöhlt wurde, indem rechtliche Fragen de facto in der Praxis gelöst wurden statt durch bindende rechtliche Vorgaben.

Das dritte Kapitel zeigt unter dem Titel „Staatliche Überwachung und antiarmenische Kampagnen", wie armenische Publikationen nicht nur in Istanbul, sondern weltweit genau unter die Lupe genommen und unter Druck gesetzt wurden und im Falle ausländischer Herkunft ein Import in die Türkei untersagt blieb. Antiarmenische Kampagnen stehen in engem Zusammenhang mit der staatlichen Überwachung der ArmenierInnen, denn während der Einparteienjahre und vor allem ab Mitte der 1930er-Jahre schwand der Unterschied zwischen Regierung und Staat einerseits und der Presse andererseits immer mehr; Chefredakteure waren gleichzeitig Parlamentsabgeordnete und handelten wie Aufgabenträger des Staates oder der Partei, was sich durch ihre Kolumnen und Leitartikel oder auch durch die Haltung direkt auf das soziopolitische Leben der ArmenierInnen auswirkte. Hier zeige ich die Interaktion zwischen der armenischen und der türkischen Presse auf, die Reaktionen der armenischen Chefredakteure sowie der armenischen Intellektuellen auf die antiarmenischen Kampagnen und schließlich die Folgen dieser Auseinandersetzungen für die armenische Presse und Gesellschaft als Ganzes. Eines der wichtigsten Themen der antiarmenischen Kampagnen nach 1945 überhaupt waren die Gebietsansprüche, die von den politischen Organisationen der ArmenierInnen auf der Konferenz von San Francisco erhoben wurden. Gebietsansprüche wurden des Weiteren von

Stalin betrieben, und sie wurden begleitet von Aufrufen zur Einwanderung aller ArmenierInnen nach Sowjetarmenien. Diese Entwicklungen stellten die Hauptvorwände für den erneuten Antiarmenianismus in der Türkei dar. Schaut man sich die Einparteienzeit und den Zeitraum nach dem Zweiten Weltkrieg aus der Perspektive armenischer Quellen an, stellt sich die Situation gänzlich anders dar als nach dem Mythos der Liberalisierung ab 1946.

Das vierte Kapitel steht unter der Überschrift „Die Krise um die Patriarchenwahl 1944–1950". Darin versuche ich die Krise im Zusammenhang der sich verändernden Machtbeziehungen in der internationalen Nachkriegssituation zu verstehen. Gleichzeitig betrachte ich, wie sich die Konflikte anlässlich der nicht stattfindenden Wahl des Patriarchen von Istanbul zwischen dem Heiligen Stuhl von Ējmiacin, dem Heiligen Stuhl von Kilikien, dem Patriarchat von Jerusalem und verschiedenen anderen armenischen Diözesen veränderten. Dieser Konflikt um die Patriarchenwahl wuchs sich zu einer internationalen Krise zwischen den armenischen Diaspora-Gemeinden aus und spielte eine wichtige Rolle dabei, wie sich die Beziehungen zwischen dem erst kürzlich restrukturierten Heiligen Stuhl von Ējmiacin und den Patriarchaten und Diözesen auf der ganzen Welt neu gestalteten. Zweifelsohne war die Angelegenheit für die in der Türkei lebenden ArmenierInnen noch komplexer, da sich die türkische Regierung auf verschiedenen Ebenen in die Krise einmischte. Den Spannungen zwischen den anderen Diaspora-Gemeinden und der Gemeinde in Istanbul sowie zwischen den Patriarchaten, Katholikaten und Staaten entstieg die erste internationale Krise, welche die ArmenierInnen während der republikanischen Ära betraf.

## Theoretische Annäherungen: Habitus und Diaspora

### Habitus

In diesem Werk nutze ich zum Verständnis der Geschichte der Türkei und zur Strukturierung meiner Argumentation zwei theoretische Werkzeuge: Habitus[68] und Diaspora. Das Konzept vom Habitus verwende ich in erster Linie dazu, die Bereiche und Strukturen zu erläutern, in denen soziale Praktiken und Interaktionen zwischen Staat und Gesellschaft im weitesten Sinne stattfinden und nor-

---

68 Ich möchte an dieser Stelle zwei den Horizont erweiternde Arbeiten erwähnen, welche die Theorie von Pierre Bourdieu aufgreifen: George Steinmetz, *The Devil's Handwriting: Precoloniality and the German Colonial State in Qingdao, Samoa and Southwest Africa* (Chicago und London: University of Chicago Press, 2007); Timothy Mitchell, *Colonizing Egypt* (Berkeley und Los Angeles: University of California Press, 1991).

mal werden. Dieser Prozess hängt, wie ich im Rahmen meiner Nachforschungen festgestellt habe, eng mit autobiografischem Wissen zusammen. Auch wenn die Begriffe biografisches und autobiografisches Wissen üblicherweise in der psychologischen[69] Erforschung der Erinnerung oder der Amnesie verwendet werden, bevorzuge ich, sie für Wissen einzusetzen, das auf Erfahrung beruht und von einer Generation zur nächsten weitergegeben wird. Die Familienforschung hat zu diesem Forschungsbereich Wesentliches beigetragen.[70] Allerdings hat sich dieser Zweig zur Untersuchung von Familien im Zusammenhang der Holocaust-Forschung entwickelt, und in der Türkei hat bislang nichts Vergleichbares stattgefunden. Den Kern dieses Wissens stellt die Familiengeschichte dar – also Erzählungen, die von den Älteren weitergegeben werden, die Geschichte bewohnter Orte, tägliche Praktiken und die eigenen Erfahrungen einer Person. Die Übertragung dieses Wissens von einer Generation zur nächsten spielt eine wichtige Rolle dabei, es in die Lebensführung zu integrieren, ohne wahrzunehmen, welche Funktion es hat. Ich habe im Rahmen der Auswertung meiner Quellen und meiner mündlichen Interviews zu verstehen gelernt, dass dieses Wissen der Leugnung immanent war und bis dato über Generationen ununterbrochen weitergegeben wurde.

Die verschiedenen Personen, mit denen ich Interviews geführt habe, sind in der Türkei geboren und aufgewachsen; einige haben das Land verlassen, und andere sind dortgeblieben. Wo sich die Erzählungen überschnitten, offenbarten sie ein autobiografisches Wissen, das mir aus meiner eigenen Soziation bekannt war. Loïc Wacquant definiert Soziation als „categories of judgement and action, coming from society [...] shared by all those who were subjected to similar social

---

**69** Martin A. Conway und David C. Rubin, „The structure of autobiographical memory", in: Alan F. Collins et al. (Hg.), *Theories of Memory* (Hillsdale, NJ: Lawrence Erlbaum Associates, 1993), S. 103 – 137. Vergleiche auch Martin A. Conway, „Memory and the self", in: *Journal of Memory and Language* 53 (2005), S. 594 – 628, und Darryl Bruce et al., „Memory fragments as autobiographical knowledge", in: *Applied Cognitive Psychology* xxi/3 (2007), S. 307 – 324.

**70** Vergleiche zum Beispiel Niklas Radenbach und Gabriele Rosenthal, „Das Vergangene ist auch Gegenwart, das Gesellschaftliche ist auch individuell. Zur Notwendigkeit der Analyse biographischer und historischer Rahmendaten", in: *Sozialer Sinn: Zeitschrift für hermeneutische Sozialforschung* xiii/1 (2012), S. 3 – 37. Die Familienforschung ist in der deutschsprachigen Wissenschaft institutionalisiert worden. Zu den wissenschaftlichen Fachzeitschriften im Themenfeld gehört unter anderem die *Zeitschrift für Familienforschung*; und es gibt verschiedene Einrichtungen wie das „Institut für Familienforschung und Familienberatung an der Universität Freiburg (Schweiz)" oder das „Institut für angewandte Biografie- und Familienforschung Kassel". Außerdem gibt es regionale und soziale Einrichtungen wie die *Westfälische Gesellschaft für Genealogie und Familienforschung (WGGF)*.

conditions and conditionings",[71] was auch die Voraussetzungen von Soziation benennt. Genau diese Welt von Praktiken und Soziationen war es, in die auch ich hineingeboren wurde und in der ich aufwuchs, wie mir anhand dieser Untersuchung klar wurde. Darüber hinaus enthüllen alle anderen Quellen, die in dieser Arbeit verwendet werden, eine Welt schriftlicher und gedruckter Dokumente, die von einer Reihe geschaffener Werte, täglicher Praktiken und Mechanismen zeugen, welche die Erfahrungen der Überlebenden leugnen. In anderen Worten: Die Leugnung wird zum zentralen Mechanismus von Soziation und Individuation, trotz der Existenz der Überlebenden mit ihrem gesamten Sein, ihren Erfahrungen, ihrer Sprache, allen erzählten und nicht erzählten Erinnerungen und ihrem Wissen. Die Menschen, die ich interviewt habe, eröffneten einen neuen Raum, in denen ich den Übereinstimmungen folgen konnte – zum einen hinsichtlich der Erfahrungen und zum anderen hinsichtlich der Umgangsweise, die sie zu ihren Erfahrungen einnahmen. Die Erfahrungen meiner InterviewpartnerInnen, die an bestimmten Stellen Schwierigkeiten hatten, sich dazu zu äußern, sowie der Umstand, dass sie diese Erfahrungen als normal betrachteten, also als einen gewöhnlichen Teil ihres Lebens, führten mich zu Pierre Bourdieus Konzept des „Habitus". Dies lag in erster Linie daran, dass die Theorie vom Habitus aus Praktiken entwickelt wurde: „It is to account for the actual logic of practice [...] that I have put forth a theory of practice, as the product of practical sense."[72] Dieses Konzept ermöglicht ein breiteres wie ein tieferes Verständnis von Praktiken, die zu Normalitäten geworden sind: indem das Regelmäßige, das Normale strukturiert wird, *strukturiert [Habitus] die Struktur:* „Habitus as a structuring and structured structure, engages in practices and thoughts."[73] Auf diese Weise erschaffen Praktiken und Gedanken eine Welt von Banalitäten, die schließlich eine strukturierte Welt ist und das Ergebnis einer bestimmten Soziation darstellt.

Wacquant, der mit seinen Arbeiten das Erbe Bourdieus erweiterte, weist darauf hin, dass Habitus „ein alter philosophischer Begriff ist, der auf die Gedanken Aristoteles sowie auf die mittelalterlichen Scholastiker zurückgeht und

---

71 Loïc Wacquant, „Habitus", in: Jens Beckert und Milan Zafirovski (Hg.), *International Encyclopaedia of Economic Sociology* (London: Routledge, 2004), S. 315 – 319. Soziation als „Kategorien des Urteilens und des Handelns, die der Gesellschaft entstammen [...] und geteilt werden von allen, die denselben sozialen Bedingungen und Konditionierungen unterlagen" (übers. von Jörg Heinemann).

72 Pierre Bourdieu und Loïc Wacquant, *An Invitation to Reflexive Sociology* (Chicago: The University of Chicago Press, 1992), S. 120 – 121. „Es ist der tatsächlichen Logik der Praxis geschuldet [...], dass ich eine Theorie der Praxis entworfen habe, die das Ergebnis der praktischen Bedeutung ist." (übers. J. H.).

73 Ebenda. „Habitus als strukturierende wie als strukturierte Struktur wird wirksam in den Praktiken wie in den Gedanken." (übers. von Jörg Heinemann).

der in den 1960er-Jahren vom Soziologen Pierre Bourdieu wiederentdeckt und überarbeitet wurde, um eine Dispositionstheorie des Handelns zu schmieden."[74] Während Norbert Elias den Terminus Habitus in seinem Werk *Über den Prozess der Zivilisation* bereits 1937 verwendet, beginnt Bourdieu mit der Entwicklung seiner Theorie erst in den 1970er-Jahren. Wacquant zufolge findet man

> im Werk Bourdieus, der sich in die entsprechenden philosophischen Debatten versenkt hatte, eine gründliche soziologische Neugestaltung des Ansatzes. Dieser sollte über die Opposition zwischen Objektivismus und Subjektivismus hinausgehen: Habitus ist der vermittelnde Begriff, der uns dabei unterstützt, die gemeinhin angenommene Dualität zwischen dem Individuum und dem Sozialen zu widerrufen, indem „die Internalisierung des Außen und die Externalisierung des Innen" erfasst wurde, also die Weise, in der sich Gesellschaft in den Individuen ablagert in Form anhaltender Dispositionen, erlernter Fähigkeiten und strukturierter Neigungen im beschränkten Denken, Fühlen und Handeln. [...] Habitus stellt auf einen Schlag ein Prinzip der Soziation und Individuation bereit: Soziation, weil unsere Kategorien von Bewertung und Handeln, welche der Gesellschaft entspringen, von allen geteilt werden, die ähnlichen sozialen Konditionen und Konditionierungen unterlagen (sodass sich vom maskulinen Habitus sprechen lässt, von einem nationalen Habitus, vom Habitus der Bourgeois usw.); Individuation hingegen, weil jeder Mensch, indem er einen einzigartigen Lebensweg und seine individuelle Stellung in der Welt hat, eine nicht noch einmal vorzufindende Kombination von Schemata internalisiert. Da beides strukturiert (durch frühere gesellschaftliche Milieus) und strukturierend (durch aktuelle Repräsentationen und Handlungen) ist, wirkt Habitus als „ungewähltes Prinzip aller Wahlmöglichkeiten" und leitet so die Handlungen, die den systematischen Charakter von Strategien annehmen, auch wenn sie nicht das Ergebnis strategischer Intention sind, sondern objektiv „orchestriert sind, ohne das Produkt organisierender Aktivität eines Anleiters zu sein".[75]

Die „Internalisierung des Außen" und die „Externalisierung des Innen" als Teile sowohl der Soziation als auch der Individuation zu begreifen, ermöglicht es, die Erzeugung autobiografischen Wissens und die Grundlage der Herstellung eines täglichen Lebens zu verstehen. Das Individuum ist zum einen durch den Habitus strukturiert und erhält zum anderen durch ihn ein Selbstbestimmungsrecht. Bourdieu weist den Strategien des Auswählens einen systematischen Charakter zu, auch wenn sie nicht Ergebnis einer strategischen Intention sind oder sich vielleicht das Individuum nicht in vollem Ausmaß der Ergebnisse seiner getrof-

---

74 Loïc Wacquant, „Habitus", in: Jens Beckert und Milan Zafirovski (Hg.), *International Encyclopaedia of Economic Sociology* (London: Routledge, 2004), S. 315 – 319. Soziation als „Kategorien des Urteilens und des Handelns, die der Gesellschaft entstammen [...] und geteilt werden von allen, die denselben sozialen Bedingungen und Konditionierungen unterlagen" (übers. von Jörg Heinemann).

75 Ebenda. „Habitus als strukturierende wie als strukturierte Struktur wird wirksam in den Praktiken wie in den Gedanken." (übers. von Jörg Heinemann).

fenen Auswahlen bewusst ist. Dies mindert jedoch nicht die Rolle des Individuums als Handelndes: Bourdieu hält klar fest, dass menschliche Handlungen keine unmittelbaren Reaktionen auf direkte Stimuli sind; sondern sie sind eingebettet in die Geschichte einer vorhandenen Beziehung.[76] Bourdieus Definition gibt eine Reihe von Regelmäßigkeiten und Normen der Soziation an, die Sinn erzeugen, durch welchen soziales Leben in einem bestimmten historischen Kontext strukturiert wird. Durch die Zusammenführung dieses sozialen Aspektes mit Selbstbestimmungsrecht erkenne ich zwei parallele, aber asymmetrische Prozesse, die sich in den Jahren nach 1923 entwickeln. Einerseits haben wir die Schaffung verschiedener Machtbereiche und deren internationale Unterstützung – zum Beispiel die staatliche Durchsetzung des Rechtes, sozioökonomische Bereiche und kulturell-politische Felder –, wodurch den Regeln von Selbstbestimmungsrecht und Repräsentation für eine Gruppe auf Kosten anderer der Vorrang eingeräumt wird. In anderen Worten: Bestimmte Strukturen und Arten individuellen Selbstbestimmungsrechtes erhielten in der türkischen Gesellschaft Priorität und wurden bereitwillig gegen andere mobilisiert, wobei dieses privilegierte Selbstbestimmungsrecht in den Praktiken des alltäglichen Lebens selbst wurzelte. Andererseits wirkte dieses bevorzugte institutionelle und individuelle Selbstbestimmungsrecht durch die institutionelle und individuelle Auslöschung des Anderen, also der nicht muslimischen und nicht türkischen Bevölkerung und – im Rahmen dieser Studie – insbesondere der ArmenierInnen. In den Begrifflichkeiten von Bourdieu ist dies eine Reaktion auf eine Beziehung, die selbst in die Geschichte eingebettet ist.

Hinsichtlich der externen Bedingungen (die Gesellschaft und die staatlichen Strukturen, in denen ich lebe) und der internen Strukturen (die Community und die familiären Strukturen, deren Teil ich bin) wurde mir klar, dass dieser Übergang zu einem neuen Satz an Praktiken in die Leugnung eingebettet war: Sprache, Geschichte, Vernichtung und Überleben wurden auf unterschiedlichen Ebenen geleugnet. Dennoch gab es keine Theorie, die dafür ausreichend war, die Leugnung in all ihren sozialen Dimensionen umfassend darzustellen. Es gab eine Welt, die über Generationen hinweg durch Praktiken geschaffen worden war und deren

---

76 Bourdieu und Wacquant, *An Invitation*, S. 124. Ausführlicher zur Agency-Struktur-Debatte vergleiche William H. Sewell Jr, „A theory of structure: Duality, agency, and transformation", in: *American Journal of Sociology* xcviii/1 (1992), S. 1. Zu einer interessanten Debatte zwischen Judith Butler und Pierre Bourdieu vergleiche Judith Butler, *Excitable Speech: A Politics of the Performative* (London: Routledge, 1997) und Pierre Bourdieu, *Pascalian Meditations* (Cambridge: Polity Press, 2000). Vergleiche auch Lois McNay, „Agency and experience: Gender as a lived relation", in: *Sociological Review* 52 (2004), S. 173–190, und Terry Lovell, „Resisting with authority: Historical specificity, agency and the performative self", in: *Theory, Culture & Society* xx/1 (2003), S. 1–17.

Teil ich ebenfalls war, doch diese Praktiken fanden nicht in Form einer Theorie einen verdienten Platz in den Systemen der Wissensproduktion. Die Abstraktion, die aus den Katastrophenerfahrungen und generationenalten Praktiken hätte erschaffen werden sollen, blieb unrealisiert. Mit dieser Studie unternehme ich einen Versuch dazu. Mit Katastrophenerfahrungen und -praktiken meine ich, in einer Familie zu leben, in der die Großeltern ermordet wurden oder verschwunden sind, unterschiedlichste Arten von Entführungen als normal anzusehen, von Verwandten zu wissen, die konvertiert sind, oder durch Konfiszierungen Hab und Gut verloren zu haben. Unterschiedliche Namen in unterschiedlichen Zusammenhängen – zu Hause versus in der Öffentlichkeit – zu verwenden, war die Regel geworden. Dazu gehörten auch merkwürdige Nachnamen, die durch das Gesetz über den Familiennamen verordnet worden waren und durch die ArmenierInnen (wie auch andere nicht muslimische, nicht türkische Gruppen) ihrem Stammbaum entrissen wurden, indem sie Namen erhielten, die nichts oder kaum etwas mit ihrer Gruppenidentität zu tun hatten. Wir wurden genötigt, in bestimmten Berufen oder Bereichen zu arbeiten, während wir de facto oder de jure aus anderen Professionen verdrängt wurden; und wir wurden gezwungen, in bestimmten Stadtteilen oder gar Gebäuden zu wohnen, in denen nur NichtmuslimInnen lebten. Wir waren es gewohnt, an bestimmten Orten auf das Sprechen unserer Muttersprache zu verzichten, und wir haben zahlreiche Strategien entwickelt, mit denen wir unsere Existenz verbargen. Den Begriff „Existenz" verwende ich, denn ich denke, dass man durch die Verwendung all dieser Strategien nicht nur die Identität verbirgt, sondern auch in der Gesellschaft als solcher unsichtbar wird und tatsächlich nur noch einzig in der eigenen Community sichtbar wird und damit überhaupt existent ist. Beide diese Bereiche werden durch den Habitus der Leugnung definiert. Es gab daher keine Möglichkeit, zu existieren, ohne Teil der Leugnung zu sein.

Doch sogar unter diesen Existenzbedingungen lassen sich die Leugnung seitens der Nachkommen von Überlebenden einerseits und die Leugnung seitens der Nachkommen der TäterInnen andererseits nicht als gleichrangig ansehen. Reproduzieren zwar beide die Leugnung, so führen aber die TäterInnen-Nachkommen mit der Leugnung die Tat weiter, wohingegen die Opfer-Nachkommen durch diese Leugnung weiterhin viktimisiert werden, auch wenn sie mit ihrer Lebensweise daran teilhaben müssen. Als Abstraktion all des von mir in dieser Arbeit analysierten Materials schlage ich einen Begriff vor, mit dem die Strukturen definiert werden, welche die Struktur strukturieren: *der postgenozidale Habitus der Leugnung*. Hierbei bedeutet „post" im Begriff „postgenozidal" nicht, dass der Genozid zum Ende gekommen ist, sondern im Gegenteil: Die Katastrophe des Völkermordes ist endlos und unumkehrbar. Es ist jedoch einzuräumen, dass die Art der physischen Gewalt und die damit einhergehende Politik in der Phase der

„Kristallisation" dieser Politik besondere Beachtung verdienen. Deshalb steht „post" hier für die Periode der Kristallisation, in der ausschließliche genozidale Politiken eingeführt wurden und sich die Leugnung der Katastrophe in abstrahierter und sich in alle Lebensbereiche hin ausbreitender Form zu dem Habitus wandelte, der sich über die Jahrzehnte bis heute erstreckt.

Der Habitus zeigt sich nur in Bezug auf bestimmte Situationen; er erzeugt nur *in der Beziehung zu* spezifischen Strukturen bestimmte Diskurse oder Praktiken.[77] Daher wohnt ihm die Möglichkeit inne, vollkommen unterschiedliche Ergebnisse zu erzielen. So zeigt sich in meiner Interpretation der Kampf für Gleichheit der armenischen Intellektuellen aus dem Umfeld der *Nor Or* – ich spreche von ihnen als von der Generation *Nor Or* –, der in der Zeit der Leugnung entstand und sich entwickelte, als ein Beispiel dieses Aspektes des Habitus. Ihr Kampf gegen diesen Habitus führte jedoch zu einem anderen Ergebnis – er wurde wiederum der Leugnung unterworfen und aufs Schärfste verfolgt: Die Mitglieder der Generation *Nor Or* wurden entweder eingekerkert oder ins Exil getrieben, sie verloren die Bindung zu der Community, in die sie hineingeboren waren, und ihre Arbeiten ließ man für Jahrzehnte dem Vergessen anheimfallen.

In meiner Untersuchung argumentiere ich dahingehend, dass nicht nur der generelle institutionelle Einfluss, sondern auch die von den Institutionen erzeugten Unterschiede von den Individuen internalisiert und über Generationen reproduziert wurden, was den Habitus verstärkt hat. „Unterschied" erscheint dementsprechend auch in einer der Definitionen von Habitus: „Habitus steht somit an der Basis der Strategien der Reproduktion, die dahin tendieren, Trennungen, Abstände und Beziehungen der Befehle und des Befehlens aufrechtzuerhalten, und somit mit der Praktik (wenngleich nicht bewusst oder vorsätzlich) übereinstimmen, das gesamte System von Unterschieden zu reproduzieren, welches für die soziale Ordnung konstitutiv ist."[78] Ethnie, Kultur, Erziehung, Sprache und sozioökonomische Bedingungen lassen sich leicht dafür instrumentalisieren, ein System von Unterschieden zu erschaffen. Die Internalisierung eines Systems von Unterschieden und Ausschlüssen kann im Kontext der Teilhabe an sozialen und institutionellen Strukturen verstanden werden. Im Rahmen des Völkermordes jedoch erwirbt jede Internalisierung schärfere Bedeutungen und Formen. So lässt sich dahingehend argumentieren, dass die nach 1923 vonseiten des Staates behauptete Gleichheit aller BürgerInnen nichts anderes als ein diskursives Werkzeug dazu war, die Forderung nach Rechten durch die ArmenierInnen (wie

---

77 Bourdieu und Wacquant, *An Invitation*, S. 135.
78 Bourdieu, *The State Nobility: Elite Schools in the Field of Power*, übers. von Loretta C. Clough (Cambridge–Oxford: Polity Press, 1996). S. 3.

durch andere NichtmuslimInnen und andere nicht türkische Bevölkerungsgruppen) zu untergraben; de facto handelte es sich dabei um eine Methode, die Unterschiede unter dem Mantel der Gleichheit zu reproduzieren.

In dem hier behandelten Fall umfasst, wirkt und strukturiert Habitus die gesamte staatliche Politik und alle sozialisierten Subjektivitäten[79] auf dem „Feld" (in Bourdieus Begrifflichkeit) des Rechtes (dies sind das Umsiedlungsgesetz, das Gesetz über die frommen Stiftungen, die verweigerte Anerkennung der im Vertrag von Lausanne zugesagten Rechte durch ein faktisches Verbot zur Öffnung armenischer Schulen in den Provinzen, juristischer Praktiken wie der Konfiszierungen von Stiftungseigentum und Strafprozesse wegen „Verunglimpfung des Türkentums"), auf dem akademischen Feld (selektive und gelenkte Wissensproduktion, besondere Unterstützung von Themen, Argumentationen und Methoden im Sinne der Leugnung sowie die Unzugänglichkeit von Archiven) sowie auf dem sozialen Feld (Praktiken wie alltägliche Schikanierung, Diskriminierung und rassistische Handlungen auf der Straße, in Schulen, durch die Nachbarschaft und durch KollegInnen). Deswegen erzeugt der postgenozidale Habitus der Leugnung eine Weltsicht und eine Welt von Praktiken.

Bourdieu ist wegen seiner Formulierung von Selbstbestimmungsrecht („agency") kritisiert worden wie auch für seine Hervorhebung der Rolle der Geschichte für die Soziation des Individuums und der Auswirkung der sozialen Bedingungen bei der Reproduktion des Habitus.[80] Steinmetz jedoch ist der Auffassung, dass Bourdieu deutlich davor warnte, soziale Praktiken auf dem Befolgen von Regeln aufzubauen, und sich auch klar dagegen aussprach, soziale Agenten auf die Rolle als reine „TrägerInnen der Strukturen" zu reduzieren.[81] Soziale Beziehungen wie Anerkennung durch die Gesellschaft und Prestige, das Erreichen eines werthaltigen Werdeganges, regelmäßiges Einkommen, Teilhabe an den staatlichen Mechanismen usw. setzen die Zusammenarbeit von Handelnden – Agenten – und die Reproduktion des Habitus der Leugnung voraus. Während dieser Habitus der Leugnung für die Mehrheit der Gesellschaft in der Türkei von Vorteil war, so bot derselbe Habitus den NichtmuslimInnen und den nicht türkischen Teilen der Bevölkerung einen Raum der Nichtexistenz und Un-

---

**79** Bourdieu und Wacquant, *An Invitation*, S. 126.

**80** George Steinmetz, „Bourdieu, history and historical sociology", in: *Cultural Sociology* v/1 (2011), S. 51. Vergleiche auch James Bohman, „Practical reason and cultural constraint: Agency in Bourdieu's theory of practice", in: Richard Shusterman (Hg.), *Bourdieu: A Critical Reader* (Oxford: Blackwell, 1999), S. 129–152, und Ciaran Cronin, „Bourdieu and Foucault on power and modernity", in: *Philosophy and Social Criticism* xxii/6 (1996): S. 55–85.

**81** Pierre Bourdieu, *The Political Ontology of Martin Heidegger* (Oxford: Polity, 1991), S. 252, zitiert in: Steinmetz, „Bourdieu, history", S. 51.

sichtbarkeit oder auch – wie im Falle der armenischen Parlamentarier – einen Ort, der streng durch den Habitus der Leugnung definiert war. Die Reproduktion der Leugnung ist in das „Agreement" impliziert, sie bildet eine Voraussetzung, eine Frage der stillschweigenden Übereinkunft oder – wiederum in Bourdieus Begrifflichkeit – eine Frage des „Common Sense":

> One of the fundamental effects of the orchestration of habitus is the production of a common-sense world endowed with the *objectivity* secured by consensus on the meaning [*sense*] of practices and the world, in other words the harmonization of agents' experiences and the continuous reinforcement that each of them receives from the expression, individual or collective (in festivals, for example), improvised or programmed (commonplaces, sayings), of similar or identical experiences.[82]

Spontan oder vorgegeben, kollektiv oder individuell, ähnlich oder gleich – Erfahrungen finden ihren Platz in den Überschneidungen zwischen offizieller Politik und gesellschaftlicher Reaktion, die – so behaupte ich – nicht als Koinzidenzen angesehen werden können, da Völkermord ein Verbrechen durch *Veranlassen* und nicht durch *Unterlassen* ist.[83] Je ausgedehnter die eher gewöhnlichen Menschen Teil eines Verbrechens werden, indem sie von ihm profitieren, desto einfacher fällt es, die Leugnung zu reproduzieren. Hierbei muss der Profit gar nicht einmal nur materiell ausfallen. Der Staat sowie die Verfassung und die Struktur der Gesellschaft änderten sich im letzten Jahrzehnt des Osmanischen Reiches radikal und maßgeblich. Klasse, Kultur, Architektur, Wirtschaft, das Alltagsleben und auch die Natur und alle anderen Bereiche des Lebens wurden für die kommenden Jahrzehnte beeinflusst. Schließlich wurde die Leugnung zu einem gewöhnlichen Teil des Lebens und zu einem wesentlichen Merkmal des Staates oder wie es Bourdieu in seiner Definition des Konzeptes vom Habitus ausdrückte, „history turned into nature, i. e. denied as such"[84] – das ist (nicht das Eigentliche, sondern) das Gewöhnliche, das Übliche, „the way it ought to be".

---

82 Pierre Bourdieu, *Outline of a Theory of Practice* (Cambridge: Cambridge University Press, 1977), S. 80. „Eine der grundlegenden Auswirkungen der Orchestrierung des Habitus ist die Herstellung eines Common Sense, der ausgestattet ist mit der *Objektivität*, die durch den konsensualen Sinn *[sens]* der Praktiken und der Welt gesichert wird, in anderen Worten: die Harmonisierung der Erfahrungen der Handelnden und die fortlaufende Verstärkung, die jedes von ihnen durch den Ausdruck erfährt, ob nun individuell oder kollektiv (zum Beispiel in Feierlichkeiten), spontan oder vorgegeben (Allgemeinplätze, Redensarten) durch ähnliche oder identische Erlebnisse" (übers. von Jörg Heinemann).
83 Uğur Ümit Üngör und Mehmet Polatel, *Confiscation and Destruction: The Young Turk Seizure of Armenian Property* (London: Continuum International Publ., 2011), S. 12.
84 Bourdieu, *Outline of a Theory of Practice*, S. 78–79. „Geschichte wandelte sich zu menschlicher Natur, negierte also als solche" [...] „die Art, wie es sein sollte" (übers. von Jörg Heinemann).

Die akademischen Arbeiten über die Türkei enthalten viel leugnerisches Material; und ein aktuelles Beispiel zeigt, wie auch mithilfe des Begriffes „Habitus" die Geschichte geleugnet werden kann und somit die Wissensproduktion in diesem Sinne anhält. Es gibt nicht viele WissenschaftlerInnen, die die Geschichte der Türkei anhand dieses Konzeptes analysieren. In ihrem kürzlich erschienenen Werk, das auf ihrer Dissertation, *Yenilgiden Sonra Doğu Batı ile Yaşamayı Nasıl Öğrendi* („Wie der Osten gelernt hat, nach der Niederlage mit dem Westen zu leben"), basiert, wendet Ayşe Zarakol die Theorie des Habitus auf die Türkei an, indem sie diese (1918–1939), Japan (1945–1974) und Russland (1990–2007) vergleicht.[85] Sie verweist auf den Habitus nicht als gesellschaftliche Theorie, sondern verwendet das Konzept mehr als ein Werkzeug zur Analyse der unterschiedlichen Wahrnehmungen in internationalen Beziehungen. Zarakol diskutiert den Habitus insbesondere im Zusammenhang von Staat und internationalen Akteuren und unternimmt dabei mehr oder weniger keinerlei Verweise auf die gesellschaftliche Umgebung; eine Ausnahme stellt der Bezug auf die „TürkInnen" dar.[86] Während Gesellschaft in der Definition des Habitus als Konzept erscheint, bleiben die Rolle der Gesellschaft in ihrer Reproduktion und die Art und Weise, wie diese Mechanismen in der Türkei wirken, unerklärt.[87]

Das Konzept wird im zweiten Kapitel ihrer Arbeit diskutiert, wobei es dort um „die Auswirkungen der befleckten nationalen Identität" geht.[88] Zarakol vertritt die Auffassung, dass die drei Länder, die zuvor Imperien waren, zwei Gemeinsamkeiten hinsichtlich ihres Habitus hätten: eine „befleckte" oder getrübte Identität aufgrund der „Rückständigkeit" während des gesamten Prozesses der modernen Nationenbildung sowie ein Bewusstsein, das von einer größeren Vergangenheit überschattet ist.[89] Wenngleich Zarakol schon dahingehend argumentiert, dass Vorkommnisse, die sich auf die Errichtung des Staates auswirken, ebenfalls eine wichtige Rolle im nationalen Habitus spielen, so ist das, was das Osmanische Reich von Japan und Russland unterscheidet, das „Trauma, dass die ChristInnen

---

**85** Ayşe Zarakol, *Yenilgiden Sonra Doğu Batı ile Yaşamayı Nasıl Öğrendi* (Istanbul: Koç Üniversitesi Yay. 2012), S. 27.

**86** Ab der ersten Seite ihres Werkes verwendet Zarakol den Begriff „TürkInnen" ohne weitere Ausarbeitung hinsichtlich der soziopolitischen Schichten von Identitätspolitik. Ebenda, S. 25–26. Zu einer Analyse der Konstruktion von Identität und Habitus in der Türkei vergleiche Barış Ünlü, „Türklüğün halleri: Barış Ünlü'yle Türklük sözleşmesi ve Türkiye entelektüelliği üzerine" (Interview mit Eren Barış), in: *Express* 133 (2013), S. 24–27, und derselbe, „Türklüğün Kısa Tarihi", in: *Birikim* 274 (2012), S. 23–34.

**87** Nick Crossley, „The phenomenological habitus and its construction", in: *Theory and Society* Vol. 30, No. 1 (2001), S. 83, zitiert in: Zarakol, *Yenilgiden Sonra*, S. 33.

**88** Zarakol, S. 136.

**89** Ebenda, S. 138.

des Reiches verursacht haben", die „dem Reich in den Rücken stachen"[90] – eine klare Unterscheidung, die sie jedoch ohne Erklärung in Anführungszeichen belässt (und auch nicht weiter erläutert). Zarakol zählt konsequent die Verluste des souveränen Imperiums auf, was die Paranoia erklären soll, die das „türkische Denken" durchdringt.[91] Somit spielen für Zarakol weder der Genozid noch Exil, Deportationen oder Konfiszierungen oder jegliche anderen derartigen Formen von Politik eine Rolle bei diesem Habitus, obwohl sie genau während des Bildungsprozesses der Republik stattfanden. Es lässt sich daher nicht nur als Ironie verstehen, dass auf dem Buchdeckel die Ruinen von Ani abgebildet sind, der früheren mittelalterlichen Hauptstadt des armenischen Königreiches der Bagratiden, und dass das Buch mit den Reaktionen in der Türkei auf die Auszeichnung Orhan Pamuks mit dem Literaturnobelpreis beginnt. Tatsächlich ist ihre Darstellung seiner Formulierung – „massenhafter Mord an den ArmenierInnen"[92] – dieser Probleme obskurantistisch und sprachlich leugnerisch. Hier meine ich, dass ironischerweise die Definition von Bourdieu, nach der sich Geschichte in menschliche Natur wandelt und als solche geleugnet wird, in Buchdeckel, Struktur und Präsentation des Buches an sich verkörpert wird. Also stellt sich das Buch selbst dar als ein Beispiel für den postgenozidalen Habitus, zu dem auch sowohl die formale als auch die inhaltliche Manipulation von wissenschaftlichen Quellen zählt.

Obwohl es nicht unbedingt einfach ist, soziologische Theorien in der Geschichtswissenschaft einzusetzen, ist Steinmetz der Auffassung, dass Bourdieus Theorie mit ihren wichtigsten Konzepten inhärent historisch ist: „So sind in der

---

**90** Ebenda. „Habitus als strukturierende wie als strukturierte Struktur wird wirksam in den Praktiken wie in den Gedanken." (übers. von Jörg Heinemann).

**91** Ebenda, S. 179. Der erste Satz zu den numerischen Daten enthält in einer Fußnote den Verweis „Osmanlı Arşivleri" (Osmanische Archive). Diese Angabe ergab für mich keinen Sinn, denn diese Referenz ist weder in der Bibliografie noch in vorangehenden Anmerkungen enthalten. Auch dies lässt sich als Manipulation von Quellen betrachten, denn es kann keine Quelle mit der Bezeichnung „Osmanische Archive" geben.

**92** In einem Interview mit dem Schweizer *Tages-Anzeiger* sagte Pamuk: „In diesem Land wurden eine Million ArmenierInnen und 30.000 KurdInnen ermordet." (Verfügbar unter www.tagesanzeiger.ch/ausland/europa/LiteraturNobelpreistraeger-Orhan-Pamuk-muss-vor-Gericht/story/30060283, abgerufen am 1. Februar 2015; und www.theguardian.com/world/2005/oct/23/books.turkey, abgerufen am 1. Juli 2020). Zarakol fasst dies wie folgt zusammen: „[Pamuk] gab [in dem Interview] an, dass er bereit sei, die Massaker an den ArmenierInnen und die Probleme im Zusammenhang mit den kurdischen Minderheiten in der Türkei zu diskutieren." Ihre Verwendung des Konzeptes „Minderheit" für die KurdInnen und die Bezeichnung „Diskutieren der Probleme" zusammen mit der Vermeidung von Zahlen ist eine Teilnahme am Diskurs der Leugnung. Allerdings ist auch die Verwendung von Zahlen (wie es Pamuk macht) nicht unbedingt von großer Aussagekraft, solange sie nicht konzeptuell definiert werden.

Tat sowohl die soziale Reproduktion als auch der soziale Wandel Kernstücke des Projektes von Bourdieu. Bourdieus wichtigste theoretische Konzepte – Habitus, Feld, kulturelles und symbolisches Kapital – sind alle inhärent historisch. Tatsächlich ist für Bourdieu ‚jedes soziale Objekt historisch'."[93] Zur Rolle der Geschichte in der Schaffung eines bestimmten Habitus schreibt Bourdieu selbst:

> the habitus, the product of history, produces individual and collective practices, and hence history, in accordance with the schemes engendered by history. The system of dispositions – a past which survives in the present and tends to perpetuate itself into the future by making itself present in practices structured according to its principles, an internal law relaying the continuous exercise of the law of external necessities (irreducible to immediate conjunctural constraints) – is the principle of the continuity and regularity which objectivism discerns in the social world without being able to give them a rational basis.[94]

Hier verweist Bordieu auf einen wichtigen Aspekt der Haltbarkeit des Habitus, der weniger rational zu sein scheint und deswegen wahrscheinlich schwieriger zu verstehen ist. Wenn der Habitus erst einmal in der Geschichte gesetzt ist, kann er sich auch unter sich verändernden externen Bedingungen weiterhin selbst reproduzieren. Man könnte annehmen, dass für eine Änderung des Habitus eine Krisensituation, ein historisch wahrgenommener Bruch auftreten muss – eine radikale Veränderung der Machtbeziehungen, eine Neudefinition der Felder und Soziationen. Der Zeitraum 1915 – 1923 lässt sich in den Begriffen von Bourdieu als eine „Krisenzeit" bezeichnen, in der die herkömmlichen Anpassungen subjektiver und objektiver Strukturen auf brutale Weise gestört werden.[95]

Um es mit den Worten von Ermakoff auszudrücken: Zeiten der Krise sind Zeiten der Trennung. Praktiken haben nicht länger die erwarteten Auswirkungen. Dispositionen, die aus der Vergangenheit überliefert wurden, werden disfunk-

---

**93** C. Charle und D. Roche, „Pierre Bourdieu et l'histoire", in: *Le Monde* (6. Februar 2002), zitiert in: Steinmetz, „Bourdieu, history", S. 46. Steinmetz zeigt außerdem die Vernetzung und gegenseitige Beeinflussung von Geschichte und Soziologie in Bourdieus Werk auf, und zwar insbesondere anhand des akademischen Systems in Frankreich.
**94** Bourdieu, *Outline of a Theory of Practice*, S. 82. „Der Habitus als Produkt der Geschichte erzeugt individuelle und kollektive Praktiken, und damit wiederum Geschichte entsprechend den Schemata, welche die Geschichte hervorgebracht hat. Das System der Dispositionen – eine Vergangenheit, die in die Gegenwart überlebt und dazu neigt, sich selbst auch in der Zukunft aufrechtzuerhalten, indem sie sich selbst in Praktiken zeigt, die gemäß diesen Prinzipien strukturiert sind; ein internes Gesetz, das die fortwährende Ausübung des Gesetzes externer Notwendigkeiten weitergibt (nicht auf unmittelbare konjunkturelle Zwänge reduzierbar) – ist das Prinzip der Kontinuität und Regelmäßigkeit, welches der Objektivismus in der sozialen Welt unterscheidet, ohne ihnen eine rationale Grundlage geben zu können" (übers. von Jörg Heinemann).
**95** Bourdieu und Wacquant, *An Invitation*, S. 131.

tional verschoben und von den situativen Herausforderungen und Imperativen getrennt. Sie haben ihre Relevanz verloren. Deswegen stehen die AkteurInnen im Konflikt mit der Welt, die vor ihren Augen entsteht.[96]

Während der Zeitraum nach 1923 durch eine radikale Institutionalisierung der Leugnung gekennzeichnet war, wie ich im ersten Kapitel herausarbeite, war die Zeit vor 1915 eine Periode mit unterschiedlichen Regeln für Soziation sowie für offizielle und soziale Repräsentanz, mit Mechanismen der Administration, der politischen Zusammenarbeit und der Konzeptualisierungen der Teilhabe am Reich, sowie vieler anderer Unterschiede, die ich in diesem Buch nicht behandeln werde. Es ist dennoch wichtig, die Tiefe dieser historischen Unterschiede und Veränderungen zu unterstreichen, ohne sie zu idealisieren, bevor wir darangehen, die postgenozidalen Strukturen und Praktiken, die in die Leugnung eingebettet sind, zu analysieren.

Während im hier behandelten Fall, also der Geschichte der Türkei, verschiedene Krisenmomente auftraten, wie nach dem Zweiten Weltkrieg die Gebietsansprüche der UdSSR und der armenischen Organisationen auf der Konferenz von San Francisco, forderte keines davon den Werte- und Normensatz heraus oder gar die Machtbeziehungen, die 1915/16 – 1923 entstanden waren, welche vor allem auf den umfassenderen Werte- und Normensatz zurückzuführen sind, der von der internationalen Welt akzeptiert wurde. Damit musste jeder historische Wandel, der den Habitus der Leugnung hätte transformieren können, in diesem Fall von den vielschichtigen Machtbeziehungen abhängen. Allerdings hält Bourdieu ebenfalls fest, dass „Habitus is not the fate that some people read into it. Being the product of history, it is an *open system of dispositions* that is constantly subjected to experiences, and therefore constantly affected by them in a way that either reinforces or modifies its structures. Habitus is durable but not eternal!"[97] Wenn sie auf den Zusammenhang von Genozid und Leugnung angewendet wird, bietet die Theorie vom Habitus die Möglichkeit einer Veränderung oder Transformation. Beachtet man jedoch die erforderlichen Zeiträume und die diffusen und verwurzelten Mechanismen der Staats- und Gesellschaftsbildung, wird die Transformation mehrere Krisen in unterschiedlichen Bereichen erfordern, also in der ökonomischen, der politischen und der gesellschaftlichen Sphäre, bevor sich

---

**96** Ivan Ermakoff, „Rational choice may take over", in: Philip S. Gorski (Hg.), *Bourdieu and Historical Analysis* (Durham: Duke Univ. Press, 2013), S. 93.

**97** Bourdieu und Wacquant, *An Invitation*, S. 133. „Habitus ist nicht das Schicksal, das manche Menschen in ihn hineininterpretieren wollen. Als Produkt der Geschichte handelt es sich um ein *offenes System von Dispositionen*, das permanent Erfahrungen ausgesetzt ist und deshalb kontinuierlich von ihnen beeinflusst wird, was seine Strukturen entweder verstärkt oder verändert. Habitus ist von Dauer, jedoch nicht ewig!" (übers. von Jörg Heinemann).

das alltägliche Leben verändern und restrukturieren kann. Anders ausgedrückt: Der Habitus muss sich über Generationen hinweg als überholt oder als reproduktionsunfähig erweisen. Obschon die Akteure des Habitus das Potenzial aufweisen, das soziale und institutionelle Gefüge an Praktiken und Soziationen zu verändern, indem sie diesen Habitus anerkennen und entschieden seine Mechanismen, seine Wertesysteme und seine regulierten Praktiken ansprechen, bedürfen sie dennoch weiterhin einer sinnvollen Begründung dafür, diese Wahl zu treffen. Ein Vergleich zwischen Nachkriegsdeutschland und der Türkei nach dem Völkermord 1915 wäre wesentlich für zukünftige Forschungen, bei denen es darum gehen müsste, einen Unterschied zwischen dem Anerkenntnis im Falle von Deutschland und der Leugnung im Falle der Türkei zu definieren, den postgenozidalen Habitus der Leugnung zu verstehen und den Habitus des Anerkennens sozial, institutionell, ökonomisch und politisch abzubilden. Wenn – wie im Falle von Deutschland – über Jahrzehnte hinweg ein neuer Satz von Normen und Werten eingeführt wurde, ist diese Transformation auch ein Ergebnis einer Krise und zahlreicher Kämpfe.[98]

### Diaspora

Ein zweites Argument bei der Theoriebildung über den Zeitraum nach Gründung der Republik auf der Grundlage der Belege, die in meiner Untersuchung dargestellt werden, betrifft den Prozess, in die Diaspora zu gehen. Sowohl die anhaltende Vertreibung wie auch die staatlich erzwungene Umsiedlung setzten dem armenischen Leben in Kleinasien und Nordmesopotamien ein Ende. Die Wiedererrichtung armenischer Kultur und Sprache wurde unterdrückt; die Rechte, die durch den Vertrag von Lausanne zugesichert waren, wurden versagt (beispielsweise die Wiedereröffnung armenischer Schulen in den Provinzen),[99] unter vorgeschobenen Gründen von Sicherheit wurden Verordnungen zur Umsiedlung erlassen (die verbliebenen ArmenierInnen wurden so entweder als AusländerInnen[100] oder als interner Feind abgestempelt), die religiösen Orte und Kulturstätten der ArmenierInnen wurden zerstört, und es wurde eine feindselige gesellschaftliche Stimmung erzeugt. Auch in den 1920er- und 1930er-Jahren zog

---

98 Dies soll jetzt nicht als idealisierende Darstellung verstanden werden, sondern es geht um einen Prozess mit offenem Ende, der nach dem Zweiten Weltkrieg begann und mit all seinen Schwierigkeiten und Errungenschaften bis heute anhält.
99 Zu einer detaillierten Analyse des Vertrages von Lausanne vergleiche Taner Akçam und Ümit Kurt, *Kanunların Ruhu* (Istanbul: İletişim Yay., 2012), S. 107–213.
100 Ebenda, S. 212.

eine Vielzahl armenischer Menschen nach Istanbul oder nach Syrien. In diesem Buch lässt sich Schritt für Schritt verfolgen, wie die in der Türkei verbliebenen ArmenierInnen strukturell und sozial ausgelöscht wurden. Während der Zeit nach der Gründung der Republik bildete sich aus diesen Gründen eine Gemeinde in der Diaspora. Daher sind die ersten drei Jahrzehnte von großer Bedeutung dafür, den Prozess der Bildung einer Diaspora in der Türkei zu verstehen.

Die Debatten zu den rechtlichen und sozialen Bedingungen der ArmenierInnen, die in der Türkei verblieben waren, sind größtenteils durch eine juristische Terminologie geformt, die sich im Verständnis des Nationalstaates bewegt beziehungsweise mit der Terminologie der „Minderheit" hantiert. Jedoch können, wie Akçam und Kurt herausgearbeitet haben, die mit den ChristInnen und JüdInnen, die noch in der Türkei lebten, verbundenen Fragen nicht als „Minderheiten"-Fragen angesehen werden, da die Republik Türkei auf der Vernichtung just dieser Gruppen gegründet wurde, die heute als „Minderheiten" betrachtet werden.[101] Auch hier wieder ist eine Klärung der Terminologie erforderlich. Der Begriff „Minderheit" bezieht sich eher auf eine juristische Kategorie, in der die Geschichte des Völkermordes und der verschiedenen Vertriebenen unsichtbar wird, was damit das Ergebnis legitimiert. Der Begriff „Minderheit" reproduziert eine Reihe von Konzepten, die mit dem Nationalstaat in Verbindung stehen, und bietet so einen Rahmen von Ordnung, in dem die Mehrheit „die Nation" bildet und die Minderheit „die anderen". Nichtsdestotrotz werden beide Kategorien tatsächlich imaginiert, und – was noch wichtiger ist – wie in diesem Buch gezeigt wird, entsprechen die vom Osmanischen Reich ererbten Strukturen der Verwaltung der NichtmuslimInnen nicht unbedingt den Mechanismen des Nationalstaates. Schließlich deutet der Begriff „Minderheit" auf einen eher begrenzten Forschungsbereich hin, da er auf eine „kleine Gruppe" verweist, die der Mehrheit gegenübersteht; dabei sollte es sich umgekehrt verhalten: Alles, was mit der „Minderheit" in Verbindung steht, dreht sich in allererster Linie um die Mehrheit. Ein anderes Problem mit der Terminologie springt hervor, sobald wir eine generelle Kategorie der Gruppen erschaffen wollen, die auf die eine oder andere Weise Gegenstand der diskriminierenden Politik oder Ziel des alltäglichen Rassismus wurden – also die Kategorie der NichtmuslimInnen. Es bleibt die Tatsache, dass keine der nichtmuslimischen Gruppen im Osmanischen Reich identische Rechte oder denselben soziopolitischen oder rechtlichen Hintergrund hatte. Deshalb habe ich entschieden, mich mit ihrem Namen auf die Gruppen zu beziehen, ohne den Versuch zu unternehmen, eine generische übergeordnete Bezeichnung zu erschaffen. In diesem Buch beziehe ich mich meist auf die ArmenierInnen, denn

---

**101** Akçam und Kurt, *Kanunlarn Ruhu*, S. 12.

ich habe am stärksten deren Quellen verwendet. Dies bedeutet nicht, dass nicht auch andere Gruppen von derselben Politik betroffen waren; in manchen Fällen waren sie es, in anderen nicht. Ich habe jedoch nicht das erforderliche Material für jede einzelne Gruppe, und ich bin auch nicht davon überzeugt, dass sich eine generische Gruppe benennen lässt, da zumindest die rechtlichen Umstände, die vom Osmanischen Reich übernommen wurden, sehr unterschiedliche Ausprägungen hatten.

Die Formierung der armenischen Diaspora nach 1915 ist das Ergebnis des Genozides. Deshalb gibt es keine kategorischen Unterschiede zwischen armenischen Überlebenden in Malatya und in Ordu oder in Glendale, und auch nicht zwischen ArmenierInnen aus Diyarbakır, die in San Francisco leben, und ArmenierInnen aus Diyarbakır in Istanbul. Ihre Lebensweise und die Fragen, mit denen sie sich im Alltag beschäftigen müssen, sind sicherlich unterschiedlich, aber der Grund, warum sie nicht an den Orten ihrer Vorfahren leben, bleibt derselbe. Auch hat die Auslöschung der administrativen und rechtlichen Strukturen in den ersten Jahrzehnten nach der Gründung der Republik für die ArmenierInnen in der Türkei eine neue Wirklichkeit erschaffen. Im Großen und Ganzen haben sie ihre organisatorischen und repräsentativen Rechte verloren. Die rechtlichen und sozialen Grundlagen für einen Verbleib in Kleinasien und Nordmesopotamien wurde radikal ausgerottet. Mit diesem Prozess beschäftige ich mich im ersten Kapitel. Im zweiten und im vierten Kapitel untersuche ich hingegen, wie die Diaspora entstand, und ich beschäftige mich mit dem Verlust der überkommenen Rechte und der Transformation in bloße Mitglieder einer „Minderheitengemeinde" sowie mit der krassen Konfrontation mit der Tatsache, konstitutiver Teil weder des Staates noch der Gesellschaft zu sein, weswegen ihr Selbstbestimmungsrecht als *Millet* nicht länger relevant war, außer dass sie dazu gezwungen waren, sich selbst zu verleugnen.

Die in der Türkei verbliebenen ArmenierInnen verwenden „Diaspora" nicht als einen alternativen Begriff. Nichtsdestotrotz sieht der Begründer der akademischen Zeitschrift *Diaspora*, Khachig Tölölyan, die armenische Gemeinde in Istanbul schon vor 1915 als Diaspora an:

> In jeder Diasporagemeinde nach dem Völkermord gab es ein zwar unterschiedlich starkes, dennoch insgesamt betrachtet auf jeden Fall beeindruckendes Engagement zum Wiederaufbau von Institutionen, die in den alten prosperierenden Diasporagemeinden der großen Zentren des Reiches und insbesondere Istanbuls existiert haben. [...] Dabei ist es wichtig, zur Kenntnis zu nehmen, dass die Istanbuler Gemeinde, die über Jahrhunderte hinweg die größte und wichtigste armenische Gemeinde der Diaspora war, sich selbst kaum als eine solche ansah; außer während der Verfolgungen durch den türkischen Staat betrachtete sie sich selbst als „zu Hause befindlich", als eine alte, bestens organisierte und institutionell

gesättigte Gemeinde *[hamaynk]*, die einen Teil des vielfältig zusammengesetzten gesellschaftlichen Lebens Istanbuls bildete.[102]

Hierbei ist zu betonen, dass die ArmenierInnen in Istanbul auch schon vor der Mitte des 19. Jahrhunderts eine gut organisierte Diaspora bildeten. Es gab Einrichtungen wie Krankenhäuser, Kirchen, Schulen und Stiftungen, und das hohe Niveau intellektueller Werke wie von Periodika, Zeitungen und Büchern belegt das *lebendige Wissen* der Istanbuler ArmenierInnen. Hier greife ich auf das Konzept von Mihran Dabag zurück, der „Diaspora als gelebtes Wissen"[103] bezeichnet. Dabag zufolge ist Diaspora eine Form der Kollektivierung, eine „Vergemeinschaftungsform", die Dauerhaftigkeit erfordert.[104] Das Armenische Patriarchat und die sich daraus ergebenden Strukturen lassen sich als Komponenten dieser Anforderung ansehen. Allerdings, wie Raymond H. Kévorkian und Paul B. Paboudjian in ihrem umfangreichen Werk *Ermeniler* betonen, wurde das Patriarchat erst nach der Mitte des 18. Jahrhunderts zu einem Referenzpunkt der ArmenierInnen im Osmanischen Reich: „Erst ab der Mitte des 18. Jahrhunderts errang das Patriarchat in Istanbul hierarchische Überlegenheit über die Katholikate von Kilikien und von Aghtamar, über die Prälate in den Provinzen und über das Patriarchat in Jerusalem."[105]

Die Autorität und die Präsenz der Vertreter des Patriarchates in den Provinzen war bis Mitte des 19. Jahrhunderts eher begrenzt, und das Patriarchat selbst verblieb unter dem Druck der armenischen Finanzaristokratie.[106] Wie Kévorkian gezeigt hat, erwarb das Patriarchat seine Autorität im Laufe der Jahrhunderte; seine Existenz allein verwandelte Istanbul nicht in die „Heimstatt" aller osmanischen ArmenierInnen, insbesondere nicht, wenn man bedenkt, dass Istanbul niemals Teil der historischen armenischen Königreiche gewesen war.

Ulf Björklund definiert die armenische Community in der Türkei als „klassische Geisel-Diaspora". Da er jedoch selbst keine historische Einordnung vornimmt, bleibt es meine Vermutung, wenn ich seine Definition als auf die Zeit nach

---

**102** Khatchig Tölölyan, „Elites and institutions in the Armenian transnation", in: *Diaspora* 9 (2000), S. 118–120.

**103** Mihran Dabag, „Diaspora als gelebtes Wissen", in: Mihran Dabag, Martin Sökefeld und Matthias Morgenstern, *Diaspora und Kulturwissenschaften* (Leipzig: Gustav-Adolf-Werk Verlag, 2011), S. 14. Zu Diskussionen des Konzeptes „Diaspora" vergleiche Martin Sökefeld, „Das Diaspora-Konzept in den neueren sozial- und kulturwissenschaftlichen Debatten", in: *Diaspora und Kulturwissenschaften*, S. 18–33.

**104** Ebenda, S. 17.

**105** Raymond H. Kévorkian und Paul B. Paboudjian, *Ermeniler*, S. 11.

**106** Ebenda. „Habitus als strukturierende wie als strukturierte Struktur wird wirksam in den Praktiken wie in den Gedanken." (übers. von Jörg Heinemann).

1915 oder nach 1923 verweisend ansehe: „Die Position der *Bolsahayutiun* (ArmenierInnen von Istanbul) ähnelt der einer klassischen Geisel-Diaspora; ihre grundlegende missliche Lage ist die, dass sie sich im Land des Feindes befinden. Dies ist meiner Meinung nach die Ansicht vieler ArmenierInnen, ob sie nun von innen oder von außen blicken."[107]

Inzwischen bezieht sich die Diaspora-Literatur auf jüdische und armenische Gemeinden auf der ganzen Welt.[108] Dennoch erweist es sich nicht immer als einfach, die in der Türkei verbliebenen ArmenierInnen als Diaspora zu definieren. MeinungsführerInnen und AkademikerInnen aus Istanbul zögern, die ArmenierInnen, die in Istanbul oder in der Türkei überhaupt leben, als „Diaspora" zu bezeichnen. So ist beispielsweise Melissa Bilal der Auffassung, dass es „problematisch ist, die ArmenierInnen in der Türkei ‚Diaspora' zu nennen".[109] Der Chefredakteur der armenischen Tageszeitung *Nor Marmara*, Rober Haddeciyan, erklärt: „Die ArmenierInnen von Istanbul gehören nicht der *Spiurk* [Diaspora] an. *Spiurk* besteht aus Menschen, die ihr Heimatland verlassen haben. Das haben wir nicht."[110] Der ermordete Hrant Dink, Chefredakteur der *Agos* pflegte in seinen vielen Artikeln und anderen Äußerungen zwischen den ArmenierInnen, die andernorts leben, und denen in der Türkei zu unterscheiden. Im ersten Text seiner Artikelreihe zur armenischen Identität stellte er fest, dass unabhängig davon, ob die ArmenierInnen in der Türkei als Teil der Diaspora angesehen werden oder nicht, jegliche Diskussion, die in der Diaspora über armenische Identität geführt würde, für alle ArmenierInnen wichtig ist.[111] Ende Februar 2004 schrieb Dink einen weiteren Artikel, in dem er festhielt, dass ungeachtet der Tatsache eines fehlenden historischen Unterschiedes zwischen den anderen ArmenierInnen in der Diaspora und den ArmenierInnen in der Türkei zwischen beiden Gruppen dennoch ein Unterschied vorliege, nämlich der, dass diejenigen in der Türkei weiterhin mit TürkInnen zusammenleben, was zu einer Heilung des Identitäts-

---

**107** Ulf Björklund, „Armenians of Athens and Istanbul: The Armenian diaspora and the ‚transnational' nation", in: *Global Networks* 3 (2003), S. 349.

**108** Beispiele bieten: Khatchig Tölölyan, „Elites and institutions in the Armenian transnation", in: *Diaspora* 9 (2000), S. 107–136; Kim Butler, „Defining diaspora, refining a discourse", in: *Diaspora* 10 (2001), S. 189–219; André Levy, „Diasporas through anthropological lenses: Contexts of postmodernity", in: *Diaspora* 9 (2000), S. 137–157.

**109** Melissa Bilal, „Longing for home at home: the Armenians of Istanbul", in: Marie-Aude Baronian, Stephan Besser und Yolande Jansen (Hg.), *Diaspora and Memory: Figures of Displacement in Contemporary Literature, Arts and Politics* (Amsterdam–New York: Rodopi B.V., 2007), S. 62.

**110** Björklund, „Armenians of Athens and Istanbul", S. 345.

**111** Hrant Dink, „Ermeni kimliği üzerine (I): Kuşaklara dair", in: *Agos*, 7. November 2003, Nr. 397. Diese Artikelreihe zog eine Anklage gegen Hrant Dink nach sich, der nach § 301 Strafgesetzbuch der „Verunglimpfung des Türkentums" bezichtigt wurde.

traumas führen würde; die Koexistenz hätte belegt, dass eine Normalisierung der Beziehungen möglich wäre.[112] Eine Woche später erschien statt einer Schlagzeile ein Artikel, der von *Agos* unterzeichnet war, in dem festgehalten wurde, dass die Zeitung weder die Sprecherin Armeniens noch der Diaspora ist.[113] Dieser Text war eine Reaktion auf die rassistischen Angriffe gegen die Zeitung wie gegen Hrant Dink als Person, die es nach der Veröffentlichung der Artikelreihe gab. Dennoch zeigen die Artikel von Dink, dass er sich die ArmenierInnen in der Türkei als dritte Partei vorstellte, nämlich in der Aufzählung: ArmenierInnen in der Diaspora, Armenien und ArmenierInnen in der Türkei.

Dink war in Malatya geboren und mit seiner Familie nach Istanbul gezogen. Heutzutage gibt es in Kleinasien und Nordmesopotamien nahezu keine ArmenierInnen mehr, insbesondere keinerlei soziales oder kulturelles armenisches Leben. Die Geschichte und die Geschichten der andauernden Vertreibung der ArmenierInnen seit der Gründung der Republik müssen noch geschrieben werden; heute sind sie nicht mehr so lebendig wie noch ein halbes Jahrhundert zuvor. Hinzu kommt, dass der Habitus der Leugnung in der Türkei, wie er sowohl von MeinungsführerInnen als auch durch die staatliche Politik vertreten wird, das Konzept der „Diaspora" in eine Verleumdung gewandelt hat, durch die die Opfer, die Überlebenden und ihre Nachfahren entmenschlicht und dämonisiert werden.

Auch das Konzept von „Heimat" steht im Mittelpunkt dieser Debatten. Wie soll eine konzeptuelle „Heimat" für die nach dem Völkermord dritte oder vierte Generation osmanischer ArmenierInnen definiert werden? Als Republik Armenien? Wohl kaum. Marseilles, Paris, Glendale, New York? Bilal argumentiert dahingehend, dass sich für ArmenierInnen, die in Istanbul leben, „Zugehörigkeit" und „Vertreibung" auf denselben Ort beziehen und so die Erfahrung als Minderheit in der Türkei definieren.[114] Sie weist darauf hin, dass es notwendig sei, „Vertreibung" innerhalb des „Heimatlandes" im Zusammenhang mit der Erfahrung als Minderheit zu befragen.[115] Auch wenn ich mich allgemein ihrer Argumentation anschließe, so lehne ich aus den oben genannten Gründen ihr Konzept der Minderheit ab. Außerdem stellt sich hinsichtlich der in der Türkei verbliebenen ArmenierInnen die Frage, in welchem Ausmaß „Heimat" für Überlebende

---

112 Hrant Dink, „Zorunlu bir saptama", in: *Agos*, 27. Februar 2004, Nr. 413. Dies geschah zwei Wochen nach der Veröffentlichung einer Meldung zu den armenischen Wurzeln von Sabiha Gökçen, der Adoptivtochter von Mustafa Kemal und ersten Luftwaffenpilotin der Türkei. Sowohl diese Meldung als auch die Reihe führten dazu, dass er wie auch seine Zeitung Ziel rassistischer Angriffe wurde.
113 „Türkiye bizimle güzel", in: *Agos*, 5. März 2004, Nr. 414.
114 Bilal, „Longing for home at home", S. 55.
115 Ebenda, S. 62.

noch eine Heimat sein kann. Ich schlage deshalb vor, ein umfassenderes Konzept von Diaspora zu entwickeln, das soziale, rechtliche, institutionelle, kulturelle und ökonomische Erfahrungen jener ArmenierInnen umschließt, die nach 1923 in der Türkei blieben. Auf der Grundlage des Materials in diesem Buch erscheint es als unwahrscheinlich, annehmen zu können, dass die Generation der Überlebenden Istanbul – oder auch die Provinzen – als Heimat empfand. Wie unterscheidet sich Istanbul von anderen Städten, in denen Überlebende lebten? Hier kann argumentiert werden, dass der Unterschied darin bestand, dass in Istanbul das Patriarchat ansässig war. Zum Beispiel in Jerusalem, das lange Zeit unter osmanischer Herrschaft gestanden hatte und in dem es neben dem Armenischen Patriarchat auch ein Kloster gab, wurde Überlebende aus Antep, Maraş und anderen Orten aufgenommen. Dennoch machen solche Einwände nicht die Tatsache zunichte, dass armenische Überlebende in Jerusalem eine wichtige Gemeinde der Diaspora aufgebaut haben.

Ich schlage vor, dass das Konzept der Diaspora nicht einfach nur als Selbstidentifikation oder als Identitätskategorie verstanden werden soll, sondern eher als Analysewerkzeug, mit dem den postgenizodalen Bedingungen der in der Türkei verbliebenen ArmenierInnen ein Sinn vermittelt werden kann, wie es auch bei anderen Gemeinden der Fall war, die nach 1915 in Syrien, im Libanon, auf Zypern, in den Vereinigten Staaten oder anderswo gegründet wurden.

Dieses Buch zeigt, dass die verbliebenen ArmenierInnen in den ersten drei Jahrzehnten der Türkei beträchtliche Mühen dafür aufwendeten, sich selbst von den Gemeinden armenischer Überlebender an anderen Orten abzugrenzen. Die Eigentumsansprüche, die Rückkehrforderungen und die politische Organisation der Überlebenden spielten eine wichtige Rolle beim Prozess der Dämonisierung dieser Gemeinden durch den kemalistischen Staat. Daher entspringt die Distanzierung der armenischen Gemeinde in Istanbul von den übrigen Gemeinden auf der Welt wie auch von der Republik Armenien genauso diesen kemalistischen Konstrukten wie die Verdammung der Diaspora. Akçam und Kurt nennen beispielhaft eine Reihe von Aussagen von Meinungsführern und aus offiziellen staatlichen Quellen schon direkt aus der Zeit nach der Unterzeichnung des Vertrages von Lausanne, die sich insbesondere gegen ArmenierInnen richteten, welche zurückkehren und ihr Eigentum beanspruchen wollten.[116] Diese antiarmenische Haltung reproduzierte sich in verschiedenen Formen durch die 1930er- und 1940er-Jahre hindurch. Im dritten und im vierten Kapitel belege ich den anhaltenden Antiarmenianismus, wie er sich sowohl auf staatlicher wie auf gesellschaftlicher Ebene in zahlreichen Kontexten äußerte. ArmenierInnen, die die

---

116 Akçam und Kurt, *Kanunların Ruhu*, S. 179–204.

Staatsangehörigkeit anderer Länder erhielten und ihre Rechte in der Türkei einfordern konnten, wurden ohne Unterlass zu Ungeheuern erklärt und verteufelt. Diese Tendenz gesellt sich zu den tätlichen Angriffen auf die Menschen hinzu und entfremdete diese von sich selbst in einem solchen Maße, dass sie – obgleich mehr oder weniger jede armenische Familie in Istanbul Verwandte in anderen Gemeinden der Diaspora hatte – den Begriff „Diaspora" nur mit ausgesprochener Reserviertheit verwendeten oder gelinde gesagt als negativ konnotiertes Konzept ansahen.[117] Folglich erkenne ich in den Jahren nach 1923 zwei parallele Prozesse: Der eine ist der fortwährende Zuzug von ArmenierInnen aus den Provinzen, was auf einen andauernden Prozess der Diasporisierung im weitesten Sinne hindeutet. Der andere ist die Auslöschung des institutionellen und des sozialen Lebens in den Provinzen – das Schließen von Schulen, Chören, Waisenhäusern, Kirchen, Klöstern usw. – und die Aushöhlung der rechtlichen Strukturen der Community als solcher, was alles auf eine äußerst fragile Diasporagemeinschaft hindeutet, die auf Istanbul beschränkt ist.

Ein kurzer Auszug von Hagop Mıntzuri (1886 – 1978) kann uns dabei helfen, zu verstehen, warum Istanbul nicht immer als „Heimat" oder „Zuhause" angesehen wurde. Mıntzuri war 1914 zu einer Mandelentfernung aus seinem Dorf Armdan nach Istanbul gekommen, und er blieb dort, weil er sein Schiff zurück verpasste. Es brach der Erste Weltkrieg aus, und mit der Mobilmachung wurde er eingezogen. Er kehrte nicht mehr in sein Dorf zurück. Als 1915 die Deportationen begannen, sandte er seiner Familie mehrere Telegramme, erfuhr aber daraufhin lediglich, dass sie „an einen unbekannten Ort deportiert" worden sind. Von seiner Frau, seinen Eltern und auch von seinen vier Kindern vernahm er nie wieder etwas. Mıntzuri verbrachte den Rest seines Lebens in Istanbul, und er verfasste Hunderte von Artikeln und Chroniken sowie insgesamt sieben Bücher. Im Abschnitt „Ich" seines Werkes *Istanbuler Memoiren, 1897 – 1940* heißt es: „Was habe ich in dieser Stadt zu schaffen? [...] Es ist das Leben, das mich hierher geweht hat. Ginge es nach mir, so hätte ich niemals unsere Bergwiesen oder die rauschenden Flussufer

---

**117** Zu einer weitergehenden Diskussion der armenischen Gemeinde als Diaspora vergleiche Kurken Berksanlar, „Türkiye Ermenileri diaspora mı?", verfügbar unter hyetert.blogspot.de/2011/05/turkiye-ermenileri-diaspora-m.html (abgerufen am 14. Oktober 2020); Vartan Matossian, „Istanbul diyaspora mıdır, değil midir?", verfügbar unter azadalik.wordpress.com/2011/07/05/istanbul-diyaspora-midir-degil-midir/ (abgerufen am 14. Oktober 2020); Talin Suciyan, „Diaspora kim", verfügbar unter https://hyetert.org/2009/10/20/diaspora-kim-talin-sucuyan (abgerufen am 14. Oktober 2020). Zur Entmenschlichung und Dämonisierung der Diaspora vergleiche Ayda Erbal und Talin Suciyan, „One hundred years of abandonment", in: *The Armenian Weekly Special Issue 2011*, S. 41– 45. Verfügbar unter www.armenianweekly.com/2011/04/29/erbal-and-suciyan-one-hundred-years-of-abandonment/ (abgerufen am 9. Juli 2020).

verlassen. Ich bin eine Geisel, und ich verbleibe verdammt dazu, hier [in Istanbul] mein Leben in Geiselhaft zu beschließen."[118]

---

118 Hagop Mıntzuri, *Istanbul Anıları*, übers. von Silva Kuyumciyan (Istanbul: Tarih Vakfı Yurt Yay., 1993), S. 143.

# 1 Soziale Bedingungen der in Istanbul und in den Provinzen verbliebenen ArmenierInnen

## 1.1 Historischer Hintergrund

Im Rahmen der aktuellen Debatte über Brüche und Kontinuitäten beim Übergang vom Osmanischen Reich hin zur Republik Türkei ist dank kürzlich abgeschlossener Forschungen zum Osmanischen Reich während des 19. Jahrhunderts neues historisches Material verfügbar geworden. Ich beginne dieses Kapitel mit einer Übersicht über den historischen Hintergrund, also über die Voraussetzungen, Strukturen und Praktiken, die meiner Auffassung nach während dieses Zeitraumes entscheidend gewesen sind. Beispielsweise ergibt sich aus der Konfiszierung von Eigentum und aus den Vorgängen bei der Gesetzgebung in der finalen Periode des Osmanischen Reiches sowie aus den Mechanismen, welche die postgenozidalen Prozesse rechtfertigten, einer der wichtigsten Forschungsbereiche, nämlich die wirtschaftliche Ordnung nach 1923.[119] Je stärker sich die Strukturen und Praktiken der Übergangsperiode in der zunehmenden Forschungsliteratur niederschlagen, desto besser können wir die Art von Brüchen und Kontinuitäten verstehen.

Erstmalig wurden diese Kontinuitäten in ihren Grundzügen Mitte der 1980er-Jahre in Erik-Jan Zürchers Werk *„Turkey: A Modern History"* beschrieben. Insbesondere die Biografien am Ende seines Buches sind ein hervorragender Ausgangspunkt dafür, die Lebensläufe bestimmter prominenter Personen vom Ende des 19. und bis in die erste Hälfte des 20. Jahrhunderts nachverfolgen zu können.[120] Auch Taner Akçam argumentiert dahingehend, dass sich die heutigen Probleme der Türkei bereits in ihrem osmanischen Erbe bestimmen lassen.[121] Mein Ziel ist allerdings nicht eine Beschäftigung mit allen Details dieser Diskussion, sondern ich möchte die Aufmerksamkeit auf einen Aspekt lenken, den auch Akçam betont, nämlich „[die] ‚Kontinuität der Denkweise', die den Übergang vom Reich zur Republik überdauerte und die grundsätzlich die Verhaltensweisen sowohl der Regierenden als auch der Regierten in der Republik Türkei erklärt".[122]

---

119 Vergleiche Taner Akçam und Ümit Kurt, *Kanunların Ruhu* (Istanbul: İletişim Yay., 2012) sowie Uğur Ümit Üngör und Mehmet Polatel, *Confiscation and Destruction: The Young Turk Seizure of Armenian Property* (London: Continuum International Publ., 2011).

120 Erik-Jan Zürcher, *Turkey: A Modern History* (London: I. B. Tauris, 2004), S. 381–407.

121 Taner Akçam, *From Empire to Republic: Turkish Nationalism and The Armenian Genocide* (London: Zed Books, 2004), S. 11.

122 Akçam, *From Empire to Republic*, S. 12.

https://doi.org/10.1515/9783110655087-003

Die Sekundärliteratur, die sich mit der Politik hinsichtlich der Provinzen im Osten und mit den institutionellen und strukturellen Kontinuitäten ab dem 19. Jahrhundert befasst, muss gemeinsam betrachtet werden, weil zum einen zahlreiche politische Maßnahmen auch nach 1923 fortgeführt wurden und zum anderen die lokale Bevölkerung der Region die ArmenierInnen bildeten, also die Gruppe, mit der ich mich in dieser Untersuchung hauptsächlich beschäftige. Die Frage nach einer Kontinuität muss daher in der Sekundärliteratur im Zusammenhang des Verhältnisses zwischen Zentrum und Peripherie betrachtet werden.

Die östlichen Provinzen waren noch bis vor Kurzem kein populäres Thema, wenn es um das Verhältnis zwischen Zentrum und Peripherie ging. In seinem Werk „The Ottoman Empire 1700 – 1922" gibt Donald Quataert einen detaillierten Überblick über die Veränderungen des Staatsapparates und der Praktiken im gesamten 19. Jahrhundert.[123] Er widmet dieser Fragestellung einen Abschnitt mit dem Untertitel „Verhältnis zwischen Zentrum und Peripherie". Allerdings betrachtet er unter dieser Überschrift die 1840er-Jahre nur mit Blick auf Damaskus und Nablus, während einer der wichtigsten Prozesse in den östlichen Provinzen stattfand. Quataert geht nicht auf das osmanische Erbe in den ersten zwei Jahrzehnten des 20. Jahrhunderts ein. Şerif Mardin, ein Soziologe, der sich intensiv mit den Modernisierungsprozessen des Osmanischen Reiches und der Republik Türkei beschäftigt hat,[124] untersucht in seinen Studien zu den staatlichen Strukturen der osmanischen Zeit und zu deren Funktionen auch das Verhältnis zwischen Zentrum und Peripherie. Mardin betrachtet während der ersten republikanischen Periode zwei wichtige Wendepunkte im Verhältnis zwischen Zentrum und Peripherie: den Scheich-Said-Aufstand von 1925 im Osten und das „Menemen-Ereignis" im Westen des Landes.[125] Laut Mardin fand die Niederschlagung des Scheich-Said-Aufstandes im Kontext der „albtraumhaften Spaltungen vor und während des Unabhängigkeitskrieges"[126] statt, während das Menemen-Ereignis als weiterer Verrat der Peripherie gegenüber dem Zentrum angesehen wurde: „Die Provinz, der primäre Lokus der Peripherie, wurde einmal mehr als Hort des Verrates gegenüber den säkularen Zielsetzungen der Republik identifiziert."[127] Wie

---

**123** Vergleiche Donald Quataert, *The Ottoman Empire 1700 – 1922* (New York: Cambridge University Press, 2005), S. 54 – 90.
**124** Şerif Mardin, „Center–periphery relations: A key to Turkish politics?", in: Engin Akarlı und Gabriel Ben-Dior (Hg.), *Political Participation in Turkey: Historical Background and Present Problems* (Istanbul: Boğaziçi University Press, 1975), S. 7 – 32.
**125** Ebenda, S. 23.
**126** Ebenda.
**127** Ebenda.

auch Cihangir Gündoğdu und Vural Genç in ihrem ersten Buch zeigen, war die fehlende Durchsetzung staatlicher Herrschaft in den östlichen Provinzen im 19. und 20. Jahrhundert entscheidend für die Politik hinsichtlich des Verhältnisses zwischen Zentrum und Peripherie. Gündoğdu und Genç sind der Auffassung, dass die beabsichtigten Lösungen insbesondere nach der Tanzimat-Periode einer genaueren Untersuchung bedürften.[128] Welche Kontinuität die staatliche Herangehensweise hatte, lässt sich deutlich an der Sprache verfolgen, wie sie zum einen vor und zum anderen nach 1923 verwendet wurde; konkret[129] kann dies in den *Layihas* nachvollzogen werden.[130]

Die Problematisierung der fehlenden Steuerung in den östlichen Provinzen bildet einen wichtigen Beitrag zur Forschungsliteratur; allerdings bedarf ein weiterer Aspekt weiterer Forschung, nämlich die Art des Verhältnisses zwischen Zentrum und Peripherie abhängig von den verschiedenen Gruppen ab dem 19. Jahrhundert. Laut Martin van Bruinessen ist davon auszugehen, dass es gleichzeitig Tendenzen einerseits zur Zentralisierung und andererseits zur Dezentralisierung gab.[131] Das Problem, das in der zweiten Hälfte des 19. Jahrhunderts als „Östliche Frage" benannt wurde, war eigentlich eine vielschichtige Fragestellung zur Ausführung staatlicher Macht. Sowohl die Vereinbarungen mit den kurdischen Stammesführern in den 1840er-Jahren als auch die administrativen Veränderungen, die im Anschluss daran erfolgten – wie zum Beispiel *Vilayet Reformu* (1864, Provinzialreform), *Arazi Kanunnamesi* (Bodenrecht, 1858)[132] und die neuen Verwaltungsstrukturen –, lassen sich im weitesten Sinne als Prozess einer Kolonialisierung verstehen. Hans-Lukas Kieser benennt den Krieg mit den kurdischen Stammesführern als Prozess einer *Binneneroberung*.[133] In ihrer Un-

---

128 Cihangir Gündoğdu und Vural Genç, *Dersim'de Osmanlı Siyaseti: İzâle-i Vahşet, Tashih-i İtikâd, Tasfiye-i Ezhân 1880–1913* (Istanbul: Kitap Yay., 2013), S. 15–17. Zur Politik speziell im Osmanischen Reich des 19. Jahrhunderts siehe Reşat Kasaba, *Bir Konargöçer İmparatorluk, Osmanlıda Göçebeler, Göçmenler ve Sığınmacılar*, übers. von Ayla Ortaç (Istanbul: Kitap Yay., 2012).
129 Gündoğdu und Genç, *Dersim*, S. 13–14.
130 *Layihas* sind staatliche Berichte über die Regionen, denen Probleme politischer, wirtschaftlicher, militärischer oder administrativer Art unterstellt werden; in den Berichten werden die Lösungsvorschläge unterbreitet. Ausführlicher dazu Mübahat Kütüoğlu, *„Layiha"* DIA (Ankara, 2003), S. 116–117; Gündoğdu und Genç, *Dersim*, S. 11.
131 Martin van Bruinessen, *Agha, Shaikh and State: The Social and Political Structures of Kurdistan* (London–New Jersey: Zed Books, 1992), S. 175.
132 Zur Provinzialreform sowie zu administrativen wie demografischen Änderungsmaßnahmen des Staates vergleiche Roderic H. Davidson, *Reform in the Ottoman Empire* (New York: Gordian Press, 1973), und Raymond H. Kévorkian, „The administrative divisions", in: derselbe, *The Armenian Genocide: A Complete History* (London: I. B. Tauris, 2011), S. 266–267.
133 Hans-Lukas Kieser, *Der verpasste Friede: Mission, Ethnie und Staat in den Ostprovinzen der Türkei 1839–1938* (Zürich: Chronos, 2000), S. 13.

tersuchung der *Layihas* finden sich bei Cihangir Gündoğdu und Vural Genç wertvolle Daten wie auch Analysen des Verhältnisses zwischen Zentrum und Peripherie für die Region Dersim, die von AlevitInnen, KurdInnen sowie von ArmenierInnen besiedelt war. Gündoğdu und Genç betrachten Provinzialreform und Bodenrecht als Form der Politik, mit der die Macht des Sultans als Oberhaupt des Reiches gestärkt wurde und die gleichzeitig den Einfluss der lokalen Machtzentren schwächen sollte.[134] Ussama Makdisi konstatiert in seiner Arbeit: „In einem Zeitalter westlich dominierter Modernität kreiert jede Nation ihren eigenen Orient. Das Osmanische Reich des 19. Jahrhunderts bildet dabei keine Ausnahme."[135] Darauf verweisend meinen Gündoğdu und Genç, dass für die osmanische Führungselite Dersim den „Osten" bildete.[136] Als ein Beispiel führen sie eine *Layiha* von Mikdad Mithad Bedirhan an, der Dersim als *„vahşi Afrika akvamı"* („wilde afrikanische Stämme") der osmanischen Welt bezeichnet und ähnliche Maßnahmen wie die der britischen Kolonialmacht im Sudan vorschlägt.[137] Gündoğdu und Genç arbeiten des Weiteren heraus, dass die osmanische Elite für Dersim – wie für Nordafrika und die arabischen Provinzen – ihren eigenen vormodernen Diskurs erschaffen hätte.[138]

Auch wenn im letzten Jahrzehnt eine beachtliche Menge von Arbeiten zum Thema Osmanisches Reich und Kolonialismus insbesondere im Hinblick auf die arabischen Provinzen erschienen ist,[139] werden die politischen Maßnahmen zu den Anträgen von ArmenierInnen so gut wie gar nicht behandelt, welche im Zusammenhang mit der kolonialen Machtausübung während dieses Zeitraumes stehen, also während der zweiten Hälfte des 19. und der ersten Jahrzehnte des 20. Jahrhunderts. Einige interessante Daten sind dem Artikel des Parlamentariers

---

**134** Gündoğdu und Genç, *Dersim*, S. 16. Zum Bodenrecht vergleiche Martin van Bruinessen, *Agha, Shaikh and State*, S. 182–185.

**135** Ussama Makdisi, „Ottoman Orientalism", in: *American Historical Review* cvii/3 (2002), S. 768–796.

**136** Gündoğdu und Genç, *Dersim*, S. 52.

**137** Ebenda, S. 53.

**138** Ebenda.

**139** Vergleiche die Arbeiten von Selim Deringil, *The Well-Protected Domains: Ideology and the Legitimation of Power in the Ottoman Empire 1876–1909* (London, 1998) und „‚They live in a state of nomadism and savagery': The late Ottoman Empire and the post-colonial debate", in: *Comparative Studies in Society and History* xlv/2 (2003), S. 311–342; Thomas Kühn, *Empire, Islam and Politics of Difference: Ottoman Rule in Yemen, 1849–1919* (Leiden: Brill Publ., 2011); Isa Blumi, *Rethinking the Late Ottoman Empire: A Comparative Social and Political History of Albania and Yemen, 1878–1918* (Istanbul: Isis Press, 2003), Marc Aymes, „Many standards at a time", in: *Contributions to the History of Concepts* viii/1 (2013), S. 26–43; und *A Provincial History of the Ottoman Empire: Cyprus and the Eastern Mediterranean in the Nineteenth Century* (London: Routledge, 2014).

und Anwaltes Krikor Zohrab *Pnagch'ut'iwn* („Bevölkerung") zu entnehmen, in dem die Demografie und der Zuschnitt der Provinzialgrenzen seit Beginn der 1880er-Jahre behandelt werden.[140] Zohrab vermutet, dass die Neuordnung der kleineren *Vilayets* und die damit stattfindenden demografischen Verschiebungen, ähnlich denen mit den GriechInnen und den BulgarInnen in Rumelien, darauf abzielten, die ArmenierInnen in den östlichen Provinzen zu einer Minderheit zu machen.[141] Wie für den Zeitraum vor der Formung der Provinzen stützt sich Masayuki Ueno auf die offiziellen Berichte und Eingaben *(Takrir)*, die aus den Provinzen kamen und vom Patriarchat an die Regierung gerichtet waren. Er untersucht die lokalen Probleme in den Provinzen und deren Auswirkungen in Istanbul.[142] Ueno stellt fest, dass laut den Protokollen der Armenischen Nationalversammlung der Jahre 1849 – 1869 539 *Takrirs* bearbeitet wurden, darunter an die Regierung gerichtete Beschwerden, die größtenteils aus den östlichen Provinzen stammten.[143] Bei dem überwiegenden Teil der *Takrirs* ging es um Gewalt gegenüber ArmenierInnen (210), um Beschwerden gegen lokale Staatsvertreter (122) und um Probleme bei der Steuereintreibung (76).[144] Auch wenn das Patriarchat bis 1860 nur begrenzt in der Verantwortung stand, haben laut Ueno die Zeitungen damit begonnen, die Fragen der östlichen Provinzen auch der armenischen Bevölkerung Istanbuls näherzubringen.[145] Die Probleme blieben Thema der Gemeinde; und nach der Wahl von Khrimyan zum Patriarchen brachte dieser die Frage der „Unterdrückung in den Provinzen" direkt vor die Nationalversammlung und sprach sie auch in seinen Reden an.[146] Die Beschwerden begannen also in den 1840er-Jahren und stiegen dann in den 1860er- und 1870er-Jahren an, wie die Zeitungen berichteten. Wir können hieraus ableiten, dass die Probleme der gegen ArmenierInnen gerichteten Gewalt und der Gefahr für deren Leben und

---

140 Krikor Zohrab, „Pnagch'ut'iwn", in: Alperd Sharuryan (Hg.), *Krikor Zohrab Yergeri Zhoghovadzu*, Bd. 3, S. 519 – 523.

141 Ebenda, S. 520. Zohrab orientiert sich an dem Zusatzbetrag, der auf Antrag des Patriarchates von Konstantinopel auf *Bedel-i Askeri* (Betrag zum Freikauf vom Militärdienst für nicht muslimische Männer) zur Abzahlung von Schulden des Jerusalemer Patriarchates aufgeschlagen wird. Er vergleicht den gesammelten Betrag mit dem Betrag, der vom Ministerrat vorgesehen wurde, und veranschlagt auf dieser Grundlage die Anzahl der armenischen Bevölkerung im Jahr 1884 auf mehr als drei Millionen Menschen; dies vergleicht er anschließend mit den Statistiken des Patriarchates.

142 Masayuki Ueno, „For the fatherland and the state: Armenians negotiate the Tanzimat reforms", in: *International Journal of Middle East Studies* 45 (2013), S. 93 – 109.

143 Ebenda, S. 96.

144 Ebenda.

145 Ebenda, S. 99.

146 Ebenda.

Eigentum nicht beseitigt waren. Auf die Beschwerden gab es weder befriedigende Antworten noch irgendwelche Lösungen; die Gewalt gipfelte schließlich während der Regierungszeit von Sultan Abdülhamid II. in den sogenannten Hamidischen Massakern. Meiner Meinung nach ist weitere Forschung vor allem zu zwei Punkten erforderlich: zum einen zum Verhältnis zwischen Zentrum und Peripherie, also zwischen Osmanischem Reich und armenischer Administration, die aus den Patriarchaten und den Katholikaten bestand; und zum anderen zum Umfang der hierzu parallelen Beziehungen, also die Verwaltung der kurdisch-armenischen Beziehungen durch das Osmanische Reich zu Beginn des 19. Jahrhunderts.

Wie Ueno zeigt, bildeten die Anträge der armenischen Bevölkerung der östlichen Provinzen im 19. und frühen 20. Jahrhundert eine weitere Ebene der Probleme zwischen Zentrum und Peripherie. Diesen Zeitraum interpretiere ich als eine Periode, in der es permanente Versuche gab, jene zahlreichen Probleme, die später mit dem Begriff „Östliche Frage" zusammengefasst werden sollten, friedlich zu lösen. Der Staat entschied sich jedoch für eine genozidale Wende, nach der nicht nur alle Versuche umsonst waren, sondern die auch den gesamten Kontext veränderte. In der Folge übertrug sich das angestrengte Verhältnis zwischen Zentrum und Peripherie aus dem 19. Jahrhundert auch in die Zeit nach der Republiksgründung, nur dass nun auch noch die schwere Last der genozidalen Wende hinzukam. Zur Politik nach 1923 hat Mardin darauf hingewiesen, dass die Peripherie weiterhin – bis 1946 – unter strenger Beobachtung verblieb, da unterstellt wurde, dass in diesem Gebiet Unzufriedenheit aufkommen könnte:[147]

> Der offizielle Standpunkt der Republik war, dass man den Flickenteppich in Anatolien beseitigen wollte, indem man ihn zum Schweigen brachte. Die Generationen derjenigen, die in die Ideologie der Republik hineinsozialisiert wurden, waren damit bereit, lokale religiöse und ethnische Gruppen als irrelevante Überbleibsel der dunklen Zeiten der Türkei abzulehnen. Wo immer es möglich war, wurden sie auch entsprechend behandelt.[148]

Schweigen, Ablehnung und die Betrachtung „lokaler religiöser und ethnischer Gruppen als irrelevante Überbleibsel der dunklen Zeiten der Türkei" hatten direkte Auswirkungen auf die letzte Periode des Reiches und deuten bereits die genozidale Politik und die Kultur der Leugnung an, wenngleich in etwas zurückhaltender Form. Auch verblieb nach 1915 ein Teil der nicht muslimischen

---

147 Şerif Mardin, „Center–periphery", S. 25.
148 Ebenda, S. 25. Dieser Artikel wurde zuerst in *Daedalus* cii/1 (1973), S. 169 – 190 publiziert. In der Fassung, die in *Political Participation in Turkey* erschien, gibt es jedoch geringfügige Abweichungen und einzelne Ergänzungen. So war beispielsweise dieser Satz in der ersten Fassung nicht enthalten.

Bevölkerung in Kleinasien und Nordmesopotamien; doch allein ihre Existenz musste durch verschiedene lokale oder auch zentrale politische Maßnahmen verleugnet oder ausgelöscht werden. Aus der staatlichen Perspektive konnte die nicht muslimische Bevölkerung in Istanbul zumindest unter strenger Aufsicht gehalten werden, während die nicht muslimischen Menschen, die noch in Kleinasien und Nordmesopotamien lebten, schließlich und endlich zu vertreiben waren.

Anders als es die Forschung jahrzehntelang betrieben hat, indem sie die Probleme und die Politik der östlichen Provinzen missachtete und aussparte, werden diesen von OsmanistInnen sowie von HistorikerInnen mit Ausrichtung Republik Türkei nunmehr allergrößte Bedeutung zugemessen. Auch Hans-Lukas Kieser unterstreicht das Gewicht des Überganges vom 19. zum 20. Jahrhundert:

> Kein anderer Staat des 19. und beginnenden 20. Jahrhunderts hatte bis anhin solch massive systematische Gewalt zur kalkulierten Umgestaltung der ethnischen Landkarte seines Herrschaftsbereiches angewandt. Kein Staat war so weit gegangen, seine modernen Machtmittel – namentlich Militär, Telegrafie, Presse und Eisenbahn – dafür einzusetzen, innerhalb des von ihm als „national" beanspruchten Raumes die physische und kulturelle Existenz eines ganzes Volkes auszulöschen.[149]

Diese Wende hin zur Gewalt seitens der staatlichen und administrativen Mechanismen, der Gesetzgebung und der sozialen Praktiken insbesondere nach 1908 wurde lange Zeit von der Geschichtsschreibung außer Acht gelassen, und ihre Auswirkungen auf Staat und Gesellschaft blieben bis vor Kurzem ebenfalls ignoriert. Die Unterschiede der Verwendung und der Organisation von Macht im Kontext von Staat und Regierung ist ein eigenständiger Forschungsbereich.[150] Ich behaupte allerdings, dass die politischen Maßnahmen zu den ArmenierInnen und zu den östlichen Provinzen insbesondere in der Zeit nach der Republiksgründung hilfreiche Quellen dabei sein können, die Kontinuität der staatlichen Haltung und

---

**149** Hans-Lukas Kieser, *Der verpasste Friede*, S. 500. Kieser diskutiert auch Yehuda Bauer, der die Auffassung vertritt, die Massenvernichtung des armenischen Volkes wäre die Generalprobe des Holocausts gewesen. Vergleiche dazu Yehuda Bauer, *A History of the Holocaust* (New York: F. Watts, 1987), S. 57, zitiert in: Kieser, *Der verpasste Friede*, S. 712.

**150** Eine weitergehende Analyse von Staat und Regierung in der Türkei würde den Rahmen dieser Arbeit sprengen, was insbesondere bei Beachtung der Tatsache gilt, dass der Staat in der Türkei als Konzept einem Prozess der Rekonzeptualisierung unterliegt und sich dabei Kontinuitäten von der „Spezialorganisation" *(Teşkilat-ı Mahsusa)* von 1915 bis hin zu Strukturen wie dem „tiefen Staat" abzeichnen, oder eben der „diffuse Staat" (innerhalb der Gesellschaft organisierte Gruppen, die aber für den Staat tätig sind). Zu dieser Terminologie vergleiche *Agos*, 1. Februar 2013.

der organisatorischen Praktiken zu ergründen. Es lässt sich also annehmen, dass der republikanische Staat das Verhältnis zwischen Zentrum und Peripherie ererbte, doch gesellte sich nun der postgenozidale Kontext hinzu.

In seinen Memoiren gibt Patriarch Zaven Der Yeghiayan eine administrative Besprechung mit dem Rat der Gouverneure *(Meclis-i İdare)* aus dem Jahr 1911 wieder; er selbst war damals religiöser Führer der Provinz *(Vilayet)* Diyarbakır. Er beschreibt folgende Szene: Er betrat kurz vor dem Beginn der Besprechung das Büro des Gouverneurs *(Vali)*, wo er Ali Ulvi und den Schriftführer *(Mektupçu)* Muhtar Bey antraf. Beide unterbrachen ihre Unterhaltung, sobald sie seiner gewahr wurden. Nach kurzem Schweigen fragte ihn Gouverneur Galib Paşa, warum sich die ArmenierInnen stetig über die osmanische Regierung beschwerten. Der Yeghiayan nahm die in der Zeitung der Provinz, der *Diyarbakır*, veröffentlichten Artikel hervor, deren Chefredakteur der *Mektupçu* war, und zeigte Galib Paşa die Überschriften. Ein Artikel in der Zeitung behandelte das Thema „Ausländer und Christen", in der die Frage aufgeworfen wurde, wie man mit AusländerInnen umgehen solle, wenn diese versuchen würden, Kirchen, Schulen und andere Wohltätigkeitsorganisationen einzurichten. Der Yeghiayan hielt fest, dass die ArmenierInnen in diesem Land gebürtig seien und nicht hinzugezogen, dass sie „als Personen und BürgerInnen" noch nie Probleme mit der türkischen Hoheitsgewalt gehabt hätten, dass sie stets ihre Steuern zahlen würden und sich an der Administration beteiligten und dass sie auch ihre Kinder zur Armee geschickt hätten, damit diese das Land verteidigten:[151] „[Daher frage ich Sie nun,] meine Herren, mit welchem Recht kommt die Zentralregierung dazu, uns AusländerInnen gleichzustellen? Darin liegt das Problem. Wir haben seit Langem ausgedrückt, wie unglücklich wir mit diesem Umstand sind." Der Gouverneur entgegnete: „Wenn dies der Grund Ihrer Unzufriedenheit ist, dann haben Sie recht." Laut Der Yeghiayan „gestand Galib Paşa uns zu, dass wir unzufrieden seien, aber die türkische Regierung hat uns dieses Recht niemals aufrichtig zugestanden." Das Zeugnis von Der Yeghiayan ist deswegen wichtig, weil es die vorherrschende Haltung der Regierung nicht nur in den Provinzen, sondern wahrscheinlich auch in der Hauptstadt widerspiegelt. Da sich außerdem der Vorfall nicht nach, sondern vor 1915 ereignete, zeigt das Zeugnis deutlich die gesellschaftlichen und offiziellen Bedingungen des Osmanischen Reiches vor den Balkankriegen und vor dem Völkermord.

---

151 Zaven Der Yeghiayan, *My Patriarchal Memoirs*, übers. von Ared Misirliyan, hg. und mit Anmerkungen von Vatche Ghazarian (Barrington: Mayreni Publishing, 2002), S. 202. Im Original heißt es *kaghakatsi gam hbadak*, was sich als „BürgerInnen oder UntertanInnen" übersetzen lässt. Vergleiche Zaven Der Yeghiayan, *Badriarkagan Hushers: Vgayakirner Ew Vgayut'iwnner* (Kairo: Nor Asdgh Publishing, 1947), S. 326.

Nach 1915 und insbesondere während des Waffenstillstandes migrierten Tausende armenischer Überlebender auf der Suche nach Schutz und Unterkunft nach Istanbul. Solche Wanderungsbewegungen setzten sich bis lange nach der Republiksgründung fort. Der Gedanke, die verbliebenen ArmenierInnen aus Kleinasien an einem ausgewiesenen Ort zu vereinen, wurde bereits im November 1922 geäußert, als viele NichtmuslimInnen vor Angst das Land zu verlassen begannen. Patriarch Zaven Der Yeghiayan schreibt in seinen Memoiren, dass sich zwischen ihm und dem Vertreter der Ankaraner Regierung in Istanbul, Refet Bele, folgendes Gespräch ergab:

> Patriarch: Die türkische Regierung blickt auf uns mit Verdacht und fühlt sich von unserer bloßen Existenz gestört. Wir wiederum sind durch die Verdächtigungen [der Regierung] beunruhigt sowie von der Haltung, die sich daraus ergibt. Wir wünschen uns, dass eine Ecke dieses Landes für uns bestimmt ist, natürlich mit einer etwas anderen Verwaltungsstruktur als der Rest. Wir sind immerhin keine GriechInnen, die gegen die muslimische Bevölkerung Griechenlands ausgetauscht werden könnten; kein europäisches Land will uns aufnehmen, und sie haben auch keine Verpflichtung dazu. Refet Paşa: Wo wollen Sie denn einen Ort zum Leben erhalten?

> Patriarch: Es ist nicht an uns, darüber zu entscheiden. Über das Wo soll der Staat entscheiden. Refet Paşa: Wenn wir uns beispielsweise für die Provinz Brusa entscheiden würden ... Wohnen dort nicht auch MuslimInnen?

> Patriarch: Seit sechs Jahrhunderten haben wir mit MuslimInnen zusammengelebt, wie wir es noch heute tun. Wir würden niemals fordern, dass sie zu vertreiben wären.

> Refet Paşa: Dies ist ein komplexes Problem.

> Hamamjian: Es wäre möglich, die Grenzen Armeniens auszudehnen, um diesen Menschen einen Ort zum Leben zu geben.

> Refet Paşa: Dann gehen Sie doch bis nach Moskau, und lassen Sie sich dort nieder![152]

Hagop Hamamjian war der derzeitige Geschäftsträger der armenischen Gemeinde; Harutyun Mosdichian war der Vorsitzende der Nationalversammlung.[153] Auch

---

152 Der Yeghiayan, *My Patriarchal Memoirs*, S. 242–243. Kurz nach diesem Gespräch erklärte Mustafa Kemal Patriarch Zaven zu einer *Persona non grata*, und dieser musste Istanbul verlassen. Der Yeghiayan schreibt außerdem, dass Mustafa Kemal sagte: „Ein anderer unvergesslicher katastrophaler Held war der armenische Patriarch Zaven. Unter Vergessen aller alten Streitigkeiten mit dem griechischen Patriarchat begann auch dieser Patriarch mit einer Vielzahl verfluchter Maßnahmen, die darauf ausgerichtet waren, das türkische Vaterland zu zerstören." (*Aztarar*, 21. Juli 1928, zitiert in: Der Yeghiayan, *My Patriarchal Memoirs*, S. 248).
153 In seiner Eigenschaft als juristischer Inspektor des *Vilayet* von Manastir war auch Harutyun Mosdichian Mitglied der Delegation, die zur Untersuchung des dortigen Massakers von 1909 nach Adana geschickt wurde. Vergleiche den Bericht von Hagop Babigyan, *Adanayi Yegherně* (Aleppo:

wenn Refet Bele die Idee, die verbliebenen ArmenierInnen an einem bestimmten Ort zu versammeln, nicht ablehnte, so änderte sich nach der Frage von Hamamjian der Gesprächsverlauf. Man muss dabei auch stets bedenken, dass dieser Zeitraum eine Wende sowohl für die ArmenierInnen als auch für die TürkInnen darstellte, da der Vertrag von Lausanne noch nicht unterzeichnet war und das Patriarchat unter großem Druck stand, wobei alle armenischen Führer eigene Vorschläge unterbreiteten, mit denen sie ihr Leben sichern wollten. Patriarch Der Yeghiayan stellte fest, dass seine Entscheidung, Hamamjian zu dem Treffen mitzunehmen, „unglücklich" gewesen wäre.[154]

Die geheimen Sitzungen des Parlamentes vom März 1923 legen die Haltung der zukünftigen Republik offen und zeigen auch die Absicht auf, innerhalb von Istanbul eine strenge Kontrollzone einzurichten. Dr. Rıza Nur, der an den Verhandlungen in Lausanne teilgenommen hat und dem Parlament Bericht erstattete, fühlte sich stark gestört durch die Anwesenheit staatenloser Menschen in Lausanne – von Vertretern der armenischen, chaldäischen und assyrischen Bevölkerung, aber auch von all den anderen Staaten, die sich selbst gegen die türkische Delegation positionierten.[155] In seiner Rede bestand er darauf, dass eines der schwierigsten und wichtigsten Themen das der „Minderheiten" und der ChristInnen war:[156]

> Es wird keine Minderheiten mehr geben. Nur Istanbul bildet eine Ausnahme. [Zwischenrufe: ArmenierInnen]. Ja, und wie viele ArmenierInnen gibt es dort? [Zwischenrufe: JüdInnen]. Es gibt dreißigtausend JüdInnen in Istanbul. Sie haben bis jetzt keinerlei Schwierigkeiten gemacht. [... Tumult.] Bekanntlich sind die JüdInnen Menschen, die das tun, was man ihnen sagt. Natürlich wäre es besser, wenn es sie gar nicht geben würde.[157]

Laut Rıza Nur war das Problem der GriechInnen durch den Bevölkerungsaustausch gelöst worden. Dieser betraf auch die GriechInnen, die aus den Provinzen nach Istanbul gekommen waren.[158] Für das nächste Problem, welches das Patriarchat betraf, wäre ebenfalls eine Lösung gefunden worden. Rıza Nur verlieh seiner Haltung Ausdruck, dass die türkische Delegation tatsächlich vom orthodoxen Patriarchat und von dessen Gemeinde forderte, geschlossen das Land zu verlassen:

---

Ayk Madenashar-6, Hradaradgut'iwn Beiruti Hayots' Temi, 2009), S. 23. Ich habe die Schreibweise der Namen nach Der Yeghiayan, *My Patriarchal Memoirs*, beibehalten.

**154** Der Yeghiayan, *My Patriarchal Memoirs*, S. 243.

**155** *TBMM–Gizli Celse Zabıtları*: Vol. 4, 2. März 1339 (1923) (Ankara: Türkiye İş Bankası Kültür Yayınları, 1985), S. 8.

**156** Ebenda, S. 7–8.

**157** Ebenda, S. 8.

**158** Ebenda, S. 9.

Heute hat das Patriarchat nichts mehr als seine religiöse Mission. Es kann keine rechtlichen Aufgaben mehr durchführen, oder was es sonst so unternimmt,[159] und wir können es ausweisen, sobald es sich mit irgendeiner politischen Frage beschäftigt. [...] Heute ist [der Patriarch] nicht mehr als ein gewöhnlicher Dorfpriester. Er hat längst keinen offiziellen Titel mehr. [...] Als Priester ist er in Istanbul wie unseren Klauen, er ist von allem ausgeschlossen – das ist wohl die treffendste Beschreibung. Dieses Problem ist also gelöst.[160]

Die Parlamentarier stellten die Erläuterungen von Nur nicht zufrieden; und sie wollten wissen, ob der Titel des Patriarchates bestehen bliebe. Sein Antwort lautete: „*Efendiler*, nachdem er all seine Kompetenzen verloren hat, besitzt er keine Macht mehr. Er wird hilflos in unseren Klauen bleiben."[161] Auch was die Situation der ArmenierInnen betraf, war Rıza Nur sehr deutlich, als er den Parlamentariern mitteilte: „Die Türkei kann für die keine Heimat *(Yurt)* sein."[162]

Rıza Nurs Ideen und Aussagen zu den verbliebenen der nicht muslimischen Menschen in der Türkei zeigen die offizielle Haltung in dieser Frage auf. Seine Beschreibung des Ökumenischen Orthodoxen Patriarchates lässt sich ebenso auf die Stellung des Armenischen Patriarchates beziehen, auch wenn das Erstere wesentlich mehr Autorität in die Waagschale zu werfen vermochte als Letztere. Das Vorgehen, die besonderen Rechte der verbliebenen nicht muslimischen Gemeinden auszuhöhlen, was vor allem diejenigen Rechte betraf, die sie erst im 19. Jahrhundert im Rahmen des *Nizâmnâme* erhalten hatten, war schon Anfang 1923 ausformuliert worden. Auch ohne eine detaillierte Textanalyse lässt sich feststellen, dass die in seiner Rede verwendete Sprache unverblümt rassistisch war. Die Anmerkungen anderer Parlamentarier waren auf derselben Linie wie Rıza Nur. Beim Studium der Protokolle der Geheimsitzungen lassen sich die Normalität des Rassismus erahnen wie auch der internalisierte wie institutionalisierte Rassismus der Parlamentarier und der Standpunkt des Parlamentes gegenüber den NichtmuslimInnen.

Wie auch schon zu den Zeiten der Hamidischen Massaker 1894–1897[163] betrachteten die ArmenierInnen nach 1915 Istanbul als einen Ort, der mehr Si-

---

159 Im selben Abschnitt schildert Riza Nur die Aufgaben des Patriarchates in Einzelheiten: „Wie Ihnen bekannt ist, hatte das Patriarchat politische, administrative, juristische und religiöse Aufgaben. Es gab seit Jahrhunderten eigene Gerichte und einiges mehr [...]. Wenn der Patriarch kam, salutierten unsere Soldaten im Büro des *Vezir.*"
160 Ebenda, S. 7.
161 Ebenda.
162 Ebenda, S. 8.
163 Patriarch Maghak'ia Örmanyan hielt in seinen posthum veröffentlichten Memoiren *Khōsk' Ew Khohk'* fest, dass die armenische Bevölkerung nach den Hamidischen Massakern zur Arbeitssuche zunehmend nach Istanbul kam. All diese Menschen wurden jedoch aufgrund der verbotenen Migration der ArmenierInnen in ihre Dörfer zurückverwiesen. Denjenigen, die ins

cherheit bot als Kleinasien oder die östlichen Provinzen. Eines der Ziele der frühen republikanisch-kemalistischen Elite war die Räumung Kleinasiens von der verbliebenen nicht muslimischen Bevölkerung. Deshalb wurde diese Haltung auch gegenüber den GriechInnen eingenommen. Den GriechInnen in Istanbul sowie auf zwei Inseln – Bozcaada (Tenedos) und Gökçeada (Imvros) – wurde beim Bevölkerungsaustausch 1922 ein Verbleiben gestattet. Jedoch wurde nach der Gründung der Republik systematisch darauf abgezielt, die GriechInnen von den Inseln zu vertreiben.[164] Schließlich war Istanbul der einzige Ort, an dem es überhaupt noch eine griechische Bevölkerung gab. 1925 entschied das Innenministerium, den NichtmuslimInnen das Reiserecht zu entziehen.[165] Auf der Grundlage eines Rundschreibens der Regierung vom 2. Februar 1925 untersagte das Gouverneursamt von Üsküdar der nicht muslimischen Bevölkerung das Reisen aus den Bezirken Kartal, Maltepe und Pendik nach Istanbul.[166] Dies hatte zur Folge, dass sie für ihren täglichen Arbeitsweg eine Genehmigung in Ankara beantragen mussten.[167] Die Reisebeschränkungen wurden durch die „Reisevorschriften" *(Seyr-ü Sefer Talimatnamesi))* begründet und dienten dem Kabinett als Anlass für eine Resolution, mit der armenischen Bauarbeitern und Vorarbeitern aus Anatolien das Arbeiten beim Istanbuler Straßenbau verboten wurde.[168] 1928 ließ der Gouverneur von Istanbul zu, dass NichtmuslimInnen die Sommer auch etwas weiter entfernt verbringen, nämlich in Kilyos, Polonezköy und Yakacık.[169] Anhand dieser Beispiele wird deutlich, wie wichtig Istanbul als strenges Kontrollgebiet war und wie die Stadt tatsächlich ein Panoptikum darstellte, in dem jede einzelne Bewegung der nicht muslimischen Bevölkerung strikt verfolgt

---

Ausland geflohen waren, wurde eine Rückkehr auf das Territorium des Osmanischen Reiches verwehrt. Laut Örmanyan wurden 1894–1897 während der Hamidischen Massaker 300 000 ArmenierInnen ermordet. Vergleiche Maghak'ia Örmanyan, *Khōsk' Ew Khohk'* (Jerusalem: Dbaran Srpots Hagopeants, 1929), S. 177–178; 187.

**164** Vergleiche Elif Babul, „Home or away: On the connotations of homeland imaginations of *Imvros"*, in: Baronian, Besser, Jansen (Hg.), *Diaspora and Memory*, S. 43–54.

**165** Rıfat N. Bali, *Cumhuriyet Yıllarında Türkiye Yahudileri: Bir Türkleştirme Serüveni (1923–1945)* (Istanbul: İletişim Yay., 2003), S. 45.

**166** Ich habe *Üsküdar Valiliği* mit „Gouverneursamt von Üsküdar" übersetzt. Üsküdar war von 1924 bis 1926 ein *Vilayet*. Ich habe dies auch mit dem Verfasser abgeglichen: Taner Akçam bestätigte, dass die Zeitungen 1925 diese Begrifflichkeit verwendeten. Persönliche Korrespondenz mit Akçam am 24. Juli 2013.

**167** *Tevhid-i Efkar*, 26. Dezember 1340 (1924), und *Son Telgraf*, 3. Februar 1341 (1925), in: Akçam und Kurt, *Kanunların Ruhu*, S. 210.

**168** BCA/TİGMA, 030.0.18.01.01.36.6.00, Dekret vom 27. Juli 1340 (1924), in: Akçam und Kurt, *Kanunların Ruhu*, S. 211.

**169** Elçin Macar, *Cumhuriyet Döneminde İstanbul Rum Patrikhanesi* (Istanbul: İletişim Yay., 2003), S. 171.

wurde.[170] Das Panoptikum war ursprünglich als Kontrollmechanismus für Gefängnisse entworfen worden; hier nur war die gesamte Stadt zu einem Gefängnis geworden, deren EinwohnerInnen nicht nur von der Polizei oder den Sicherheitskräften überwacht wurden, sondern auch mithilfe aller möglichen anderen Mittel – der NachbarInnen, ihrer Bekannten, des Krämers um die Ecke usw. So wurde das Reisen für die Mitglieder der lokalen Verwaltung ein schwieriges Unterfangen. Unabhängig davon, von wo aus NichtmuslimInnen anreisten – das jeweilige Stadtviertel tat dabei nichts zur Sache –, wurde ihre Reise ins Stadtgebiet streng kontrolliert. Im Jahr 1929 gestattete ein weiteres Dekret zur Sicherheit militärischer Gebiete dann den NichtmuslimInnen das Reisen nach Bursa, Tuzla, Yalova und Çeşme lediglich von Mai bis September.[171]

Die ArmenierInnen zogen jedoch auch weiterhin aus unterschiedlichsten Gründen aus den Provinzen nach Istanbul. Die staatliche Politik – insbesondere das Verbot einer Wiedereröffnung der armenischen Schulen in Kleinasien und in Nordmesopotamien – zwang in der Zeit nach 1923 die verbliebenen ArmenierInnen, nach Istanbul umzusiedeln. Als ein Beispiel dafür, wie die (Wieder-)Eröffnung armenischer Schulen in den Provinzen behindert wurde, zitiere ich hier N. D., den ich im Rahmen meiner Arbeit interviewt habe. Diese Ausführung ist wichtig, denn ihr zufolge war es niemand anderes als İsmet İnönü, der spätere Staatspräsident, der äußerte, dass eine Eröffnung der armenischen Schulen unmöglich sei.

Laut N. D. (geboren 1957 in Malatya):

İnönüs Mutter stammte aus Malatya, weshalb er in die Stadt reiste und anlässlich eines *Bayrams* seine Familienangehörigen besuchte. Mein Vater und mein Onkel Asadur machten sich auf, um als Vertreter der [armenischen] Gemeinde von Malatya ihre *Bayram*-Grüße zu überbringen. İnönü wird darüber informiert, dass sie ihre Aufwartung machen wollen, woraufhin er die Anweisung erteilt, sie warten zu lassen. Man lässt sie bis zum Abend warten. [...] Zu Hause begannen ihre Familien bereits, sich Sorgen zu machen [...] und gingen schließlich zum Polizeirevier, wo sie weinten, weil sie dachten, dass mein Vater und der Onkel gestorben sind. Mein Vater erzählte mir: „İnönü sagte mir: ‚Entschuldigt bitte, dass ich euch lange warten ließ. Ich wollte mit euch ungestört reden.'" İnönü fragte sie, wie viele ArmenierInnen es dort geben würde, ob es ihnen gut gehe oder nicht und was er für sie tun könne. Mein Vater und Onkel Asadur erzählten ihm, wie es ihnen geht. İnönü fragte: „Womit kann ich euch behilflich sein?" Mein Vater erwiderte: „Könnten Sie uns dabei helfen, dass

**170** Zu Panoptizismus vergleiche Michel Foucault, *Überwachen und Strafen: Die Geburt des Gefängnisses*, übers. von Walter Seitter (Frankfurt am Main: suhrkamp taschenbuch, 2013), S. 251–295.
**171** BCA, 030-0-18-01-02-3-29-003, Dekret vom 8. Mai 1929, in: Akçam und Kurt, *Kanunların Ruhu*, S. 213.

die armenische Schule wieder geöffnet wird?" İnönü antwortete darauf: „Die Schulen werden auf keinen Fall wiedereröffnet; aber bei der Kirche kann ich euch behilflich sein."[172]

Den Angaben von N. D. zufolge fand dies Ende der 1940er-Jahre statt. Die klare Antwort İnönüs repräsentiert, welche Haltung der Staat offiziell einnahm. Ich komme später in diesem Kapitel auf die zahlreichen anderen misslungenen Bemühungen zurück, die es in den Provinzen dazu gab, die Schulen zu eröffnen. Diese systematische institutionelle Behinderung war einer der wichtigsten Gründe für die ArmenierInnen, die noch in den Provinzen lebten, in den 1950er-Jahren nach Istanbul zu ziehen – insbesondere, nachdem 1953 das Internat Surp Khach Tbrevankʻ eröffnet worden war. Dieses Beispiel zeigt als eines von mehreren in dieser Arbeit, welchen besonderen Status Istanbul in der staatlichen Wahrnehmung hatte.

## 1.2 Unaufhörliche Abwanderung

N. D. beschrieb die systematischen Angriffe auf die ArmenierInnen, denen es gelang, nach 1915 und vor der Gründung der Republik in ihre Häuser zurückzukehren. Seinen Berichten zufolge wurden die armenischen Häuser von bewaffneten Banden überfallen und geplündert; die BewohnerInnen wurden terrorisiert. Einen Tag später tauchten die Banden erneut auf und präsentierten sich als *„Ateşoğlu Yıldırım"* – von dieser Bande hatte man in der Gemeinde bislang noch nichts gehört. Wer bei der Polizei Anzeige erstattete, wurde zusammengeschlagen und nach Hause gejagt. Die Verfolgung von 1915 wurde also mit einem konzertierten Versuch, die ArmenierInnen aus ihren Häusern zu vertreiben, fortgeführt:

> So, wie es mir meine Mutter berichtet hat, ging mein Vater zu den Regierungsbeamten, zu denen er gute Beziehungen unterhielt, [...] und bat sie um Mittel, um sich und seine Familie angesichts der allnächtlichen Angriffe auf armenische Häuser schützen zu können. [...] Sein Gesprächspartner antwortete ihm jedoch: „Haben Sie keine Angst, Herr Behçet – Ateşoğlu Yıldırım, das sind wir. Und warum sollten wir Sie heimsuchen?" Dies habe ich von meiner Mutter gehört, die es wiederum von meinem Großvater erzählt bekam. Der Beamte, mit dem er gesprochen hat, erzählte ihm zudem, dass man auch nach Kayseri und nach Sivas gehen würde, was also bedeutet, dass in Kayseri und in Sivas dasselbe geschah. Diese Geschichte habe ich von vielen Menschen in Malatya vernommen.[173]

---

172 N. D., persönliches Interview, 16. September 2012.
173 Ebenda.

Dies war also eine der systematischsten – und wohl am wenigsten bekannten – staatlichen Strategien nach dem Völkermord. Mit ihr wollte man die ArmenierInnen, die 1915 überlebt hatten, daran hindern, nach Kleinasien und nach Nordmesopotamien zurückzukehren. Mit dieser Fragestellung im Blick wollte ich andere mündliche Berichte dazu verfolgen. Die Person, zu der N. D. kürzlich Kontakt aufgenommen hat und die eine ähnliche Geschichte zu erzählen hätte, antwortete jedoch nicht auf meine Anrufe. Ob der Grund darin liegt, dass am selben Tag in ihrem Haus im Istanbuler Bezirk Samatya eine alte Armenierin mit einer kreuzförmigen Schnittwunde auf dem Körper ermordet aufgefunden und eine andere alte Frau im selben Bezirk schwer zusammengeschlagen worden war, ist mir unklar. Ich konnte also meine Nachforschungen zu diesem Zeitpunkt nicht weiter betreiben, doch die Arbeit von Vahé Tachjian hat meine Aufmerksamkeit auf die Beschreibungen solcher organisierter Angriffe gerichtet, die im Werk von Arshag Alboyadjian zur Geschichte der ArmenierInnen in Malatya – *„Badmut'iwn Malatioy Hayots"* – zu finden sind.[174] Seiner Quelle zufolge nahmen 1923 die Angriffe von Ateşoğlu Yıldırım oder Yıldırım Ateş zu; Häuser wurden mit Sternsymbolen gekennzeichnet, und die BewohnerInnen wurden aufgefordert, sie innerhalb von zehn Tagen zu verlassen.[175] Zwei Armenier unterzeichneten im November 1923 im Namen von 35 armenischen BewohnerInnen aus Malatya ein Schreiben an Mustafa Kemal.[176] Sie forderten Sicherheit für sich und fragten, ob man etwa von ihnen fordere, die Türkei zu verlassen. Falls dies der Fall sei, wünschten sie, darüber offiziell in Kenntnis gesetzt und nicht andauernden Überfällen ausgesetzt zu werden. Die Unterzeichner wurden daraufhin aufgefordert, die Türkei zu verlassen; so wendete das Schreiben die Situation also nicht zum Besseren.[177]

Die Arbeit von Raymond H. Kévorkian enthält eine detaillierte Aufstellung über die ArmenierInnen und GriechInnen, die in Kleinasien und Nordmesopotamien verblieben waren oder dorthin zurückkehrten. Seine Daten stammten vom Ökumenischen und vom Armenischen Patriarchat sowie aus Angaben von AugenzeugInnen, wie zum Beispiel aus dem Bericht von Yervant Odyan. Insgesamt war es Anfang 1919 insgesamt 255 000 GriechInnen sowie ArmenierInnen ge-

---

**174** Arshag Alboyadjian, *Badmut'iwn Malatio Hayots'* (Beirut: Dbaran Sevan, 1961), S. 966–967. Vergleiche auch Vahé Tachjian, *La France en Cilicie et en Haute-Mesopotamie: Aux Confins de la Turquie, de la Syrie et de l'Irak (1919–1933)* (Paris: Edition Karthala, 2004), S. 259–260.
**175** Ebenda.
**176** Ebenda.
**177** Ebenda.

lungen, zurückzukehren.[178] Bleiben konnten jedoch nicht alle von ihnen in den Gebieten, in die sie zurückgekehrt waren.

Der Exodus der ArmenierInnen aus den Provinzen nach Istanbul war in den ersten Jahrzehnten der Republik Thema starker Auseinandersetzungen. Die Gemeinde in Istanbul beherbergte in der Stadt Tausende von Menschen, die alle eine Unterkunft brauchten sowie Arbeit und Verpflegung, von all den unzähligen anderen Dingen des alltäglichen Lebens einmal abgesehen. Der Patriarch und die Einrichtungen der Gemeinde versuchten, der Lage mit ihren eigenen Mitteln Herr zu werden. Allerdings wurden nach 1923 viele Waisenhäuser und Unterkünfte für die Überlebenden entweder geschlossen oder aus der Türkei weg verlegt. 1918 waren die *Kaght'agayans* und die Waisenhäuser vollständig belegt. Nach dem Waffenstillstand von Moudros wurden die armenischen Vertriebenen per Zug von Aleppo nach Istanbul verbracht. Die Anzahl der Vertriebenen betrug laut Angaben von Patriarch Zaven Der Yeghiayan rund 35 000.[179] In seinen Memoiren gibt er an, dass die Gemeinde drei Ausschüsse gebildet hat, die sich um die Situation kümmern sollten: Das erste war ein Ausschuss für die Waisenkinder, das „Komitee zur Unterstützung der Waisen" *(Orpakhnam)*; das zweite Organ war die „Gesellschaft für Vertriebene" *(Darakrelots' Ӗngerut'iwn)*, und als Drittes wurde das Armenische Rote Kreuz gegründet.[180] Die beiden letztgenannten Organisationen schlossen sich am 28. Februar 1919 zur Armenischen Nationalen Nothilfe *(Hay Azkayin Khnamadarut'iwn)* zusammen. Laut den Memoiren des Patriarches Der Yeghiayan hatte diese Organisation Zweigstellen in allen Istanbuler Bezirken, wo sie Zentren für Vertriebene und Überlebende eröffnete. Da sich die Situation verschlechterte und die Spenden nicht ausreichten, führte die Armenische Nationalversammlung eine besondere „Steuer für das Vaterland" ein. Laut Der Yeghiayan sollte „der Bedarf der verarmten und obdachlosen MitbürgerInnen mithilfe der Steuereinnahmen gedeckt werden, bis sie sich wieder auf ihrem eigenen Land niederlassen könnten; daher die Bezeichnung Vaterlandssteuer ...".[181] Varujan Köseyan erwähnt in seinem Werk zur Geschichte des armenischen Krankenhauses Surp P'rgich' zwölf Waisenhäuser. Nach ihren Angaben waren diese Waisenhäuser sechs Jahre lang von Zuwendungen der Gemeinde abhängig.[182] Patriarch Der Yeghiayan spricht gar von 15 Waisenhäusern, und die

---

**178** Kévorkian, *The Armenian Genocide*, S. 748. Vergleiche auch S. 745–750.

**179** Der Yeghiayan, *My Patriarchal Memoirs*, S. 180.

**180** Ebenda, S. 176.

**181** Der Yeghiayan, *My Patriarchal Memoirs*, S. 177.

**182** Varujan Köseyan, *Hushamadean Surp P'rgich' Hiwanatanots'i – Surp Pırgiç Hastanesi Tarihçesi* (Istanbul: Murat Ofset, 1994), S. 146. Die bei Köseyan genannten Waisenhäuser sind: Karagözyan, Esayan, Mädchen-Waisenhaus Ortaköy, Kalfayan, Kadıköy, Bakırköy, Narlıkapı,

Anzahl der Überlebenden, die vor allem aus den Gebieten zwischen Amasya und Merzifon in Istanbul eintrafen, sowie derjenigen, die sich bis zur Evakuierung von Kilikien auf der Route Istanbul–İznik–Konya befanden, bezifferte er auf 35 000.[183] 1920 stieg die Zahl dramatisch an. Im Jahr nach dem Waffenstillstand betrug die Zahl der Waisen bereits 100 000, und es wurden schätzungsweise weitere 100 000 Frauen und Kinder gefangen gehalten.[184] Nach Der Yeghiayans Memoiren gab es unter der Aufsicht der Armenischen Nationalen Nothilfe folgende Waisenhäuser: Zentralwaisenhaus Kuleli (1000 Kinder), Waisenhaus Beylerbeyi (250 Kinder),[185] Waisenhaus Yedikule, auf dem Gelände des Krankenhauses Surp P'rgich' (300, viele von ihnen waren an Trachom erkrankt oder hatten andere Leiden), Mädchen-Waisenhaus Beşiktaş (100), Mädchen-Waisenhaus Kumkapı (100), Mädchen-Waisenhaus Üsküdar auf dem Gelände des „American College of Üsküdar" (100), Mädchen-Waisenhaus Hasköy (130), Mädchen-Waisenhaus Arnavutköy (100 junge Frauen, die aus türkischen Häusern kamen), Mädchen-Waisenhaus Balat (100), Mädchen-Waisenhaus Kuruçeşme (50), Waisenhaus Makriköy (80), die armenisch-katholischen Waisenhäuser der Schwestern der Unbefleckten Empfängnis in Pera und in Samatya (mehr als 500). Laut Der Yeghiayan kümmerte sich auch der Verein Tbrots'asēr um Hunderte von Waisenkindern. Diese Waisenkinder wurden 1922 nach Thessaloniki, Marseille und Paris verlegt. Ein landwirtschaftliches Waisenhaus befand sich zudem in Armash (in der Nähe von Bahçecik; heute Akmeşe), und in diesem lebten 60 Kinder. Eine britische Wohltätigkeitsorganisation, der „Lord Mayor's Fund", führte zwei Waisenhäuser, die später nach Korfu verlegt wurden. In Makriköy wurde zudem unter der Obhut einer schweizerisch-armenischen Organisation ein weiteres Waisenhaus betrieben, das später zuerst in die Schweiz verlegt, dann aber geschlossen wurde.[186] Der Grund dafür, warum die in den Memoiren von Der Yeghiayan und die im Werk von Köseyan genannten Namen nicht übereinstimmen, mag sein, dass nach 1923 einige der Waisenhäuser verlegt wurden und dass sich Köseyan auf den späteren Zeitraum beziehen könnte. Als sich im Jahr 1921 die finanzielle Lage der Gemeinde

Arnavutköy, Boyacıköy, St.-Annen-Waisenhaus Beyoğlu, Waisenhaus Samatya, Kadıköy St. Penedigoros.
**183** Der Yeghiayan, *My Patriarchal Memoirs*, S. 180.
**184** APC/APJ, Informationsbüro des Patriarchates von Konstantinopel, Ĕ181–6, Nr. 193, Brief des Patriarchates an den Justizminister, 3. Januar 1920, in: Kévorkian, *The Armenian Genocide*, S. 759.
**185** Das Waisenhaus Beylerbeyi war früher eine türkische Militärschule, die von Großbritannien der armenischen Gemeinde zur Verfügung gestellt wurde.
**186** Der Yeghiayan, *My Patriarchal Memoirs*, S. 178–179.

noch immer nicht verbessert hatte, begann die Unterstützung durch das Hilfswerk „Near East Relief".[187]

Nach dem Eintreffen von Refet Bele in Istanbul im November 1922 nahm der Druck auf den Patriarchen Zaven zu.[188] Er wurde im Kreis von Mustafa Kemal zur Persona non grata erklärt und wurde gezwungen, am 10. Dezember 1922 sein Amt aufzugeben und die Stadt zu verlassen. In der Folge wurden ab 1922 die Istanbuler Waisenhäuser nach Griechenland verlegt,[189] und die in Harput, Sivas, Kayseri[190] und Diyarbakır belegenen zogen nach Aleppo um.[191] Als 1923 die griechische Bevölkerung Kleinasiens vertrieben wurde, wurden zusammen mit ihnen auch ArmenierInnen aus Yalova, Bandırma, Kütahya und Eskişehir deportiert, und zwar zuerst nach Thrakien und dann nach Griechenland.[192] Auch die weitere armenische Bevölkerung außerhalb von Istanbul wurde bedroht. Der Bericht von Varujan Köseyan darüber, wie seine Familie Edincik verlassen musste, zeugt von der anhaltenden Vertreibung der ArmenierInnen, insbesondere während der Ausweisung der GriechInnen, also während des sogenannten Bevölkerungsaustausches:

> Sie zwangen uns gemeinsam mit den GriechInnen, unsere Häuser zu verlassen. 1923 kamen wir nach Bandırma. Einige der Menschen im Hafen zogen weiter nach Griechenland, andere kamen nach Istanbul. Einmal hörte ich zu Hause, wie erzählt wurde, dass unsere NachbarInnen in Edincik uns bedroht hätten, damit wir es nicht wagten, zurückzukehren und unseren Besitz zurückzuverlangen. Sie sagten, wenn wir das machen würden, schössen sie uns in die Beine, sodass wir behindert wären und für den Rest unseres Lebens betteln müssten.[193]

Die Waisenhäuser und *Kaght'agayans* in Istanbul verblieben während der ersten Jahrzehnte der Republik eine der schwierigsten sozioökonomischen Aufgaben der Gemeinde. Wichtige Fakten zu der Problemstellung, die Vertriebene und Waisen aufwarfen, erfahren wir aus dem Artikel Armaveni Miroğlus: Am 31. August 1923

---

**187** Ebenda, S. 178.

**188** Köseyan, *Hushamadean*, S. 149.

**189** *Ēntartsag Darets'oyts' Surp P'rgich' Azkayin Hiwantanots'i 1924*, S. 139, zitiert in Armaveni Miroğlu, „G. Bolsoy Azkayin Khnamadarut'iwnĕ", in: *Handes Amsorya*, 124 (2010), S. 428. Vgl. auch *Vat'sunameag (1866–1926) Kalfayan Aghchgants' Orpanots' Khaskiwghi* (G. Bolis: Dbakrut'iwn H. M. Setyan, 1926), S. 30.

**190** Laut Pater Zaven Arzumanian gab es 1922 in Kayseri vier Waisenhäuser (zwei in Talas, eines in Efkere und eines in Zincirderesi). Siehe Pater Zaven Arzumanian, *Azkabadum*, Bd 4, Buch I (1910–1930) (New York: St Vartan's Press, 1995), S. 224.

**191** Ebenda, S. 223.

**192** Ebenda, S. 222.

**193** Varujan Köseyan, persönliches Interview, 13. September 2010, Istanbul.

gab es 6385 *Kaght'agans* in 13 *Kaght'agayans* in Istanbul, und 1924 stieg die Zahl dieser Geflüchteten auf 7036.[194] Während des Schuljahres 1922–1923 lebten im Waisenhaus Karagözyan 124 Kinder. Dann wurde 1922 das Waisenhaus Kuleli geräumt, und 125 Waisen fanden für etwa zehn Tage Unterschlupf in Karagözyan.[195] Ein Artikel, der 1933 im Wochenmagazin *Panper* erschien, berichtet davon, dass hier während der vergangenen zwei Jahrzehnte mehr als 500 Waisen wohnten, die umsorgt und ausgebildet wurden.[196] Karagözyan war ursprünglich ein Waisenhaus mit Werkstätten, wurde dann jedoch zu einem Waisenhaus mit Grundschule umgewandelt, in dem die Kinder eine Lehre als Schuhmacher, Maurer oder Schlosser machen konnten.[197]

Der Gemeindeverwaltung wurde unter dem Titel „Nationale Nothilfe" ein detaillierter Bericht vorgelegt, der im 1932er-Jahrbuch von Surp P'rgich' erschien. Diesem Bericht zufolge wurden in neun Schulen der Gemeinde 600 Waisen und Kinder von *Kaght'agans* unterrichtet.[198] Die Nationale Nothilfe *(Azkayin Khnamadarut'iwn)* kümmerte sich also sowohl um Waisen als auch um die *Kaght'agans*.[199] 1939 waren in Istanbul lediglich zwei Waisenhäuser verblieben, in denen 500 *Kaght'agans* und mehr als 200 Waisen lebten.[200] Laut *Nor Lur* lebten noch 1947 im Waisenhaus Karagözyan 120 Waisenkinder,[201] und laut *Paros* hatten 1950

---

**194** Armaveni Miroğlu, „G. Bolsoy", S. 428 und 430. Die beiden Begriffe *Kaght'agan* und *Kaght'agayan* sind in allen armenischen Texten dieser Zeit zu finden und bezeichnen Menschen, die seit 1915 ihre Häuser in den Provinzen verlassen haben. Während der Jahre nach der Republiksgründung wurden die ArmenierInnen, die in ihre Heimatstädte und -dörfer in Kleinasien und Nordmesopotamien zurückgegangen waren, kontinuierlich vertrieben, indem ihnen das Leben in den Provinzen immer weiter erschwert wurde. So wurde die armenische Bevölkerung in den Provinzen mindestens ein zweites Mal, wenn nicht ein drittes Mal entwurzelt. Damals hatte der Begriff *Kaght'agan* eine Konnotation von „unaufhörliche Abwanderung", der Begriff stand für die trostlosen Lebensbedingungen in den *Kaght'agayan* (*Kaght'agan*-Zentren). Ich habe das Konzept nicht übersetzt, da alle verfügbaren Begriffe wie „Vertriebene, Deportierte, Migranten, Geflüchtete, inländische Flüchtlinge, Zwangsumgesiedelte" nicht die gesamte Situation wiedergeben und nicht die Situation als *Kaght'agan* reflektieren.
**195** Toros Azadyan, *Hushamadean Karagēözyan Orpanots'i 1913–1948 (Şişli)* (Istanbul: Becid Basımevi: 1949), S. 90.
**196** *Panper*, 22. April 1933, Nr. 3.
**197** Ebenda.
**198** Toros Azadyan (Hg.), *Ēntartsag Darets'oyts' Surp P'rgich' Azkayin Hiwantanots'i 1932* (Istanbul: H. M. Basımevi), S. 305.
**199** Zu *Azkayin Khnamadarut'iwn* vergleiche Madt'os Ēblighatyan, *Azkayin Khnamadarut'iwn: Ēnt'hanur Deghegakir Arachin Vetsamea (1 Mayis 1919–1 Hokdemper 1919)* (Beirut: Dbaran Kat'oghigosutean Hayots' Medzi Dann Giligioy, 1990).
**200** Miroğlu, „G. Bolsoy", S. 434.
**201** *Nor Lur*, 30. Dezember 1947, Nr. 301; *Nor Lur*, 20. Januar 1948, Nr. 307. Im Jahr 1933 betrug laut einer Meldung in *Panper*, 22. April 1933, Nr. 3, diese Anzahl 107. In das zu dem Zeitpunkt neu

bereits 1000 SchülerInnen Karagözyan durchlaufen.[202] Hier gab es auch medizinische Versorgung und Medikamente. Das Waisenhaus Kalfayan, das 1866 in Istanbul von der Ordensschwester Srpuhi Kalfayan (Palu 1822–Istanbul 1899) gegründet worden war,[203] ist bis heute in dieser Funktion erhalten geblieben.[204] Diese Einrichtungen boten nicht nur den ArmenierInnen, die aus den Provinzen kamen, Unterstützung, sondern sie waren außerdem Gewerbeschulen *(Arhesdanots')* für Mädchen und Frauen, die hier eine Tätigkeit erlernen konnten, mit der sie ihren Lebensunterhalt verdienen würden. In den ersten zwei Jahrzehnten nach Gründung der Republik gab es in nahezu allen armenischen Zeitungen, die in Istanbul erschienen, zahlreiche Artikel, die sich mit diesem Thema befassten.

Der Grad der Armut innerhalb der Gemeinde stieg nach 1938 stark an, also nach Verabschiedung des türkischen Gesetzes zu Stiftungen und nach der Einführung des Einzeltreuhänder-Systems *(Tek Mütevelli Sistemi)*. Während dieser Zeit mussten sich das Waisenhaus Karagözyan und das Waisenhaus Üsküdar *(Sgiwdari Khnamadaragan Orpanots'))* auch finanziell zusammenschließen, damit sie ihre Aufgaben weiterhin ausführen konnten. Nach den Angaben von Toros Azadyan lebten im Waisenhaus Üsküdar 70–90 Waisen sowie in zwei *Kaght'a-gan*-Zentren 400–500 *Kaght'agans*.[205] In der offiziellen Urkunde zum Zusammenschluss der beiden Waisenhäuser ist auch ein Hinweis auf die Situation der ArmenierInnen aus den Provinzen zu finden:

---

eröffnete Waisenhaus Karagözyan wurden 1913 rund 100 Waisenkinder geschickt, als das Waisenhaus Surp Hagop beim armenischen Krankenhaus Surp P'rgich' geschlossen wurde. Das Waisenhaus Surp Hagop war für seine aufsässigen Waisenkinder bekannt. Laut Pakarat Tevyan, einer der ehemaligen Waisen von Surp Hagop, übernahmen die Waisen vom 6. zum 7. November 1908 sogar die Administration. Sie protestierten gegen die Krankenhausleitung und auch gegen die hierarchischen Prinzipien der gesamten Gemeinde. Der Aufstand der Kinder ging so weit, dass sie die Lehrkräfte als Geiseln nahmen und den Unterricht durchführten. Die Lage spitzte sich so stark zu, dass die Waisen zu einem Gespräch im Krankenhaus eingeladen wurden, an dem auch der Patriarch teilnahm. Siehe Pakarat Tevyan, *Erchanig Darekirk': Bardez Kutlu Yıllar Dergisi 1958* (Istanbul: Varol Matbaası, 1958), S. 28–47. In der Historie des Waisenhauses Karagözyan von Toros Azadyan *(Hushamadean Karagēōzyan Orpanots'i 1913–1948)* lässt sich das Schicksal der aufständischen Waisen von Surp Hagop verfolgen: Von den 101 Kindern wurden 16 – vermutlich wegen der Rebellion – nicht nach Karagözyan geschickt. Es waren daher nur 85 Waisen, die im September 1913 übergeben wurden. Siehe Azadyan, *Hushamadean*, S. 27.

**202** *Paros*, 17. Januar 1950, Nr. 21.

**203** Das armenische Wort *Mayrabed* muss nicht eine Ordensschwester meinen, sondern kann auch eine Frau bezeichnen, die sich dazu entschieden hat, nicht zu heiraten. Siehe *Vat'sunameag (1866–1926) Kalfayan Aghchgants' Orpanots' Khaskiwghi*, S. 3.

**204** 1933 lebten im Internat Kalfayan 90 Schülerinnen; siehe Artikel von Baruyr Püzant Keçyan in *Panper*, 11. Mai 1933, Nr. 6.

**205** Azadyan, *Hushamadean*, S. 107.

Die Aufnahme der *Kaght'agans* ist Teil der Umsorgung der Waisenkinder. Letztere sollte jedoch im Mindestbudget verbleiben, da sich die Arbeit in dieser Hinsicht mehr oder weniger in Auflösung befindet. Es wird weiterhin eine professionelle Einrichtung benötigt, die sich um die 400–500 *Kaght'agans* kümmert, welche sich nicht selbst versorgen können.[206]

Während dies die Situation in Istanbul war, wurden die ArmenierInnen in den Provinzen stetig auf verschiedenste Arten bedroht und zum Verlassen gezwungen. Unter Bezug auf die Archive der amerikanischen Botschaft stellt Dilek Güven fest, dass den ArmenierInnen in den Jahren 1928–1929 das Verlassen von Sivas untersagt war. Gleichzeitig fanden sie keine Arbeit, sodass sie keinerlei Kaufkraft hatten. Unter diesen Umständen beantragten viele unter ihnen eine Sondererlaubnis zum Verlassen des Landes.[207] Soner Çağaptay liefert eine detaillierte Beschreibung einer Reihe von Angriffen einschließlich zweier Mordfälle – zum einen am armenisch-katholischen Priester Yusuf Emirhanyan in Diyarbakır und zum anderen an einem orthodoxen Priester in Mardin –; diese Vorfälle spielten eine wichtige Rolle beim Exodus der ArmenierInnen.[208] Nach diesen Fällen wurde die Katholische Mission in Elazığ, in der zwei Armenier, ein Franzose und ein Deutscher als Geistliche tätig waren, unter Druck gesetzt, ihre Arbeit aufzugeben; die Priester gingen nach Beirut.[209] Fast zeitgleich gab es einen Bombenangriff und Brandanschlag auf die Armenisch-Protestantische Kirche in Harput und des Weiteren wurde in Diyarbakır ein assyrischer Priester angegriffen.[210]

Wie sich anhand dieser Vorfälle erkennen lässt, hatten die Gesetze wie auch die rechtlichen Maßnahmen zu dieser Zeit das ausdrückliche Ziel, die Menschen aus dem Land zu vertreiben, in dem sie lebten. Laut Murat Bebiroğlu spielte beim Migrationsprozess auch das Umsiedlungsgesetz von 1934 eine wichtige Rolle. Eine von Bebiroğlu interviewte Person gab an, dass wegen dieses Gesetzes die ArmenierInnen zu dieser Zeit gezwungen worden waren, Yozgat zu verlassen und nach Istanbul zu gehen.[211] Dilek Güven macht auf Basis von Belegen aus den Archiven der US-Botschaft einige detaillierte Angaben zu den Folgen des Umsiedlungsgesetzes und fasst zur Ausweisung der JüdInnen aus Thrakien und aus Izmir zusammen: „Die ‚freiwillige' Migration der Minoritätsgruppen [JüdInnen] – und

---

**206** Ebenda, S. 111.

**207** Dilek Güven, *Nationalismus und Minderheiten: Die Ausschreitungen gegen die Christen und Juden der Türkei vom September 1955* (München: Oldenbourg Verlag, 2012), S. 107.

**208** Soner Çağaptay, *Islam, Secularism, and Nationalism in Modern Turkey: Who is a Turk?* (London–New York: Routledge Publ., 2006), S. 33.

**209** FO 371/13818/E6101, in: ebenda, S. 35.

**210** Ebenda.

**211** Murat Bebiroğlu, „Cumhuriyet döneminde patrikler ve önemli olaylar" https://hyetert.org/2009/05/26/cumhuriyet-doneminde-patrikler-ve-onemli-olaylar/ (abgerufen am 7. July 2021).

auch christlicher Gruppen wie der ArmenierInnen in Anatolien – war das Ergebnis einer geplanten Ausgrenzung."[212] Des Weiteren sind bei Güven genaue statistische Angaben zur armenischen Migration der Jahre 1929–1934 zu finden. Denselben Quellen zufolge gab es – auch bereits vor der Verabschiedung des Umsiedlungsgesetzes – eine weitere Welle erzwungener Migration: Rund 600 ArmenierInnen verließen ihre Heimat in Richtung Istanbul.[213] Außerdem drängten Agenten der türkischen Regierung die christliche Bevölkerung in den Provinzen und vor allem in Diyarbakır und in Harput, ihr Land zu verlassen.[214] Güven nennt als Anzahl der ArmenierInnen, die von 1929 bis 1930 innerhalb von 18 Monaten nach Syrien auswanderten, 6373;[215] Çağaptay hingegen stellt fest, dass die Zahl der Menschen, welche die Türkei in Richtung Syrien verließen, schwankt. Amerikanische Diplomaten nannten eine Anzahl von gar 10 000–20 000,[216] während britische Diplomaten die Zahl der AuswandererInnen im Jahr 1930 eher auf 2 000–4 000 veranschlagten.[217]

Gleichzeitig suchten die ArmenierInnen, die in Istanbul nicht für ihren Lebensunterhalt sorgen konnten, und vor allem diejenigen, die in Notunterkünften lebten, nach Möglichkeiten, in ihre Dörfer zurückzukehren oder auszuwandern. Zwischen den *Kaght'agans* und der gemeindlichen Verwaltung entstanden Spannungen, da es unmöglich war, sich in den Notunterkünften ein Leben aufzubauen. Der Staat war als Akteur im Prinzip nicht vorhanden, und in den wenigen Fällen, in denen er doch einschritt, geschah dies zulasten der *Kaght'agans*. Im Jahr 1934 veröffentlichte die *Ngar*, eine andere Zeitung aus Istanbul, einen Bericht darüber, wie wirtschaftlich unsicher die Lage der armenischen *Kaght'agans* aus den Provinz in Istanbul war und wie sie wegen des fehlenden Einkommens gern wieder in ihre Dörfer zurückkehren wollten.[218] Im März des Jahres gab die *Ngar* in einer Meldung die Anzahl der armenischen *Kaght'agans* in Istanbul mit 750 an.[219] Hierbei ist nicht klar, ob es sich um Neuankömmlinge

---

**212** NARA 867.4016 Jews/13 US Embassy, to State Department from Ankara 24 July 1934, in: Dilek Güven, *Cumhuriyet Dönemi Azınlık Politikaları ve Stratejileri Bağlamında 6–7 Eylül Olayları* (Istanbul: Tarih Vakfı Yurt Yay., 2005), S. 103.

**213** Ebenda, S. 105.

**214** Ebenda, S. 104.

**215** Ebenda. Güven weist darauf hin, dass die Anzahl vom armenischen Patriarchen genannt worden ist. Die Botschaft der USA in Beirut gab die Anzahl der EmigrantInnen mit 4000 an. NARA 867.404/208. No. 946, the US Consulate, from Istanbul to the State Department, 24 February 1930.

**216** SD 867.4016, From Crew (Istanbul) to Washington, 12 February 1930, in: Çağaptay, *Islam, Secularisms*, S. 35.

**217** FO 371/14587/E729 und FO 371/14567/EE886, in: Çağaptay, *Islam, Secularisms*, S. 36.

**218** Die Wochenzeitung *Ngar* wurde 1933–1934 von Krikor Mhitaryan herausgegeben.

**219** *Ngar*, 25. März 1934, Nr. 25.

handelte oder ob sie schon länger in der Stadt lebten. Über die Situation der Gemeinde in Istanbul ließe sich noch vieles sagen – wie auch über den Umgang mit Waisen und Frauen und über den anhaltenden Zuzug aus den Provinzen. Das Problem mit *Kaght'agans*, Waisen und Frauen war nicht einfach statistischer Natur, sondern hatte ernsthafte soziopolitische Folgen, zu denen die armenischen Zeitungen eine ergiebige Quelle sind. So veröffentlichte beispielsweise die *Panper*[220] im April und im Mai 1933 zwei längere Artikel zu den *Kaght'agan*-Zentren. Eines davon war das Zentrum in Samatya, das einer Meldung zufolge seit 1920 als Notunterkunft diente.[221] Armaveni Miroğlu bestätigt ebenfalls, dass die armenische Schule „Nunyan Makruhyan" in Samatya seit 1920 als *Kaght'agan*-Zentrum diente, in dem alle Zimmer und Säle voll belegt gewesen wären.[222] Das 1932er-Jahrbuch von Surp P'rgich' gibt an, dass in den *Kaght'agan*-Zentren in Samatya und in Ortaköy 800 Personen untergebracht waren, deren Plätze, sollte jemand das Zentrum verlassen, umgehend von Neuankömmlingen belegt wurden.[223] In diesen Zahlen sind natürlich nicht die *Kaght'agans* berücksichtigt, die aus den Provinzen nach Istanbul kamen und Unterkunft bei Verwandten fanden. Der Bericht im Jahrbuch 1932 erwähnt die sozialen Probleme im Zusammenhang der *Kaght'agan*-Zentren nur am Rande. In der Presse hingegen erschienen zahlreiche Artikel mit genaueren Angaben und mit Beschreibungen sowohl der Zustände als auch der sozialen und wirtschaftlichen Probleme. So waren alle Fenster mit Papier verhüllt, und in wirklich jeder Ecke der Gebäude wohnten *Kaght'agans* jeden Alters. Dem *Panper*-Artikel zufolge lebten dort zu diesem Zeitpunkt 268 Menschen, von denen 120 elf Jahre oder jünger waren.[224] Manche hatten in diesen Zentren bereits bis zu zehn Jahre verbracht. Auch in den Zentren gab es Werkstätten; so wird über eine Frau aus Kayseri berichtet, die einen Teppich webt. Anfang April 1933 kam aus dem Dorf Bebek bei Yozgat t eine erneute Welle an *Kaght'agans*; es handelte sich um 28 Familien mit insgesamt 147 Menschen.[225] *Ngar* nennt als Zahl der *Kaght'agans*, die zum gleichen Datum aus Bebek kamen, 200 und aus Burunkışla 350 und berichtet, dass das Innenministerium mit einem Befehl Menschen, die auf dem Weg nach Istanbul waren, zurückschickte, um die

---

**220** Die *Panper Weekly* erschien erstmals am 8. April 1933 und wurde von Aram Dağlaryan und Yetvart Simkeşyan herausgegeben.
**221** Suren Şamlıyan, „Panperi bduydnerě: Inch'bēs gabrin Samat'ioo gayanin kaght'agannerě", in: *Panper*, 27. April 1933.
**222** Miroğlu, „G. Bolsoy", S. 432.
**223** *Ěntartsag Darets'oyts' Surp P'rgich' Azkayin Hiwantanots'i 1932*, S. 306.
**224** *Panper*, 27. April 1933.
**225** Ebenda.

Wanderung zu unterbinden.[226] Doch auch wenn der Minister in einer Äußerung die *Kaght'agans* zum Umdrehen aufforderte, so blieben die mit diesen verbundenen Probleme ungelöst. Allein in Vahan Toşikyans *Nor Lur* gab es im Jahr 1935 mehr als 20 Berichte zu dieser Themenstellung. In diesem Jahr wurde eines der beiden Zentren in Samatya, ein Gebäude, das für Neuankömmlinge aus Yozgat (Burunkışla) angemietet worden war, geschlossen. Die Evakuierung verlief unter großer Unruhe. Die Menschen, die dort lebten, protestierten anhaltend gegen die Räumung und machten geltend, dass sie hungrig wären, kein Geld hätten und nicht wüssten, wohin sie gehen sollten.[227] Die Nothilfeorganisation *(Khnamadarut'iwn)* hingegen hatte eine finanzielle Krise und konnte den Berichten zufolge die monatliche Miete nicht länger aufbringen. Immer und immer wieder richteten die BewohnerInnen Petitionen an die Zentralverwaltung der Armenischen Nationalen Nothilfe und flehten darum, bleiben zu dürfen. Wahrscheinlich aufgrund der organisierten Auswanderungen nach Sowjetarmenien, die seit 1933 stattfanden und bis 1936 anhalten sollten, wendeten sie sich, als weiterhin eine Antwort ausblieb, erneut an die Organisation und baten die Nothilfe darum, sie nach Jerewan zu senden.[228]

Als auch dieser Versuch fehlschlug, wendeten sie sich noch einmal an die Administration und baten um Geld, damit sie in ihre Heimatorte in den Provinzen zurückkehren könnten.[229] Keiner ihrer Anfragen wurde jedoch entsprochen. Schließlich wendeten sie sich an das Büro des Istanbuler Gouverneurs und beschwerten sich über die Armenische Nationale Nothilfe. Ab diesem Zeitpunkt waren auch Vertreter der Regierung in die Frage einbezogen. Sie führten Gespräche mit der Nothilfe-Administration und erfuhren, dass diese es sich nicht leisten konnte, für die Zugezogenen ein weiteres Gebäude anzumieten. Die verbliebenen *Kaght'agans* konnten entweder in das andere Gebäude in Samatya umziehen oder in das Zentrum, das in Ortaköy bestand.[230] Die *Nor Lur* berichtete am 16. November 1935, dass Mitarbeiter des Gouverneursbüros nach der Evakuierung des zweiten Zentrums in Samatya sowohl das verbliebene *Kaght'agan*-Zentrum in Samatya als auch das in Ortaköy besichtigt und festgestellt hätten,

---

**226** *Ngar*, 25. März 1934, Nr. 25. Dieselbe Meldung gab an, dass es dort auch 200 *Kaght'agans* aus Bebek (einem Dorf bei Yozgat) gab.

**227** *Nor Lur*, 9. Januar 1935, Nr. 5001; *Nor Lur*, 7. Januar 1935, Nr. 5150; *Nor Lur*, 26. Juli 1935, Nr. 5199; *Nor Lur*, 28. Juli 1935, Nr. 5201.

**228** *Nor Lur*, 27. April 1935, Nr. 5108.

**229** *Nor Lur*, 3. August 1935, Nr. 5207.

**230** Das frühere armenisch-katholische Andoneants'-Kloster in Ortaköy wurde als *Kaght'agan*-Zentrum genutzt.

dass Ersteres überbelegt wäre.[231] Einer anderen Meldung zufolge lebten in Samatya 320 Personen.[232] Die Zeitung berichtete zudem von einer Evakuierung in Üsküdar und veröffentlichte einen Leserbrief, der mit „Ein Bewohner des Bezirkes" unterzeichnet war. Diesem Leserbrief zufolge lebte eine armenische *Kaght'agan*-Familie in einer Baracke, die dem armenischen Krankenhaus Surp P'rgich' in der Arapzade-Straße in Üsküdar gehörte. An einem Abend wäre Herr [Ohan] Goganyan, der für den Grundbesitz des Krankenhauses verantwortlich zeichnete, mit der Polizei erschienen und hätte die Familie zwangsräumen lassen. Diese fand danach Unterkunft im Haus ihrer türkischen NachbarInnen. Der Verfasser des Leserbriefes hielt die Räumung für ungesetzlich und fügte an, dass es sich bei der Baracke nicht um ein vermietbares Haus handeln würde; vor dem Einzug der Familie hätte es drei oder vier Jahre lang leergestanden.[233]

Die Lage der Armenischen Nationalen Nothilfe war ebenfalls schwierig. Artikel in der *Nor Lur* ermunterten die LeserInnen, die Gemeinde dabei zu unterstützen, sich der Waisenkinder und jener ArmenierInnen anzunehmen, die aus den Provinzen kamen. In ihrem Hunger harrten die Menschen tagelang vor dem Gebäude der Nothilfe aus. Die Verwaltung der Armenischen Nationalen Nothilfe bat das Krankenhaus Surp P'rgich' um Unterstützung, dort sollte man acht bis zehn Behinderte und Waisen aufnehmen, denn man hätte die Lage nicht länger unter Kontrolle.[234] Laut einem anderen Bericht ignorierte die Verwaltung die Anfrage des Priesters von Kayseri, zwei Waisen aufzunehmen, da zuerst die Waisenhäuser vereinigt werden sollten; man würde im Anschluss daran sehen, was sich tun ließe.[235] Das 1939er-Jahrbuch des Krankenhauses Surp P'rgich' enthält weitere Informationen zur Frage der Waisen und zu den Kindern der *Kaght'agans*: Es gab 535 Kaght'agan-SchülerInnen in „sehr großen Schwierigkeiten" („*kaght'agan garod usanoghner*");[236] 150 Personen würden außerhalb der *Kaght'agan*-Zentren leben,[237] wahrscheinlich mit finanzieller Unterstützung durch Einrichtungen der Gemeinde. Dieselben Informationen waren bereits im Jahrbuch von 1938 veröffentlicht worden; unklar ist, ob die Zahlen einfach kopiert oder erneut in Erfahrung gebracht wurden.[238] Dennoch verdeutlichen beide Jahrbü-

---

**231** *Nor Lur*, 16. November 1935, Nr. 5312.

**232** *Nor Lur*, 14. Dezember 1935.

**233** *Nor Lur*, 12. Juni 1935, Nr. 5155.

**234** *Nor Lur*, 16. November 1935, Nr. 5312.

**235** *Nor Lur*, 30. Mai 1935, Nr. 5141.

**236** *Ĕntartsag Darekirk' Azkayin Hiwantanots'i 1939* (Istanbul: O. Aktaryan Basımevi, 1938), S. 100.

**237** Ebenda.

**238** *Ĕntartsag Darekirk' Azkayin Hiwantanots'i 1938* (Istanbul: O. Aktaryan Basımevi, 1937), S. 87.

cher, wenngleich ohne genauere Angaben, dass die *Kaght'agan*-Zentren noch immer geöffnet waren, was zeigt, dass sie ein gewisses Budget hatten.

Es steht außer Frage, dass es äußerst schwierig war, mit den soziopolitischen Folgen der *Kaght'agans* in Istanbul umzugehen. Laut Presseberichten waren weder die Nothilfe-Organisation noch das armenische Krankenhaus in der Lage, allen Menschen zu helfen, die aus den Provinzen eintrafen, was wiederum zu schweren Problemen zwischen den zugewanderten ArmenierInnen und den Verwaltungsorganen der Istanbuler Gemeinde führte. Beim Lesen dieser Nachrichten bekommt man den Eindruck, dass die Angehörigen der armenischen Administration aus Angst vor Gewalt versuchten, den direkten Kontakt mit den Neuankömmlingen zu vermeiden. Geschlossen wurden die *Kaght'agan*-Zentren dann Ende der 1930er-Jahre. Doch auch danach verließen weiterhin ArmenierInnen die Provinzen in Richtung Istanbul.

A. B. (geboren in Kütahya, 1945), eine Armenierin aus einer Familie, die aus Halvori (einem Dorf bei Dersim) vertrieben worden war, welche sich später im Dorf Ayvalı bei Kütahya niederließ, lebt heute in München. Sie berichtete mir im Interview, dass nicht einmal die Ansiedlung in Istanbul ihre Probleme gelöst hätte. In Kütahya wurde ihre Familie zum Islam zwangskonvertiert; ihnen wäre ein Treffen mit ihren Verwandten untersagt worden, die vertrieben und in andere Dörfern bei Kütahya umgesiedelt worden waren. Daher wäre sie als muslimische Türkin registriert worden. Alle Familienmitglieder hatten türkische Vor- und Zunamen. Nur die Älteren der Familie konnten Armenisch und sprachen es heimlich untereinander. Die Familie zog aus Kütahya nach Istanbul und ließ sich in Gedikpaşa nieder.[239] Dort lebten bereits viele ArmenierInnen, die aus Dersim vertrieben worden waren. Gleich nach ihrer Ankunft in Istanbul hätte ihre Mutter ihnen mitgeteilt, dass sie armenische Christen seien.

> Zur armenischen Gemeinde in Istanbul fanden wir keinen Zugang. [...] Wir alle litten Hunger; Jung und Alt mussten arbeiten gehen, weswegen ich in „Gürün Han" anfing; sobald wir nach Istanbul kamen. [...] In Gedikpaşa lebten fast nur ArmenierInnen. [...] Wir konnten kein Armenisch lernen. Wie hätte es sonst sein sollen, wir waren ja aus einem Dorf gekommen. Man sieht, dass wir alle wie Dacik [Türken] waren ... Man hätte mich an die Hand nehmen und sagen können ‚Komm, Mädchen, ich bringe dir abends Armenisch bei', hat man aber nicht gemacht. Man hat auf uns herabgesehen. [...] Mein kleiner Bruder ist in die türkische Schule gegangen. Wir hätten jemanden gebraucht, der uns gesagt hätte, dass man in die Schule gehen soll. [...] Mich hat man nicht in die Schule geschickt.[240]

---

239 A. B., persönliches Interview, 13. März 2013, München.
240 Ebenda.

Im Alter von 15 wurde sie mit einem Armenier aus Dersim verlobt, den sie nicht kannte. Wenige Jahre darauf kam A. B. gemeinsam mit ihrer Familie zum Arbeiten nach Deutschland, wo sie heute noch lebt.

Die ArmenierInnen aus den Provinzen standen in allen Machtstrukturen stets ganz unten. Der Fall von A. B. zeigt wie zahlreiche andere Fälle, dass viele ArmenierInnen die Zwangsislamisierung als eine weitere Art der Ausgrenzung erlebten. Dies bereitete den Boden dafür, dass in den 1960er- und 1970-Jahren viele ArmenierInnen aus den Provinzen die Türkei verließen.

## 1.3 Das armenische Leben in Istanbul und in den Provinzen

Toros Azadyan und Mardiros Koçunyan (Chefredakteur der Tageszeitung *Jamanak*) veröffentlichten anlässlich des 15. Jubiläums der Republiksgründung das 82-seitige Heft *Armağan* („Das Geschenk"). Dieses enthielt einige detaillierte statistische Angaben zur Lage der armenischen Bevölkerung in den Provinzen.[241] Im „Staatsarchiv über die republikanische Ära" ist ein Brief zu finden (zusammen mit einer türkischen Zusammenfassung des Heftes), den die Verfasser am 31. Oktober 1938 an Ministerpräsident Celal Bayar gesandt hatten.[242] Das Heft widmete dem Sandschak Alexandrette (*İskenderun Sancağı*), dessen Annexion ein Jahr später erfolgte, drei Seiten.[243] Die türkische Zusammenfassung des Heftes, die dem Premierminister übersandt wurde, ist acht Seiten lang. Von diesen handeln anderthalb Seiten von Hatay; dreieinhalb weitere Seiten beschäftigen sich mit „der legendären Heldenhaftigkeit und den großen Siegen der türkischen Armee und des türkischen Volkes".[244] Das Heft enthält eine Liste von Städten mit armenischen EinwohnerInnen sowie weiteren Angaben zur Bevölkerung jeder Region, einschließlich der Anzahl der armenischen Menschen in den städtischen Zentren und in den Dörfern der Provinz, zu den Berufen der Armenier (und in einigen Fällen auch der Armenierinnen) sowie zu den Gemeindestrukturen in den Städ-

---

241 Vergleiche Toros Azadyan und Mardiros Koçunyan, *Armağan: Türkiye Cumhuriyeti 15. Yıldönümü 1923–38* (Istanbul: Gutemberg Matb., G. N. Makasciyan, 1938), S. 80. Die Herausgeber erläutern den Hintergrund des Titels *Armağan*. Das Wort heißt auf Armenisch – wie auf Türkisch – „Geschenk". Um das zu beweisen, haben sie verschiedene Wörterbücher einschließlich etymologischer Werke herangezogen.
242 BCA 030.10.85.558.7.
243 Zu einer Zusammenfassung der Annexion des Sandschaks vergleiche Zürcher, *Turkey*, S. 202–203.
244 Azadyan und Koçunyan, *Armağan*, S. 2–12.

ten – zum Beispiel den Kirchen, die noch bestanden und von einer Gemeinde genutzt wurden:

1. Kayseri: 2280 (Frauen und Männer), in Everek 900, Aziliye (Pınar Başı) 20, Bünyan zehn. In der Provinz (*Vilayet*) leben insgesamt 3470 ArmenierInnen. Fünf Prozent der Erwerbsbevölkerung sind Ladenbesitzer, 35 Prozent Handwerker, wie Teppichhändler, Schrotthändler (*Hurdacı*), Schmiede, Steinmetze, Fleischer, Händler für Pastrami und Wurst (*Pastırma/Sucukcu*), Dachdecker, Bauarbeiter, Müller, Anstreicher usw. 60 – 70 Frauen arbeiten auf den Baumwollfeldern. Priester Haygazun Garabetyan hält regelmäßig Messen in der Kirche Surp Lusaworich'. Der Treuhänder der Kirche bis zum 15. Mai 19[3?] 8 war der Anwalt Jivan Ashĕkyan.[245] Nach seinem Umzug nach Istanbul hat die Stiftung gemäß Gesetz 2762 entschieden, die Leitung selbst zu übernehmen, bis die Gemeinde einen neuen Treuhänder wählt.[246] Auch in Everek gibt es eine Kirche – Surp T'oros –, die geöffnet ist und genutzt wird. Der Treuhänder ist Arshag Sēmizyan. Die religiösen Aufgaben werden von Priester Eghishê T'akworyan übernommen.

2. Yozgat: In der Stadt Yozgat und im Kreis Boğazlıyan leben etwa 1200 ArmenierInnen. Von ihnen sind 20 Prozent Handwerker, der Rest sind Schmiede.

3. Sıvaz (Sivas): In der Stadt und ihren Kreisstädten (zum Beispiel Zara, Derdene, Kangal, Gürün, Şarkışla) leben mehr als 1000 ArmenierInnen. 25 Prozent von ihnen sind Bauern oder ungelernte Arbeiter. Der Rest sind Handwerker (Schmiede, Kupferschmiede, Dachdecker, Bauarbeiter, Pantoffelmacher und -händler, Müller, Schrotthändler).

4. Tokat: In der Stadt samt aller ihrer Kreisstädte leben 900 ArmenierInnen. 20 Prozent von ihnen sind gewöhnliche Arbeiter; die meisten von ihnen sind Bauern, Weinbauern, Schäfer, Müller, Dachdecker, Tuchmacher.

5. Kastemuni (Kastamonu): In der Stadt Kastemuni und den umliegenden Orten (zum Beispiel Taşköprü) leben etwa 2000 ArmenierInnen. 40 Prozent der Erwerbsbevölkerung sind Handwerker (Zwirner, Schrotthändler, Blechschmiede), 35 Prozent Arbeiter, 20 Prozent Müller, fünf Prozent sind Ladeninhaber und Kleinhändler.

6. Amasya: Dort leben einschließlich der Kreisstädte (Merzifun, Gümüş Hacı Köy usw.) lediglich 800 ArmenierInnen. Fünf Prozent sind Händler und Ladeninhaber, 40 Prozent Weinbauern, Gärtner, Obsthändler usw., 20 Prozent

---

**245** Sein Name wurde wahrscheinlich Civan Aşıkyan geschrieben.
**246** Vgl. auch Vakıflar Kanunu (Gesetz über die religiösen Stiftungen) unter www.hukuki.net/kanun/2762.13.text.asp (abgerufen am 1. Oktober 2020).

Bauern und Schäfer; der Rest sind Handwerker (zum Beispiel Schuhmacher, Juweliere, Tuchmacher, Dachdecker, Müller, Bauarbeiter).

7. Samsun: In der Stadt sowie in Ordu und Umgebung leben mehr als 500 ArmenierInnen. Die meisten von ihnen sind Handwerker und Händler, der Rest sind Bauern. Der Priester von Ordu ist Kēōrk Sahagyan. Die Kirche ist geöffnet, und es wird die Heilige Messe gefeiert.

8. Kharpert (Harput): Insgesamt leben dort 1500 ArmenierInnen; einige von ihnen sind armenisch-katholischen Glaubens. Zehn Prozent sind Händler und Ladeninhaber, 25 Prozent sind Viehzüchter, Ölhändler und Krämer, 55 Prozent sind Handwerker (Kupferschmiede, Dachdecker, Schuster, Müller, Schneider, Maurer usw.), und der Rest sind Schmiede.

9. Malatya: In diesem *Vilayet* einschließlich der Kreisstädte (Agn, Arapgir, Divrig usw.) leben etwa 1600 ArmenierInnen. Sie arbeiten unter anderem als Hirten, Krämer, Schmiede, Teppichknüpfer und Zwirner.

10. Diyarbakır:[247] Im gesamten *Vilayet* leben 1000 ArmenierInnen; die Zahlen schließen MaronitInnen, AssyrierInnen sowie koptische ChristInnen ein. Zehn Prozent sind Krämer oder Ladeninhaber, 40 Prozent sind Handwerker (Maurer, Juweliere, Obsthändler, Bauarbeiter, Steinmetze, Dachdecker usw.); und der Rest sind Bauern. Die ArmenierInnen in Diyarbakır haben einen Priester, der die religiösen Aufgaben ausführt.

11. Konya: Im Stadtzentrum sowie in Ereğli und Aksaray leben etwa 600 ArmenierInnen. Zehn Prozent von ihnen sind Handwerker, fünf Prozent sind Kleinhändler und Weizenhändler, 40 Prozent sind Bauern, Schuhmacher, Kupferschmiede, Fuhrleute und anderes. Der Rest sind gewöhnliche Arbeiter und Landwirte. In Konya gibt es einen Zahnarzt namens Osdan Giwlistanyan.

---

**247** Zu Diyarbakır gibt es in den Quellen unterschiedliche Angaben. Den Memoiren von Kēōrk Halajian (1925) zufolge berichtete Müftüzade Abdurrahman Şeref Bey, der damals der Vertreter von Diyarbakır war, über die armenische Bevölkerung der Stadt Folgendes: „Nach dem Waffenstillstand wuchs die Zahl der ArmenierInnen in Diyarbakır auf 13 000 – 14 000 an. Dies war für uns ein großes Problem. [...] 1920 – 1922 begann jedoch die Auswanderung, und die Zahl sank viel wieder. Heute leben beinahe 2500 – 3000 armenische Menschen in der Stadt, und genauso viele oder vielleicht etwas mehr leben in den Bergen. T'ap'aragan (Kēōrk Halajian), *Tebi Gakhaghan* (Boston: Hairenik Publ., 1932), S. 143. Aus den Reiseberichten von Bedros Zobyan und William Saroyan aus dem Jahr 1964 erfahren wir, dass in dem Gebiet 1500 ArmenierInnen leben; vgl. Bedros Zobyan, *Tebi Bitlis William Saroyani Hed* (Istanbul: Aras Yay., 2007), S. 247. Die *Nor Lur* berichtete 1935 von insgesamt 200 armenischen Familien in Diyarbakır (*Nor Lur*, 20. November 1935, Nr. 5316). In einem mündlichen Interview wurde mir für die 1960er-Jahre eine wesentlich größere Anzahl genannt: „Wir erreichten Diyarbakır und lebten im Gebäude der Kirche in Hançepek. Damals gab es in Hançepek etwa 10 000 ArmenierInnen.", K. B., persönliches Interview, 21. Januar 2009, Berlin.

In Ereğli erfreut sich Dr. Simon Bey Terzioghlu großer öffentlicher Beliebtheit. Sein Bruder Melkon ist als Makler tätig.

12. Adana und Mersin: In diesem Gebiet leben etwa 30 ArmenierInnen. Sie arbeiten als Bauern und als Handwerker.[248]

Im Ergebnis stellt das Heft fest, dass – neben den 15.000 Menschen gemäß vorstehender Aufzählung – in anderen Teilen des Landes noch 4500 ArmenierInnen leben, und fügt hinzu: „Sie alle leben in Frieden und Harmonie mit der Administration der Republik."[249] Die Herausgeber des Heftes geben an, dass die Informationen mithilfe „verschiedener Dokumente" zusammengestellt wurden, da ihnen keine offiziellen Unterlagen vorlagen.[250] Diese detaillierten demografischen Angaben basieren wahrscheinlich auf den Berichten der armenischen Priester in den Provinzen, die diese an das Patriarchat in Istanbul richteten. Im 1932er-Jahrbuch des armenischen Krankenhauses Surp P'rgich' gibt es eine ähnliche Aufstellung von Orten und demografischen Einzelheiten zu den ArmenierInnen, die in den Provinzen lebten. Ein Beispiel verdeutlicht die Ähnlichkeit: „Burunkışla – ArmenierInnen leben von der Landwirtschaft und der Viehzucht. Es gibt folgende Angaben zu ihrer Anzahl: 147 Männer, 138 Frauen, 135 Mädchen, 553 Menschen insgesamt. Sie haben eine Kirche des Namens Surp T'oros. Es wurden 205 Kinder getauft."[251] Diese Aufstellung und der detaillierte zweiseitige Bericht zu Kayseri und Umgebung wurden erstellt vom stellvertretenden Bischof von Kayseri, Pater Serovpē Burmayan. Nach den Angaben von Burmayan lebten in den Dörfern von Kayseri und Yozgat 775 Männer, 818 Frauen, 822 Jungen und 702 Mädchen, insgesamt 3157 Menschen.[252] Offenbar griffen Azadyan und Koçunyan beim Erstellen von *Armağan* auf diese Quellen zurück. Azadyan war der Herausgeber der Jahrbücher des armenischen Krankenhauses, weshalb ihm diese Daten zur Verfügung gestanden haben. Es ist allerdings überraschend, wie wenige Informationen dieses umfangreichen Datenbestandes verwendet wurden. Die Angaben zur gesamten armenischen Bevölkerung in den Provinzen wird in *Ar-*

---

**248** Azadyan und Koçunyan, *Armağan*, S. 41–2.
**249** Ebenda.
**250** Ebenda.
**251** *Ēntartsag Darets'oyts' Surp P'rgich' Azkayin Hiwantanots'i 1932*, S. 303. Diese Daten wurden in verschiedenen Werken zu historischen armenischen Städten verwendet, die in zahlreichen Diaspora-Gemeinden veröffentlicht wurden. So fanden die Informationen aus dem 1932er-Jahrbuch des armenischen Krankenhauses Einzug in Armēn Tarian und Antranig Erganian (Hg.), *Badmut'iwn Yozgadi Ew Shrchagayits' (Kamirk') Hayots'* (Beirut: Hradaragut'iwn Yozgadi Ew Shrchagayits' [Kamirk'] Hayrenagts'agan Miut'ean, 1988), S. 913.
**252** Ebenda, S. 304.

*mağan* auf zwei Seiten zusammengefasst, während das Jahrbuch 1932 diese Seitenanzahl allein für die demografischen Daten des Gebietes um Kayseri und Yozgat bereithielt. Vermutlich wollten Koçunyan und Azadyan dem Leben armenischer Menschen in den Provinzen in *Armağan* nicht so viel Platz einräumen und den Umfang der Darstellung gering halten, um möglichst wenig Aufmerksamkeit darauf zu lenken. Dennoch – auch wenn die Zahlen in dem Heft noch verifiziert werden müssen – zeichnen die Daten ein allgemeines Bild vom Leben der ArmenierInnen, von ihren Berufen und ihren Lebensbedingungen. So haben laut den Memoiren von Güzelyan 1941 in und um Sivas 2000 ArmenierInnen gelebt,[253] während das vorgenannte Heft die Anzahl der dortigen armenischen Bevölkerung mit „mehr als 1000" angibt.[254] Dieses Beispiel zeigt, wie schwierig es ist, die tatsächlichen Zahlen zu verifizieren. Höchstwahrscheinlich waren die Zahlen eher höher als niedriger. Ich habe mich dazu entschieden, diese zusammenfassenden demografischen Angaben hier aufzunehmen, da man sehr selten derartige Details über das armenische Leben außerhalb von Istanbul erfährt. Außerdem will ich hiermit zeigen, dass die armenischen Gemeinden Daten der Überlebenden in den Provinzen weiterhin erfassten.

Kaspar Basmajian, der Arapgir 1954 besucht hat, beschrieb in einem anderen historischen Werk über die Stadt – *Badmut'iwn Hayots' Arapgiri* – in einem Kapitel die Zeit seit der Republiksgründung. Basmajian zufolge hatte die armenische Bevölkerung von Arapgir damals eine Größe von 350 Menschen, also 30 Familien. Aus Arapgir zogen immer wieder ArmenierInnen nach Istanbul und nach Malatya. Schon damals hatten sich 410 Familien in Istanbul niedergelassen, während zehn Familien nach Malatya gegangen waren.[255] Es lassen sich also in den Memoiren von Basmajian Angaben über das Schicksal armenischer Wohngegenden in den 1950er-Jahren finden. Die meisten der bedeutenden Gebäude – zum Beispiel Kirchen, Mädchenschulen und religiöse Zentren – waren vom Staat konfisziert worden und wurden als türkische Schulen genutzt.[256] Laut Basmajian waren verlassene Häuser samt der Grundstücke ebenfalls konfisziert und an die türkische Bevölkerung verkauft worden; einige waren von ArmenierInnen zurückgekauft worden.

1938, also in dem Jahr, in dem *Armağan* veröffentlicht wurde, unterzeichnete Staatspräsident Mustafa Kemal den Befehl, die ArmenierInnen aus Efkere zu

---

253 Hrant Güzelyan, *Bolsoy Badanegan Dunĕ: Mnats'ortats'i Duntartsi Badmut'iwn Mĕ*, Hg. von Yervant H. Kasuni (Beirut: U.A.E.C.N.E Publications, 2007), S. 16.
254 Ebenda, S. 22.
255 Antranig L. P'oladian, *Badmut'iwn Hayots' Arapgiri* (New York: Hradaragut'iwn Amerigayi Miut'ean, 1969), S. 741.
256 Ebenda, S. 742.

vertreiben, also weg von den in dieser Region belegenen militärischen Stützpunkten. Der Entscheidung wurde durch Generalstabschef und Innenministerium zugestimmt.[257] Efkere war vor 1915 für die ArmenierInnen in Kayseri (Gesaria) ein wichtiges Zentrum gewesen.[258] Laut dem Jahrbuch des Armenischen Krankenhauses gehörten Kayseri und Everek/Fenese zu den wenigen Orte, die auch noch in den 1940er-Jahren einen Priester hatten.[259] 1945 berichtete der Priester von Kayseri, Haygazun Garabetyan,[260] der zu diesem Zeitpunkt dort schon seit acht Jahren tätig war, der armenischen Zeitung *Marmara* anlässlich eines Besuches in Istanbul, dass in Kayseri insgesamt 400 Familien mit 2300 Menschen lebten; in Anatolien wären es 20 000 – 25 000 ArmenierInnen.[261] Die *Nor Lur* berichtete im April 1947 von einer Hochzeitsfeier in Kayseri; laut dem Korrespondenten waren am 16. März 1947 neun Menschen aus Sivas nach Kayseri gekommen; darunter befanden sich zwei Paare, die in einer traditionellen Heiligen Messe (Surp Badarak) heiraten wollten. Der Priester Haygazun Garabetyan erfüllte ihren Wunsch. Der Artikel berichtet weiterhin, dass die BesucherInnen ursprünglich aus Tavra stammen würden,[262] aber in Sivas lebten, wo sie in den Mühlen arbeiteten.[263] Dieser Vorfall demonstriert, dass die in Kleinasien verbliebenen Gemeinden bei geistlich-religiösem Bedarf zumindest unregelmäßige Kontakte untereinander hatten und versuchten, die Rituale der Armenischen Kirche zu pflegen und so ihre Identität zu bewahren. Ende Mai 1947 schrieb Priester Haygazun an die *Marmara* anlässlich der Intervention der Zeitung bei der Versteigerung armenischen Eigentums in Kayseri (siehe Diskussion weiter unten).

---

**257** BCA 030.18.01.03.84.79.8.

**258** Zur Lokalgeschichte von Efkere und der dortigen ArmenierInnen vergleiche www.efkere.com (abgerufen am 12. März 2013).

**259** *Ěntartsag Darekirkʿ Surp Pʿrgichʿ Azkayin Hiwantanotsʿi 1944* (Istanbul: W. Der Nersĕsyan Ew Ortikʿ/Güzeliş Basımevi), S. 233.

**260** Ein Dokument im „Staatsarchiv über die republikanische Ära" verdeutlicht, wie eng die Kontrolle der Tätigkeiten von Priestern war. Der Bericht über die Predigt, die Priester Haygazun Garabetyan am 10. April 1938 in der Kirche von Kayseri hielt, ging an den Ministerpräsidenten, an den Stabschef und an den Außenminister. Es wurde festgehalten, dass er die Gemeinde aufrief, für Atatürks Gesundheit zu beten, da er „das Land vor dem Zugriff fremder Mächte gerettet habe". Siehe BCA 030.10.109.721.21.

**261** *Marmara*, 7. Juli 1945, Nr. 713.

**262** Tavra ist ein Dorf und liegt ein paar Kilometer von Sivas entfernt. Bis 1915 lebten dort 1500 ArmenierInnen; im Dorf gab es die beiden Klöster Surp Hagop und Surp Anabad sowie die Kirche Surp Asduadzadzin und zwei armenische Schulen: Aramyan und Tavityan. Vergleiche Osman Köker, „Sivas Ermenileri bin varmış bir yokmuş", 4. Juli 2009, verfügbar unter bianet.org/bianet/biamag/115648-sivas-ermenileri-bin-varmis-bir-yokmus (abgerufen am 1. Oktober 2020), und Arsen Yarman (Hg.), *Sivas 1877: Boğos Natanyan* (Istanbul: Birzamanlar Yayıncılık, 2008).

**263** *Nor Lur*, 26. April 1947, Nr. 230.

Priester Haygazun bedankte sich bei der Zeitung für ihr Einschreiten und berichtete, dass 450 armenische Familien in Armut lebten; 95 Prozent hatten keine eigenen Häuser, sondern mieteten Wohnraum; sie würden auf den Feldern arbeiten. Zehn ältere Menschen lebten in einem Haus auf dem Hof der Kirche, das dieser auch gehörte.[264] 1950 berichtete die *Marmara* von den Besuchen des Priesters von Everek, T'oros Ch'algjyan, in den Provinzen. Laut diesen Berichten lebten 170 armenische Familien in Malatya, 115 Familien in Arapgir und drei oder vier Familien in einigen Dörfern.[265] Während seines Aufenthaltes in Arapgir führte Pater T'oros 55 Hochzeiten und 126 Taufen durch.[266] Demselben Artikel zufolge lebten außerdem sechs armenische Familien in Divriği, zwei in Armutağ (Armutak), drei in Kayaburun (Odur) und sechs in Harnavul (Khrnavul).[267] Der Artikel schließt mit einer langen namentlichen Aufstellung der armenischen Bevölkerung von Arapgir.

Im Jahr 1946 berichtete die *Marmara* über die demografische Zusammensetzung der armenischen Bevölkerung weltweit, und laut dieser Aufstellung gab es in der Türkei 120 000 ArmenierInnen.[268] Drei Jahre später schätzte die *Nor Lur*, dass die armenische Bevölkerung der Türkei eine Größe von 100 000 hätte.[269] Das Buch, das 1950 anlässlich des 160. Jubiläums des Armenischen Krankenhauses Surp P'rgich' vorbereitet wurde, enthielt ein Dokument der Krankenhausverwaltung, in dem die Anzahl der ArmenierInnen in der Türkei auf 60 000 veranschlagt wird.[270]

Es war nicht einfach, die Umstände der im Land verstreut lebenden ArmenierInnen zu verfolgen. Nach 1950 richtete Patriarch Karekin Khachaduryan (Haçaduryan) für die Provinzen die Stelle eines ambulanten Priesters ein. Dies war jedoch nicht immer ein erstrebenswerter Dienst.[271] Priester Şavarş Balımyan aus Zara (in der Provinz Sivas), der in den 1930er-Jahren im Waisenhaus Karagözyan aufgewachsen war, übernahm das Amt dennoch mit Freude und reiste die ganzen 1960er-Jahre durchs Land. So erhielten die ArmenierInnen religiösen Beistand, und er konnte Beziehungen mit den Gemeinden aufbauen, die sämtlich die Verbindungen nach Istanbul verloren hatten.

---

**264** *Marmara*, 25. Mai 1947, Nr. 1647.
**265** *Marmara*, 25. August 1950, Nr. 2317.
**266** Ebenda.
**267** Ebenda.
**268** *Marmara*, 5. Juli 1946, Nr. 1325.
**269** *Nor Lur*, 5. November 1949, Nr. 494.
**270** Köseyan, *Hushamadean*, S. 180.
**271** Şavarş Balımyan, *U Yes Gertam* (Istanbul: Aras Yay., 2005), S. 263. Dies ist die vom Aras-Verlag vorgeschlagene Transliteration.

Wenn man beachtet, dass bis heute keine Möglichkeit besteht, die genaue Zahl der armenischen Bevölkerung der Türkei zu bestimmen, so wird deutlich, wie wichtig es ist, anhand dieser demografischen Daten wenigstens einen Fingerzeig über die armenische Präsenz in den ersten Jahrzehnten der Republik zu erhalten. Die Zahlen sind in den folgenden Jahrzehnten wegen der anhaltenden Migration gesunken.

## 1.4 Die Zerstörung des kulturellen Erbes

Über die systematischen Konfiszierungen des Eigentums religiöser Stiftungen und die sich daran anschließenden Gerichtsverhandlungen haben die armenischen Zeitungen berichtet, weswegen es vergleichsweise einfacher ist, diese Ereignisse zu verfolgen, als die Zerstörung der Zeugnisse armenischer Kultur in den Provinzen. Die mündlichen Quellen meiner Untersuchung und verschiedene Zeitungsartikel berichten über die Zerstörung des armenischen kulturellen Erbes. Wahrscheinlich sind in den von mir nicht gesichteten Zeitungen weitere Hinweise zu finden; doch auf der Grundlage des von mir zu Rate gezogenen Materials habe ich Zweifel daran, dass solche Informationen genauso systematisch wären wie die Berichte zu Vorgängen in Istanbul, denn es war für die Zeitungen schwierig, zu den ArmenierInnen in den Provinzen Kontakt zu halten. Es waren üblicherweise die Berichte und Artikel der Priester, die in den Provinzen tätig waren, welche einen Weg in die armenische Presse fanden. Laut den Jahrbüchern 1948 und 1949 des Armenischen Krankenhauses Surp P'rgich' gab es nur in vier anatolischen Städten armenische Priester. Dies waren Ordu, Diyarbakır, Kayseri und Everek/ Fenese.[272]

Laut dem Bericht von Civan Çakar, der 1924 geboren wurde und bis 1949 in Ordu lebte, gab es dort im Jahr 1918 72 armenische Familien. Diesen Familien – darunter der seiner Mutter – war es gelungen, nach 1915 in ihre Heimatstadt zurückzukehren. Er berichtet, dass in den 1940er-Jahren noch zehn bis 15 armenische Familien in Ordu verblieben waren. Die Kirche wurde mit der Begründung, das Gebäude sei beim Erzincan-Erdbeben stark beschädigt worden, im Jahr 1939 abgerissen:

---

**272** *Ēntartsag Darekirk' Surp P'rgich' Azkayin Hiwantanots'i 1948* (Istanbul: Akın Basımevi, 1947), S. 376, und *Ēntartsag Darekirk' Surp P'rgich' Azkayin Hiwantanots'i 1949* (Istanbul: Becid Basımevi, 1948), S. 413. Dieselben Angaben werden auch genannt in *Ēntartsag Darekirk' Surp P'rgich' Azkayin Hiwantanots'i 1944*.

[Tatsächlich] war die Kirche gar nicht vom Erdbeben betroffen, aber sie wollten sie einfach loswerden; deswegen haben sie ein Gutachten geschrieben, das feststellte, dass sie beschädigt sei, und sie haben sie abgerissen. Bis dahin ging mein Vater zum Singen in die Kirche, und ich war ebenfalls oft da. [...] Es gab auch einen Priester, Der Kevork [Sahagyan, in *Armağan* erwähnt]. Ich meine, dass er gleichzeitig als Dachdecker arbeitete. [...] Im Jahr 1949 ist auch er gegangen, zuerst nach Istanbul und dann nach Argentinien, wo er später verstarb.[273]

Civan Çakar verließ Ordu 1949 in Richtung Istanbul; danach siedelte er nach Kanada um, wo er auch verstorben ist.

1947 beschloss der Staat, drei armenische Kirchen zu verkaufen, zu denen bis zu 300 Grundstücke gehörten.[274] Es handelte sich um die armenische Kirche in Talas (Kreis Türab) mit dem Gelände, auf dem sich die Schule befand, die armenische Kirche in Muncusun (Güneşli) sowie die armenische Kirche am „Lise Meydanı" samt der nahebei belegenen Schule.[275] Laut einem Bericht in der *Marmara* kündigte die Lokalzeitung von Kayseri am 24. April 1947 an, dass die armenischen Kirchen zwei Wochen später, also am 7. Mai, öffentlich versteigert werden würden.[276] Nach dieser Nachricht wandte sich der Chefredakteur der *Marmara* an seinen Korrespondenten in Ankara, Mekki Seyid Enes, und bat ihn, das Büro des Ministerpräsidenten über diese gesetzwidrigen Machenschaften zu informieren. Dem Bericht zufolge griff der stellvertretende Ministerpräsident, Mümtaz Ökmen, ein und unterband die Auktion. Am 6. Mai erklärte der Minister des Inneren, Şükrü Sökmensüer, dass die Ankündigung der Auktion ein Irrtum gewesen wäre.[277]

Die Kirche in Sivas war nicht mehr für die Gemeinde nutzbar, da sie vom Militär besetzt war; sie wurde laut Zeugnis von Artin Korkor, das in der *Agos*

---

273 Civan Çakar, persönliches Interview, 8. April 2012, Montreal.
274 *Marmara*, 6. Mai 1947, Nr. 1628.
275 *Marmara*, 1. Mai 1947, Nr. 1623. Am 9. und 16. Mai 1947 veröffentlichte die *Marmara* die Memoiren von Pater Serovpē Burmayan. Dieser schrieb, dass es in Kayseri drei Kirchen gegeben hat: Surp Lusaworich' (daneben die Schule Giwmiwshyan), Surp Asduadzadzin und Surp Sarkis (daneben die Schule Hagopyan). Nach 1919 war Burmayan 13 Jahre lang in Kayseri als Priester tätig. Seinen Memoiren ist zu entnehmen, dass in der Zeit nach der Republikgründung zwei der drei Kirchen samt all ihrem Besitz konfisziert worden sind. Aus der Kirche Surp Sarkis sollte daraus zuerst ein Kino gemacht werden, doch gab man diese Idee dann auf. Burmayan vertrat in seinen Memoiren die Auffassung, dass dieser Plan die religiösen Empfindungen der ArmenierInnen stärker verletzt hätte als die Umwidmung in eine Moschee. Er schrieb außerdem über die armenische Kirche in Talas und über das dortige gesellschaftliche Leben nach der Gründung der Republik.
276 *Marmara*, 1. Mai 1947, Nr. 1623.
277 *Marmara*, 6. Mai 1947, Nr. 1628.

veröffentlicht wurde, am 24. Juni 1949 mit Dynamit gesprengt.[278] Die Nachricht darüber konnte erst neun Monate später in der *Marmara* veröffentlicht werden, und zwar nur deswegen, weil eine Lokalzeitung namens *Ülke* darüber berichtet hatte.[279] Dieser Bericht hielt fest, dass „der Umgebung durch die Explosion des Dynamits kein Schaden entstanden wäre". Der offizielle Grund für die Zerstörung des Gebäudes war sein schlechter Zustand.[280] Laut der *Marmara* hatte die Gemeinde in Sivas fünf bis sechs Monate zuvor beim Istanbuler Patriarchat beantragt, die Renovierung abzuschließen und dauerhaft einen Priester in Sivas einzusetzen. Es ist allerdings nicht klar, wie solche Renovierungsarbeiten möglich gewesen sein sollen, wenn die Kirche militärisch genutzt wurde. Außerdem sollte die Kirche am 28. März versteigert werden.[281] Laut der *Ülke* berichtete der Technische Ausschuss dem Büro des Gouverneurs in Sivas, und die zuständige Behörde veranlasste eine Untersuchung; sie entschied, die „erforderlichen Maßnahmen zu ergreifen, um möglichen Schäden vorzubeugen". Diese Nachricht zeigt, dass verschiedene Beteiligte für die Zerstörung verantwortlich waren. Die Überschrift in der *Marmara* gab jedoch eher dem stellvertretenden armenischen Patriarchen die Schuld an der Zerstörung als dem Staat oder seinen Institutionen: „Armenische Kirche in Sivas wegen Inkompetenz von Erzbischof Arslanyan eingestürzt".[282] Wir sehen, dass nicht einmal der Begriff „Zerstörung" verwendet wird. Die Zeitung hielt die armenische Gemeinde beziehungsweise die armenische Führung für die Zerstörung der Kirche für verantwortlich. Allerdings erwähnte gleichzeitig die *Ülke* den Gouverneur, die Behörden und das Militär – mit anderen Worten: alle lokalen offiziellen Autoritäten. Es liegt daher auf der Hand, dass das wichtigste Thema eine Erklärung des Vorfalles war und nicht die eigentliche Zerstörung. Offensichtlich war dieser Fall ein Teil der gegen Arslanyan gerichteten Kampagne der *Marmara*, den ich im vierten Kapitel en detail behandele. Die Überschrift der *Marmara* lautete am 20. März 1950: „Problem der Kirche in Sivas ist gelöst".[283] Man darf sich wundern, welcher Art die Lösung war, wenn die Kirche bereits zerstört worden war. Laut dem Artikel war die Auktion des Grundstückes und der Kirchenruine verschoben worden, nachdem die *Marmara* ihre Zerstörung gemeldet hatte.[284] Dies sah die Zeitung als Lösung an. Dennoch zeigte eine andere Nachricht, die am 26. März erschien, dass das Problem doch

---

**278** Artin Korkor, „‚Çürük Raporlu' Yıkılmaz Kilise", in: *Agos*, 29. Mai 1998.
**279** *Ülke*, 7. März 1950, zitiert in: *Marmara*, 16. März 1950, Nr. 2156.
**280** Ebenda.
**281** Ebenda.
**282** Ebenda.
**283** *Marmara*, 20. März 1950, Nr. 2160.
**284** Ebenda.

noch nicht gelöst worden war. Diesem Artikel zufolge hat der Gouverneur von Sivas erklärt, dass die zerstörte Kirche als aufgegebenes Eigentum *(Emval-i Metruke)* behandelt werden würde, und die Gemeinde konnte nicht nachweisen, dass es ihr gehört hätte.[285] Wie absurd dies auch klingen mag – dass eine armenische Zeitung über die Zerstörung einer Kirche auf diese Art berichtete, nämlich dass sie Gegenstand einer Auktion geworden wäre oder dass die Gemeinde das Eigentum an ihr nicht belegen konnte –, so sind doch all diese Elemente konstitutive Teile des postgenozidalen Habitus der Leugnung, durch den die Absurdität der Geschichte zur Normalität wird. Wie ich in dieser Studie später erläutern werde, wurden die armenischen Zeitungen teilweise selbst Teil dieses Habitus der Leugnung, indem sie kreativ um die Probleme herumschrieben, die anderenfalls gar nicht hätten publiziert werden können.

Ich habe mündliche Interviews mit einem Armenier namens K. A. geführt, der 1938 in Sivas geboren wurde, wo er lebte, bis er 1960 als Arbeiter nach Deutschland ging. K. A. berichtete, dass er Augenzeuge der Sprengung der Kirche gewesen ist. Er ging die Straße entlang, als ein Passant durch die Wucht der Explosion auf ihn fiel. Die Kirche war schon lange nicht mehr von der Gemeinde genutzt worden; zumindest er wäre niemals in ihr gewesen, da sie vom Militär besetzt gehalten wurde, solange er sich erinnern konnte.[286]

Die armenische Kirche in Tokat erlitt ein ähnliches Schicksal. Laut dem Bericht von Agop Arslanyan wurde die Kirche in den 1940er-Jahren zerstört. Ohne Priester und ohne Kirche sammelte sich die Gemeinde in eher klandestiner Weise im Haus von Arslanyan, das immer wieder mit Steinen beworfen wurde, wenn die Liturgie auf der Straße zu hören war. Die staatliche Politik der Zerstörung von Kirchen bereitete den Boden für rassistische Angriffe gegen Wohnhäuser. Eine andere Quelle aus Diyarbakır lässt hingegen darauf schließen, dass es auch Angriffe auf Kirchen gab, insbesondere, wenn sich die Gemeinde in ihnen aufhielt. Garabet Demircioğlu, ein Armenier aus Diyarbakır, berichtete seine Erinnerungen an die zweite Hälfte der 1960er-Jahre: „Wir gingen regelmäßig in die Kirche, und zwar in die Kirche des Surp Giragos. Unsere Mütter hielten uns den ganzen Weg über fest an den Händen. Während wir in der Kirche waren, wurde die Messe stets vom selben Laut begleitet – dem der Steine, die gegen die Tür geworfen wurden. [...] Eines Tages hielt die hölzerne Tür nicht länger stand und barst. Sie wurde durch eine andere ersetzt, die dann aus Eisen war."[287]

---

**285** *Marmara*, 26. März 1950, Nr. 2166.

**286** K. A., persönliches Interview, 13. März 2013, München.

**287** Funda Tosun, „Bir canavarmışım gibi subaylar beni görmeye geliyordu" (Interview mit Garabet Demircioğlu), in: *Agos*, 20. Mai 2011, Nr. 789. Vergleiche auch www.bianet.org/biamag/

Die Zerstörung des armenischen Erbes in den Provinzen hielt an. 1951 wurde auch das Kloster auf der Akhtamar-Insel gesprengt und größtenteils zerstört. Es war ein Zufall, dass der Romancier Yaşar Kemal in seinen ersten Jahren als Journalist Zeuge eines Teiles der Zerstörung wurde und über die Verbindungen seines Chefredakteurs bei der *Cumhuriyet*, Nadir Nadi, erfolgreich intervenieren konnte.[288] Heute ist die Kirche des Heiligen Kreuzes auf Akhtamar der einzige erhaltene Abschnitt des früheren Seminars.

Die Zerstörung einer Kirche und Steinwürfe auf ein Privathaus, in dem sich die Gemeinde versammelte – wobei Ersteres staatliche Politik war und Letzteres ein Moment des alltäglichen Rassismus –, zeigt die Konsistenz zwischen offiziellen und sozialen Praktiken. Die Motive der Zerstörung und die Motive, die den Angriffen zugrunde liegen, scheinen zu sein, dass man verhindern wollte, dass sich die Gemeindemitglieder versammeln, ihr soziales Leben fortführen und den religiösen Zeremonien nachgehen; doch das abschließende Ziel ist, die armenische Bevölkerung zu terrorisieren, deren Zwangsumsiedlung zu erreichen sowie die Verbindung zwischen den Menschen und ihrer Heimat zu zerstören. Aus dieser Sicht teile ich die Analyse von Uğur Üngör und Mehmet Polatel: Das Objekt der Zerstörung und der Aneignung war dem der Politik der Jungtürken ähnlich, die sich nicht nur das Eigentum aneignen wollten, sondern – viel wichtiger – die physische Auslöschung der Menschen anstrebten.[289]

## 1.5 Gewöhnliche Fälle in den Provinzen: Armenische Frauen – entführt und zwangsislamisiert

Zur gesellschaftlichen Realität der ArmenierInnen, die in den Provinzen lebten, gehörte auch das allzu häufige Phänomen, dass Frauen entführt, zwangsislamisiert und zum Konkubinat gezwungen wurden.

Ich will nicht auf die Einzelheiten des Phänomens eingehen, das einen eigenen Forschungsgegenstand darstellen sollte. Ich spreche hier vielmehr die „Banalität" dieser Fälle an, weil ich die Aufmerksamkeit auf einen anderen Aspekt der postgenozidalen Gesellschaft richten möchte: Es gab eine sehr hohe Anzahl von Frauen, die direkt Opfer dieser genozidalen Praktiken wurden, welche 1915

---

azinliklar/130311-bir-canavarmisim-gibi-subaylar-beni-gormeye-geliyordu (abgerufen am 1. Oktober 2020).

**288** Yaşar Kemal und Alain Bosquet, *Yaşar Kemal Kendini Anlatıyor* (Istanbul: Toros Yay., 1993), S. 67–69.

**289** Üngör und Polatel, *Confiscation and Destruction*, S. 166.

ihren Anfang nahmen. Die wichtigen Forschungen von Vahé Tachjian,[290] Ara Sarafian,[291] Katherine Derderian,[292] Raymond H. Kévorkian[293] und Taner Akçam[294] beleuchten dieses Themenfeld genauer. Tachjian erwähnt, dass solche Vorgänge in einem Drittel aller Familien vorgekommen sein müssen.[295] Meine Familie, deren Schicksal ich am Ende dieses Abschnittes bespreche, gehörte zu dem betroffenen Drittel.

Das Schicksal dieser armenischen Frauen fand 2004 in der Türkei große Aufmerksamkeit, nachdem das Buch *Anneannem* („Meine Großmutter")[296] von Fethiye Çetin erschienen war, das die Geschichte der Entdeckung der armenischen Identität mit der Herkunft der Großmutter der Autorin verknüpft. Eines der ersten Bücher zu diesem Thema wurde bereits 1993 veröffentlicht; es trug den Titel *Tamama*. Darin wird die Geschichte eines Mädchens einer pontusgriechischen Familie erzählt, die in Espiye (Giresun) an der Schwarzmeerküste lebte. Sie wurde gemeinsam mit ihrer Familie 1916 vertrieben. Als sie in Sivas ankam, hatte sie ihre Eltern verloren. Während des Todesmarsches sterben die Menschen reihenweise, und angesichts des Todes hatten die Menschen jedes Mitgefühl verloren. Nach zwei Jahren auf dem Todesmarsch entschied sie sich, bei der Familie eines türkischen Soldaten zu bleiben, so stellt sie es zumindest in ihrer Erzählung dar. Niemand wusste von ihrem familiären Hintergrund als Griechin, bis sie in Demenz fiel und plötzlich Pontusgriechisch zu sprechen begann. Tamamas Geschichte, als eines der ersten Bücher, die auf Türkisch hierzu veröffentlicht wurden, zeigt, in welchem Ausmaß Konkubinat, Entführung und Vergewaltigung normalisiert worden waren. In seinen Memoiren nennt auch Güzelyan die Entführung arme-

---

**290** Vahé Tachjian, „Gender, nationalism, exclusion: The reintegration process of female survivors of the Armenian Genocide", in: *Nations and Nationalisms* xv/1 (2009), S. 60 – 80.

**291** Ara Sarafian, „The absorption of Armenian women and children into Muslim households as a structural component of the Armenian Genocide", in: Omer Bartov und Phyllis Mack (Hg.), *In God's Name: Genocide and Religion in the Twentieth Century* (USA: Berghahn Books, 2001), S. 209 – 221.

**292** Katharine Derderian, „Common fate, different experience: Gender-specific aspects of the Armenian Genocide, 1915 – 1917", in: *Holocaust and Genocide Studies* xix/1 (2005), S. 1 – 25.

**293** Vahé Tachjian und Raymond H. Kévorkian, „Reconstructing the nation with women and children kidnapped during the genocide", übers. von Marjorie R. Appel, in: *Ararat* xlv/185 (2006), S. 5 – 14, und Kévorkian, *The Armenian Genocide*, S. 757 – 762.

**294** Taner Akçam, *Ermenilerin Zorla Müslümanlaştırılması: Sessizlik, İnkâr ve Asimilasyon* (Istanbul: İletişim Yay., 2014).

**295** Talin Suciyan, „Tachjian: Her üç aileden birinde böyle bir olay yaşanmış olmalı" (Interview mit Vahé Tachjian), in: *Agos*, 4. Juni 2010, Nr. 740, S. 10 – 11.

**296** Çetin, Fethiye, *Anneannem* (Istanbul: Metis Yay., 2004); deutsche Ausgabe: *Meine Großmutter* (Engelschoff: Verlag auf dem Ruffel 2004).

nischer Frauen 1915 gewöhnliche Vorkommnisse in den Familien der ländlichen
Gebiete. Civan Çakar aus Ordu berichtet:

> Ja, wir wussten über sie Bescheid. Zum Beispiel die Mutter von Fuat. Wir wussten, dass seine
> Mutter Armenierin war. Seine Mutter, sie kam vermutlich aus Merzifon, heiratete einen
> Georgier. Als er [Fuat] die Oberschule abschloss und sich auf die Militärschule bewarb,
> wurde er wegen des armenischen Ursprunges seiner Mutter nicht angenommen. Das be-
> drückte ihn sehr. Später heiratete er eine Armenierin. Ich weiß von fünf Frauen, die auf diese
> Weise verheiratet waren und Kinder bekamen. [...] Sie waren während der Vertreibung
> *(Sevkiyat)* von den Paschas geholt worden.[297]

Die von Çakar erwähnten Frauen waren zwangsislamisiert worden, und dennoch
war es bekannt, dass sie eigentlich Armenierinnen waren. Auch Güzelyan erwähnt armenische Frauen in Zara, die zwangsislamisiert worden waren.[298] In den
Memoiren von Agop Arslanyan werden sowohl Frauen als auch Männer erwähnt,
die islamisiert wurden.[299] Obwohl die Zahlen nicht eindeutig sind, gibt es mindestens zwei weitere mündliche historische Berichte, die in türkischen Büchern
veröffentlicht wurden.[300] Diese Normalisierung zeigte sich auch während meiner
eigenen Forschungsarbeit, und zwar vor allem dann, wenn die armenischen
Frauen das Erlebte als gewöhnliche, als triviale Vorkommnisse darstellten. Dies
sollte uns einen Eindruck davon vermitteln, wie üblich das war.

Soner Çağaptay bezieht sich zum Thema Konkubinen auf einen Vermerk aus
dem Jahr 1929, der im Archiv des britischen Außenministeriums zu finden war: „Es
ist wahr, dass eine große Anzahl armenischer Frauen als Dienerinnen und Konkubinen in türkischen Haushalten ihren Dienst versieht, doch ihre armenischen
Kinder (die als Muslime aufgezogen wurden) wurden von der türkischen Bevölkerung absorbiert, und ihre Existenz wird nicht offiziell eingeräumt. Ich zweifele
daran, ob die Anzahl der in der gesamten Türkei außerhalb von Konstantinopel
lebenden ArmenierInnen 10 000 überhaupt erreicht."[301] Die Zahlen war jedoch
deutlich größer als die Angaben in diesem Vermerk.

---

297 Civan Çakar, persönliches Interview, 8. April 2012.
298 Vergleiche Güzelyan, *Bolsoy Badanegan Dunĕ*, S. 18
299 Agop Arslanyan, *Adım Agop Memleketim Tokat* (Istanbul, Aras Yay., 2008), S. 119; zur
Zwangsislamisierung von Männern vergleiche S. 143.
300 Vergleiche Yorgos Andreadis, *Tamama: Pontus'un Yitik Kızı* (Istanbul: Belge Yay., 2012);
Gülçiçek Günel Tekin, *Kara Kefen: Müslümanlaştırılan Ermeni Kadınların Dramı* (Istanbul: Belge
Yay., 2011); Fethiye Çetin, *Anneannem* (Istanbul: Metis Yay., 2004); Fethiye Çetin und Ayşegül
Altınay, *Torunlar* (Istanbul: Metis Yay., 2009).
301 FO 371/13827/E6397, in: Çağaptay, *Islam*, S. 33.

Der Fall meiner Familie unterschied sich in nichts. Die Kusinen meiner Großmutter, İskuhi Bozoyan Oskanoğlu (Erzurum 1915–Istanbul 1999), waren aus Erzurum nach Mossul vertrieben worden. Nach einem Marsch von sechs Monaten heiratete Nvart Pnjoian (die Nichte meiner Großmutter, 1896 in Erzurum geboren) Abdalla al Dagistani, einen Soldaten in Mossul, der als Sohn einer Familie Ajamatov in Dagestan geboren worden war; er war Maschinenbauingenieur und hatte 13 Jahre lang in Deutschland gelebt und dort studiert. Nach der Revolution von 1917 konnte er nicht nach Dagestan zurückkehren und landete schließlich als Offizier der deutschen Armee in Mossul. Diese Information erhielt ich von Nvart Pnjoians Enkel, W. Y., der bis zum Sommer 2014 mit seiner Familie in Mossul lebte, fließend Armenisch spricht und sunnitischer Muslim ist. Der Teil der Geschichte, der die Hochzeit behandelt, bleibt mir jedoch unklar. Während die Familienversion lautete, wie ich sie von meiner Mutter hörte, dass Nvart an Abdalla al Dagistani verkauft wurde, so war die Heirat nach der Schilderung von W. Y. im persönlichen Interview Teil eines Handels, nach dem Nvart auch ihre restliche Familie mitbringen konnte.[302]

Die Geschichte meiner eigenen Familie war, obwohl sie so merkwürdig anmutet, als gewöhnlicher Teil unseres Lebens angesehen worden, und so ist meine Familiengeschichte eng mit der Banalität des Themas verknüpft. Der Grund, warum die Geschichte niemals infrage gestellt wurde, war eben die ihr eigene Banalität. Ich erinnere mich daran, meine Mutter immer wieder gefragt zu haben, welcher Art unsere verwandtschaftliche Beziehung zu W. Y. und seiner Familie war. Diese Fragen haben jedoch nie die Alltäglichkeit des Ganzen angezweifelt. Von FreundInnen habe ich immer wieder ähnliche Geschichten vernommen. Diese Banalität, dass solche Wirklichkeit die gesamte Gesellschaft durchzog und normaler Teil unseres Lebens war, stellt einen wichtigen Aspekt der postgenozidalen Gesellschaft dar – das verbreitete Wissen um die Katastrophe einerseits und andererseits die Gewöhnlichkeit des Verschweigens in der öffentlichen Meinung.

Außerdem fand, so werde ich weiter unten zeigen, das Entführen junger armenischer Frauen und Mädchen als Praktik in den Provinzen nicht ein Ende, sondern blieb weiterhin eine so starke Bedrohung der armenischen Familien, dass es in den ersten Jahrzehnten nach 1923 einen wichtigen Grund für eine Umsiedlung nach Istanbul darstellte. Viele armenische Mädchen konnten wegen der Gefahr einer Entführung nicht die örtlichen türkischen Schulen besuchen. Eine andere Interviewpartnerin, K. B., 1951 in Lice geboren, nannte ein weiteres Beispiel für die geschlechterspezifische Dimension der bedrohlichen Lage in den Provinzen:

---

302 W. Y., E-Mail, 12. Mai 2007.

> 1958 kamen wir nach Diyarbakır. Wir hatten nicht das Glück, länger in Lice leben zu können. Meine beiden Schwestern mussten Tschador tragen, damit sie ihre Bekannten in einem anderen Viertel besuchen konnten. Anderenfalls wäre es nicht möglich gewesen. In Diyarbakır lebten viele ArmenierInnen, die aus den Dörfern der Region stammten.[303]

Laut seinen Memoiren unter dem Titel *Tebi Gakhaghan* begegnete Kēörk Halajian zwischen Istanbul und Harput in den Jahren 1925–1928 bei nahezu jedem Halt armenischen Frauen, die entführt worden waren; er begegnete außerdem auch Männern, die ein ähnliches Schicksal erlitten hatten. Ich möchte nur ein Beispiel von vielen zitieren, nämlich das über Usta Torig:

> Er war ein alter Mann, ursprünglich aus Erzurum. Er hatte seinen armenischen Namen behalten und versteckte seine Ethnizität nicht. [...] Während der Vertreibung hatte er alles verloren, was er besaß, und er war der einzige Überlebende aus seiner Familie. [...] Eines Tages vernahm er, dass seine Tochter in Diyarbakır wäre. Er machte sich von Mardin aus auf den Weg nach Diyarbakır, wo er erfuhr, dass seine Tochter einen Türken geheiratet hatte. [... Er sagte:] „Auch wenn ich meine Tochter nicht habe retten können, so habe ich doch das Leben von mehr als 50 armenischen Mädchen gerettet. [...] Ich werde hierbleiben, denn ich muss mich um die Waisen kümmern."[304]

## 1.6 Postgenozidaler Habitus – die Leugnung in sozialen und offiziellen Praktiken

In Agop Arslanyans Werk werden bestimmte Episoden rassistischer Gewalt dargestellt, was eine Idee von den sozialen Bedingungen in Tokat vermittelt; hierbei ist insbesondere der Verweis auf die Situation der ArmenierInnen im Zusammenhang mit der muslimischen Immigration aus den Balkanländern zu nennen. So warfen beispielsweise bei einer armenischen Beerdigung Kinder dieser Familien mit Steinen und sangen dabei: „Un-un-un-gläubige, brecht den Hals mit einem Beil, steckt sie in den Kessel, grillt sie wie Puten, Un-un-un-gläubige!" *(„Ge ge ge ge gavur, boynunu satırla vur, kazana koy hindi gibi kavur, ge ge ge ge gavur")*. Arslanyan schreibt: „Die Beerdigung wurde von diesem Lied und von Steinwürfen begleitet. In der Mitte stand der Sarg, während sich die Trauergäste hinter den Bäumen verbargen."[305] Laut Arslanyan eskalierte die Situation weiter, als eine Armenierin versuchte, den Kindern Einhalt zu gebieten, die jedoch daraufhin noch mehr Steine auf die Trauergemeinde warfen. Schließlich kam ein älterer

---

303 K. B., persönliches Interview, 21. Januar 2009, Berlin.
304 T'ap'aragan (Kēörk Halajian), *Tebi Gakhaghan*, S. 157.
305 Arslanyan, *Adım Agop Memleketim Tokat*, S. 36.

Alevit vorbei, der mit seiner Pistole die Kinder in die Flucht schlug. Eine weitere niederträchtige Handlung fand statt, als sich Arslanyans Mutter zum Gebet in die Ruinen einer armenischen Kirche begab. Ein mittelalter Mann, der des Weges kam, beschimpfte sie und urinierte auf die Ruinen.[306] Ein anderes Beispiel verdeutlicht ebenfalls den Konflikt zwischen ArmenierInnen einerseits und andererseits den Kindern der balkanischen Familien. Agop und sein Bruder Kevork wurde auf der Straße von einer Gruppe muslimischer Kinder angehalten, die sie zwangen, auf ihre Kreuze zu spucken, und sie wegen ihrer Weigerung, dieses zu tun, schwer verprügelten.[307] Arslanyan berichtet auch von den JüdInnen in Tokat: Jedes Mal, wenn die Kinder den Rabbi auf der Straße sahen, belästigten sie ihn mit dem Spruch „Jüdische Keime verschluckt uns alle / Jüdische Läuse, unser streunender Hund" (*„Yahudi illeti, yutar bütün milleti / Yahudi yaka biti, bizim sokağın iti"*).[308]

Ähnliche Beobachtungen aus Diyarbakır sind auch im Bericht von Garabet Demircioğlu zu finden. Er beschreibt Situationen, die sich weit nach den 1940er-Jahren zutrugen – höchstwahrscheinlich in den frühen 1970er-Jahren. Demircioğlu, der nach dem Militärputsch von 1980 eingekerkert war und schwer gefoltert wurde, schildert seine Kindheit in Diyarbakır:

> Wie alle anderen ArmenierInnen in Anatolien hatten unsere Großeltern „das Schwert überlebt". Die anderen waren entweder im Exil oder sie lebten wie Flüchtlinge. Meine Großmutter, die Zeugin der Ermordung ihrer Geschwister und ihrer gesamten Familie geworden war, erzählte uns immer wieder die Geschichte der Überlebenden, die es bis nach Kamışlı und Aleppo in Syrien verschlagen hatte. Auch meine Tanten befanden sich in Syrien. [...] Mein Onkel lebte in Frankreich. [...] Armenisch konnten wir nirgendwo anders als zu Hause reden, und wir konnten unsere Namen nicht nennen. Ich hatte immer gedacht, dass ich lediglich diese beiden Dinge verbergen müsste, dann würde niemand erfahren, dass ich Armenier sei. Daher ging ich davon aus, dass alles davon abhinge, wie gut ich mich verstecken könnte – dies war jedoch nicht der Fall. Sie haben es immer herausbekommen, besser gesagt: Sie wussten immer, wer ungläubig war – ein sogenannter *Fılle* [kurdischer Begriff für ungläubig – T. S.]. Ich besuchte die Volksschule, und diese war nach Süleyman Nazif benannt.[309] Kinder aus anderen Vierteln passten mich und die anderen armenischen Kinder regelmäßig in menschenleeren Gassen ab; sie erhoben ihre zusammengelegten Zeigefinger und fragten: „Bist du Muslim?", danach kreuzten sie die Zeigefinger und fragten: „Oder bist du ein *Fılle*?" Meist nahmen sie sich nicht einmal die Zeit, eine Antwort auf die bedrohliche Frage abzuwarten, sondern sie spuckten uns ins Gesicht und verprügelten uns. Das, was ich damals immer wieder von diesen Kindern hörte, war, dass ich ein Opfer wäre,

---

**306** Ebenda, S. 73.
**307** Ebenda, S. 75–79.
**308** Ebenda, S. 88.
**309** Mıgırdiç Margosyan besuchte dieselbe Schule in Diyarbakır. Vergleiche *Tespih Taneleri* (Istanbul: Aras Yayıncılık, 2008), S. 83.

mit dem sich ein Platz im Himmel erringen ließe: „Wenn ich sieben *Fılle* töte, komme ich in den Himmel!" Stets war mir vor Augen, dass ich einer dieser sieben *Fılle* sein könnte, durch den der Mörder in den Himmel käme.[310]

Die Übereinstimmungen der beiden Berichte, von denen der eine aus dem Tokat der 1940er-Jahre und der andere aus dem Diyarbakır von Anfang der 1970er-Jahre stammt, sind eklatant. Die Stereotype, die um Ungläubige herum errichtet wurden, spielten auch weiterhin beim „Othering" eine große Rolle wie auch beim Einsatz von Gewalt gegen andere, auch wenn diese Prozesse nicht nur Teil der Diskriminierung innerhalb der Gesellschaft waren, sondern auch in die Geschichte des Genozides eingebettet sind; sie führten die Banalisierung des tiefgründig Bösen in der Gesellschaft durch Reproduktion von Rassismus, Gewalt und einer Politik der Ausschließung auf gesellschaftlicher Ebene fort.

Nach der ersten Hälfte des 19. Jahrhunderts und insbesondere Anfang des 20. Jahrhunderts spielte Erziehung für die armenischen Gemeinden eine essenzielle Rolle; aus diesem Grunde verboten die republikanischen Eliten die Wiedereröffnung der armenischen Schulen mit Bedacht. Wie ich bereits zuvor aufgezeigt habe, war einer der wichtigsten Gründe für den fortwährenden Zustrom von Menschen nach Istanbul das Fehlen armenischer Schulen in den Provinzen und die dort durchgängige Hintertreibung jedweder Möglichkeit zum Lehren der armenischen Sprache oder zum Ausdruck armenischer Kultur. Mitte der 1950er-Jahre ging Güzelyan nach Kayseri, wo er – in der Hoffnung, diese nach Istanbul verbringen und dort eine Möglichkeit zum Besuch armenischer Schulen bieten zu können – armenische Kinder um sich sammelte. Der Priester von Kayseri, Der Haygazun, mit dem er die Aussicht auf Erfolg eines solchen Vorhabens besprach, berichtete davon, „mehrere Eingaben in Ankara vorgenommen zu haben, in denen sie darauf hinweisen, dass es dort ArmenierInnen gebe, Kirchen und Schulgebäude; ihnen als ArmenierInnen jedoch Schulen verwehrt worden wären, obgleich es nach dem Vertrag von Lausanne die Pflicht der Regierung wäre, in ländlichen Gebieten für Schulgebäude zur Unterweisung der armenischen Bevölkerung zu sorgen."[311] Ab den 1950er-Jahren verwendete die Gemeinde beachtliche Mühen darauf, armenische Kinder aus den Provinzen zu versammeln. Dabei richtete man sich zuerst auf Jungen und nach einiger Zeit in geringerem Ausmaße auch auf Mädchen aus. Die Errichtung des Tbrevank-Internates im Jahr 1953 war hierbei äußerst wichtig. Dank des Einsatzes von Hrant Güzelyan bestand diese gemeinschaftliche Initiative bis in die 1980er-Jahre hinein. In den Augen der Anführer der armenischen Gemeinde würde der fehlende Besuch einer armeni-

---

310 Tosun, „Bir canavarmışım gibi".
311 Güzelyan, *Bolsoy Badanegan Dunĕ*, S. 35.

schen Schule schließlich zur Assimilation führen.[312] Allerdings bedeutete das Verbringen der armenischen Kinder aus den Provinzen nach Istanbul, dass auch ihre Familien dorthin umziehen mussten, was wiederum eine große Rolle bei der Aufgabe der Provinzen spielte.

Nicht nur die armenischen Menschen in Istanbul machten sich Sorgen über die Assimilation der Überlebenden in den Provinzen, sondern laut den Memoiren von Kēōrk Halajian, *Tebi Gakhaghan*, verfolgte auch der Vertreter von Diyarbakır, Şeref Bey, wie die Assimilation der dort lebenden ArmenierInnen voranschritt:[313] „[Die Türkisierung der ArmenierInnen] würde wahrscheinlich sehr schwierig sein, wenn nicht ihre Verbindung zur Außenwelt gekappt worden wäre. Sie haben keine Schulen hier und auch keine armenische Literatur. Die Intellektuellen sind bereits fort; 80 Prozent der Verbliebenen können nicht lesen und schreiben. Die Alten sterben, und die jüngere Generation wird in türkischen Schulen unterrichtet."[314]

Aus dem Bericht von Şeref Bey wird klar, dass das Verbot einer Wiedereröffnung armenischer Schulen in den Provinzen Teil eines größer angelegten Projektes ist, nämlich der Assimilation oder Vertreibung von dort. Des Weiteren führt er die Maßnahmen auf, die sich gegen die armenische Bevölkerung richten: „Alle ihre Briefe, egal ob eingehend oder abgehend, werden von Zensoren geprüft. Armenische Zeitungen sind hier strengstens verboten; auch diejenigen, die in Istanbul erstellt werden, sind hier unbekannt. Und in jedem Fall haben sie weder die Zeit noch die Möglichkeit, sich für diese Art von Luxus zu interessieren."[315]

---

312 Die Kinder nach Istanbul zu schicken, wurde nicht immer als etwas Positives angesehen, da Tbrevank zuerst als klerikale Schule aufgestellt worden war. Im Werk von Margosyan erläutert eine Passage das Unbehagen eines Armeniers darüber, dass die Kinder in Istanbul zu Geistlichen erzogen werden würden. „Ein *Vartabed* [armenisch für zölibatären Priester – T. S.] war aus Istanbul hergekommen, um Kinder auszuwählen ... Diese Kinder nimmt er mit nach Istanbul, wo sie ebenfalls zu *Vartabed* werden. Er behauptet, ihnen ein Zuhause zu bieten, doch wo ist er bislang gewesen? Unser Nachwuchs ist nun gänzlich in *Kafle* [„*Kafile*", ein weiterer Begriff für Exil – T. S.] und hat nur knapp die Auslöschung überlebt; nun werden unsere Kinder nach Istanbul gebracht, wo sie zu *Vartabed* gemacht werden, und wir werden niemals die Nachkommen all unserer Kinder sehen. Haben sie keine eigenen ArmenierInnen in Istanbul, dass er den langen Weg auf sich nehmen muss, welche zu holen? Vierzig Jahre lang haben wir keinen Mucks aus Istanbul gehört, und jetzt kommen sie her, unsere Kinder zu holen? Nein danke, Gutes wird zu uns nicht von diesen IstanbulerInnen kommen ... Mıgırdiç Margosyan, *Tepsih Taneleri*, S. 85.
313 Bei dieser Figur muss es sich um Müftüzade Abdurrahman Şeref Uluğ handeln, der zum damaligen Zeitpunkt der Vertreter von Diyarbakır war. Er war bekannt für seine aktive Beteiligung während des Völkermordes. Vergleiche Uğur Ümit Üngör, *The Making of the Modern Turkey: Nation and State in Eastern Anatolia 1913–1950* (Oxford University Press, 2012), S. 237, und Kévorkian, *Armenian Genocide*, S. 359–365.
314 Tʻapʻaragan (Kēōrk Halajian), *Tebi Gakhaghan*, S. 144.
315 Ebenda.

Laut Halajian betonte Şeref Bey die Bedeutung, gemischte Heiraten zu fördern, was die Assimilation weiter erleichtern würde.[316]

Hayguhi Çakar, die Ehefrau von Civan Çakar, stammt ebenfalls aus Ordu. Sie berichtet von ihrer Schwester und deren Tochter. Alle drei hatten das Glück, trotz ihres Daseins als Armenierinnen eine türkische Schule besuchen zu dürfen. Allerdings erhielten sie nicht die verdienten Schulnoten: „In der Mittelschule gaben die Lehrkräfte den türkischen SchülerInnen gute Noten, da es klar war, dass *wir* nicht arbeiten würden oder beruflich aus uns etwas werden würde. Dies wurde als gegeben hingenommen. Meine Schwester und ihre Tochter erfuhren diese [Diskriminierung] ebenfalls."[317] Alle Zeugnisse deuten darauf hin, dass die ArmenierInnen in den Provinzen nur begrenzten Zugang zu Bildung hatten. Mädchen standen stets unter der Bedrohung, auf dem Weg zur Schule entführt werden zu können; es gab keine armenischen Schulen, die sie besuchen konnten, und in türkischen Schulen war Diskriminierung üblich. Es fehlten jedoch nicht nur Schulen, sondern auch wurden in vielen Orten in den Provinzen die religiösen Bedürfnisse nicht gestillt. Dies zusammen mit den Befürchtungen der Gemeinden, dass die verbleibende armenische Bevölkerung in den Provinzen auf lange Sicht assimiliert werden würde, ließ Pläne entstehen, die ArmenierInnen nach Istanbul zu verbringen.

Ebenfalls alltäglich waren während dieser Zeit Strafverfahren wegen „Verunglimpfung des Türkentums". Elçin Macar gibt an, dass ihm zahlreiche Fälle gegen NichtmuslimInnen nach dieser Strafvorschrift untergekommen sind,[318] und Cemil Koçak führt aus, dass es zwischen 1926 und 1942 wegen Verunglimpfung des Türkentums 421 Verfahren gegen NichtmuslimInnen gab.[319] Er weist auch darauf hin, dass nur wenige Angaben zu Einzelheiten dieser Fälle oder Verfahren vorliegen; es müsse jedoch eine Verbindung zwischen ihnen und den „Bürger, sprich türkisch"-Kampagnen gegeben haben, die in dieser Zeit immer wieder lanciert wurden, um NichtmuslimInnen vom Sprechen ihrer eigenen Sprache in der Öffentlichkeit abzuhalten.[320] Er merkt außerdem an, dass die Eröffnung eines Verfahrens gegen NichtmuslimInnen wegen Verunglimpfung des Türkentums willkürlich war, und hebt hervor, dass somit jede kleine Kritik vor Gericht enden

---

316 Ebenda.
317 Hayguhi Çakar, persönliches Interview, 8. April 2012, Montreal.
318 Macar, *Cumhuriyet Döneminde*, S. 168.
319 Cemil Koçak, „Ayın karanlık yüzü", in: *Tarih ve Toplum Yeni Yaklaşımlar* 1 (2005), S. 149, sowie in: *Star*, 20. August 2011. Verfügbar unter www.stargazete.com/yazar/cemil-kocak/ayin-karanlik-yuzu-haber-375966.htm (abgerufen am 20. August 2012).
320 Ebenda, S. 153.

konnte.[321] Koçak stellt die eher rhetorische Frage, wie viele persönliche Konflikte, Konkurrenzen und Feindschaften mit einem Strafverfahren endeten, auch wenn es keine Archivquellen gibt, die diese Vermutung unterstützen.[322]

Persönliche Interviews mit ZeitzeugInnen sind reichhaltige Quellen zum Problem persönlicher Feindschaften, die zu Bestrafungen wegen „Verunglimpfung des Türkentums" führten, da viele derjenigen, die Opfer solcher Anklagen wurden, noch am Leben sind. In der Tat lässt sich aus den Interviews erahnen, dass diese Fälle zu einer Art sozialen Phänomens mutierten. Shushan Hagopyan, die Frau von Baghdik Hagopyan, schildert, wie leicht es zu solchen Verfahren kam: „Es war ein Alibi für alles. NachbarInnen in einem Haus führten einen Streit miteinander, und es endete mit [Strafen oder Gerichtsverfahren wegen] ‚Verunglimpfung des Türkentums'."[323] Armenische Zeitungen sind voll von Meldungen über solche Fälle und andere Strafverfahren gegen NichtmuslimInnen. Auch Ara Garmiryan gibt an, dass die Fälle wegen Verunglimpfung des Türkentums „Probleme bereiteten. Verleumdung und Wirklichkeit ließen sich nicht unterscheiden.

Jeder kleine Grund persönlicher Feindschaft konnte ganz leicht zu einer Anklage führen, wenn nur jemand den Begriff ‚Verunglimpfung des Türkentums' in den Mund nahm."[324] Civan Çakar berichtete mir von einem Vorfall, der entweder 1942 geschah, bevor er als Wehrpflichtiger einberufen wurde, oder erst 1945. Er fuhr von einem Sportwettkampf in Fatsa mit einem Boot nach Ordu zurück. Da berührte ihn mit Absicht der Sohn eines ortsansässigen Journalisten, drehte sich um und schlug ihn ohne offensichtlichen Grund. Ich fragte ihn, ob der Mann ihn geschlagen hätte, um ihn dazu zu provozieren, etwas zu sagen, was das „Türkentum verunglimpfen" würde. Çakar antwortete, dass ein solcher Vorfall seinem Vater geschehen wäre, als dieser auf seinem Feld arbeitete, das vom Staat konfisziert werden sollte. Der Vater sei gefragt worden, warum er es überhaupt noch bestellen würde. Die sich anschließende Diskussion stellte dann den Grund für eine Anklage wegen „Verunglimpfung des Türkentums" dar, die zur Verurteilung des Vaters von Çakar zu einer sechsmonatigen Haftstrafe führte. Dieser Vorfall fand 1934 oder 1935 statt, als Civan Çakar zehn Jahre alt war. Çakar berichtet weiter, dass das Gefängnis die griechische Kirche gewesen wäre.[325] Cemil Koçak führt eine umfassende Liste aller Fälle an, die er für die Jahre 1926 bis 1952 im „Staatsarchiv über die republikanische Ära" fand. Allerdings ließ sich in dieser

---

**321** Ebenda.
**322** Ebenda, und www.duzceyerelhaber.com/Cemil-KOCAK/3055-Gayri-Muslimler-ve-Turkluge-Hakaret-Davalari-Ayin-karanlik-yuzu (abgerufen am 1. Oktober 2020).
**323** Baghdik Hagopyan, persönliches Interview, 6. April 2012, Montreal.
**324** Ara Garmiryan, persönliches Interview, 3. April 2012, Montreal.
**325** Civan Çakar, persönliches Interview, 8. April 2012, Montreal.

Liste weder Çakars noch irgendein anderer Fall aus Ordu finden.[326] Wie auch Koçak meint, zeigt dieser Umstand, dass nicht alle Akten in diesen Archiven zu finden sind. Die Erlebnisse von Çakar reichen aus, zu demonstrieren, wie einfach es war, eine Anklage wegen Verunglimpfung des Türkentums zu erheben, und illustriert auch, welcher Habitus in der Zeit nach dem Genozid vorherrschte. In einer armenischen Zeitung wird 1949 ein weiterer Fall genannt: Ein Strafverfahren wegen unerlaubter Beziehung zwischen der Türkin Rezzan und Hovhannēs führte zu einer Freiheitsstrafe für Hovhannēs.

Bei der Urteilsverkündung wurde seine Schwester Madlen verhaftet, da sie die Polizisten angeschrien hatte; ihr wurde Verunglimpfung des Türkentums zur Last gelegt.[327]

Ein anderer Vorfall, der mit diesen Fällen in Zusammenhang steht, wird von Evdoksi Suciyan Parsehyan berichtet; sie bezieht sich auf die „Bürger, sprich türkisch"-Kampagnen. Auf meine Frage, ob sie sich an diese Kampagnen erinnere, antwortete sie: „Leider ja. Ich hatte Angst, auf der Straße türkisch zu sprechen, weil mein Türkisch nicht gut genug war. Daher redete ich gar nicht, sondern verblieb stumm."[328] Und stumm blieb sie, obwohl weder sie persönlich noch ihr direktes Umfeld schikaniert worden war. Sie war auch nicht die Einzige, die sich derart verhielt. Aus Sicht der Betreiber dieser Kampagne ist ihr Verhalten das beste Ergebnis – sie hatte tatsächlich Angst, in der Öffentlichkeit ihren Mund zu öffnen. Der Artikel von Aram Pehlivanyan auf der ersten Seite der *Nor Or* vom 1. September 1946 beschäftigt sich genau mit diesem Thema:[329] Der Artikel „Zivilcourage" diskutiert die Frage der ArmenierInnen, die sich fürchteten, auf dem Schiff oder anderswo in der Öffentlichkeit armenisch zu reden oder armenische Zeitungen zu lesen. Pehlivanyan vertrat das Recht, die eigene Muttersprache sprechen zu dürfen, und er stellte fest, dass dies den in der Türkei lebenden ArmenierInnen zugesichert worden wäre:

> Häufig wurden ArmenierInnen in öffentlichen Verkehrsmitteln und auf den Schiffen gedemütigt und auch verprügelt, weil sie die „Straftat/Sünde" begangen hatten, ihre eigene Muttersprache zu sprechen. [...] Damit sie nicht den alltäglichen Anfeindungen ausgesetzt werden, haben sie sich entschieden, zu schweigen und nicht in ihrer Muttersprache zu reden, vor allem nicht an öffentlichen Orten.[330]

---

**326** Koçak, „Ayın karanlık yüzü", S. 174–200.
**327** *Marmara*, 8. Oktober 1949, Nr. 1999.
**328** Evdoksi Suciyan Parsehyan, persönliches Interview, 1.–8. April 2012, Montreal.
**329** *Nor Or*, 1. September 1946, Nr. 23.
**330** Ebenda.

Rıfat N. Bali nennt in einem Artikel in der *Birgün* andere Beispiele von Gewalt; darunter berichtet er von diesem Vorfall, der aus einem Artikel von Cihad Baban stammt:[331]

> Wir sahen, wie einige junge Männer aus Boyacıköy auf der Bosporus-Fähre einen Mann schwer verprügelten. Wir hörten, dass das Opfer ein Gläubiger war [...] Einen Tag zuvor hatte er von diesen jungen Männern sein Geld eingefordert, und jetzt schlagen sie ihn, weil er nicht türkisch spräche. Damals waren solche Vorfälle an der Tagesordnung. Wir hörten davon, dass eine Frau, die mit ihrem Mann gesprochen hatte – als Ausländerin konnte sie kein Türkisch –, vergewaltigt wurde.[332]

In diesem Fall wie in den Strafverfahren wegen Verunglimpfung des Türkentums wurde ein weites Feld eröffnet, persönliche Aggressionen mit offiziellen Praktiken in Übereinstimmung zu bringen – eines der wichtigsten und hartnäckigsten Merkmale des postgenozidalen Habitus. Die „Bürger, sprich türkisch"-Kampagne, wurde 1928 vom Verband der Jurastudierenden *(Dar-ül-fünun Hukuk Fakültesi Talebe Cemiyeti)* ins Leben gerufen; sie fand mindestens drei Jahre lang die Unterstützung der Regierung und eines Teiles der Meinungsführer.

In einer Rede vor der Vereinigung „Türkischer Herd" *(Türk Ocakları)* eine Unterstützungsorganisation der „Bürger, sprich türkisch"-Kampagne), die später zum *Türkischen Historischen Verein* wurde, hob İsmet İnönü die Bedeutung davon hervor, sich solcher „Elemente, die sich den TürkInnen sowie dem Türkentum widersetzen, zu entledigen".[333] Etwa gleichzeitig nannte Necmeddin Sadak die Minderheiten „eines der Probleme" *(„meselelerden biri")* der Republik und beharrte darauf, dass es unmöglich sei, sie als BürgerInnen zu akzeptieren, solange sie kein Türkisch sprechen.[334] Im Juli 1925 verabschiedete die Stadtverwaltung von Bursa eine Resolution, mit der die BewohnerInnen der Stadt verpflichtet wurden, nur noch türkisch zu sprechen; zwei Juden, die sich auf *Judeo-Espanyol*, also in der Alltagssprache der sephardischen JüdInnen, unterhielten, wurden Strafen

---

331 Rıfat N. Bali, www.birgun.net/forum_index.php?news_code¼1150985306&year¼2006& month¼06&day¼22 (abgerufen am 8. Dezember 2012).

332 Cihad Baban, *Ulus*, 4. September 1960, zitiert in: Rıfat N. Bali, „Vatandaş Türkçe konuş!", http://www.rifatbali.com/images/stories/dokumanlar/turkce_konusma_birgun.pdf (abgerufen am 13. Juni 2021)

333 *Vakit*, 27. April 1925, zitiert in: Füsun Üstel, *İmparatorluktan Ulus-devlete Türk Milliyetçiliği: Türk Ocakları (1912–1931)* (Istanbul: İletişim Yay., 1997), S. 173.

334 Necmeddin Sadak, „Türkleştirme", in: *Akşam*, 30. April 1925, zitiert in: NARA 9 May 1925, 867.9111/95, zitiert in: Rıfat N. Bali, *Cumhuriyet Yıllarında Türkiye Yahudileri: Bir Türkleştirme Serüveni (1923–1945)* (Istanbul: İletişim Yay., 2005), S. 107.

auferlegt.[335] Im August 1925 begann *Türk Ocağı* in Izmir eine ähnliche Kampagne.[336] Als dann „Bürger, sprich türkisch" als Kampagne durchgesetzt worden war, hatten die Meinungsführer zusammen mit den lokalen und den nationalen PolitikerInnen die Gesellschaft gründlich darauf vorbereitet. Die Kampagne wurde schnell zu einem Instrument der Schikanierung und für Angriffe auf die nicht muslimischen Mitglieder der Gesellschaft genutzt, worin auch immer die persönliche Uneinigkeit bestand – wie schon bei den Fällen der „Verunglimpfung des Türkentums". Als also Aram Pehlivanyan 1946 über Zivilcourage schrieb, bezog er sich auf Vorfälle, die mehr als 20 Jahre zurücklagen.

Wie sich an diesen Fällen erkennen lässt, war „Bürger, sprich türkisch" mehr als eine Kampagne zur Förderung des Türkischen – was schon problematisch genug gewesen wäre –, nämlich eine Kampagne, die darauf abzielte, Menschen in der Öffentlichkeit schweigen zu lassen und damit unsichtbar zu machen. Diese Kampagnen müssen in einen Kontext zum postgenozidalen Habitus der Leugnung gesetzt werden, da sie dazu dienten, die verbliebene nicht muslimische Bevölkerung im Allgemeinen und die ArmenierInnen im Besonderen sozial unsichtbar zu machen. Die Gewalt, die aus diesen Kampagnen erwuchs, wollte nicht nur das Verstummenlassen der „Unerwünschten" verankern, sondern schuf und reproduzierte auch ein Wertesystem, demzufolge es eine Schmach darstellte, ein armenischer, jüdischer oder auch ausländischer Mensch zu sein.

Ein weiterer interessanter Fall aus den Provinzen war das Verfahren gegen den Herausgeber einer lokalen offiziellen Zeitung, der *Vilayet Gazetesi*[337] in Isparta. Auf der Titelseite der Ausgabe vom 5. Februar 1947 wurde ein kurzer Text veröffentlicht, der die Signatur eines gewissen „MUTLU" trug.[338] Der Artikel war mit „Pari Siragan"[339] überschrieben und berichtete darüber, dass der Autor, als er im Alter von 23 Jahren Armenisch gelernt hatte, die politischen Ansichten des

---

**335** „L'intransigeance municipale a Brousse", in: *La République*, 30. Juli 1925; „Le Turc obligatoire entre Turcs", in: *Stamboul*, 12. Januar 1926, zitiert in: Bali, *Cumhuriyet Yıllarında*, S. 108.
**336** Günver Güneş, „Türk devrimi ve İzmir Türk Ocağı", in: *Çağdaş Türkiye Tarihi Araştırmaları Dergisi* iii/8 (1988), S. 115–135, zitiert in: Bali, *Cumhuriyet Yıllarında*, S. 109.
**337** Zu *Vilayet Gazetesi* vergleiche Horst Unbehaun, „Sivas vilayetinde basının doğuşu". Verfügbar unter https://dergipark.org.tr/tr/download/article-file/156714 (abgerufen am 12. Juni 2021), und Nesimi Yazıcı, „Sırrı Paşa ve Vilayet gazeteleri". Verfügbar unter dergiler.ankara.edu.tr/dergiler/37/781/10025.pdf (abgerufen am 12. Oktober 2020).
**338** *Marmara*, 6. März 1947, Nr. 1568. Laut der *Marmara* war „MUTLU" der Spitzname des *Mektupçu* von Isparta, also von Agah Yüce.
**339** *Isparta*, 5. Februar 1947, Nr. 1214, vergleiche BCA 030.10.88.577.4. „Pari Siragan" muss „Paresiragan" gewesen sein, was „wohltätig" bedeutet. Wohltätigkeitsorganisationen gab es in vielen Gemeinden, und ihr Zweck war es, in Not geratene Gemeindemitglieder zu unterstützen. Sie mussten nicht unbedingt einer politischen Organisation angehören.

Lehrers erfahren wollte. Dieser war weder Mitglied der Huntschak-Partei noch der Taschnaken (Armenische Revolutionäre Föderation), jedoch Mitglied der „Pari Siragan" (in Van), zu der ich keinerlei Informationen finden konnte. Offenbar stammte MUTLU aus Van, und er definierte diese Stadt als „Zentrum der armenischen Gesellschaft und Kultur".[340] Dieser eine Satz war der Grund für ein Protestschreiben aus Van–Erciş, den als Absender ein „İzzet Davaoğlu und seine Freunde" unterzeichnete und das an den Staatspräsidenten İsmet İnönü adressiert war. Am 3. März 1947 wurde der Vorgang dem Premierminister übersendet.[341] Drei Tage später berichtete die *Marmara* über den Vorfall, der bereits zu einer Anklage beim Gericht in Isparta geführt hatte; es hieß, dass der Fall darauf basierte, dass „nationale türkische Gefühle verletzt" und die türkische Geschichte beleidigt worden wäre. Die Argumentation des Staatsanwaltes hob weiterhin auf ein Telegramm ab (größtenteils unleserlich, doch in der Akte im „Staatsarchiv über die republikanische Ära" vorhanden), das aus Van–Erciş stammte und in dem der Autor wegen seines Bedürfnisses, Armenisch zu lernen und Pari Siragan zu loben, beschuldigt wurde. Ich konnte weder in den Zeitungen noch im „Staatsarchiv über die republikanische Ära" weitere Berichte zu diesem Fall finden. Doch die vorhandenen Belege reichen aus, zu zeigen, wie leicht es zu einer Anklage kommen konnte – selbst gegen eine offizielle Lokalzeitung, allein weil sie auf die Existenz von ArmenierInnen an einem bestimmten Ort hinwies. Noch wichtiger ist jedoch der Aspekt, dass die Unterstützung der Bevölkerung von Van gewonnen werden musste. Auch dies unterstreicht erneut die Konsistenz der offiziellen und der sozialen Praktiken. Auch wenn das Telegramm eine Fälschung war, so gab es doch einen Bedarf, eine Verbindung zwischen offiziellen und sozialen Praktiken herzustellen, um der Forderung eine breitere Legitimität zu verleihen.

In diesem Abschnitt habe ich versucht, die Übereinstimmung zwischen offiziellen und sozialen Praktiken zu zeigen. Die Leugnung des Genozides war der Katalysator der offiziellen Praktiken, Diskurse und Rechtsvorschriften einerseits und andererseits der Schaffung von Mechanismen, die repressive soziale Praktiken legitimierten. All dies wurde in den Jahren der Vermögenssteuer und der *Yirmi Kura Askerlik* noch besser erkennbar.

---

340 Ebenda.
341 Ebenda.

## 1.7 Soziale Konsequenzen der *Yirmi Kura Askerlik* und anderer Praktiken während des Zweiten Weltkrieges

Bei den von mir in Interviews erfassten Berichten von ZeitzeugInnen wurden zahlreiche Aspekte zur *Yirmi Kura Askerlik* (Auslosung von Nichtmuslimen zum Militärdienst) und zu den Erfahrungen damit festgestellt. Im Roman *Mrchiwnneru Verchaloysĕ* von Zaven Biberyan (ins Türkische übersetzt unter dem Titel *Babam Aşkale'ye Gitmedi*) wird meisterhaft über die Zeit berichtet, in der die Arbeits-kommandos der *Yirmi Kura Askerlik* eingeführt wurden. Dabei handelte es sich um die Auslosung von Nichtmuslimen für das Militär. Im Jahr darauf schloss sich die Vermögenssteuer an. Die Quellen unterscheiden sich hinsichtlich des Alters der zwangsverpflichteten Männer; Dilek Güven nennt eine Altersspanne von 25 bis 45 Jahren,[342] Ayşe Hür hingegen geht von den Geburtenjahrgängen 1896 – 1913 aus,[343] und Rıfat N. Bali nennt die Jahre 1894 – 1913.[344] Auch mein Großvater Haçik Suciyan, der 1895 geboren wurde, war verpflichtet worden. Wichtig ist, dass diese Männer völlig unabhängig davon, ob sie ihren Militärdienst geleistet hatten, verpflichtet wurden; so kumulierte der Militäreinsatz durch die Zwangsarbeit teilweise zu Zeiträumen von drei oder gar vier Jahren. Diese Praktik hatte sich bereits in den Jahren des Ersten Weltkrieges verbreitet.[345] Die Frage der Arbeits-bataillone *(Amele Taburu)* war auch Thema der Verhandlungen zum Vertrag von Lausanne. Im Rahmen seiner Berichterstattung vor dem Parlament im März 1923 über die Verhandlungen erwähnte Rıza Nur, dass die Vertreter der europäischen Staaten im Zusammenhang mit der Freistellung der Nichtmuslime von der Wehrpflicht auch das Thema der *Amele Taburları* angesprochen hätten. Die eu-ropäischen Mächte forderten von der Türkei, dass Nichtmuslime nicht zum Wehrdienst verpflichtet werden sollten, da dies zu *Amele Taburları* führen würde. Rıza Nur gab die entsprechende Konversation wie folgt wieder: „Schließlich sagten sie sogar, dass wir *Amele Taburları* einrichten würden und sie zurück-schicken und hinmetzeln würden. Wir entgegneten: Nein, wir würden sie nicht ermorden."[346]

Die Einzelheiten der *Yirmi Kura Askerlik* an sich liegen außerhalb des Fokus dieser Untersuchung; sie sind jedoch ausführlich in der vorhandenen Literatur

---

342 Güven, *Cumhuriyet Dönemi*, S. 106.
343 Ayşe Hür, „Cumhuriyetin amele taburları: Yirmi Kura İhtiyatlar" in *Taraf*, 26.10.2008.
344 Rıfat N. Bali, *II. Dünya Savaşında Gayrimüslimlerin Askerlik Serüveni: Yirmi Kur'a Nafia As-kerleri* (Istanbul: Kitabevi Yay. 2008), S. 1.
345 Vergleiche Leyla Neyzi, *Amele Taburu: The Military Journal of a Jewish Soldier During the War of Independence* (Istanbul: Isis Yay., 2005).
346 TBMM–Gizli Celse Zabıtları, S. 6.

beschrieben.[347] Mein Schwerpunkt ist hingegen, wie die armenische Bevölkerung in den Provinzen die *Yirmi Kura Askerlik* erlebte und welche sozialen Konsequenzen diese hatte. Diese beiden Fragen wurden bislang nur spärlich beleuchtet. Ein unbeabsichtigter Aspekt dieser besonderen Form von Militärdienst war, dass Personen wie Güzelyan, Köseyan, Koçunyan, Biberyan, Yervant Gobelyan,[348] Haygazun Kalustyan[349] und andere in Kontakt zu den Gemeinden kamen, die in den Provinzen verblieben oder auch vergessen waren. Die genannten Männer waren während ihrer Wehrpflicht an verschiedenen Orten zwangsverpflichtet. Zumindest von Güzelyan und Köseyan wissen wir, dass ihnen fast überall armenische Menschen begegneten. Im Rahmen seiner Schilderungen der Militärzeit erwähnt Köseyan, dass er die armenische Gemeinde in Adana / Ceyhan kennenlernte, die an Sonntagen die Heilige Messe hielt. Seine ersten Artikel zur Tageszeitung *Jamanak* reichte er von Adana aus ein.[350] In seinen Memoiren erwähnt auch Hrant Güzelyan Treffen mit ArmenierInnen an verschiedenen Orten in den Provinzen, in die er im Rahmen seines Militärdienstes nach 1941 kam:

> Wer in den Provinzen reiste, galt damals als verdächtig, und stets wurden dieselben Fragen gestellt: „Wohin reist du? Warum reist du? Wen besuchst du?" Arme Menschen, sie hatten keine Kirchen und auch keine anderen Orte, an denen sie sich versammeln konnten. Sie waren immer unter Aufsicht und zusätzlich fühlten sie permanent eine Scham, als Armenierin oder Armenier geboren zu sein.[351]

In gleicher Weise berichtet Civan Çakar von seinen Erfahrungen bei der *Yirmi Kura Askerlik*:

---

347 Vergleiche Bali, *II. Dünya Savaşında Gayrimüslimlerin Askerlik Serüveni*; derselbe, „İkinci Dünya Savaşı yıllarında Türkiye'de azınlıklar: Yirmi Kur'a ihtiyatlar olayı", in: *Tarih ve Toplum* 179 (1998), S. 4 – 18; Ayşe Hür, „Cumhuriyetin amele taburları"; Güven, *Cumhuriyet Dönemi*, S. 106 – 108; Vartan İhmalyan, *Bir Yaşam Öyküsü* (Istanbul: Cem Yayınevi, 1989), S. 67 – 74.
348 Der Verleger Yervant Gobelyan (1923 – 2010) traf Haygazun Kalustyan während der *Yirmi Kura Askerlik*, in deren Rahmen er vier Jahre lang verpflichtet war. Vergleiche https://www.aras yayincilik.com/yazarlar/yervant-gobelyan/ (abgerufen am 13. Juni 2021).
349 Haygazun Kalustyan (1920 – 1985), Dichter. Er war außerdem als Lehrer tätig am Tbrevank-Internat (vergleiche Mıgırdiç Margosyan, *Tespih Taneleri*, S. 82) sowie in Aram Pehlivanyans *Ashkhadank* tätig; später – im Jahre 1938 – war er gemeinsam mit Garbis Cancikyan und Avedis Aliksanyan bei der Monatsschrift *Amsvan Kirkʿ*, wo er ein Gedicht unter dem weiblichen Pseudonym Alis Erētsʿyan veröffentlichte. Vergleiche Haygazun Kalustyan, „Istanbulahay nor panasdeghdzner: Haykazun Kalustyan (Inkna-tadutʿiwn)", in: *Tebi Luys*, 8. Juli 1950, Nr. 19. Später emigrierte er nach Armenien, wo er an der Wissenschaftsakademie zu einem Türkeiforscher wurde. In Armenien ist er auch verstorben.
350 Talin Suciyan, „Baron Varujan İstanbul Ermenilerinin tarihini kurtardı", in: *Agos*, 29. April 2011, Nr. 786, S. 10 – 11.
351 Güzelyan, *Bolsoy Badanegan Dunĕ*, S. 5.

Ich kam zehn Monate später zur Gruppe der *Yirmi Kura Askerlik*. [...] Im März 1942 wurde ich zum Militär eingezogen. [...] Wir wurden mit den Leuten der *Yirmi Kura Askerlik* zusammengebracht; wir arbeiteten im Straßenbau. Mein Militärdienst dauerte dreieinhalb Jahre. Wir hatten nicht länger als sechs Monate ein Dach über dem Kopf. [...] Eines Tages gab es ein Erdbeben, und ich bat formal um die Genehmigung eines Besuches zu Hause, weil das Erdbeben auch Ordu betroffen hatte. Die Genehmigung erhielt ich. Aber ich musste nun 55 km im Regen laufen. Damals gab es dort einfach keine Straße, und deswegen musste ich bis nach Adana von morgens bis abends durch den Schlamm laufen. In Adana blieb ich anderthalb Monate. Von Adana wurden wir nach Hassa geschickt, was an der Grenze zu Syrien liegt. Als ich zurückkam, hörte ich, dass 130 Armenier nach Syrien geflüchtet waren – ihre Zelte hatten sie mit dem Abschiedsgruß *„Mnak' Parov"* bemalt. Für uns waren nur vier oder fünf Offiziere zuständig, die konnten also nichts machen. Damals gab es auch noch keine Landminen, aber man musste den Fluss durchqueren. Zwei Menschen starben, 130 kamen über die Grenze nach Syrien. Das muss 1943 oder 1944 gewesen sein, es war nach der Vermögenssteuer.[352]

Çakar fügt hinzu, dass während seiner Zeit als Zwangsarbeiter seinem Vater eine Vermögenssteuer von rund 700 Lira auferlegt wurde, zu deren Begleichung sie das letzte Stück Land verkaufen mussten, das vom Staat 1915 konfisziert und der Familie nur zum Teil zurückgegeben worden war.[353] Auch behinderte armenische Männer wurden unter Zwang zu der *Yirmi Kura Askerlik* eingezogen, wie Agop Arslanyan anmerkt. Semerci Maksut aus Tokat, der taub war, wurde schlimm gefoltert, bevor er zum Militär eingezogen wurde; er kam von dort nicht zurück.[354] Ara Koçunyan, der damalige Chefredakteur der *Jamanak*, der ebenfalls zu dieser Art von Militärdienst eingezogen worden war, schätzt die Zahl der ausgelosten christlichen Männer auf 20 000.[355] Die *Yirmi Kura Askerlik* wirkte sich äußerst schlecht auf das gesellschaftliche Leben der armenischen Gemeinden aus; diese Auswirkungen finden bis heute in der Geschichtsschreibung nur wenig Platz. So musste zum Beispiel der Sportverein *Nor Şişli Spor Klübü* seine Aktivitäten einstellen, weil alle aktiven Mitglieder eingezogen worden waren.[356] Varujan Köseyan, der ebenfalls eingezogen war, berichtete mir von einer weiteren sozialen Folge der *Yirmi Kura Askerlik*: Auch in den Kirchenchören fehlten plötzlich

---

**352** Civan Çakar, persönliches Interview, 8. April 2012, Montreal.
**353** Ebenda.
**354** Arslanyan, *Adım Agop*, S. 41.
**355** Ara Koçunyan, *Voğçuyn Amenkin* (Istanbul: Aras Yay. 2008), S. 36.
**356** Vergleiche www.sabah.com.tr/fotohaber/kultur_sanat/istanbulun-100-spor-kulubu/39415 (abgerufen am 1. Oktober 2020). Zu armenischen Sportvereinen nach der Gründung der Republik vergleiche *Aysor*, 26. Juli 1947, Nr. 2.

zahlreiche Mitglieder.[357] Evdoksi Suciyan Parsehyan (geboren in Istanbul, 1927) wies ebenfalls auf diese Folge für die Kirchenchöre hin: „Wir richteten einen Chor nur für Frauen ein, da es keine Männer mehr gab. Außerdem wurde die Kirche in Yeşilköy von Soldaten besetzt. Deshalb begannen wir, die Kirche in Bakırköy zu besuchen. Wir waren ausschließlich Frauen. [...] Es gab lediglich zwei Männer vor dem Altar; sie waren sehr alt und waren deswegen vom Militärdienst ausgenommen."[358] Auf die Frage, warum die armenische Kirche in Yeşilköy besetzt worden war, antwortete sie, dass sie als Munitionsarsenal genutzt wurde.[359] Sie konnte sich nicht genau daran erinnern, wie lange die Besetzung anhielt; sie meinte jedoch, dass dies mindestens ein Jahr dauerte. Außer der Kirche und Privathäusern in Yeşilköy war auch das Armenische Krankenhaus Surp P'rgich' von der türkischen Armee besetzt. Im Jahresbericht des Krankenhauses heißt es, dass der vom Militär genutzte Abschnitt mit einem hölzernen Zaun abgetrennt gewesen wäre, um „ungewünschte Vorfälle" zu vermeiden,[360] und in *Hushamadean Surp P'rgich' Hiwanatanots'i* wird angegeben, dass die Besetzung von 1941 bis 1950 stattfand und mit der neu gewählten Verwaltung endete.[361] Die Besetzung beschränkte sich nicht auf das Krankenhaus, sondern betraf auch dessen Grundstücke wie zum Beispiel die Wohnhäuser Vuçino und Yardım sowie das Gebäude Yusufyan Han.[362] 1947 berichtete die *Nor Lur*, dass die armenische Kirche von Surp Nshan in Pendik vom Militär besetzt worden war, bis der Locum tenens Kevork Arslanyan sie von den Behörden zurückverlangte.[363] Die Besetzung der Kirchen lässt sich nicht nur als Vorbeugemaßnahme des Staates verstehen, um Munition für Notfälle einzulagern, sondern diente auch der Zerstörung der Versammlungsorte der Gemeinden, also der gesamten Gebäudekomplexe mit all ihren Zimmern, Sälen und anderen Räumlichkeiten. Wenn man in Betracht zieht, dass es keine anderen Orte gab, an denen sich die Gemeinden versammeln

---

**357** Talin Suciyan, „Baron Varujan İstanbul" und azadalik.wordpress.com/2011/05/07/ermeniler-varujan-koseyana-tarihlerini-borcludur (abgerufen am 28. September 2020).

**358** Evdoksi Suciyan Parsehyan, persönliches Interview, 1.–8. April 2012, Montreal.

**359** Während des Ersten Weltkrieges war 1916 das armenische Waisenhaus in Şişli von den Militärbehörden besetzt worden. Das Waisenhaus wurde evakuiert, wobei sich das Militär viele der Betten, die Ausrüstung und einen großen Teil der Einrichtung aneignete. Das Waisenhaus konnte erst 1919 wieder in Verwendung genommen werden. Vergleiche Azadyan, *Hushamadean Karagēōzyan Orpanots'i*, S. 52 und 57.

**360** S. [Stepan] Gülbenkyan und H. [Hrant] Peştimalcıyan, „Deghegakir Surp P'rgich' Azkayin Hiwantanots'i Hokapartsutean 1944–45i shrchani (113.rt Dari)", in: *Ěntartsag Darekirk' Surp P'rgich' Azkayin Hiwantanots'i 1946* (Istanbul: Dbakrut'iwn H. Aprahamyan, 1946), S. 418.

**361** Köseyan, *Hushamadean*, S. 181.

**362** *Han* kann eine Herberge oder ein Haus für kleinere Gewerbebetriebe sein. Ebenda, S. 174.

**363** *Nor Lur*, 21. Juli 1947, Nr. 246.

konnten, war die Besetzung solcher Stätten als Verhinderung des Zusammenkommens intendiert.

Auch mein Großvater Haçik Suciyan (Istanbul 1895–1966) wurde zur *Yirmi Kura Askerlik* eingezogen. Die Weise, wie er sich selbst den Behörden unterworfen hat, verdeutlicht zum Teil den Habitus, in dem die ArmenierInnen lebten. Folgende Schilderung stammt von meiner Tante Evdoksi Suciyan Parsehyan:

> An seinem letzten Abend traf er zufällig den örtlichen Nachtwächter, der ihn fragte: „Hallo, Müsü Haçik, wohin des Weges?", womit er meinen Vater offenbar grüßen wollte. Dieser antwortete übereilt: „Morgen werde ich kommen und mich eintragen." Er dachte, dass der Nachtwächter ihn suchen würde, was dieser jedoch gar nicht tat. Am nächsten Tag brachten meine Schwester und ich ihn weinend zum Bahnhof. Er wurde nach Kütahya geschickt.[364]

Evdoksi Suciyan Parsehyan berichtete mir auch, wie sich der Zwangsdienst ihres Vaters beim Militär auf ihren Werdegang auswirkte. Da die Familie wegen der Abwesenheit des arbeitenden Vaters über kein Einkommen mehr verfügte, konnte sie ihre Ausbildung nicht fortsetzen.[365] Ähnlich war es der Fall bei Agop Arslanyan in Tokat. Nachdem sein Vater und seine Onkel im Rahmen der *Yirmi Kura Askerlik* eingezogen worden waren, musste Arslanyan, der ein guter Schüler war, im Alter von neun oder zehn Jahren die Schule verlassen und zu arbeiten beginnen, da sich die Familie anderenfalls nicht hätte ernähren können.[366] So wirkte sich die *Yirmi Kura Askerlik* nicht nur auf die eingezogenen nicht muslimischen Männer und ihre Familien aus, sondern auch auf die Schullaufbahn der Kinder und deren Zukunftsaussichten.

Ein anderer Aspekt des Zweiten Weltkrieges war, soweit es NichtmuslimInnen betraf, das Handeln der Regierungsbehörden in Yeşilköy, nämlich die Besetzung großer Wohnhäuser durch das Militär. 1943 wurde auch das Haus meiner Großeltern besetzt. Evdoksi Suciyan Parsehyan erzählte, dass ihre Mutter Bercuhi alle Türen schloss, um die Soldaten am Eintreten zu hindern, doch sie kamen durch die Fenster hinein.

> Als sie unser Haus besetzten, war ich 16 Jahre alt. Die Soldaten kamen und besetzen unser Haus, obwohl meine Mutter eine Menge dafür getan hatte, das Haus nicht einfach zu übergeben. Sie hatte alle Türen verschlossen; die Soldaten kamen durch die Fenster herein. Wir waren nicht zu Hause, als sie kamen. [...] Als wir dann nach Hause zurückkehrten, sahen wir Militärfahrzeuge vor dem Haus stehen. [...] Wir betraten das Haus und sahen, dass das Haus voller Soldaten war. Obwohl meine Mutter sich dagegen wehrte, mussten wir ihnen doch zwei Zimmer überlassen. Eines wurde vom Tierarzt bewohnt, das andere von einem

---

364 Evdoksi Suciyan Parsehyan, persönliches Interview, 1.–8. April 2012, Montreal.
365 Ebenda.
366 Arslanyan, *Adım Agop*, S. 32.

Doktor mit seiner Ordonnanz. Wir verbrachten den Winter mit ihnen im selben Haus. [...] Nicht nur unser Haus, sondern auch viele andere in Yeşilköy waren besetzt, vor allem die Häuser der ChristInnen. Das Haus unserer NachbarInnen Mintanciyan gegenüber und das Haus eines jüdischen Kaufmanns waren ebenfalls besetzt worden. Zwar waren nicht alle Häuser christlicher Familien besetzt worden, jedoch viele. Das Militär blieb über den Winter und zog im Mai ab. Ich vermute, dass sie aus Hadımköy kamen und schließlich auch wieder dorthin zurückkehrten. [...] Wir hatten noch Glück, denn bei uns waren zwei Offiziere im Grad eines Hauptmannes *(Yüzbaşı)*. [...] In einigen Häusern blieb das Militär mehrere Jahre. [...] Eines der Häuser wurde in eine Wache der Militärpolizei *(İnzibatlık)* umgewandelt und dafür viele Jahre genutzt.[367]

In meinem mündlichen Interview mit Ara Garmiryan (geboren in Istanbul, 1920) fragte ich ihn, ob er etwas über besetzte Häuser wüsste. Er erzählte, dass er von solchen Fällen in Yeşilköy gehört hätte. Als ich ihn daraufhin fragte, warum seiner Meinung nach die besetzten Häuser ausschließlich nicht muslimischen Familien gehörten, lachte er und meinte: „Meinen Sie, dass diese Frage sinnvoll ist? Wenn sie in muslimischen Häusern gefragt hätten, hätte es einen Kampf gegeben. Die ArmenierInnen waren gebrochene Menschen."[368]

## 1.8 Der Sandschak Alexandrette

Der Sandschak Alexandrette ist eines separaten Abschnittes würdig, denn dort lagen andere Bedingungen als in allen anderen Provinzen vor. Unter französischer Herrschaft lebten in diesem Sandschak ArmenierInnen bis 1939. Als Toros Azadyan und Mardiros Koçunyan in ihrem Werk *Armağan*[369] dem Sandschak einen besonderen Abschnitt widmeten, war ihnen bewusst, um welches delikate Thema es sich dabei für die Republik Türkei handeln würde. Insgesamt behandelten sie Hatay auf vier Seiten, wobei der zweite Teil den Titel „ArmenierInnen in Hatay" trug. In dem Buch schloss folgende Erklärung an: „Heutzutage leben

---

**367** Ebenda.

**368** Ara Garmiryan, persönliches Interview, 3. April 2012, Montreal.

**369** Azadyan und Koçunyan, *Armağan*, S. 76–9. Die Autoren verspürten offensichtlich den Wunsch, erklären zu müssen, warum sie Hatay einen besonderen Abschnitt widmeten. Nachdem sie erläutert hatten, wie ArmenierInnen in die Situation gelangt waren, von ausländischen Mächten instrumentalisiert zu werden, feiern die Autoren die bloße Existenz von Atatürk, der ihrer Argumentationslinie folgend sowohl die ArmenierInnen als auch die TürkInnen in Hatay schützte. Atatürk „rettete" die ArmenierInnen davor, erneut Opfer zu werden – dieses Mal durch „neue Abenteurer". Der besondere Abschnitt zu Hatay besteht aus drei Teilen: I. Hatay und die neue Morgenröte für die Menschen in Hatay, II. ArmenierInnen in Hatay, III. Die armenische Presse in der Welt und in der Türkei.

30 000 ArmenierInnen in Hatay, die alle ihre bürgerlichen Rechte genießen und ernsthaft am Fortschritt des Landes teilhaben. Bei den letzten Wahlen im Sandschak hatten 5504 ArmenierInnen das Wahlrecht."[370]

Die Geschichte dieses Gebietes ist in der Tat komplex. Anders als in der Türkei waren im Sandschak Alexandrette armenische politische Parteien aktiv, und natürlich erwuchsen zwischen ihnen auch Rivalitäten. Die Annektierung bedeutete nun einen weiteren Exodus für eine Gruppe von ArmenierInnen, nämlich für die Mitglieder der *Tashnakts'utiwn* (Armenische Revolutionäre Föderation). Einer meiner Interviewpartner, A. K., geboren in Musa Dağ im Jahre 1953, berichtet:

> Bis zum Anschluss [an die Türkei] waren Taschnaken, Huntschaken, Ramgavaren und Kommunisten in Hatay alle gut organisiert. 1937 gab es im Parlament des Sandschak von Antakya in der Zeit der vorübergehenden autonomen Republik zudem einen Parlamentarier, der Musa Dagh vertrat: Movses Der Kaloustyan.[371] Er kam von der Taschnaken-Partei. Die Huntschaken waren zwar ärmer, jedoch gut organisiert. Als ein Anschluss immer stärker diskutiert wurde, leitete Movses die Taschnaken aus Hatay. Die Huntschaken verblieben in der Hoffnung dort, eines Tages nach Armenien auswandern zu können. Mein Vater und mein Onkel spielten in diesem Prozess eine entscheidende Rolle. Auch Tatyos Babeks Großvater, der ebenfalls Tatyos hieß, war eine wichtige Figur. Er war Vorsteher von sechs Dörfern. Der Staat entschied nun, das Dorf von Hidir Bey zum Zentrum zu machen. Der ernannte Verwaltungsleiter (T. B.) war Mitglied der Huntschaken-Partei, während sein Vater Taschnake war. Der Staat entschied, wer der beste Kandidat war. Diese Person war voller Verehrung für Atatürk und für Ismet Paşa. In den 1980er-Jahren schrieb er über seine Verehrung in den Zeitungen *Kulis*[372] und *Marmara*.[373]

1939 bereitete das Innenministerium einen Sonderbericht zu den ArmenierInnen vor, die den Sandschak verlassen hatten. Dieser Bericht wurde dem Staatspräsidenten, dem Chef des Generalstabes, dem Außenministerium und dem Obersten Leiter der Polizei übergeben. Der Bericht enthält auf drei Seiten fünf sehr detaillierte Kapitel. Das erste Kapitel enthält eine Liste mit Gründen für die Migration von ArmenierInnen, darunter die hohe Arbeitslosigkeit im Sandschak, die ver-

---

**370** Auf denselben Seiten sind auch Informationen zu den Wahlergebnissen zu finden: „Entsprechend den Gesetzen wählten sie folgende fünf Parlamentsmitglieder: Mihran Keshishyan (ein Lehrer an der Nubaryan-Schule), Hovhannēs Kazanjyan (Handelsexperte), Khachadur Karabajakyan (Händler und Vertreter der AGBU Beylan), H. Tavityan (Geometrielehrer und einer der Lehrer von Melkonyan), Marsel Balit (armenischer Katholik)."

**371** Movses Der Kalustian gehörte 1915 zu den führenden WiderstandskämpferInnen am Musa Dağ.

**372** Die *Kulis* wurde von Hagop Ayvaz von 1946 bis 1996 herausgegeben. Keine andere Theaterzeitschrift in der Türkei hatte eine ähnlich lange Erscheinungsdauer.

**373** A. K., persönliches Interview, 20. Januar 2009, Berlin.

armte Regierung des autonomen Staates von Hatay und die durch die Vergangenheit bedingten Ängste. Im zweiten Kapitel wird dargestellt, wohin die ArmenierInnen migrieren. Das dritte Kapitel ist sehr differenziert und detailliert. Hier werden die Regierungsanliegen erläutert, wobei es sich insbesondere um die Regionen dreht, in denen die ArmenierInnen siedelten. Der Bericht macht deutlich, dass der Weggang der ArmenierInnen für die Regierung nicht ausreichend war, wobei diese kontinuierlich Informationen unter anderem darüber erhielt, wo sich die neuen Ansiedlungen befanden, ob die jeweilige Region eine geopolitische Bedrohung der Türkei darstellen würde, wie viele armenische Menschen in welchen Regionen des Libanon oder in Syrien lebten, in welchen Berufen und Branchen sie aktiv waren und welche Art von Organisationen die MigrantInnen unterstützen. Als Beispiel sei folgender Abschnitt zitiert, der die strategische Bedeutung der neuen Siedlungsgebiete behandelt: „Im nördlichen Teil von Latakia, dem Gebiet Bayir-Bucak der TurkmenInnen, gibt es keine einzige Parzelle mehr, die leersteht oder verwaist ist. Deshalb würde jeder Versuch, dort ArmenierInnen anzusiedeln, bedeuten, armenische Bevölkerung in Nähe der Grenze zu konzentrieren und die türkische Mehrheit in dem Gebiet zu verkleinern."[374]

Der Staat widmete besondere Aufmerksamkeit nicht nur der Annexion des Sandschaks Alexandrette, sondern auch den ArmenierInnen, die den Sandschak verließen. Es ist äußerst interessant, in den Dokumenten festzustellen, dass sowohl die Existenz von ArmenierInnen im Allgemeinen als auch ihre Nichtexistenz – einschließlich ihrer Existenz in anderen Ländern, hier also Syrien und Libanon – für die Türkei ein Thema waren. Diese Aufmerksamkeit wiederum wirkte sich auf die armenischen Menschen aus. Wie noch zu zeigen ist, war die fehlende Berichterstattung über die Annexion von Hatay durch die Türkei Grund genug dafür, eine armenische Zeitung zu schließen. Der Umstand, dass ArmenierInnen in der Region weiterhin politisch aktiv waren, wie sich beispielsweise anhand der in den Fußnoten erwähnten Wahlergebnisse erkennen lässt, bildete für die republikanische Elite sowie für die Meinungsmacher während der Annektierung eine verstörende Herausforderung. Die Entscheidung der Herausgeber, einen ganzen Abschnitt dem Sandschak zu widmen, wird unter dieser Art der Betrachtung noch sinnvoller. Die multikulturelle Bevölkerung und vor allem die armenische Bevölkerung machten die Politik zu den Fragen dieser Region zu einem sehr empfindlichen Thema. Nur wenige Jahre nach der Annexion, nämlich im Jahre 1941, wurden auch hier die *Yirmi Kura Askerlik* eingeführt. Laut A. K., der einer der in der Region des Sandschaks verbliebenen Familien angehörte, verhielt es sich wie folgt:

---

**374** BCA 030.10.225.515.26.

*Yirmi Kura Askerlik* war der Name, den man diesem Vorgehen andernorts gegeben hatte. Bei uns hieß es *Dokuz Kura Askerlik*, da aus unserem Dorf neun Gruppen von Männern verschickt worden waren. Mein Vater und seine Bekannten gingen nach Kandıra. Sowohl mein Vater als auch der neue Priester, Der Ghewont, gingen dorthin. Man ließ sie Kohlen tragen und auf deutsche Schiffe verladen. [...] Außerdem, so sagte mein Vater immer, waren alle in Kandıra Armenier. Bei seiner Ankunft in Istanbul ging er zum Büro der *Jamanak*. Von 1945 bis 1950 schrieb er Artikel über die Entwicklungen im Sandschak.[375]

Wie A. K. einerseits seine Kindheit und andererseits Reşat, den Leiter der Generaldirektion der frommen Stiftungen *(Vakıflar Genel Müdürlüğü)* in Hatay, schildert, vermittelt ein Bild davon, wie es in dem Gebiet nach der Annexion aussah. Eine beachtliche Anzahl von ArmenierInnen hatte nach der Annexion die Region und damit auch ihren Landbesitz verlassen. Reşat war für diese sogenannten herrenlosen Ländereien verantwortlich.

Das schönste Haus des Dorfes wurde als Hauptquartier der Generaldirektion der frommen Stiftungen und aus als Wohnsitz von Reşat auserkoren. Als Angestellter der Stiftungsdirektion war er Staatsdiener. Seine vordringlichste Aufgabe war es, aus den aufgegebenen Ländereien Einnahmen zu erzielen. [...] Er trug eine militärische Uniform in Khaki, kniehohe Stiefel, eine Pelzmütze auf dem Kopf und eine Reitpeitsche in der Hand. Manchmal ritt er auch bei uns vorbei. Wenn ich vor unserem Haus spielte und die Menschen riefen ‚Reşat rückt an', rannte ich sofort ins Haus. [...] Er war ein unheimlicher Mensch. An seinem Gürtel trug er eine Pistole. Man konnte sich nirgends über ihn beschweren, und niemand wäre auf die Idee gekommen, ihn freiwillig ins Haus zu bitten. Er hat niemals bei uns Kaffee getrunken. Welche Zeitung man las, zeigte man ihm besser nicht.[376]

Reşat war jedoch nach dem Bericht von A. K. nicht einfach nur ein unheimlicher Mensch. Sein sexueller Missbrauch sowohl an Kindern wie auch an Eltern in Vakıf, dem einzigen in Musa Dağ verbliebenen armenischen Dorf, hat die BewohnerInnen des Dorfes und ihre Beziehungen stark beeinflusst:

Er gab den Kindern der Armen Arbeit, zum Beispiel ließ er sie eine Mauer errichten, Bäume fällen, sein Land umgraben. Das Dorf war sowieso zu zwei Dritteln verlassen [...] Die Generaldirektion der frommen Stiftungen besaß die besten Grundstücke. Des Nachts vergnügte er sich mit den Kindern. Er missbrauchte einen Vater und eines von dessen Kindern. Alle wussten, was Reşat tat. Wer es sich leisten konnte und diejenigen, die kein Geld brauchten, hatten Angst vor ihm und hassten ihn. Einer der Erwachsenen, die Reşat missbraucht hatte, übernahm später seine Position.[377]

---

375  A. K., persönliches Interview, 20. Januar 2009, Berlin.
376  Ebenda.
377  Ebenda.

Der Sandschak, seine Annexion, die historische Bedeutung der Region für die ArmenierInnen wegen der Erinnerung an den Widerstand am Musa Dağ – all dies spielte eine Rolle im Diskurs um die Annexion und den Rassismus, der seinerzeit gegen die armenische Bevölkerung angestachelt wurde. Insgesamt hatte der Sandschak wegen seiner Vergangenheit und wegen seines demografischen Profils in den Augen der Regierung einen besonderen Status. Zaven Biberyans Artikel „Genug ist genug" („Al Gĕ Pawē") erwähnt kurz die Frage von Hatay und den antiarmenischen Hass, der durch die Zeitungen reproduziert wurde:

> Wir erinnern uns noch immer an die Zeit, als Hatay von der Türkei annektiert wurde. Kein Tag verging, ohne dass in den Zeitungen ein antiarmenischer Text erschien. Sollte gar in China ein Mann mit dem Namen Margos eine Frau töten, so würde man das Echo bis nach Hatay vernehmen, und berichtet werden würde darüber in einer Sprache des Hasses und mit Wut gegen die ArmenierInnen von Hatay.[378]

Da der Sandschak Alexandrette bis 1938 syrisches Territorium war, war für die armenische Gemeinde, die in Musa Dağ lebte, das Katholikat des Hohen Hauses von Kilikien zuständig, das nach Antelias bei Beirut umgesiedelt worden war. Auch der Priester des Sandschaks wurde vom Katholikat ernannt; er behielt seine Stellung auch nach der Annexion. Anlässlich seines Besuches in Istanbul im Jahr 1947 gab eine Notiz darüber an, dass Vater Ghewont Kartunyan im Dorf Vakıf als Priester der Kirche Surp Asduadzadzin lebte und geistlicher Führer von 500 ArmenierInnen der Region war.[379]

Die demografischen Fragen waren für den Staat durchaus wichtig. Ein Dokument aus dem „Staatsarchiv über die republikanische Ära" in Istanbul zeigt, dass die Regierung die demografische Entwicklung weiterhin genau im Auge behielt und hierbei einen besonderen Fokus auf die nicht muslimische Bevölkerung richtete. Ein Bericht aus dem Statistischen Zentralamt belegt, dass die Regierung nach der Volkszählung von 1927 dann im Jahr 1930 – dieses Mal bei der Polizeibehörde – einen weiteren Bericht zur „nicht türkischen" Bevölkerung[380]

---

378 *Nor Lur*, 5. Januar 1946.
379 *Marmara*, 26. Juli 1947. Das bedeutet, dass es damals eine armenische Bevölkerung nicht nur direkt im Dorf Vakıf gab, sondern auch in den Dörfern der Umgebung. Laut dem Reisebericht von Bedros Zobyan und William Saroyan aus dem Jahr 1964 gab es in İskenderun 20 – 25 armenische Familien, 15 – 20 in Kırıkhan und 40 – 50 in Vakıf. Vergleiche Zobyan, *Tebi Bitlis*, S. 291.
380 Im Bericht ist der Begriff „*gayri Türk*" häufiger anzutreffen; BCA 030.10.24.136.3. In der Tageszeitung *Cumhuriyet* werden in einem Artikel über die Umsiedlung von Karapapaks diese als nichttürkische MuslimInnen bezeichnet (*gayri Türk Müslümanlar*). Diese Bezeichnung verdeutlicht, dass „Türkentum" spezifisch als rassische Kategorie angesehen wurde. Die *İskan Talimatnamesi* war also nicht nur eine demografische Steuerung zu türkischsprachigen Menschen,

und zu NichtmuslimInnen anforderte.[381] Da die Ergebnisse beider Berichte stark voneinander abwichen, forderte Premierminister İsmet İnönü beim Statistischen Zentralamt einen dritten Bericht mit Einzelnachweisen zu beiden Bevölkerungsgruppen an. Der Berichterstatter bestätigte, dass er die Mitarbeiter, welche die Informationen zusammengetragen hatten, persönlich getroffen hatte, wobei er festgestellt hat, dass die Polizeibehörde die Geburtsregister verwendete, die als unzuverlässig galten, da einige Todesfälle und Geburten sowie einige der neu Hinzugezogenen nicht registriert waren. Der Bericht besteht aus zwei Abschnitten. Der erste Abschnitt behandelt die NichttürkInnen, die als „rassische Nationalitäten" bezeichnet werden.[382] Die Datensammlung ging vor allem von der gesprochenen Sprache, also der Muttersprache aus. Der Berichterstatter versuchte – vergeblich –, herauszufinden, ob es im Land zum damaligen Zeitpunkt tatsächlich ein Wachstum der Bevölkerung verschiedener Nationalitäten gegeben hat. Was die NichtmuslimInnen betrifft, stellt der Berichterstatter fest, dass die religiösen Kategorisierungen der Polizeibehörde ungenau waren, da Kategorien wie „Slawisch", „Molokanisch"[383] oder „Bulgarisch" als Religion eingestuft wurden. Hingegen war der orthodoxe Glaube im Bericht der Polizeibehörde nicht erwähnt. Der Berichterstatter hebt daher hervor, dass die Ergebnisse der Volkszählung nicht mit denen zu vergleichen waren, die die Polizeibehörde vorgelegt hat. Er schließt daraus, dass zur Erhebung aktueller Zahlen eine erneute Volkszählung erforderlich wäre. Zu Zeiten der Pogrome in Thrakien gegen die jüdische Bevölkerung 1934 und während des sich anschließenden Exodus berichtete die Tageszeitung *Cumhuriyet* in einem Artikel von zwei Themen: der Ankunft einer neuen Welle von 50 000 muslimischen MigrantInnen in der Türkei, ihrer Umsiedlung[384] und den Einbürgerungsverfahren einerseits und andererseits den Maßnahmen, die zur Umstrukturierung des Geburts- und des Sterberegisters ergriffen worden waren. Dem Artikel zufolge werden mit Inkrafttreten der neuen Regeln von Ende Februar 1934 neue Geburten und Todesfälle nunmehr sorgsam registriert, und die Personalstärke wird entsprechend steigen.[385] Die zweite

---

sondern – ungleich wichtiger – ein Projekt zur ethnischen Steuerung. Vergleiche „Karapapaklar ve iskan talimatnamesi", in: *Cumhuriyet*, 13. Juli 1934.

**381** Ebenda.

**382** Erwähnt als *Irki Milliyetler*.

**383** Anders als BulgarierInnen und als slawische Gruppen sind die MolokanInnen eine religiöse Gruppe, die sich von der Russisch-Orthodoxen Kirche abgespalten hat.

**384** *Cumhuriyet*, 10. Juli 1934. Dem Zeitungsbericht zufolge waren in Galata und in Sirkeci besondere Polizeieinheiten stationiert, welche die MigrantInnen in Istanbul vor Vergewaltigungen, Missbrauch, Angriffen und Belästigungen schützen sollten.

**385** Ebenda.

Volkszählung nach Gründung der Republik wurde, wie bekannt, 1935 durchgeführt.

Eine andere interessante Information zu den demografischen Fragen sehen wir in der Resolution des Ministerrates vom 25. August 1949, in dem die türkische Staatsbürgerschaft von 250 Menschen annulliert wurde, die entweder den Sandschak in Richtung Syrien und Libanon verlassen hatten, ohne ihr Recht auf das Plebiszit in Anspruch zu nehmen, oder die Staatsangehörigkeit geändert hatten, ohne eine Genehmigung einzuholen.[386]

## 1.9 Etablierung und Verstetigung der Leugnung

Bislang habe ich versucht, die armenische Lebensrealität in Istanbul und in den Provinzen zu skizzieren, wobei ich die Überlappungen der sozialen und offiziellen Praktiken hervorhob, die meiner Meinung nach den postgenozidalen Habitus der Leugnung konstituieren. Ich habe die Beschränkungen betont, die hinsichtlich des Rechtes auf bestimmte Berufe, auf das Reisen, auf den kulturellen Ausdruck und die Religion galten. NichtmuslimInnen im Allgemeinen und ArmenierInnen im Besonderen standen weiterhin im Fokus der staatlichen Politik einer wirtschaftlichen Vernichtung. Die Vermögenssteuer, die Vernichtung von Menschen in den Zwangsarbeitslagern der *Yirmi Kura Askerlik*, der soziale Druck, dem ArmenierInnen täglich ausgesetzt waren, und die Normalität oder Banalität der Entführung von Frauen stellten konstitutive Teile dieses Habitus dar. Rassistische Angriffe, die sich gegen die verbliebenen NichtmuslimInnen richteten, waren sowohl in den Provinzen als auch in Istanbul alltäglich geworden, und konnten sich wegen fehlender rechtlicher Folgen bis heute immer weiter ausbreiten.[387] Während die „Verunglimpfung des Türkentums" eine Straftat darstellte, war die Verunglimpfung irgendeiner anderen Identität dies nicht. Die staatliche Politik betrachtete rassistische Angriffe nicht als Straftat und gab ihnen damit immer mehr Raum. Im Laufe der Jahrzehnte wurde die Leugnung – und nicht nur die des Völkermordes – eine systematische Praktik und der wichtigste Pfeiler, auf dem die staatliche Souveränität, die offizielle Ideologie, die Formierung der Gesellschaft

---

**386** Die letzte Ziffer des Versammlungsdatums im Beleg ist unleserlich, doch im selben Beleg wird ein Schreiben vom 15. Juli 1949 erwähnt. Davon ausgehend habe ich das Datum der Resolution abgeleitet. BCA 030.18.01.02.120.65.17.

**387** Die erstmalige Bestrafung antiarmenischer Volksverhetzung gab es wegen rassistischer Slogans, die in Istanbul im Februar 2012 auf der Hocalı-Demonstration ertönten. Vergleiche marksist.org/haberler/9274-azinliklara-yonelik-nefret-soylemine-ilk-ceza (abgerufen am 2. Februar 2013).

sowie die kulturellen und wirtschaftlichen Maßnahmen des Staates ruhen. Wie ich auf den nächsten Seiten zeigen werde, bedeutete die staatliche Leugnung ein vollständiges Verschweigen all der vorstehend genannten Praktiken. Nicht nur der Genozid, sondern auch alle darauf folgenden Maßnahmen – wie die *Vermögenssteuer* oder die Zwangsarbeit der *Yirmi Kura Askerlik* – verblieben für Jahrzehnte Tabus, die erst kürzlich thematisiert wurden, aber noch immer nicht als rassistische staatliche Politik anerkannt und verurteilt oder gar als Grundlage für Reparationen angesehen werden.

Die Diskussion der Leugnung des Völkermordes muss auf der Ebene des Staates und seiner daraus folgenden Politik erfolgen, die bereits seit 1916 kontinuierlich und konsistent Veröffentlichungen hervorbrachte. Auf deren Grundlage wurde die Leugnung fortgeführt und für die folgenden hundert Jahre immer wieder reproduziert. Die Rede von Talat auf dem Kongress des „Komitees für Einheit und Fortschritt" 1917[388] und der osmanische Staatsbericht, der sowohl auf Französisch als auch auf Osmanisch veröffentlicht wurde,[389] sind die wichtigsten Dokumente, auf deren Grundlage die Leugnung in den Folgejahren fußen sollte. Die Dolchstoßtheorie konnte auf diesem Narrativ errichtet werden; sie wurde unterstützt durch Bilder, auf denen Armenier mit zahlreichen Waffen zu sehen waren. Selektiv wurden die Korrespondenz und Äußerungen prominenter armenischer Führer präsentiert; es wurde der Inhalt der Erziehung in den armenischen Schulen problematisiert, literarische Versatzstücke wurden als Beweise „übersetzt", und all dies sollte den theoretischen Hintergrund der Feindschaft der ArmenierInnen gegenüber dem Osmanischen Reich belegen. Des Weiteren wurde die Geschichte der politischen Parteien nachverfolgt; es wurde den Handlungen der Patriarchen – oder ihren Unterlassungen – nachgespürt, und auch diese beiden Stränge dienten dazu, die Rolle der ArmenierInnen als „innere Feinde" zu unterfüttern, die sich nicht vom Frieden überzeugen ließen und die daher zum Schutz des Reiches ins Exil zu schicken waren. Auch wenn das Buch ein Jahr nach seiner Publikation auf Osmanisch ins Französische übersetzt wurde, so waren die beiden Ausgaben meines Wissens nach bislang noch nie Gegenstand einer kri-

---

**388** Zu der Rede vergleiche Talat Paşa, *Hatıralarım ve Müdafam* (Istanbul: Kaynak Yay. 2006).
**389** Ich bedanke mich bei Taner Akçam für die Hinweise auf folgende Quellen: „Aspiration et Agissenments Revolutionnaires des Comitas Armenies avant et après la Proclamation de la Constition Ottomane" (Istanbul: 1917); „Ermeni Komitelerinin Âmâl ve Harekât-ı İhtilâliyesi (İlân-ı Meşrutiyetten Evvel ve Sonra) 1916" (Istanbul: Matbaa-I Amire, 1916). Das ursprüngliche Werk auf Osmanisch ist verfügbar unter https://ia802604.us.archive.org/14/items/ermenikomitele ri00istauoft/ermenikomiteleri00istauoft.pdf (abgerufen am 13. Oktober 2020); die gedruckte Fassung ist: Talat Paşa, *Ermeni Vahşeti ve Ermeni Komitelerinin Âmâl ve Harekât-ı İhtilâliyesi (İlân-ı Meşrutiyetten Evvel ve Sonra) 1916*, Hg. Ö. Andaç Uğurlu (Istanbul: Örgün Yay. 2006).

tischen zweisprachigen Vergleichsstudie. Dieses Material wurde in zahlreichen Formen veröffentlicht und reproduziert, doch sein Gehalt als Meilenstein der Leugnung wurde nicht infrage gestellt, was im Rahmen des jahrzehntealten Habitus der Leugnung bei der Wissenserzeugung als selbstverständlich zu verstehen sein sollte.

Taner Akçam gibt einen detaillierten Überblick über die Diskussionen des Jahres 1918 im Parlament zum Schicksal der ArmenierInnen und der GriechInnen[390] und darüber, wie die Verfahren verliefen, und zu allen schließlich fehlgeschlagenen Versuchen, über die der Kriegsverbrechen Verdächtigten Recht zu sprechen, welche ihre politischen Karrieren nach 1923 zu einem großen Teil fortsetzen konnten.[391] Großbritannien forderte zwar auch nach 1920 weiterhin eine Bestrafung derjenigen, die für die Massaker verantwortlich waren, rückte jedoch später dann von dieser Forderung ab.[392] Kurz danach, nämlich bereits 1926, beschloss das Parlament, den Familien derjenigen politischen Führer Unterstützung zukommen zu lassen, die den Völkermord organisiert und unterstützt hatten, also den Führungspersonen des Komitees für Einheit und Fortschritt.[393] 1943 wurden die Gebeine Talats umgebettet und in die Türkei überführt.

Donald Bloxham stellt die These auf, dass die amerikanische Diplomatie aufgrund einer opportunistischen Außenpolitik den Nährboden für die Leugnung schuf.[394] Bekannt ist, dass das Near East Relief (NER) mit Sitz in den USA vor 1923 eine aktive humanistische Hilfsorganisation für Überlebende war. Wie Bloxham jedoch hervorhebt, stimmten die Tätigkeiten des NER und die Interessen der US-Regierung nicht immer überein. So empfahl beispielsweise der amerikanische Hochkommissar Mark L. Bristol dem NER nach dem großen Brand von Smyrna im Jahr 1922, keine Waisen aus Anatolien zu evakuieren.[395] Die VertreterInnen des NER betrachteten daraufhin Bristol als ein Hindernis bei der Erfüllung ihrer Aufgabe, auch wenn Washington die Haltung von Bristol unterstützte.[396] Dieser ging sogar so weit, dass er äußerte: „Die griechischen und armenischen Kaufleute

---

390 Taner Akçam, *A Shameful Act: The Armenian Genocide and the Question of Turkish Responsibility* (New York: Metropolitan Books, 2006), S. 243–302.
391 Ebenda, S. 349–67.
392 Ebenda, S. 374.
393 „TBMM'nin Ermeni Komiteleri Tarafından Şehit Edilenlerin Ailelerine Yaptıkları Yardımlar." Verfügbar unter https://www.atam.gov.tr/wp-content/uploads/Erdal-AÇIKSES-Türkiye-Büyük-Millet-Meclisinin-Ermeni-Komiteleri-Tarafından-Şehit-Edilenlerin-Ailelerine-Yaptığı-Yardımlar.pdf (abgerufen am 14. Oktober 2020).
394 Donald Bloxham, „The roots of American Genocide denial: Near Eastern geopolitics and the interwar Armenian question", in: *Journal of Genocide Research* viii/1 (2006), S. 27–49.
395 Ebenda, S. 37.
396 Ebenda, S. 38.

[...] waren in diesem Teil der Welt die Blutegel, die das Land seit Jahrhunderten zur Ader ließen."[397] Bristol unterstützte nicht nur die Idee, dass die NichtmuslimInnen im Osmanischen Reich „AusländerInnen waren, die nach ein oder zwei Generationen türkische BürgerInnen werden würden, wie auch in den USA die AusländerInnen zu BürgerInnen werden würden", sondern er reproduzierte diese auch.[398] Charles H. Sherrill, Botschafter der Vereinigten Staaten in der Türkei (1932–1933) und Nachfolger von Joseph C. Grew, schrieb, dass „die Türken einer Returkifizierung bedürften – einer Reinigung von all den unedlen Metallen, die das osmanische Amalgam bilden würden."[399] Laut Bloxham wurden diese Ideen von den Kadern des Komitees für Einheit und Fortschritt wie auch von den KemalistInnen sehr begrüßt.[400] Er erläutert zudem, wie das Instrumentarium der US-Botschafter später in die Leugnungsmethoden der türkischen Republik übernommen wurden:

> Spitzfindigkeiten waren ein grundlegendes Werkzeug, dessen sich Bristol freizügig bediente. [...] Nach dem Krieg von 1921–1922 erzählte Bristol allen, die es hören wollten, dass sich die christlichen Flüchtlinge „selbst verschiedener Gewalttaten gegen die Türken schuldig gemacht hätten." [...] Bei seiner Fokussierung auf Verbrechen der christlichen Gruppen vermengte Bristol jedoch vergangene und aktuelle Ereignisse. [...] Diese Technik wurde von Grew kopiert. [...] Mit der rhetorischen Darstellung von der Türkei als der „Außenseiterin" gingen Bristol und Grew genauso vor, wie es zunehmend prominente türkische Nationalisten taten, von denen viele in die Massaker von 1915–1916 verwickelt waren: Sie verwendeten die Geschichte nach dem Unabhängigkeitskrieg von 1918 dazu, im Rückblick den vorangegangenen Weltkrieg als einen defensiven und gegen den Imperialismus gerichteten Krieg zu verklären, in dem der Mord an ArmenierInnen als Akt des Widerstandes gegen einen inneren Aggressor anzusehen wäre.[401]

Bloxham geht noch weiter und meint, dass die Leugnung des Genozides von der amerikanischen Regierung akzeptiert und gefördert worden wäre, bevor auch nur der Begriff des „Völkermordes" überhaupt geprägt worden wäre.[402] Taner Akçam und Ümit Kurt geben in ihrem Werk *Kanunların Ruhu* weiteren Aufschluss über die

---

**397** 867.00/1578, *Bristol Diary*, 4. November 1922, Treffen mit Wirt; 867.00/1583, *Bristol Diary*, 27. November 1922, Treffen mit Barton; beides zitiert in: Bloxham, „The roots of American Genocide denial", S. 39.

**398** 867.00/1884, *Bristol Diary*, 13. Juli 1925, Treffen mit King, zitiert in: Bloxham, „The roots of American Genocide denial", S. 39.

**399** Charles H. Sherrill, *A Year's Embassy to Mustafa Kemal* (New York: Charles Scribner's and Son, 1934), S. 171 und 208, zitiert in: Bloxham, „The roots of American Genocide denial", S. 39.

**400** Bloxham, „The roots of American Genocide denial", S. 39.

**401** Ebenda, S. 41.

**402** Ebenda, S. 44.

amerikanische Politik und deren Folgen. So wurde im August 1923 eine Gruppe osmanischer ArmenierInnen, die im Besitz amerikanischer Pässe waren, beim Versuch einer Einreise in die Türkei unverzüglich festgenommen und ausgewiesen. Bristol empfahl seiner Regierung, Menschen mit dieser Art von Hintergrund keine Pässe auszustellen.[403] In demselben Werk wird auch die Haltung der amerikanischen Regierung dargestellt. Laut den Archiven des US-Außenministeriums stellte die amerikanische Regierung klar, dass sie nicht beabsichtigte, die Eigentumsrechte der osmanischen BürgerInnen zu schützen, die eine US-Staatsbürgerschaft erwarben.[404] Im Jahr 1929 agierte die französische Regierung mit derselben Auffassung; während der Verhandlungen zwischen der Türkei und Frankreich über die armenische Bevölkerung in Syrien und im Libanon entschied Frankreich, die Eigentumsforderungen der ArmenierInnen aus diesen Ländern außer Acht zu lassen.[405]

Unterstützt durch eine solche weitgehende internationale Billigung reproduzierten die Regierungen der Türkischen Republik die Leugnung und institutionalisierten sie. Laut Hilmar Kaiser wurden die Grundlagen zur Leugnung des Genozides an den ArmenierInnen bereits im Sommer 1915 geschaffen, als das Zentralamt für öffentliche Sicherheit, das im osmanischen Innenministerium angesiedelt war, entsprechendes Propagandamaterial zusammenstellte.[406] Dieselbe Vorgehensweise nutzten die offiziellen Vertreter des Osmanischen Reiches und die „Spezialorganisation" *(Teşkilât-ı Mahsusa)* 1914, als sie die zionistischen Siedlungen und Gemeinden in Palästina zerstörten.[407] Kaiser folgt den Spuren, die in den schriftlichen Äußerungen der Führer des Komitees für Einheit und Fortschritt und anderer Prominenter zu finden sind. Zusätzlich zu den Schriften von Talat, die erstmalig 1921 posthum und dann erneut 1946 veröffentlicht wurden, und zu den Memoiren von Cemal[408] liegen die Memoiren von Ali Munif vor, der

---

**403** Akçam und Kurt, *Kanunların Ruhu*, S. 182.

**404** United States Department of State, *Papers Related to the Foreign Relations of the United States*, Vol. 2 (1923), S. 1195, in: Akçam und Kurt, *Kanunların Ruhu*, S. 184.

**405** MAE, Levant 1918–40, Turquie, Vol. 260, lettre de Charles de Chambrun, ambassadeur de France en Turquie à Locquin, député, vice-président de la Commission des Finances, Chambres des députés, 10 juillet 1929, Constantinople, f 8 27; in: Vahe Tachjian, „An attempt to recover Armenian properties in Turkey through the French authorities in Syria and Lebanon in the 1920s", unveröffentlichter Artikel. Vergleiche Akçam und Kurt, *Kanunların Ruhu*, S. 154.

**406** Hilmar Kaiser, „From Empire to Republic: The continuities of Turkish denial", in: *Armenian Review* 48 (2003), S. 3.

**407** Alexander Aaronsohn, *With the Turks in Palestine* (London: Constable &. Co. Ltd., 1917), S. 47–56, zitiert in: Kaiser, „From Empire to Republic", S. 3.

**408** Ahmed Cemal Bey, *Hatıralar*, Hg. Behçet Cemal (Istanbul: Selek Yay., 1959); zitiert in: Kaiser, „From Empire to Republic", S. 6.

später zum Abgeordneten von Adana wurde (bis 1950) und versuchte, seine Rolle zu schmälern und die historischen Fakten zu verzerren.[409] Auch der Deputierte von Izmir, Mustafa Reşat (1939–1943), der später in der Bank für Landwirtschaft tätig war (bis 1950), veröffentlichte 1946 seine zweibändigen Memoiren, die auf osmanischem Propagandamaterial aus dem Ersten Weltkrieg und auf osmanischen Statistiken basierten.[410] Kaiser zeigt, wie Mustafa Reşat durch seine autobiografischen Schilderungen sich selbst und den türkischen Staat von Schuld freisprach, obgleich er es war, der die schwarzen Listen über die armenischen Intellektuellen zusammengestellt hatte und diese auch verhörte. Ahmet Esat Uras – auch er wiederum bei den KemalistInnen beliebt –, der zum einen bis in die 1950er-Jahre in der Politik aktiv blieb und zum anderen permanentes und aktives Mitglied des Türkischen historischen Vereines war, schrieb ein umfangreiches Werk über die osmanischen ArmenierInnen. Nach seiner Veröffentlichung im Jahr 1950[411] wurde sein Werk zur Referenz; noch 1988 wurde es ins Englische übersetzt.[412] Obwohl sein Werk die Grundlage der Leugnung bildete, hat es kein akademisches Interesse erfahren und wurde bislang keiner systematischen Untersuchung unterzogen. Kaiser zeigt deutlich die Kontinuität der Kader auf und erläutert die Geisteshaltung der LeugnerInnen:

> Die hier angesprochenen Biografien der LeugnerInnen zeigen, dass es keinen grundsätzlichen Bruch in der personellen Struktur der Administration beim Übergang von den osmanischen Regierungen unter der Steuerung des Komitees für Einheit und Fortschritt zur Errichtung der „nationalen" Regierungen unter Mustafa Kemal Paşa gab. Im ideologischen Bereich scheinen die Kontinuitäten im Hinblick auf die ArmenierInnen noch stärker zu sein. Die alte Elite führte das Land wie schon zuvor und verfolgte dabei ihre nationalistischen Ideale.[413]

Auch Halil Menteşe, der Außenminister der Regierung des Komitees für Einheit und Fortschritt, veröffentlichte 1946 seine Memoiren – in der *Cumhuriyet*.[414] Der Umstand, dass die meisten der in Kaisers Artikel genannten Schilderungen in den 1940er-Jahren entweder erstmalig oder erneut veröffentlicht wurden, erlaubt einen Blick darauf, wie es um die postgenozidale Türkei in diesem Jahrzehnt intellektuell stand. Die Errichtung des Türkischen historischen Vereines und seine

---

409 Kaiser, „From Empire to Republic", S. 8.
410 Kaiser, „From Empire to Republic", S. 10.
411 Allein in der *Marmara* habe ich 44 Artikel zu Esat Uras' Buch und zudem ein Interview mit ihm gefunden. Die Artikel erschienen zwischen dem 29. August und dem 10. Oktober 1950.
412 Ebenda, S. 14.
413 Ebenda.
414 *Marmara*, 31. Oktober 1946, Nr. 1443.

Tätigkeiten in den 1930er-Jahren dürfen in diesem Zusammenhang nicht unbeachtet bleiben. Diese Kontinuität ist allerdings nicht auf Einzelpersonen beschränkt; sie wurde systematisch durch die Institutionalisierung der Leugnung wie auch durch imperiale Strukturen und Geisteshaltungen weiter verstärkt. Die Geschichte der 1930er-Jahre war durch die autoritäre Haltung unter dem Einparteiensystem und durch die Institutionalisierung des kemalistischen Nationalismus gekennzeichnet. Das „Historische Komitee Türkischer Herd" (*Türk Ocağı Tarih Heyeti*), das zu der Organisation „Türkischer Herd" (*Türk Ocakları*) gehörte,[415] wurde zuerst in das „Komitee zur Untersuchung der türkischen Geschichte" (*Türk Tarihi Tetkik Cemiyeti*) umgewandelt und danach in den „Türkischen historischen Verband" (*Türk Tarih Kurumu*).[416] In diesen Jahren wurde auch das berühmte Werk „Türk Tarih Tezi" entwickelt, ein Werk, das die türkische Ge-

---

**415** Zu der Organisation „Türkischer Herd" (*Türk Ocakları*) schreibt Erik-Jan Zürcher in *Turkey: A Modern History*: „Sie wurde unter der Führung des Erziehungsministers Hamdullah Suphi (Tanrıöver) reaktiviert und versuchte mittels Vorträgen, Kursen und Ausstellungen, im Land nationalistische, positivistische und säkularistische Ideen zu verbreiten. [...] Sie wurde ab 1932 durch die sogenannten *Halk Evleri* (Volkshäuser) in den Städten und durch die *Halk Odaları* (Volksräume) in größeren Dörfern ersetzt; diese hatten im Grunde genommen dieselbe Aufgabe, wurden jedoch streng durch die Provinzabteilungen der Partei kontrolliert. Am Ende des Zweiten Weltkrieges gab es verteilt auf alle Teile des Landes rund 500 dieser Volkshäuser." (S. 180).

**416** Büşra Ersanlı, *İktidar ve Tarih: Türkiye'de „Resmi Tarih" Tezinin Oluşumu (1929–1937)* (Istanbul: İletişim Yay., 2011), S. 110–112. Vergleiche auch die Website des Türkischen historischen Verbandes, https://www.ttk.gov.tr/tarihce/ (abgerufen am 13. Juni 2021): Aus diesem Grund wurde auf der letzten Sitzung der sechsten Tagung der Organisation „Türkischer Herd" (*Türk Ocakları*) am 28. April 1930, an der Atatürk teilnahm und die er auch leitete, von Âfet İnan und 40 UnterzeichnerInnen ein Antrag präsentiert, der folgenden Inhalt hatte: „Wir schlagen die Bildung eines permanenten Komitees für die wissenschaftliche Untersuchung der türkischen Geschichte und Zivilisation vor sowie die Ermächtigung durch das Zentralkomitee zur Wahl der Mitglieder ebendieses wissenschaftlichen Komitees." Am selben Tag wurde im Anschluss an die Diskussionen der entsprechende Absatz den Statuten der Organisation als § 84 hinzugefügt. Durch diese Regelung wurde ein „Komitee zur Untersuchung der türkischen Geschichte" gegründet, das aus 16 Mitgliedern bestand. Die erste Sitzung fand am 4. Juni 1930 statt; auf dieser wurden der Vorstand und andere Mitglieder gewählt. Vorstand: Vorsitzender Tevfik Bıyıklıoğlu, stellvertretende Vorsitzende Yusuf Akçura und Samih Rıfat, Generalsekretär Dr. Reşit Galip; Mitglieder: Âfet İnan, İsmail Hakkı Uzunçarşılı, Hâmid Zübeyir Koşay, Halil Edhem, Ragıb Hulûsi, Reşid Safvet Atabinen, Zâkir Kadîrî, Sadri Maksudi Arsal, Mesaroş (Experte, Ethnografisches Museum Ankara), Mükrimin Halil Yinanç, Vâsıf Çınar und Yusuf Ziya Özer. Danach veröffentlichte das Komitee seine erste Arbeit: „Eine Übersicht über die türkische Geschichte". Damit war die Türkische historische Gesellschaft gegründet worden. Auf der siebten Tagung der Organisation „Türkischer Herd" am 29. März 1931 wurde entschieden, sie zu schließen; sie führte ab dem 12. April 1931 auf der Grundlage der 1930 eingeführten Prinzipien ihre Aktivitäten als „Türkische Gesellschaft für historische Forschung" fort. 1935 wurde der Verein umbenannt in „Türkischer historischer Forschungsverband", später hieß er dann „Türkischer historischer Verband".

schichte in Asien mit den Idealen der KemalistInnen vereint. Der erste Türkische Geschichtskongress fand 1931 statt, wie auch der erste Kongress zur türkischen Sprache. So ging es kontinuierlich weiter. 1933 wurde an der Istanbuler Universität das Institut zur Geschichte des türkischen Reformwesens *(İnkılap Tarihi Enstitüsü)* gegründet; es wurde 1934 das Gesetz über den Familiennamen verabschiedet, also nach dem Erlass des Umsiedlungsgesetz *(İskân Kanunu)*; die jüdische Bevölkerung in Thrakien wurde ins Ausland vertrieben; die Regeln zu Privatschulen *(Hususi Mektepler Talimatnamesi)* brachte auch ausländische und gemeindlich betriebene Schulen unter eine strenge Aufsicht, ihnen wurden außerdem ab 1937 türkische stellvertretende SchulleiterInnen auferlegt. In der Zwischenzeit hatte sich der rassistische Ton des Kemalismus durch die pseudowissenschaftliche Forschung verschärft, zu der auch das *Türkische Journal zur Anthropologie* (*Türk Antropoloji Mecmuası*, 1925–1939) zu rechnen ist. [417] Die Dissertation von Afet İnan, die 1946 vom Türkischen historischen Verein unter dem Titel *Türkiye Halkının Antoropolojik Tarihi ve Türkiye Tarihi* veröffentlicht wurde, verfolgt die politische Evolution der türkischen Bevölkerung anhand einer chronologischen Untersuchung von Skeletten.[418] All dies ist einzuordnen in das Errichten einer Gesellschaft und eines Staates, in denen die Leugnung bereits beim eigenen Vor- und Zunamen begann und dann durchgängig im Erziehungssystem und in allen Prozessen von Sozialisierung, kultureller Anpassung und Politisierung weitergeführt wurde. Von Bedeutung ist, dass İsmail Beşikçi auf eine Rede von Hitler verweist, die dieser auf der Feier zu seinem 50. Geburtstag hielt, zu der ursprünglich auch Mustafa Kemal eingeladen war. Den Feierlichkeiten wohnte eine hochrangige Delegation aus der Türkei bei, und unterdes veröffentlichten die türkischen Zeitungen begeisterte Meldungen und Artikel darüber. In seiner Rede am 20. April 1939 verkündete Hitler: „[...] der erste Schüler Mustafa Kemals war Mussolini, und ich bin der zweite."[419]

Wenn man sich die Ansätze und Mittel ansieht, die der republikanische Staat dafür nutzte, wird ein systematischer Ansatz offensichtlich, mit dem imperiale Strukturen innerhalb des Nationalstaates reproduziert wurden; dies gilt in be-

---

417 Vergleiche Nazan Maksudyan, *Türklüğü Ölçmek: Bilimkurgusal Antropoloji ve Türk Milliyetçiliğinin Irkçı Çehresi* (Istanbul: Metis Yay., 2005).

418 Ebenda, S. 153.

419 Vergleiche Falih Rıfkı Atay, *Çankaya: Atatürk Devri Hatıraları 1918–1938*, Bd. I (Dünya Yay., Ekicigil Matbaası, 1953), S. 205; zitiert nach İsmail Beşikçi, *Cumhuriyet Halk Fırkası'nın Tüzüğü (1927) ve Kürt Sorunu* (Ankara: Yurt Kitap Yay., 1991), S. 100. Ich danke Nevra Ünver Lischewski für den Hinweis auf diese Quelle. Zu Einzelheiten vergleiche Falih Rıfkı Atay, „Hitlerin Doğumgünü", in: *Ulus* (20. April 1939); Hüseyin Cahit Yalçın, „Hitlerin 50. Senesi", in: *Yeni Sabah* (26. April 1939); Nadir Nadi, *Perde Aralığından* (Istanbul: Cumhuriyet Yay., 1965), S. 22.

sonderer Weise für die Frage der *Kontrolle*. So, wie im Osmanischen Reich der fehlenden Kontrolle mit der Institution der *Aşiret Mektebi* entgegengewirkt wurde (die Anwerbung von Kindern aus den Provinzen in die Hauptstadt, wo sie eine Gruppe mit einem festgelegten Profil bilden sollten, die dann auf lange Sicht die staatlichen Interessen in den Provinzen vertritt),[420] so ging man das Problem in der Republik derart an, dass man den nicht muslimischen Schulen türkische stellvertretende SchulleiterInnen sowie LehrerInnen zuwies. Zudem wurden Internate speziell für die östlichen Provinzen geplant, in denen es mehrheitlich eine kurdische Bevölkerung gab.[421] Dank der neuesten Forschungen zu Dersim wissen wir heute mehr zum Beispiel über Sıdıka Avar, die für ihren Einsatz bei der Einführung – grob gesagt – kemalistischer Prinzipien in den Provinzen bekannt wurde. Das Schreiben von Innenminister Şükrü Kaya vom 4. Juni 1937 macht die Tragweite dieses Projektes deutlich, indem es die im Namen der Reform ergriffenen Maßnahmen umreißt. Für Mädchen und Jungen ab fünf Jahren wurden weit entfernt von Dersim Internate eröffnet; es wurden Ehen arrangiert und eine Umsiedlung auf ihre ererbten *("miras kalan")* Grundstücke im Familienbesitz veranlasst; man hat „türkische Nester" *("birer Türk Yuvası")* gegründet, und unwiderruflich sollte so die „türkische Kultur in Dersim" etabliert werden.[422] Mit dem Inhalt dieses Schreibens wird klar, dass die Internate in den Provinzen tatsächlich Bestandteil der Ausrottungsmaschinerie waren und der Etablierung einer generationenüberdauernden Leugnung dienten. Sıdıka Avar, die selbst im Namen des Habitus der Leugnung tätig war und von einer „Strukturierung der Struktur" sprach, war zu Beginn ihrer Laufbahn an der Jüdischen Schule und am American College in Izmir tätig.[423] Auch wenn in den Belegen die Politik zu erkennen ist, die eine hegemoniale „türkische Kultur" im Sinne einer „Türkifizierung" errichten sollte, zeigen die Erfahrung und das Ergebnis dieser Politik, dass es sich eher um einen Prozess der Desidentifikation handelt, durch die eine Person zwar alle Bezüge zu den Großeltern, zur Sozialisierung, Kultur und Geschichte verliert, aber dennoch nicht vollständiges Mitglied der Geschichte, Kultur und Politik des

---

**420** Zu Einzelheiten über die *Aşiret Mektebi* vergleiche Eugene L. Rogan, „Aşiret mektebi: Abdülhamid II's school for tribes (1892–1907)", in: *International Journal of Middle East Studies*, xxviii/1 (1996), S. 83–107.

**421** Die Untersuchung, ob und welche Beziehung es zwischen der Praktik der *Aşiret Mektebi* und den Internaten in den Provinzen gibt, könnte ein interessanter zukünftiger Forschungsansatz sein.

**422** Ayşe Hür, „Avar, ne olur kızımı götürme ...", in: *Taraf*, 4. Oktober 2009. Verfügbar unter https://m.bianet.org/kurdi/siyaset/117442-avar-ne-olur-kizimi-goturme (abgerufen am 12. Juni 2021). Vergleiche auch die Memoiren von Sıdıka Avar, *Dağ Çiçeklerim*, Hg. Suat Akgönül (Ankara: Berikan Yay., 2011).

**423** Ebenda.

aufoktroyierten Systems werden kann. Der Staat verfolgt die „Race" der Familien über Generationen und erinnert sie gegebenenfalls an ihre „reale" Identität, wie an den derzeitigen Diskussionen über einen „Race-Code" (*Soy Kodu*) deutlich wird.[424] Ein anderer türkischer Lehrer und stellvertretender Schulleiter, Emin Keşmer, der in Schulen für nicht muslimische SchülerInnen tätig war, erinnert sich daran, dass er in seiner Lehrbeauftragung als „*Tedvir*"-Beamter bezeichnet worden ist: also nicht einfach eine Lehrperson, sondern auch für die Verwaltung zuständig,[425] und er fand diese Bezeichnung ungewöhnlich.[426] Die Zuweisung türkischer stellvertretender SchulleiterInnen dient bis heute als Kontrollmechanismus. Der stete Verdacht, dass NichtmuslimInnen gegenüber dem türkischen Staat illoyal sein könnten, ist eine Politik, die wie das Erziehungssystem im Allgemeinen darauf abzielt, sich zukünftige Mittelsleute heranziehen zu wollen, mit denen der Staat auf der Ebene der Gemeindeverwaltung kommunizieren könnte.[427]

Die administrativen und institutionellen Maßnahmen zur Errichtung einer staatlichen Souveränität nach der Gründung der Republik basierten zu einem großen Teil auf dem überkommenen Wissen aus den Zeiten des Osmanischen Reiches. So hatte zum Beispiel auch das Umsiedlungsgesetz von 1934 seine Ursprünge in der imperialen Politik der osmanischen Zeit: Demografische Steuerung war eine Politik, die mindestens von 1913 bis 1918 – wenn nicht schon früher – konsequent durchgesetzt wurde.[428] Die Institution der *Generalinspektionen* war eine Praktik, die bereits im 19. Jahrhundert zur staatlichen Politik zählte und 1927

---

424 Zum „Race-Code" vergleiche „Cumhuriyetin gilzli soy kodu", www.agos.com.tr/tr/yazi/5390/turkiye-soy-kodunu-tartisiyor (abgerufen am 15. März 2015).

425 *Tedvir* bedeutet Verwaltung. Vergleiche http://tdk.gov.tr/index.php?option¼com_gts&arama¼gts&guid¼TDK.GTS.54f48860ac56b6.91276290 (abgerufen am 2. März 2015).

426 Emre Ertani, „Dikkat ‚Türk müdür' konuşuyor", *Agos*, 20. Juli 2012, Nr. 849. Vergleiche auch Emin Keşmer, *Bir Poşet İstanbul Toprağı* (Istanbul: Siyah Beyaz, 2012). Die Einführung des Systems der stellvertretenden türkischen SchulleiterInnen in den nicht muslimischen und ausländischen Schulen kann in denselben Rahmen eines Social Engineerings eingeordnet werden wie vormals bei den „Stammesschulen" *(Aşiret Mektepler)*. Auch wenn die „Stammesschulen" von ihrer Art her völlig anders waren, so bildeten sie dennoch einen Bestandteil des Social Engineerings während der Regentschaft von Abdülhamid II. Diese zielte darauf ab, die „Stämme" im Osmanischen Reich zu kontrollieren und so ihre Loyalität gegenüber dem Reich zu erhalten; außerdem wurden auf diese Weise Personen herangezogen, die zwischen dem Staat und seinen „Stämmen" vermitteln konnten. Zu Einzelheiten vergleiche Rogan, „Aşiret mektebi", S. 83.

427 Vergleiche Sezen Kılıç, http://atam.gov.tr/cumhuriyet-doneminde-yabanci-okullar-1923-1938/ (abgerufen am 2. Februar 2013).

428 Zu Einzelheiten vergleiche Fuat Dündar, *İttihat ve Terakki'nin Etnisite Mühendisliği 1913–1918* (Istanbul: İletişim Yay., 2008). Talin Suciyan, „Dündar: İttihat ve Terakki Anadolu'da sistematik etnisite mühendisliği yaptı" (Interview mit Fuat Dündar), in: *Agos*, 6. April 2007, Nr. 575.

erneut eingeführt wurde. Wie Cemil Koçak erläutert, war das Vorhandensein dieser Institution eines der Beispiele, die die Kontinuität der institutionellen Mentalität in Administration und Politik vom Osmanischen Reich zur Republik Türkei belegen.[429] Koçak zieht auch Verbindungslinien zwischen der Generalinspektion und der Regierung im Ausnahmezustand (*Olağanüstü Hal Valiliği*, OHAL) nach den 1980er-Jahren.[430] Er unterstreicht zwei wichtige Merkmale der Generalinspektion: die „öffentliche Ordnung"[431] und die Reformmission.[432] Auch wenn nicht vollständig klar wird, was öffentliche Ordnung oder Reformmission bedeutet, so teilen beide Begriffe dennoch eine Konnotation: das Fehlen einer zentralen administrativen Kontrolle in einigen Regionen des Landes. Der Generalinspektion kamen zahlreiche Aufgaben und Pflichten zu, wie auf einer Besprechung 1936 aufgelistet wurde: Sicherheit, Schmuggel, Grenzkontrolle, Dorfentwicklung, politische Fragen und demografische Steuerung.[433] Janet Klein hat eine weitere Kontinuität zu einer späteren Zeit der Republik – den 1980er-Jahren – gezogen, nämlich das „Dorfschützersystem" (*„Korucu"*), das direkt an die Hamidiye-Kavallerietruppe anknüpft.[434] All diese politischen Maßnahmen zielen darauf ab, bestimmte Bevölkerungsgruppen streng zu kontrollieren.

Eine der wichtigsten fehlenden Verbindungen und tatsächlich eine der unnachgiebigsten Eigenschaften des Kemalismus ist die konstante und institutionalisierte Leugnung der Ereignisse des Zeitraumes von 1915/1916 bis 1923. Während es zahlreiche Analysen des Kemalismus gibt, die sein Modernisierungskonzept oder seine Mission einer Verwestlichung erläutern, bleibt eine seiner wesentlichen Komponenten, nämlich die Leugnung beziehungsweise deren Institutionalisierung, oftmals insgesamt unerwähnt. In dieser Hinsicht stimme ich Erik-Jan Zürcher zu, der meint, dass der Kemalismus „ein flexibles Konzept verbleibt, wodurch sich Menschen mit sehr weit auseinanderliegenden Weltsichten Kemalist nennen können".[435] Diese institutionalisierte Leugnung wurde außerdem im Rahmen eines Prozesses der Nationenbildung als erforderlich für die Schaffung einer Nationalgeschichte angesehen. Mithilfe dieser Flexibilität des Kemalismus ließen sich ein Staat und eine Gesellschaft auf der Basis der Leugnung errichten. Mit anderen Worten: Die Flexibilität wurde ein

---

**429** Cemil Koçak, *Umumi Müfettişlikler (1927–1952)* (Istanbul: İletişim Yay., 2003), S. 293.
**430** Ebenda.
**431** Anführungszeichen gemäß Koçak.
**432** Ebenda, S. 294.
**433** Ebenda, S. 252–3.
**434** Janet Klein, *The Margins of Empire: Kurdish Militias in the Ottoman Tribal Zone* (Stanford: Stanford University Press, 2011), S. 6.
**435** Zürcher, *Turkey*, S. 181.

Mittel dazu, die Massen zur Leugnung anzuhalten und diese Leugnung zu verinnerlichen. Aus diesem Grund bevorzuge ich, diese Flexibilität im Zusammenhang des Habitus zu interpretieren: „The theory of practice as practice posits that objects of knowledge are *constructed* and not passively recorded; against intellectualist idealism it reminds us the principle of this construction is found in the socially constituted system of structured and structuring dispositions acquired in practice and constantly aimed at practical functions."[436] Somit verstehe ich Kemalismus als ein staatlich konstituiertes System, als eine „strukturierte und strukturierende" Menge an Prinzipien, die Mechanismen und Praktiken reproduzieren, bei denen die Leugnung eine zentrale Rolle spielt, und dieses System hält sich durch eine Vielzahl an praktischen Funktionen – in unterschiedlichen Zeiträumen und in unterschiedlichen Formen – aufrecht.

Als Instrument zur Verwirklichung des Habitus war es besonders gut geeignet, mehrere Schichten der Gesellschaft in Strukturen der Leugnung einzugliedern, was durch ihren Dienst als BeamtInnen oder als LehrerInnen (wie oben gezeigt) geschah. Das Erziehungssystem, der Grundbesitz, die demografische Steuerung, die Zerstörung des kulturellen Erbes, sexueller Missbrauch und Entführungen, administrative Mittel (unter anderem das der Generalinspektion), rechtliche, militärische und fiskalische Bestimmungen, die „Bürger, sprich türkisch"-Kampagne sowie ähnliche gesellschaftliche Maßnahmen – all dies verschmilzt dazu, über mehrere Jahrzehnte hinweg einen normalisierten sozialen Habitus zu erschaffen, dem eine Geschichte des Rassismus und der Leugnung innewohnt. Dass diese umfassende Verwobenheit nicht einmal auf der akademischen Ebene hinterfragt wurde, ist ein Beleg dafür, dass derselbe Habitus auch in der Wissenschaft vorherrscht.

---

**436** Pierre Bourdieu und Loïc Wacquant, *An Invitation to Reflexive Sociology* (Chicago: The University of Chicago Press, 1992), S. 121.

# 2 Das rechtliche Umfeld

## 2.1 Aufhebung der armenischen Satzung – Nizâmnâme

Die rechtlichen Regelungen der „nicht muslimischen Minderheiten", wie sie im Vertrag von Lausanne festgelegt wurden,[437] wurden tatsächlich nur auf die ArmenierInnen, die GriechInnen und die JüdInnen angewendet; auf diese Weise wurde anderen nicht muslimischen Gruppen der Raum genommen, ebenfalls eigene Rechte einfordern zu können. In diesem Kapitel erläutere und analysiere ich die weitere Aufhebung der rechtlichen Grundlagen der armenischen Gemeinde. Diese Aufhebung begann 1923, doch hatten die administrativen Probleme ihren Ursprung bereits im Genozid und wurden durch die verschiedenen staatlichen Eingriffe nach 1915 weiter verschärft. Nach der Ermordung und der Vertreibung der Mitglieder der Nationalversammlung musste die Verwaltung der Gemeinde im Bedarfsfall praktische Lösungen bestimmen.[438]

1925 forderte der Staat, dass GemeindevertreterInnen offiziell erklären sollten, auf die gemeindlichen Rechte zu verzichten, die im Vertrag von Lausanne zugestanden wurden. Das In-Kraft-Treten des neuen Zivilgesetzbuches legitimierte diesen Bruch der internationalen Verpflichtungen.[439] Die zur Disposition stehenden Rechte waren in Artikel 41, Absatz 1 und 2 des Vertrages verankert,[440] wo das Familien- und Privatrecht der Gemeinden festgelegt ist und ihnen gestattet wird, eigenen Regeln zu folgen, die ihren Traditionen entsprechen. Im Jahrbuch 1946 des Armenischen Krankenhauses Surp P'rgich' wird detailliert dargelegt, wie der Prozess vonstattenging, in dem die Verwaltung der armenischen Gemeinde, der Religiöse Rat, prominente Personen aus der Gemeinde und religiöse Amtsträger der Regierung eine Erklärung übermitteln, in der sie auf das Recht verzichten, individuelle und familienrechtliche Fragen entsprechend ihren Traditionen zu regeln, und zwar auf der Grundlage, dass das Schweizer Zivilrecht, das

---

**437** Zum vollständigen Text des Vertrages von Lausanne vergleiche https://wwi.lib.byu.edu/index.php/Treaty_of_Lausanne (abgerufen am 3. Oktober 2020).

**438** Vergleiche auch Zaven Der Yeghiayan, *My Patriarchal Memoirs*, übers. von Ared Misirliyan, hg. und mit Anmerkungen von Vatche Ghazarian (Barrington: Mayreni Publishing, 2002).

**439** Kezban Hatemi und Dilek Kurban, *Bir Yabancıla tırma Hikayesi: Türkiye'deki Gayrimüslim Azınlığın Vakıf ve Mülkiyet Sorunları* (Istanbul: TESEV, 2009), S. 7.

**440** Murat Bebiroğlu, „Cumhuriyet Döneminde Patrikler ve Önemli Olaylar", verfügbar unter https://hyetert.org/2009/05/26/cumhuriyet-doneminde-patrikler-ve-onemli-olaylar/ (abgerufen am 14. Oktober 2020), und Dimitri Kamouzis, „İstanbul Rum Ortodoks azınlığının tabi olduğu hukuki rejim ve işleyişi, 1923–1939", in: Foti Benlisoy, Annamaria Aslanoğlu und Haris Rigas (Hg.), *Istanbul Rumları: Bugün ve Yarın* (Istanbul: Istos, 2012), S. 45.

https://doi.org/10.1515/9783110655087-004

ab dem 5. Oktober 1926 zur Anwendung kommen sollte, den Bedarf einzel- und familienrechtlicher Fragen umfassend nach säkularen Prinzipien erfüllen würde.[441]

Eine ähnliche Situation entstand im Falle des Zivil-Politischen Rates *(Cismani Meclis / K'aghak'agan Zhoghov)*, dem satzungsrechtlichen Gremium der Nationalversammlung, der 1847 durch eine *Berat*, also eine Anordnung des Sultans gegründet worden war. Diese Anordnung autorisierte die armenische Gemeinde, zwei separate unabhängige Ratsversammlungen zu wählen, eine für zivilrechtliche und politische Fragen und eine zu religiösen Themen. Die Anordnung wurde dem Patriarchen und den *Amiras* am 7. Mai 1847 im Palast Âli Efendis, des osmanischen Außenministers, vorgetragen. Bei Hagop Barsoumian heißt es dazu wie folgt:[442]

> Diese Anordnung wies die Nationalversammlung an, in der Klerus, die *Amiras* und die Händler *(Esnafs)* vertreten waren, einen Religiösen Rat bestehend aus 14 Mitgliedern des Klerus, wobei alle aus Istanbul kommen mussten, und einen Obersten Zivil-Politischen Rat aus zwanzig Laienmitgliedern zu wählen. Der Oberste Zivil-Politische Rat, dem neun *Amiras* und zehn *Esnafs* angehörten, wählte Hagop Grdjigian zu ihrem *Loghthete* (auch *Loghofet* oder *Löfet* genannt) – eine Art Geschäftsführer, der sowohl als Vorsitzender wie als Generalsekretär wirkte. [...] Der Oberste Zivil-Politische Rat wurde als zuständig für säkulare Erziehung, Finanzen und Justiz ermächtigt; der Religiöse Rat beschäftigte sich mit religiöser Erziehung, der Glaubenslehre und der Weihe des Klerus. Das System wurde bis zur Annahme einer Satzung im Jahr 1860 fortgeführt.[443]

Die armenische Satzung *(Nizâmnâme / Sahmanatrut'iwn)* wurde nicht als Verfassung angesehen, da sie lediglich die Angelegenheiten einer *Millet* und nicht eines Staates regelte, wie Arus Yumul hervorhebt; sie stellte einen Verfassungstext nur insofern dar, als sie die gesamte administrative Struktur der Gemeinde festlegte.[444] Yumuls Artikel zur armenischen *Nizâmnâme* beschreibt den Prozess ihrer Vorbereitung und Einführung auf armenischen Quellen beruhend. Auf Basis von

---

**441** Step'an Gülbenkyan, „Hayots' Badriark'arani Ganonakirĕ i zōru ĕ", in: *Ĕntartsag Darets'oyts' Surp P'rgich' Azkayin Hiwantanots'i 1946* (Istanbul: Aprahamyan Matbaası, 1946), S. 29.

**442** Varujan Köseyan, *Hushamadean Surp P'rgich' Hiwanatanots'i – Surp Pırgiç Hastanesi Tarihçesi* (Istanbul: Murat Ofset, 1994), S. 41, wo auch auf Patriarch Maghak'ia Ōrmanyan, *Azgapatum*, 3 Bde. (Konstantinopel und Jerusalem: 1913–1927), und auf Piwzant K'ech'yan, *Badmut'iwn Surp P'rgich' Hiwantanots'i Hayots'* (Konstantinopel: 1887) verwiesen wird.

**443** Hagop Barsoumian, *The Armenian Amira Class of Istanbul* (Jerewan: American University of Armenia, 2007), S. 118–119. Vergleiche auch *Nor Luys*, 20. September 1933, Nr. 62.

**444** Arus Yumul, „Osmanlı'nın ilk anayasası", in: Vartan Artinian (Hg.), *Osmanlı Devleti'nde Ermeni Anayasası'nın Doğuşu* (Istanbul: Aras Yay. 2004), S. 178.

Studien von Alboyacıyan[445] und Berberyan[446] argumentiert sie dahingehend, dass seit der Anordnung vom 7. Mai 1847 und der damit zulässigen Wahl von Mitgliedern des Religiösen und des Zivil-Politischen Rates der religiöse vom zivil-politischen Bereich zu einem bestimmten Grad abgetrennt worden ist.[447] Die Nationalversammlung war dazu auserkoren, sowohl die Patriarchen als auch die Mitglieder der beiden Räte zu wählen. 1860 bereiteten die Armenier den Text einer Verfassung vor. Auf Befehl von Ali Paşa gab die Hohe Pforte neue Regelungen für die gemeindliche Verwaltung heraus, und die Nationalversammlung genehmigte, dass dieser Text wirksam werden konnte. Die Pforte autorisierte den Text schließlich nach zahlreichen Veränderungen im Jahr 1863. Gemäß dieser *Nizâmnâme* bestand die Nationalversammlung (armenisch: *Azkayin Ĕnthanur Zhoghov*, osmanisch: *Meclis-i Umumi*) aus 140 Personen, 20 Männer des Klerus, 40 Vertreter aus den Provinzen und 80 Personen, die von den lokalen Kirchengemeinden gewählt wurden (Artikel 57).[448] Die beiden Hauptorgane, also der Zivil-Politische[449] und der Religiöse Rat, blieben unverändert. Diese beiden konnten sich zum Gemeinsamen Rat zusammenschließen (*Kharn Zhoghov*, Artikel 23).[450] Die Mitglieder der beiden Räte wurden von der Nationalversammlung gewählt (Artikel 60).[451]

Der offizielle Bericht des Untersuchungsausschusses, der Ende 1950 gebildet wurde, stellt fest, dass 1931 die vorherige Nationalversammlung einen ihrer Ausschüsse (*Adenabedats' Zhoghov*, Ausschuss der Vorsitzenden) gebeten hätte, in ihrem Namen zu entscheiden, falls sie unter außergewöhnlichen Umständen oder wegen Störungen nicht zusammentreten könnte.[452] Daraus wird klar, dass

---

**445** Arşag Alboyacıyan, „Azkayin Sahmanatrut'iwnĕ, ir dzakumĕ ew girarut'iwne", in: *Ĕntartsag Orats'oyts' Surp P'rgich' Azkayin Hiwantanots'i* (Istanbul: Madt'ēosyan Matbaası, 1910), S. 76 – 528.
**446** Avedis Berberyan, *Badmut'iwn Hayots'* (Istanbul: B. Kirişçiyan Matbaası, 1871).
**447** Yumul, „Osmanlı'nın ilk anayasası", S. 169.
**448** Artinian, „Appendix IX: Nizamname-i millet-i Ermeniyan", in: *Osmanlı Devleti'nde Ermeni Anayasası'nın Doğuşu*, S. 243.
**449** Zwischen der armenischen und der turco-armenischen Ursprungsfassung der *Nizâmnâme* gibt es Unterschiede, die bei Vartan Artinian, Arşag Alboyacıyan und Arus Yumul im Detail behandelt werden. Vergleiche Artinian, *Osmanlı Devleti'nde Ermeni Anayasası'nın Doğuşu*, S. 117 und 176. Vergleiche auch „Appendix V" und Arşag Alboyacıyan, „1860 Anayasası ile 1863 Anayasası arasındaki farklılıklar", S. 151–162 im selben Werk.
**450** Das Konzept des Gesamt- oder Gemeinsamen Rates wird in der osmanischen Fassung des Textes nicht verwendet. Arus Yumul benennt diesen Rat in türkischer Übersetzung als *Muhtelit Meclis* (Artinian, Osmanlı Devleti'nde Ermeni Anayasası'nın Doğuşu, S. 172).
**451** Ebenda, S. 245. Zur armenischen Fassung der *Nizâmnâme* vergleiche Artinian, „Appendix IX: Nizamname-i millet-i Ermeniyan", in: *Osmanlı Devleti'nde Ermeni Anayasası'nın Doğuşu*, S. 39.
**452** *Deghegakir Ĕnthanur Zhoghovoy K'nnich' Hantsnazhoghovi* (Istanbul: Foti Basımevi, 1951), S. 15.

vor 1931 das normale Funktionieren der nationalen Verwaltungsmechanismen nach Gründung der Republik auf Schwierigkeiten gestoßen ist – wie auch in den Protokollen des Treffens der Nationalversammlung von 1926 festgehalten wird, das während der Krise um die Patriarchenwahl von 1944–1951 nach Antelias gesendet wurde: Der Katholikos von Kilikien musste beide Seiten in dem Konflikt anhören und dem Katholikos vom Heiligen Ējmiacin eine Lösung vorschlagen. Toros Azadyans Zusammenfassung des Protokolls und der Bericht des Locum tenens, Kevork Arslanyan, wurden beide in Azadyans Werk *Lipananean Husher* („Memoiren aus dem Libanon") veröffentlicht. Vor allem angesichts der fehlenden Primärquellen zu den Treffen der Nationalversammlung und der Lücken in den persönlichen Aufzeichnungen von Patriarch Naroyan zu den administrativen Vorgängen der Gemeinde im Jahr 1927 ist diese Quelle interessant. Sie enthält zudem Informationen zu dem Treffen, das in der ersten Amtszeit von Erzbischof Kevork Arslanyan als Locum tenens stattfand, also vor der Patriarchenwahl von 1927. Dem Protokoll zufolge beschlossen die Teilnehmer, das Problem der fehlenden Mitglieder der Nationalversammlung vor der Patriarchenwahl zu lösen. Folglich wurden lokale Wahlen organisiert, und die Nationalversammlung wurde um 30 neu gewählte LaienvertreterInnen sowie um fünf Klerusangehörige aufgestockt.[453] Laut *Nor Lur* kamen die acht Mitglieder des Zivil-Politischen Rates am 12. September 1934 letztmalig zusammen, wobei wichtige Entscheidungen getroffen wurden.[454]

Es schlossen sich Beratungen mit dem Gouverneur und mit Regierungsvertretern an, die darauf abzielten, die Administration der ArmenierInnen an die Auffassung anzupassen, dass die Türkei ein säkularer Staat sei und deswegen auch die Grundlage der Gemeindeverwaltung bilden müsse.[455] Tatsächlich war, wie ich in diesem Kapitel zeigen werde, das Hauptziel der staatlichen Politik, eine Möglichkeit zu finden, die *Nizâmnâme* zu untergraben, indem die Gemeinde ihrer rechtlichen Grundlagen beraubt und – noch wichtiger – das Amt des Patriarchen zu einer bloßen religiösen Funktion gemacht werden sollte, die aller Aufgaben zum sozialen, wirtschaftlichen und politischen Leben der Gemeinde verlustig ging. Murat Bebiroğlu hat behauptet, dass Patriarch Naroyan gezwungen worden wäre, diese Rolle anzunehmen.[456] Es gibt auch Hinweise, die Bebiroğlus Behauptung stützen. Laut dem oben genannten Artikel in der *Nor Lur* stimmte der Patriarch unter dem Druck von Vahan Surēnyan, dem Leiter der Administration,

---

**453** Toros Azadyan, *Lipananean Husher* (Istanbul: Doğu Basımevi, 1949), S. 132.
**454** *Nor Lur*, 9. Juli 1949, Nr. 460.
**455** Ebenda.
**456** Murat Bebiroğlu, https://hyetert.org/2009/05/26/cumhuriyet-doneminde-patrikler-ve-one mli-olaylar/ (abgerufen am 13. June 2021).

zu:[457] Naroyan war zu Surēnyan nach Hause eingeladen, wo er bedroht wurde. Ihm wurde nahegelegt, seine Stellung als Leiter der Gemeinde aufzugeben und zu einem nur noch religiösen Vertreter zu werden.[458] Daraus ergab sich, dass er nicht länger das Oberhaupt der Gemeindeadministration sein durfte, und die Aktivitäten des Zivil-Politischen Rates würden eingestellt werden.[459] Gemäß der Vereinbarung mit dem Gouverneur sollte der Zivil-Politische Rat der Nationalversammlung durch einen Nationalen Administrationsausschuss ersetzt werden *(Azkayin Varch'agan Zhoghov)*, der durch eine Wahl unter den lokalen Vertretern gebildet werden würde.[460] Es erfolgten mündliche Verhandlungen, und die armenische Seite hatte dem Gouverneur bereits eine Liste mit 30 Kandidaten vorgelegt, von denen zehn in den Administrationsausschuss gewählt werden sollten.[461] In dieser Liste standen prominente Armenier, deren Prominenz im Sinne von guten Beziehungen zur Regierung beziehungsweise als ihre Stellung innerhalb der Gemeinde anzusehen ist, und sie wurden von der Administration nach dem Zufallsprinzip ausgewählt.[462] Bislang habe ich keine andere Quelle gefunden, die diese Angaben berichtigt; doch da die Mechanismen bereits aufgehört

---

457 Zu Vahan Surēnyan und der Zeit seines Wirkens bin ich auf eine Fußnote gestoßen in *Paros* (3. Oktober 1950, Nr. 58): „Die Verwaltung durch Surēnyan (1927–1937) war die schädlichste während der letzten Geltungsdauer der Satzung (besser gesagt wurde in dieser Zeit der Satzung entgegengewirkt); während dieser Verwaltung wurden die Ressourcen der Gemeinde verschwendet." Der Verfasser (höchstwahrscheinlich Chefredakteur Takvor Acun, denn der Text war im Namen von *Paros* verfasst) argumentierte damit, dass drei Angehörige der Familie von Surēnyan an unterschiedlichen Positionen diese Verwaltung möglich gemacht hätten: Vahan war der Leiter der Verwaltung, Arşag war der Eigentumsverwalter, und Levon war Mitglied der lokalen Verwaltung in Beyoğlu. In welchem Verwandtschaftsverhältnis sie zueinander standen, wird nicht erwähnt; sie können Brüder oder Cousins der väterlichen Linie gewesen sein. Offenbar war Vahan Surēnyan zuvor als Dozent an der Landwirtschaftsschule „Halkalı Ziraat Mektebi" tätig. Zu dieser Schule vergleiche Özgür Yıldız, „The history of Halkalı School of Agriculture", in: *International Journal of Social Science* Bd. 4, S. 293–306 (türkische Ausgabe: www.jasstudies.com/Makaleler/11260937_yıldız_özgür_mTT.pdf; abgerufen am 12. Oktober 2020). Die *Paros* berichtet auch weiterhin über die Administration von Surēnyan; laut Takvor Acun ist Vahan Surēnyan noch weiter zuvor an leitender Stelle im Landwirtschaftsministerium tätig. Vergleiche *Paros*, 17. Oktober 1950, Nr. 60.

458 *Nor Lur*, 9. Juli 1949, Nr. 46.

459 *Nor Lur*, 13. September 1934.

460 Der Name der kurz zuvor ins Leben gerufenen Einrichtung wird in verschiedenen Quellen unterschiedlich angegeben. Im Werk von Toros Azadyan zur Geschichte von Karagözyan ist das Faksimile eines amtlichen Schreibens abgedruckt, in dem der Name als „Azkayin Varch'agan Zhoghov" erscheint. Vergleiche Toros Azadyan, *Hushamadean Karagēōzyan Orpanots'i 1913–1948 (Şişli)* (Istanbul: Becid Basımevi: 1949), S. 108.

461 *Nor Lur*, 14. September 1934.

462 Ebenda.

hatten, ordnungsgemäß zu funktionieren, war dies wahrscheinlich die Art gewesen, eine praktische Lösung für die erdrückenden administrativen Probleme zu erschaffen. Allerdings legt der Artikel in der *Nor Lur* nahe, dass sich der Zivil-Politische Rat schon des Längeren nicht mehr treffen konnte. Außerdem steht nicht fest, wann die Nationalversammlung letztmalig zusammengetreten ist. Viele Zeitungen stellen fest, dass die Verwaltungsmechanismen seit der Zeit von Patriarch Mesrob Naroyan nicht mehr funktioniert haben;[463] und auch das Protokoll der Nationalversammlung vom 2. Dezember 1950 zur Wahl des neuen Patriarchen erwähnt die Schwierigkeiten bei der Durchführung der Veranstaltung. Als Datum des letzten Treffens „193_" wird genannt (die letzte Ziffer ist im Druck nicht vorhanden).[464] Toros Azadyans *Lipananean Husher* gibt die offizielle Position des Patriarchates wieder und ist daher von Bedeutung. Azadyan war als Vertreter des Locum tenens Arslanyan nach Beirut gesandt worden, wo er mit dem in Antelias niedergelassenen Katholikat von Kilikien über die Krise des Patriarchates Gespräche führen sollte. Sein Buch enthält einen kurzen Auszug aus dem Tagebuch des Patriarchen Naroyan von 1939: „Weder das religiöse noch das erzieherische Leben werden in irgendeiner Form besser. Der Religiöse Rat wie der Zivil-Politische Rat haben beide ihre Tätigkeit eingestellt. Ich bin allein; ich kann nur noch auf die Gnade Gottes zählen."[465]

Zu den Veränderungen der administrativen Mechanismen enthält die bereits genannte Ausgabe der *Nor Lur* einen Artikel, der eine Übersetzung eines Berichtes der *Cumhuriyet* war, in dem die Erfolge der armenischen Gemeinde bei der Anpassung der Verwaltung an die säkularen Prinzipien des republikanischen Staates geschildert werden.[466] Die frühere administrative Struktur der Gemeinde wird als *köhne* bezeichnet, also als obsolet, und der neue Administrationsausschuss wird begrüßt.[467] Eine Anmerkung zu der Meldung in der *Nor Lur* macht klar, welchem Druck die Führungspersonen der Gemeinde ausgesetzt waren. Der neue Vorsitzende der Istanbuler Gliederung der Republikanischen Volkspartei (CHP), Dr. Cemal (Tunca), forderte eine Übersicht über das System der nationalen armenischen Verwaltung an, die auch Angaben zur Rolle und zu den Befugnissen des Patriarchen enthalten sollte. Vahan Surēnyan, der Vertreter des Administra-

---

463 Allerdings sind die Treffen der Nationalversammlung wegen der Todesfälle, Auswanderungen ins Exil und Unterdrückungen nach 1915 ein anhaltendes Problem. Siehe Memoiren des Patriarchen Zaven Der Yeghiayan.

464 *Bashdonagan Hradaragut'iwn Azkayin Badriark'arani: Adenakrut'iwn Azkayin Ěnthanur Zhoghovoy* (Istanbul: Ak-Ün Matbaası, 2. Dezember 1950), S. 3.

465 Azadyan, *Lipananean Husher*, S. 134.

466 *Cumhuriyet*, zitiert in *Nor Lur*, 14. September 1934.

467 Ebenda.

tionsausschusses, legte den gewünschten Bericht vor. Im Anschluss forderte ihn Dr. Cemal auf, die Verhandlungen mit dem Gouverneur von Istanbul fortzuführen.[468] Wenn man diesen Vorfall berücksichtigt, scheint Bebiroğlus Behauptung, dass die Entscheidung zu Veränderungen aufgrund von Druck von außerhalb der Gemeinde getroffen wurde, zutreffend zu sein.[469] Genauer gesagt ist es offensichtlich, dass von staatlicher Seite auf eine Umgehung der armenischen *Nizâmnâme* abgezielt wurde. Ein Artikel, der eine Übersetzung aus der *Milliyet* vom 15. September 1934 ist, informiert die armenischen LeserInnen darüber, dass sich der Zivil-Politische Rat aufgelöst hat, nachdem dem Gouverneur eine neue Liste von Kandidaten vorgelegt worden war.[470] In den armenischen Zeitungen vom selben Tage wird debattiert, inwieweit die Gemeindeadministration an die Anforderungen der säkularen Administration der Republik anzupassen wäre. Der Artikel in der *Nor Luys* bezieht deutlich Stellung gegen die Auffassung, dass allein der Klerus die Angelegenheiten der armenischen Gemeinde geregelt hätte; im Gegenteil – zivil gewählte Ausschüsse hätten seit den 1840er-Jahren bereits auf die religiösen Fragen Einfluss genommen, und es gäbe keine Praktiken, die den Idealen der Republik widersprechen würden.[471]

Schon am Tag darauf erwähnt die *Nor Lur*, dass mit dieser Entscheidung die armenische *Nizâmnâme* de facto nicht mehr in Kraft wäre, denn die Veränderungen hätten bereits die Verwaltung der armenischen Gemeinde auf die säkularen Ideale der Republik ausgerichtet, und sie zielten auf eine Auflösung der satzungsgemäßen Organisation ab, also des Zivil-Politischen Rates.[472] Der Artikel ist nicht eindeutig.[473] Einerseits wird die armenische Gemeinde dafür gelobt, dass sie sich so säkular verhält wie der türkische Staat; andererseits beschwert sich der Verfasser darüber, dass die Gemeinde beziehungsweise die Nationalversammlung von den Entscheidungsprozessen ausgeschlossen worden ist.[474] Diese widersprüchlichen Aussagen sind verständlich, denn mit einem etwaigen Außerkrafttreten der *Nizâmnâme* stellte sich die Frage, welche Regeln für die gemeindliche Administration gelten würden. Außerdem hatte auch der Religiöse Rat Probleme mit der Administration. Der Locum tenens Arslanyan löste den Religiösen Rat auf,

---

**468** *Nor Lur*, 15. September 1934.
**469** Murat Bebiroğlu, https://hyetert.org/2009/05/26/cumhuriyet-doneminde-patrikler-ve-one mli-olaylar/ (abgerufen am 13. June 2021)
**470** *Milliyet* zitiert in *Nor Lur*, 15. September 1934.
**471** Ardaşes Kalpakcıyan, „Azkayin Sahmanatrut'iwne ew mer hamaynk'in paghtsankě", in: *Nor Luys*, 20. September 1934, Nr. 62.
**472** *Nor Lur*, 16. September 1934.
**473** *Marmara*, 1. Juli 1949, Nr. 1900.
**474** Ebenda.

als mehrere seiner Mitglieder zurücktraten, und berief einen neuen Religiösen Rat. Dieser Vorgang wurde als nicht hinnehmbar angesehen. Die Wahl neuer Mitglieder des Religiösen Rates war Aufgabe der Nationalversammlung, die jedoch nicht mehr tätig war. Die *Nor Lur* veröffentlicht die Namen der zehn Mitglieder des Religiösen Rates, ohne zu erwähnen, wie dieses Gremium zustande gekommen ist. Laut der *Nizâmnâme* musste der Religiöse Rat jedoch 14 Mitglieder haben (Artikel 24).[475] In einem weiteren längeren Artikel in der *Nor Lur* wird deutlich festgehalten, dass die Debatten über die *Nizâmnâme* und ihre Regeln anhielten, aber keine der darin vorgesehenen Körperschaften tätig war.[476] Der Verfasser stellt fest, dass es eine faktische Lage gibt, nach der alles zu beurteilen sei, und die *Nizâmnâme* würde dabei keine Rolle mehr spielen.[477]

Hingegen argumentiert die *Marmara* im August 1947, dass entsprechend der *Nizâmnâme* die Administration nicht länger als zwei Jahre hätte im Amt bleiben dürfen, sich aber dennoch bereits viele Jahre hielt. Darüber hinaus glaubt Şamlıyan, dass es hinsichtlich der Rechtmäßigkeit zwischen der Administration und des Religiösen Rates keine Unterschiede geben würde.[478] Am 27. Juni 1949 veröffentlicht die *Marmara* auf ihrer Titelseite eine ausführliche offizielle Stellungnahme des Administrationsausschusses, die Vartan Akgül und Levon Papazyan unterzeichnet haben.[479] Hierin wird klar, wie kompliziert die Situation war: „Die Administration wurde nach der internen Satzung und nach den staatlichen Vorschriften gewählt."[480] Eine Nennung der *Nizâmnâme* wird hiermit vermieden, was bedeutet, dass die Administration zwar gewählt wurde, jedoch nicht gemäß der *Nizâmnâme*, sondern höchstwahrscheinlich gemäß der Vereinbarung vom September 1934. Trotz seiner rechtmäßigen Wahl konnte der Administrationsausschuss nicht ordnungsgemäß funktionieren. „Wir gingen davon aus, dass nur ein neuer Administrationsausschuss die Amtszeit des vorherigen beenden würde, und blieben deswegen im Amt, wie wir es unserem Gewissen schuldeten",[481] hält die Erklärung fest, aber sie anerkennt auch, dass trotz „diktatorischer Interventionen" gegen „Tradition und Rechtmäßigkeit der Ausschuss entschieden habe, seine gesetzliche Existenz aufrechtzuerhalten."[482] Dieser Verweis bezieht sich auf

---

475 *Artinian*, „Appendix", S. 227.
476 *Nor Lur*, 14. Oktober 1947, Nr. 279, sowie *Nor Lur*, 22. November 1947, Nr. 290.
477 Die Signatur A.P.K. war die von Vahan Toşikyan. Vergleiche Toros Azadyan, *Jamanak: Kʻaṙasnamea Hishadagaran 1908–1948* (Istanbul: Becid Basımevi, 1948), S. 209.
478 *Marmara*, 5. August 1947, Nr. 1718, und 6. August 1947, Nr. 1719.
479 *Marmara*, 27. Juni 1949, Nr. 1896.
480 Ebenda.
481 Ebenda.
482 Ebenda.

die Auflösung des Religiösen Rates durch Erzbischof Arslanyan, der diesen für unrechtmäßig erklärt hatte (obwohl er von ebendiesem Rat zum Locum tenens ernannt worden war) und einen anderen Religiösen Rat bildete.[483] Wie sich anderen Meldungen entnehmen lässt, führte derselbe Ausschuss Verhandlungen mit der Generaldirektion der frommen Stiftungen fort. In derselben Stellungnahme gab der Administrationsausschuss bekannt, dass „– unter der Führung der republikanisch-demokratischen Regierung – die Patriarchenwahl unter Beteiligung der als rechtmäßig anerkannten Körperschaften abgehalten wird."[484] Diese öffentliche Bekanntmachung ist weder in der *Nor Lur* dieses Tages noch in nachfolgenden Ausgaben zu finden; doch laut einer anderen Meldung, welche die *Marmara* aus der *Jamanak* zitiert, scheint unabhängig vom Administrationsausschuss Erzbischof Arslanyan ein Beratungsgremium gebildet zu haben, das ihn bei der Verwaltung des Gemeindeeigentumes unterstützen sollte. Damit gab es faktisch zwei Gruppen – den Administrationsausschuss und das Beratungsgremium –, die nicht zusammenarbeiteten und sich gegenseitig die Rechtmäßigkeit aberkannten.[485]

Genau beschrieben wird die Situation in der *Paros*, die feststellt, dass die religiösen und die sozialen Mechanismen der Gemeinde nach 1923 Schritt für Schritt geschwächt wurden, bis sie schließlich völlig machtlos waren.[486] Dies ist eine wichtige Diagnose, denn hiermit wird darauf hingewiesen, dass die Gemeinde ihre eigenen Angelegenheiten nicht mehr selbst kontrollierte, sondern eher vom Staat kontrolliert wurde, der – anders als das Osmanische Reich – die vorhandenen Strukturen der Gemeinde nicht länger anerkannte. Ein Ergebnis der Aushöhlung der Rechte der armenischen Gemeinde, die sich aus der *Nizâmnâme* ableiten ließen, ist der Verlust einer ihrer wichtigsten administrativen Körperschaften. Der Zivil-Politische Rat, der für die sozialen und politischen Angelegenheiten der Gemeinde zuständig war, stellte praktisch seine Tätigkeit ein.[487]

---

483 Ebenda.
484 Ebenda.
485 *Marmara*, 1. Juli 1945, Nr. 1900.
486 *Paros*, 23. Januar 1949, Nr. 1.
487 Ein Bericht vom 8. Juni 1937 im Staatsarchiv über die republikanische Ära zeigt, dass der Zivil-Politische Rat als Konzept weiterhin bestanden hat. Der Berichterstatter, der eine Meldung aus der *Nor Lur* übersetzt hat, hielt fest, dass ein Sonderbericht zum Zivil-Politischen Rat und seinem rechtlichen Hintergrund derzeit erarbeitet werde; vergleiche BCA 030.10.109.720.13. Dieser Sonderbericht ließ sich jedoch nicht auffinden; ich kann keine Aussage darüber treffen, ob er tatsächlich erstellt wurde. Der Zivil-Politische Rat wurde rechtlich 1961 aufgelöst, also nach dem Militärputsch von 1960. Faktisch hat er allerdings seit September 1934 zu existieren aufgehört. Anlässlich der Wahl des Patriarchen Karekin Khachaduryan 1950 fand ein Treffen der Nationalversammlung statt, und der Zivil-Politische Rat wurde gebildet; doch er hielt sich gerade etwas

Und auch die Zusammenkünfte der Nationalversammlung fanden nicht mehr statt, und Wahlen konnten nicht länger durchgeführt werden. Hinzu kam, wie 1950 die *Tebi Luys* hervorhebt, ein wichtiger Aspekt des Vereinsgesetzes *(Cemiyetler Kanunu)*, das 1938 ratifiziert wurde,[488] der die Bildung von Vereinigungen auf der Grundlage ethnischer Zugehörigkeit untersagte. Der im Gesetz verwendete Begriff *Irk* bedeutet „Race" und umfasste offenbar auch Gemeinden. Die *Tebi Luys* meint, dass mit der Verabschiedung dieses Gesetzes die Gründung zum Beispiel eines „Verbandes armenischer LehrerInnen" oder des „Verbandes armenischer AutorInnen in der Türkei" nicht mehr möglich gewesen wäre.[489] Erst nach 1946 konnten Alumni-Verbände gegründet werden, die dann frischen Wind in das soziale Leben der Gemeinde brachten. 1938 erübrigten die Änderungen des Gesetzes über die frommen Stiftungen *(Vakıflar Kanunu)*[490] und die Einführung des Einzeltreuhänder-Systems alle anderen Wahlsysteme.

## 2.2 Das Einzeltreuhänder-System und seine Auswirkungen

Anders als zuvor, als die StiftungsadministratorInnen von den Gemeinden gewählt wurden, konnte nun mit dem Einzeltreuhänder-System die Regierung ihre Ernennung oder Entlassung steuern. Die älteste Aufstellung von EinzeltreuhänderInnen, die ich finden konnte, stammt aus dem Jahr 1941. Dieser Liste zufolge gab es vier Einzeltreuhänderinnen (darunter eine Nonne) und zehn Einzeltreuhänder.[491] Die armenischen Zeitungen berichteten allgemein über die Ernennungen, Entlassungen, die dauerhaften Nichternennungen und die sich aus dem Einzeltreuhänder-System ergebenden Probleme. Laut der *Marmara* wurde die Einzeltreuhänderin der Stiftung von Samatya, Arusyak Torkomyan, im Juni 1947 ohne Begründung aus ihrem Amt entlassen.[492] Die *Nor Lur* berichtet, dass der Kassenbestand der Stiftung von Samatya von der Generaldirektion der frommen

---

über ein Jahrzehnt und wurde wie andere Gremien dieser Art nach dem Militärputsch von 1960 verboten.

**488** Der vollständige Text des Vereinsgesetzes (Gesetz 3512, *Cemiyetler Kanunu*) vom 26. Juni 1938 ist nachzulesen im Gesetzesblatt *(Resmî Gazete)* vom 14. Juli 1938. Verfügbar unter http://www.resmigazete.gov.tr/arsiv/3959.pdf (abgerufen am 3. Oktober 2020).

**489** *Tebi Luys*, 17. Juni 1950, Nr. 16.

**490** Zum vollständigen Text der Änderungen des Gesetzes über die frommen Stiftungen *(Vakıflar Kanunu)* vergleiche Gesetzesblatt *(Resmî Gazete)* vom 14. Juli 1938. Verfügbar unter http://www.resmigazete.gov.tr/arsiv/3959.pdf (abgerufen am 3. Oktober 2020).

**491** Toros Azadyan und Zarmayr Dz. V. Geziwryan, *Hay Hosnak Salnamesi / Hay Khosnag Darekirkʻ I. Dari, 1941* (Istanbul: Dbakrutʻiwun Hagop Aprahamyan, 1941), S. 198.

**492** *Marmara*, 19. Juni 1947, Nr. 1671.

Stiftungen konfisziert wurde und die Gehälter der Kirchenbeschäftigten nicht ausgezahlt werden konnten. In der Meldung wird zudem angegeben, dass die Stiftungen von Beyoğlu und Kadıköy bereits durch die Generaldirektion der frommen Stiftungen verwaltet wurden.[493]

Das Einzeltreuhänder-System wurde in Kraft gesetzt, obwohl die Gemeinden schon 1937, als erste Gerüchte über die Errichtung dieses Systems auftraten, schnell reagierten und alle möglichen Mühen aufwandten, um ihm entgegenzuwirken. So sandten sie in diesem Zusammenhang auch Abgesandte nach Ankara, welche die Unzulänglichkeiten des Systems erläutern sollten.[494] Die Einwände blieben jedoch unbeachtet. Im Oktober 1948 veröffentlicht die *Marmara* zwei Telegramme, die Erzbischof Kevork Arslanyan an Faik Ahmet Barutçu gesendet hatte. Hierin geht er darauf ein, dass die armenische Gemeinde eine Delegation in die Hauptstadt geschickt hat, die ihre Besorgnis wegen des Einzeltreuhänder-Systems ausdrücken sollte.[495] Laut einer ausgiebigen Analyse von Dr. K. Şahnazaryan in derselben Zeitung baten die Abgesandten darum, die durch den Locum tenens geschaffene Situation zu beenden, indem geeignete Kontrollmechanismen eingerichtet würden.[496] In seinen Telegrammen hatte Arslanyan die Rechtmäßigkeit der Abgesandten nicht anerkannt. Im Bericht des Untersuchungsausschusses der Nationalversammlung (veröffentlicht 1951) wird festgehalten, dass einerseits das Einzeltreuhänder-System die administrativen Mechanismen der Gemeinde geschwächt hat und andererseits die Anzahl der Mitglieder des Administrationsausschusses aufgrund von Todesfällen und Rücktritten gesunken war.[497] Zur Fortsetzung der Verhandlungen und zur Beendigung des Einzeltreuhänder-Systems stellte der Administrationsausschuss eine Liste von 21 Personen zusammen, die während der Wahlen zur Nationalversammlung die höchsten Stimmenzahlen erreicht hatten, und lud sieben davon ein, im Administrationsausschuss mitzuarbeiten. Den Angaben des Untersuchungsausschusses zufolge nahmen nur drei das Angebot an. Dies war nicht neu, dieselben Vorgänge hatte es während der Administration von Mōsdich'yan von 1923 bis 1925 gegeben; damals war es unmöglich, ein Treffen der Nationalversammlung einzuberufen.[498]

Es scheint, dass der Administrationsausschuss während seiner Verhandlungen mit dem Staat die Genehmigung zur Einberufung einer Zusammenkunft der Nationalversammlung zum 12. September 1948 erhielt, auf der die Patriarchen-

---

**493** *Nor Lur*, 27. Juni 1947, Nr. 248.
**494** Zu Einzelheiten vergleiche BCA 030.10.000.000.191.308.11.
**495** *Marmara*, 27. Oktober 1948, Nr. 1655.
**496** *Marmara*, 18. Dezember 1948, Nr. 1707.
**497** *Deghegakir Ĕnthanur Zhoghovoy K'ʻnnichʻ Hantsnazhoghovi*, S. 24.
**498** Ebenda, S. 35.

wahl vorbereitet werden sollte. Dieses Treffen wurde jedoch aufgrund des Einschreitens vonseiten Arslanyans abgesagt, der dahingehend argumentierte, dass die Patriarchenwahl nur vom Patriarchat vorbereitet werden könnte, welches er repräsentieren würde.[499]

Die Änderungen des Gesetzes über die frommen Stiftungen von 1935 und die Einführung des Einzeltreuhänder-Systems wirkten sich erheblich auf die armenische Administration aus. Die Wahl der Administration des Krankenhauses von Surp P'rgich' fand üblicherweise alle zwei Jahre statt. Laut Varujan Köseyan war dies aufgrund der kürzlich eingeführten Änderungen nicht möglich. Die vom Zivil-Politischen Rat für nur zwei Jahre ernannte Administration blieb von 1933 bis 1949 im Amt – eine Entscheidung, die der Administrationsausschuss und der Patriarch gemeinsam getroffen haben.[500] Im September 1934 wurde, wie bereits erwähnt, das administrative System der armenischen Gemeinde strukturell verändert. Laut Köseyan gerieten viele durch das Einzeltreuhänder-System verwaltete Kirchen und Schulen in Schwierigkeiten: in Galata die Kirche Surp Kēōrk und das Getronagan-Gymnasium; in Beyoğlu die Kirchen Surp Errortut'iwn und St. Harut'iwn sowie das Ēsayan-Gymnasium; in Samatya die Kirche Surp Kēōrk und das dortige Sahakyan-Gymnasium; der Armenische Friedhof in Balıklı; in Gedikpaşa die Kirche Surp Hovhannēs und die Mesrobyan-Grundschule.[501] Aus Sorge wegen der kürzlich verabschiedeten Gesetze machten die Gemeindeadministration und Patriarch Naroyan Zugeständnisse, damit das Krankenhaus als wichtige Einrichtung mit zahlreichen Grundstücken bestehen bleiben konnte, und ließen Ausnahmen von der regulären Gemeindeverwaltung zu. Tatsächlich hatte die Administration die schweren Jahre der Vermögenssteuer, der Zwangsarbeit im Rahmen der *Yirmi Kura Askerlik* und den Zweiten Weltkrieg sowie schließlich noch die militärische Besetzung des Krankenhauses und seiner Grundstücke durchstehen müssen.

Das Einzeltreuhänder-System hatte Bestand bis 1949; dann wurde erneut das Wahlsystem eingeführt. Doch auch nach der Wiederherstellung der früheren Regelungen ließen sich die Auswirkungen des Einzeltreuhänder-Systems in den Zeitungen weiterhin ablesen. So musste beispielsweise das Krankenhaus Surp Hagop der Katholischen armenischen Gemeinde wegen der schlechten Verwaltung des Einzeltreuhänders geschlossen werden, eines kränklichen Mannes von über 70 Jahren.[502] Die *Marmara* druckt einen Artikel aus der *Son Saat* nach, welcher der Verwunderung Ausdruck verleiht, dass ein Krankenhaus an einem

---

499 Ebenda, S. 36–37.
500 Köseyan, *Hushamadean*, S. 168–169.
501 Ebenda.
502 *Marmara*, 14. September 1949, Nr. 1975.

der besten Standorte der Stadt und mit mehr als hundert zugehörigen Grundstücken geschlossen werden muss. Die Gemeinde arbeitete Tag und Nacht daran, reguläre Wahlen abzuhalten und auf diese Weise das Krankenhaus wiedereröffnen zu können.[503] Nachdem die katholische Gemeinde ihre Wahlen abgehalten hat, setzte sie einen Stiftungsvorstand für das Krankenhaus Surp Hagop ein.[504] Nach der Entscheidung sowohl des Katholikos von Antelias als auch des Katholikos von Ējmiacin zur Krise um die Patriarchenwahl in Istanbul begannen (im Oktober 1949) die armenischen Zeitungen, Meldungen zu veröffentlichen, die anstehenden Wahlen zu den Verwaltungskörperschaften der Stiftungen auf lokaler Ebene zum Thema hatten.[505] Etwa zur selben Zeit berichtete die *Cumhuriyet*, dass nach den armenischen KatholikInnen nun auch die griechischen und die jüdischen Gemeinden Wahlen vorbereiten würden.[506]

Offensichtlich waren in den vorangegangenen elf Jahren (1938–1949) die gemeindlichen Stiftungen durch die EinzeltreuhänderInnen stark geschädigt worden. Als solche waren Personen benannt worden, die nicht unbedingt Kenntnisse zur Führung einer Stiftung hatten; außerdem fehlten ihnen Verbindungen mit der Gemeinde. Die Einnahmen der Stiftungen begannen ab diesem Zeitpunkt, stark zu schwanken. Der Staat hatte sich nicht nur in die internen administrativen Körperschaften der Gemeinden eingemischt, sondern augenscheinlich auch die Grundlagen dafür geschaffen, die Gemeinden zu spalten. Zu diesem Thema finden sich im Werk von Elçin Macar sowie in seinem Artikel wertvolle Hinweise.[507] Die Regierung war dafür zuständig, für jede Stiftung eine VerwalterIn zu ernennen. Sobald aber Probleme auftraten, griff das Außenministerium ein und schob die Ernennung einer Administration für die fraglichen Stiftungen auf die lange Bank und ließ die Stiftung ohne Leitung. Im Übrigen ist es bemerkenswert, dass diese Aufgabe ausgerechnet in den Zuständigkeitsbereich dieses Ministeriums fiel.[508]

Die armenischen Zeitungen diskutierten die rechtlichen Probleme der Gemeinde ausführlich. Da es keine anderen rechtmäßigen Körperschaften gab, übernahmen die Zeitungen die Aufgabe, einziges öffentliches Forum für Ge-

---

**503** Ebenda.
**504** *Marmara*, 26. September 1949, Nr. 1987.
**505** *Marmara*, 10. Oktober 1949, Nr. 2001.
**506** Ebenda.
**507** Elçin Macar, „Başbakanlık Cumhuriyet Arşivi belgelerine göre tek parti döneminde cemaat vakıflarının sorunları", www.bolsohays.com/yazarmakale-73/anonim-tek-parti-doneminde-cemaat-vakiflarinin-sorunlari.html, 2011 (abgerufen am 15. August 2012), und Elçin Macar, *Cumhuriyet Döneminde İstanbul Rum Patrikhanesi* (Istanbul: İletişim Yay., 2003), S. 176–179.
**508** Ebenda.

meindefragen zu sein. Zwei Schreiben, die von der griechischen Zeitung *Metapolitefsis* und von der Katholischen armenischen Gemeinde an den Premierminister gesendet wurden, legen offen, welche Probleme das Einzeltreuhänder-System verursachte.[509] Im ersten Schreiben 1941 werden Beschwerden über die Korrumpierbarkeit der EinzeltreuhänderInnen geäußert, und es wird empfohlen, Kontrollmechanismen einzuführen, die von den betroffenen Gemeinden zu entwickeln wären. Das zweite Schreiben stammt aus dem Jahre 1943 und enthält ebenfalls eine Beschwerde. Dieses Mal geht es darum, dass die Nichternennung von EinzeltreuhänderInnen vier Jahre lang umfangreiche Probleme nach sich zog. Beide Schreiben wurden dem Premierminister 1943 zusammen mit einem Begleitschreiben der Generaldirektion der frommen Stiftungen übersandt. In Letzterem wurde die Unmöglichkeit der Schaffung solcher Kontrollmechanismen erläutert und stattdessen die Lösung des „tatsächlichen" Problems angemahnt. Offensichtlich als Reaktion auf die Beschwerden ernannte die Regierung eine Kommission aus Experten des Außenministeriums, der Generaldirektion der frommen Stiftungen und des Innenministeriums, deren Aufgabe in der Vorlage eines Berichtes bestand. Der sich ergebende Bericht stellt deutlich fest, dass die nicht muslimischen religiösen Stiftungen nicht wie die muslimischen *Vaqfs* behandelt werden könnten. Darüber hinaus ließe sich aus bürokratischen Gründen das Einzeltreuhänder-System nicht ordnungsgemäß anwenden; die beste Lösung wäre entweder die Wiederinkraftsetzung der früheren Regeln oder eine Anpassung der jetzigen Regeln, mit denen sich die erwünschten, jedoch nicht erreichten Ziele des Einzeltreuhänder-Systems umsetzen ließen. Dieser undatierte Bericht erwähnt, dass – obwohl das Einzeltreuhänder-System inzwischen seit mehr als fünf Jahren gelte – es immer noch Stiftungen gibt, die nicht in der Lage sind, Finanzberichte vorzulegen.[510] Der Bericht muss folglich aus dem Jahr 1943 stammen.

Es ist kein Zufall, dass die Einrichtungen der nicht muslimischen Gemeinden Ziele staatlicher Eingriffe just während des umfangreichen Institutionalisierungsprozesse des Kemalismus und der zugehörigen Kontrollvorgänge in den 1930er-Jahren waren. Maßnahmen gegen die nicht muslimischen Gemeinden hatten neben Schulen und Verwaltungsorganen vor allem die Stiftungen im Fokus. Die Aufgabe der Generaldirektion der frommen Stiftungen und das Memorandum von 1936 (*36 Beyannamesi*) müssen in diesem Zusammenhang separat betrachtet werden. Die anhängigen Gerichtsverfahren der 1930er-Jahre unter anderem zu *Sanasaryan Han*, *Yusufyan Han* und zum Grundstück des Friedhofes

---

**509** BCA 030.10.109.723.1.
**510** BCA 030.10.191.307.9.

Pangaltı, die alle auf die Missachtung der *Nizâmnâme* zurückzuführen sind, müssen als Teil einer Strategie zur Aushöhlung der Struktur, der finanziellen Mittel, der rechtlichen Grundlage und somit der bloßen Existenz der nicht muslimischen Gemeinden betrachtet werden. Einzig in der armenischen *Nizâmnâme* von 1863 wurden die administrativen und rechtlichen Strukturen der armenischen *Millet* ausführlich beschrieben. Deshalb bedeutete eine Aushöhlung der *Nizâmnâme*, Tatsachen zu schaffen, nach denen es unumgänglich wurde, bei Bedarf spontane Regelungen einzuführen. Dies wiederum ermöglichte es dem Staat, uneindeutig und willkürlich zu handeln. Ich möchte nicht weiter auf die Generaldirektion der frommen Stiftungen eingehen; ich verweise nur darauf, dass die vorgenannten Gerichtsverfahren und das Memorandum von 1936 im Detail und unter der Perspektive zu untersuchen wären, wie die strukturellen und rechtlichen Möglichkeiten der Gemeinden angegriffen wurden. All diese Vorgehensweisen zielten darauf ab, Kontrolle über die Finanzen der Gemeinden zu erhalten und dadurch langfristig die Gemeindeeinrichtungen zum einen und zum anderen die Gemeinden als solche zu schwächen, wenn sie auch nicht ganz zerstört werden sollten.

1945 wurde in einem Leitartikel in der *Nor Or* das Einzeltreuhänder-System wie folgt kritisiert:

> Früher hatten wir lokale Organisationen, deren VertreterInnen durch die BewohnerInnen eines bestimmten Gebietes in einem einstufigen Wahlsystem offen oder geheim gewählt wurden. Dieses System konnte der Macht der gewählten Körperschaften entgegenwirken, die wiederum für die Kirchen und für die Administration des Eigentums der kirchlichen Stiftungen zuständig waren. [...] Das Stiftungsgesetz jedoch, mit dem das Einzeltreuhänder-System eingeführt wurde, hat diesen liberalen Mechanismus abgeschafft. Im [neuen] System ernennt die Generaldirektion der frommen Stiftungen eine einzige verantwortliche Person, welche die Befugnis hat, über alle Fragen der Kirche, ihrer Administration und des zugehörigen Eigentums zu entscheiden. Die Person muss weder die Gemeinde noch deren Führungskräfte zurate ziehen. Sie ist nicht gegenüber der armenischen Gemeinde rechenschaftspflichtig, sondern nur ihrem Gewissen und gegenüber der Generaldirektion der frommen Stiftungen. Ihre Zuständigkeit ist völlig unscharf abgegrenzt und sehr allgemein beschrieben. Außerdem darf die Person einen Teil der Einnahmen aus dem Besitz der Kirche einbehalten, welche eigentlich für Waisenhäuser, finanziell schlecht gestellte Grundschulen und Bedürftige vorgesehen sind.[511]

Einerseits, so lässt sich mutmaßen, war das Einzeltreuhänder-System eine Möglichkeit zur Kontrolle sämtlicher Finanzen der Gemeinden, und andererseits sorgte es für ein Durcheinander innerhalb der Gemeinden, indem die Ernennung

---

**511** „Hamaynkayin hartser: Anhrajeshd baymannerēn min" [Leitartikel], *Nor Or*, 10. November 1945.

von TreuhänderInnen gänzlich unterblieb, ungeeignete Personen als solche ernannt wurden oder Entscheidungen deren willkürlicher Beurteilung unterlagen. Wie der Leitartikel in der *Nor Or* nahelegt, war der wichtigste Aspekt dieses Vorgehens, die Verbindung zwischen Gemeinde und Administration zu stören, indem man sich einmischte und die Teilhabesysteme beseitigte, die im 19. Jahrhundert im Osmanischen Reich errichtet worden waren.

Anfang März 1947, kurz vor der Bekanntgabe der Truman-Doktrin, bildete sich in Ankara plötzlich eine positive Haltung gegenüber den ArmenierInnen heraus. Suren Şamlıyan, der an einer Presseveranstaltung in Ankara teilnahm, berichtete von Diskussionen über die armenische Bevölkerung. Danach hat Ahmet Emin Yalman,[512] der kürzlich aus den USA zurückgekehrt war, mitgeteilt, dass er neben der antitürkischen Propaganda einiger ArmenierInnen von anderen auch protürkische Schreiben erhalten hätte, die er veröffentlichen wollte. Kurz danach verkündete Premierminister Recep Peker, dass man einige „radikale Veränderungen" vornehmen wolle, durch die die Minderheiten unter dem „Schirm der Demokratie" vereint werden würden, und dass „alle Arten von Diskriminierung beendet werden würden".[513] In einem Gespräch mit Recep Peker wies Şamlıyan darauf hin, dass der frühere Premierminister Şükrü Saraçoğlu versprochen hätte, das Einzeltreuhänder-System sowie das Gesetz über die frommen Stiftungen zu ändern. Peker bestätigte, dass Fachleute bereits mit dem Thema befasst seien und dass dieses nicht vergessen wäre.[514]

Zehn Tage nach Bekanntgabe der Truman-Doktrin berichtet die *Marmara* begeistert vom „neuen Gesetz zu den Minderheiten":[515] Das Einzeltreuhänder-System würde überprüft werden, die Wahlmechanismen würden reformiert werden; die Probleme der Minderheitenschulen aufgrund der Ernennung stellvertretender türkischer SchulleiterInnen durch das Erziehungsministerium sollten gelöst werden, und die Struktur der Gemeinden als solchen würde fortschrittlich reformiert werden. Die *Marmara* bleibt bei der Auffassung, dass die Regierung willens und bereit sei, die Probleme der NichtmuslimInnen zu lösen, und man geht davon aus, dass Suren Şamlıyans Besuche in Ankara eine wesentliche Rolle dabei gespielt hätten, die rechtlichen und sozialen Bedingungen der Gemeinden zu verbessern. Diese Haltung drückt sich in den Schlagzeilen wie im Inhalt der

---

512 Ahmet Emin Yalman (Thessaloniki 1888–Istanbul 1972), prominenter Schriftsteller, Meinungsführer, Journalist. Der Akademiker hat seine Memoiren in vier Bänden veröffentlicht: *Yakın Tarihimizde Gördüklerim ve Geçirdiklerim* (Istanbul: Rey Yay., 1970).
513 *Marmara*, 2. März 1947, Nr. 1561.
514 Ebenda.
515 *Marmara*, 22. März 1947, Nr. 1584; 23. März 1947, Nr. 1585; 28. März 1947, Nr. 1590; 2. April 1947, Nr. 1595; 3. April 1947, Nr. 1596; 4. April 1947, Nr. 1597; 8. April 1947, Nr. 1600; 18. April 1947, Nr. 1610.

Meldungen aus. So lautet beispielsweise die Überschrift der Nachricht vom 22. März: „Neuregelung zu Minderheiten erreicht Nationalversammlung".[516] Im Text wird dann jedoch klar, dass die neue Regelung die Nationalversammlung noch nicht passiert hatte, sondern dort nur demnächst diskutiert werden sollte. Es war weder ein Datum festgelegt worden noch gab es einen Entwurf, der hätte veröffentlicht werden können. Nichtdestotrotz gibt die *Marmara* bekannt, dass das Einzeltreuhänder-System Geschichte wäre und dass die Administration alle erforderlichen Maßnahmen dafür ergreifen sollte, die anstehenden Änderungen zu erleichtern.

Im Gegensatz zur *Marmara* ist die *Nor Lur* eher misstrauisch gegenüber den Meldungen zur Regelung und deren Art. Die Zeitung ist der Meinung, dass die Aufforderung der *Marmara* an „die Administration" unklar blieb. Außerdem hält die *Nor Lur* wie auch die *Jamanak* die bestehenden Verwaltungskörperschaften für obsolet und befürwortet die Errichtung eines neuen administrativen Systems unter Leitung des Patriarchen.[517]

Allerdings ist Suren Şamlıyan mit seiner Tageszeitung *Marmara* nicht der Einzige, der sich enthusiastisch äußert. Die *Tasvir*, die eine unverblümt antiarmenische Haltung hatte, setzt die ArmenierInnen in der Türkei wegen der Aktivitäten der armenischen Gruppe in den USA mit der „veränderten Politik gegenüber den Minderheiten" unter Druck. Die *Nor Lur* übersetzt einen Artikel der *Tasvir*, in dem die Auffassung vertreten wird, dass die Aktivitäten der armenischen Gruppe in den USA das Leben der ArmenierInnen in der Türkei negativ beeinflussen würde, und dies zu einer Zeit, in der die Regierung an eine Änderung ihrer Politik dachte.[518] Cihad Baban, Chefredakteur der *Tasvir* und gleichzeitig Parlamentsmitglied der Demokratischen Partei, spricht sich mit Leidenschaft gegen jede rechtliche Verbesserung aus.[519] Dass die türkische Regierung bereit wäre, Reformen zur Verbesserung der Lage der ArmenierInnen zu unternehmen, wenn die Aktivitäten der amerikanischen ArmenierInnen aufhörten, bedeutet, dass sowohl die *Tasvir* als auch diese und alle nachfolgenden Regierungen es für angemessen halten, MitbürgerInnen für Maßnahmen zu bestrafen, die BürgerInnen anderer Länder unternehmen.

Obwohl Hilmi Uran, der Generalsekretär der CHP, die anstehenden Änderungen des Einzeltreuhänder-Systems und der Administration der Gemeinde laut der *Marmara*[520] bestätigt, gilt das System weiter bis 1949. Die Frage der Verwal-

---

516 *Marmara*, 22. März 1947, Nr. 1584.
517 *Nor Lur*, 29. März 1947, Nr. 222; *Jamanak*, zitiert in: *Marmara*, 3. Mai 1947, Nr. 1625.
518 *Nor Lur*, 12. April 1947, Nr. 226.
519 Ebenda.
520 *Marmara*, 8. April 1947, Nr. 1600.

tungsstrukturen der Gemeinde bleibt ungelöst und ist weiterhin Auslöser von Konflikten sowohl innerhalb der Gemeinde als auch zwischen dieser und dem Staat.

Der Mut der *Marmara* nimmt zu, nachdem Fahri Kiper, der Leiter der Generaldirektion der frommen Stiftungen, in Pension gegangen ist. Dieser hatte angeblich geäußert, dass er – solange er Leiter der Generaldirektion wäre – keinerlei Änderungen am Stiftungsgesetz vorgenommen werden würden.[521] Weil man der Auffassung ist, dies würde Änderungen erleichtern, tritt die *Marmara* für seinen Abgang ein – ist es doch laut Şamlıyan allein Kipers persönliche Entscheidung, solche Veränderungen des Gesetzes durchzusetzen oder zu unterlassen. Als Kiper sein Amt aufgibt, verfasst Şamlıyan eine Reihe von Artikeln, in denen er sich auf die ersten Presseveranstaltungen in Ankara (an denen er teilgenommen hatte) und auf die widersprüchlichen Einschätzungen zur Generaldirektion der frommen Stiftungen auf diesen Treffen bezieht.[522] Şamlıyan macht in dieser Artikelreihe (unter seinem Pseudonym „Prof. Nargizyan") deutlich, dass auf diesen Treffen nicht alles so rosafarben gewesen wäre, wie er behauptet hätte. Damals hätte er nicht über die Verhandlungen zwischen Regierung und Gemeindeadministration berichten können, und nun ist es seiner Ansicht nach Kiper, der den Anweisungen von Saraçoğlu widerstand.[523] Zudem sei Kiper nicht der Einzige, der eine sabotierende Haltung habe. Laut Şamlıyan würden armenische Zeitungen, welche die derzeitige Administration kritisierten oder für unangemessen hielten, Kiper die Grundlage für seinen Widerstand gegen Reformen innerhalb der Generaldirektion der frommen Stiftungen liefern. Damit macht Şamlıyan anderen armenischen Publikationen, unter anderem direkt der *Nor Lur*[524] und wahrscheinlich indirekt der *Nor Or*, genauso Vorwürfe wie Kiper als dem Vertreter des Staates.[525] Diese Anzeichen von Uneinigkeit und Konflikt innerhalb der Gemeinde beobachtete der Staat sehr genau und nutzte sie zu seinem Vorteil. Den vier Artikeln aus dem Juli 1947 lassen sich interessante Details entnehmen. So beschreibt Şamlıyan unter anderem die Art, in der Kiper mit ihm sprach:

Der Leiter der Generaldirektion der frommen Stiftungen, mit dem wir einige Treffen hatten, sprach zu uns stets mit einem Lächeln auf den Lippen. Außerdem drückte er besondere Sympathie mit den ArmenierInnen aus und erwähnte seine

---

521 *Marmara*, 14. Juli 1947, Nr. 1697.
522 Die Artikelserie von Prof. A. Nargizyan (Suren Şamlıyan) wurden vom 14. bis zum 20. Juli 1947 in der Kolumne „Badmutean hamar" und im Abschnitt „Ēvkafi dnorēnē inch'bēs chure tskets' Vakēfneru Orēnk'in parep'okhumē" veröffentlicht.
523 *Marmara*, 16. Juli 1947, Nr. 1699.
524 *Marmara*, 18. Juli 1947, Nr. 1701.
525 Ebenda.

armenische Nachbarschaft und armenische FreundInnen. Er gestand auch ein, dass das Gesetz für muslimische Stiftungen nicht auf nicht muslimische Stiftungen anwendbar sei, und sicherte zu, dass er entsprechend den Anweisungen des Premierministers Änderungen vornehmen werde.[526]

Şamlıyan spiegelt hier die herrschende Haltung einer Leugnung wider, die den Einfluss des Einzeltreuhänder-Systems bagatellisiert und herunterspielt. Im selben Artikel erwähnt Şamlıyan, dass Saraçoğlu von armenischen JournalistInnen verärgert war und sie gefragt hat, warum sie das Thema nicht schon längst angesprochen haben. Angeblich hat Saraçoğlu nichts von der Unbill gewusst, die durch das Einzeltreuhänder-System entstanden wäre.[527] Im zweiten Teil der Reihe[528] veröffentlicht Şamlıyan ein ursprünglich am 5. März 1945 vom Anwalt Kevork Çobangil verfasstes Schreiben, das sich an die Generaldirektion der frommen Stiftungen wendet und die Probleme zwischen dieser und den armenischen Gemeindestiftungen anspricht und auch die Konfiszierungen von Eigentum wie dem *Sanasaryan Han* sowie die allgemeinen Nachteile des Systems erwähnt. Nachstehend gehe ich in Einzelheiten auf dieses besonders wichtige Schreiben ein, denn darin zeigt sich die Art der Kommunikation zwischen staatlichen Einrichtungen und prominenten Personen der Gemeinde. So selten solche Quellen sind, die sowohl persönliche als auch offizielle Beziehungen zwischen Parteien offenlegen, so wichtiger werden sie dadurch.

Dem Schreiben zufolge findet im Dezember 1945 ein Besuch Çobangils bei Fahri Kiper statt. Wie ich seiner Beschreibung entnehme, war dieses Treffen nicht offizieller Natur:

> Sie haben mit dem Ihnen eigenen Taktgefühl vernommen, welche Probleme die armenischen Gemeinden hinsichtlich der Stiftungen haben, und haben meine Lösungsvorschläge angehört. [...] Da ich eigentlich unvorbereitet war, drückte ich meinen Wunsch aus, meine Ideen zu der Frage schriftlich darzulegen. Ermutigt von Ihrem Einverständnis und trotz des Umstandes, dass ich mich hiermit ein wenig verspäte, erlaube ich mir, Ihnen heute zu schreiben, um meine Erläuterungen [zu der Frage] darzulegen.[529]

Offenbar erwartet Kiper zu diesem Zeitpunkt nicht einen Brief oder ein anderes Dokument von Çobangil, der auf eigene Initiative handelt, vermutlich weil sich in den vorangegangenen drei oder vier Monaten nichts hinsichtlich des Einzeltreuhänder-Systems geändert hat. Laut den Angaben in Çobangils Schreiben war er

---

**526** Ebenda.
**527** Ebenda.
**528** *Marmara*, 18.–20. Juli 1947, Nr. 1701–1703.
**529** *Marmara*, 18. Juli 1947, Nr. 1701.

für Fahri Kiper als Finanzinspektor *(Maliye Müfettişi)* tätig gewesen, als dieser Mitglied des *Mülkiye Heyet-i Teftişiyesi* war. Er entbietet seinen Dank für die frühere Tätigkeit und für den Ruf, den er durch diese Position erworben hätte.[530] Çobangil schreibt:

> Jedes Mal, wenn wir finanzielle Schwierigkeiten haben [...] und nicht die fünf Prozent Steuern entrichten können, lässt sie [die Generaldirektion – T. S.] uns kein Missbehagen spüren; [sondern im Gegenteil,] sie behandelt uns, wie es ein gnädiger Vater tun würde. Unsere Gemeinde wird Ihnen niemals Ihr großes Engagement dafür vergessen, dass unsere großzügige Regierung unserem Krankenhaus diese 15.000 [Lira] erlässt. Ihr Name hat einen unauslöschlichen Platz in unseren Herzen gefunden. Trotz all dieser Umstände sind wir auf einige entmutigende Fälle gestoßen.[531]

Nach dieser langen Einleitung kommt Çobangil zur Sache. Das Gesetz über die frommen Stiftungen sei weit entfernt davon, den Erfordernissen der Gemeinde zu genügen. Im dritten Teil der Reihe kommt Çobangil auf die Konfiszierung des *Sanasaryan Han* zurück und erklärt, dass diese ungesetzlich war. Außerdem erläutert er, dass die Gemeinde die daraus resultierenden Einnahmen bräuchte, um die Betreuung und Obhut verarmter Kinder zu finanzieren.[532] Anschließend geht er auf die Enteignung der Kirche Surp Lusaworichʻ in Taksim ein und erwähnt in diesem Zusammenhang auch den konfiszierten Friedhof in Pangaltı.[533] Çobangil weist zudem auf die Vermögenssteuer hin, deren Höhe bei der Kirche Surp Errortutʻiwn auf 159.000 Lira festgelegt wurde. Nach § 40 des Stiftungsgesetzes soll die Generaldirektion der frommen Stiftungen die sogenannten Ergänzungsstiftungen *(Mülhak Vakıflar)* unterstützen, wenn es zu Unstimmigkeiten oder zu juristischen Prozessen kommt.[534] Çobangil argumentiert, dass eine Aufstellung zum Eigentum der Ergänzungsstiftungen der Generaldirektion auf deren Anforderung hin bereits 1912 übermittelt worden wäre.[535]

---

**530** Ebenda.

**531** Ebenda.

**532** Zur Konfiszierung des *Sanasaryan Han* vergleiche Hüseyin Şengül, „Sanasaryan Han: Gaspın ve zulmün dikilitaşı", 28. Januar 2012. Verfügbar unter www.bianet.org/biamag/azinliklar/135782-sanasaryan-han-gaspin-ve-zulmun-dikilitasi (abgerufen am 3. Oktober 2020).

**533** Zur Konfiszierung des armenischen Friedhofes von Pangaltı vergleiche Armaveni Miroğlu, www.hyetert.com/yazi3.asp?Id¼323&DilId¼1 (abgerufen am 30. November 2012).

**534** Die *Mülhak Vakıflar* waren vor der Verabschiedung des Zivilgesetzbuches eingerichtet worden und wurden registriert auf die Namen von Heiligen, zum Beispiel Jesus, dem Heiligen Erlöser, St. Maria usw.

**535** *Marmara*, 18. Juli 1947, Nr. 1702. Çobangil gibt als Datum das Jahr 1328 AH (Sonne) an, also das Jahr 1912.

Die Steuern dieser Grundstücke waren vom Krankenhaus und von den jeweiligen Kirchen beglichen worden. Natürlich beruhen diese Probleme darauf, dass die Immobilien der Stiftungen auf die Namen von Heiligen registriert worden waren. Çobangil unterstreicht, dass die Generaldirektion hierüber Bescheid wusste, weil aber die Steuern regelmäßig bezahlt wurden, wurde die Situation unverändert weitergeführt. Die Situation hat sich im Laufe der Zeit verändert. Er führt weiter aus:

> Somit wusste die Generaldirektion der frommen Stiftungen von den Immobilien und ihr war auch bekannt, dass sie dem Krankenhaus und den Kirchen gehörten. Anstatt die Stiftungen bei diesem Problem zu unterstützen, strengte die Generaldirektion gegen sie Prozesse an und behauptete, selbst die Eigentümerin zu sein. Zum Glück durchschauten sowohl die Gerichte als auch die Berufungsinstanzen die Situation und fällten gerechte Urteile.[536]

In Çobangils Schreiben geht es im Weiteren um das Problem des Einzeltreuhänder-Systems, und zwar insbesondere um die beiden Einzeltreuhänder der Kirche Surp Pʻrgichʻ in Galata und der Kirche Surp Errortutʻiwn in Beyoğlu, Ohannes Şahinkaya und Tavit Yılmaz. Laut Çobangil haben diese beiden Treuhänder ein System des Schreckens errichtet und der Gemeinde Tausende von Lira gestohlen: „Leider hat die Generaldirektion der frommen Stiftungen niemals untersucht, wie die Einzeltreuhänder gehandelt haben, und hat sich auch nicht um die wachsende Zahl von Gegenstimmen aus der Gemeinde gekümmert."[537] Ebenfalls laut Çobangil bilden einige der EinzeltreuhänderInnen weiterhin Verwaltungskörperschaften aus vormals gewählten Personen, andere hingegen benennen eine Gruppe beliebiger Personen für die Administration. Die Mitglieder der Stiftungsadministration halten sich selbst für Beschäftigte der Generaldirektion und fühlen sich deswegen gar nicht der Gemeinde verpflichtet.[538] Es scheint, als wenn bei dem Treffen zwischen Çobangil und Kiper im Dezember 1945 Letzterer fragt, ob es sinnvoll sei, das Einzeltreuhänder-System mit einer Gruppe von bis zu drei TreuhänderInnen zu reformieren. Çobangil antwortet daraufhin, dass dies gar nichts ändern würde.[539]

Außerdem fragt Kiper, ob die Gründung von Vereinen und die Übertragung der Stiftungen an diese helfen würde, weil sie dann unter das Vereinsgesetz *(Cemiyetler Kanunu)* fallen würden. Auch diesen Vorschlag lehnt Çobangil ab, da die beiden Organisationsformen und ihre Funktionen vollkommen unterschiedlich seien, wodurch weitere Komplikationen auftreten würden, da jede Stiftung

---

**536** *Marmara*, 19. Juli 1947, Nr. 1703.
**537** Ebenda.
**538** *Marmara*, 19. Juli 1947, Nr. 1702.
**539** Ebenda.

eine Schule, eine Kirche und andere Grundstücke habe. Unter das Vereinsgesetz zu fallen, würde erfordern, für jede Einrichtung, also Schule, Kirche, Grundstücke usw., einen separaten Verein bilden zu müssen. Dieser Vorschlag sei im Übrigen nicht neu, er sei bereits während der Administration von Surēnyan 1937 unterbreitet worden.[540] Im Jahrbuch des Armenischen Krankenhauses von 1939 wird der gesamte Themenkomplex von *Cemiyetler Kanunu, Vakıflar Kanunu*, dem Einzeltreuhänder-System und der armenischen *Nizâmnâme* diskutiert.[541] Dieser Vorschlag ist jetzt ein erneuter Versuch, die *Nizâmnâme* auszuhöhlen. Çobangil schlägt vor, zu der alten Regelung zurückzukehren, also derjenigen, die vor dem Einzeltreuhänder-System galt. Kiper hat hieran Zweifel, denn die alte Regelung würde die Einflussnahme des Patriarchates zulassen, dessen Rechte im Vertrag von Lausanne zum Teil aufgehoben worden seien, weswegen es nunmehr nur noch eine rein religiöse Einrichtung sei.[542] Çobangil erwidert, dass die Einflussnahme diesen Bereich nicht betrifft und nichts mit der Autorität des Patriarchates hinsichtlich der Stiftungen zu tun hat. Er bezieht sich auf die Regelungen, die 1916 abgeschafft[543] und 1918 wieder in Kraft gesetzt worden waren,[544] die also weiterhin Gültigkeit haben.[545] Das Dokument, auf das Çobangil verweist, ist die Patriarchatssatzung *(Badriarkarani Ganonakir)*,[546] in der die laufenden Funktionen

---

540 Vergleiche auch „Surenyan varch'ut'iwně ew ir kordzunēut'iwně", in: *Paros*, 24. Oktober 1950, Nr. 61. In dem Artikel werden die Beziehungen zwischen der CHP und Vahan Surēnyan betrachtet.

541 Lütfik Kuyumcuyan, „Ěngeragts'utyants' Ōrēnk'ě", in: *Ěntarts'ag Darekirk' Azkayin Hiwantanots'i 1938* (Istanbul: O. Aktaryan Matbaası, 1938), S. 37–44.

542 *Marmara*, 19. Juli 1947, Nr. 1702.

543 Ebenda. *Takvim-i Vekayi*, 28. Temmuz 1332 AH (Sonne) / 11. Şevval 1334 AH (Mond) (11. August 1916), Nr. 2611. Verfügbar unter https://dspace.ankara.edu.tr/xmlui/bitstream/handle/20. 500.12575/67453/0470.pdf?sequence=470&isAllowed=y (abgerufen am 25. Juni 2021).

544 Ebenda. Takvim-i Vekayi, 20. Teşrin-i Sani 1334 AH (Sonne) /13. Safer 1337 AH (Mond) (18. November 1918), Nr. 3399. Verfügbar unter https://dspace.ankara.edu.tr/xmlui/bitstream/ handle/20.500.12575/67458/0495.pdf?sequence=495&isAllowed=y (abgerufen am 25. Juni 2021). Takvim-i Vekayi, 20. Teşrin-i Sani 1334 AH (Sonne) /13. Safer 1337 AH (Mond) (18. November 1918), Nr. 3399. Vergleiche auch Dr. Ali Güler, „Ermenilerle ilgili 1916 ve 1918 yıllarında yapılan hukuki düzenlemeler", in: http://dergiler.ankara.edu.tr/dergiler/19/1152/13543.pdf (abgerufen am 3. Oktober 2020).

545 Ebenda. Diese Satzung beschreibt die strukturellen Eigenschaften und die Funktionsweise des Patriarchates. Der rechtliche Status und die Autorität des Patriarchates wurde 1916 verändert; die Satzung wurden 1918 wieder in Kraft gesetzt (*Takvim-i Vekayi*, Nr. 3399, zitiert in: *Marmara*, 22. November 1947, Nr. 1818, und Gülbenkyan, „Hayots'", S. 26–28).

546 Die neue Satzung wurde in den Jahren 1916–1918 verabschiedet. Es gibt eine Fußnote zu dieser Satzung bei Puzant Yeghiayan, *Jamanagagits' Badmut'iwn Gat'oghigosut'ean Hayots' Giligyoy 1914–1972* (Antilias: Dbaran Gat'oghigosut'ean Hayots' Medzi Dann Giligioy, 1975), S. 61. Die Satzung wurde 1917 vom Verlagshaus des Patriarchates von Jerusalem als separates Heft veröf-

des Patriarchates festgelegt werden. Çobangil nennt als Beispiel die Wahl des Locum tenens des Patriarchen nach dem Tod von Patriarch Naroyan im Jahr 1944 und belegt hiermit, dass die Satzung weiterhin Gültigkeit habe und dass das Patriarchat die Rechtmäßigkeit seines Handelns fortwährend aus der Satzung bezog.[547]

Im vierten Teil seiner Reihe berichtet Şamlıyan von einer Unterhaltung, die stattfindet, während er sich wegen des Pressetreffens in Ankara aufhält, wo er Fahreddin (Fahri) Kipers Meinung zu seinem Schreiben erfährt:

> „Ich habe Herrn Çobangils Brief gelesen und darin einige interessante Aspekte erfahren, die mir bis dato unbekannt waren. Leider bin ich nicht in der Lage, bei den betroffenen politischen Problemen Druck auszuüben, und ich darf mich mit ihnen gar nicht beschäftigen."[548]
> Şamlıyan bestand jedoch mit seiner Frage darauf: „Wie werden Sie darauf reagieren?" Die Antwort lautete: „Ich werde nicht antworten, denn vor allem sollte ich ein solches Schreiben offiziell überhaupt nicht erhalten haben."[549]

Der Brief ist ein wichtiges Dokument für die Schilderung der Beziehungen zwischen der armenischen Gemeinde und der Generaldirektion der frommen Stiftungen. Er verdeutlicht, dass die Generaldirektion alle möglichen Kompromisse unterbreitet hat, um ja nur eine Rückkehr zur vorherigen Regelung auf der Grundlage der Satzung des Patriarchates zu verhindern, die immer noch in Kraft war. Dem Staat war bekannt, dass diese Satzung weiterhin galt, und drang darauf, neue Vorschläge zur Aushöhlung und Auflösung der bestehenden rechtlichen Strukturen zu unterbreiten (einer davon war der Vorschlag, die Stiftungen in Vereine umzuwandeln). Dabei war das Einzeltreuhänder-System längst zum Einsatz gekommen und erfüllte seine Aufgabe einer strukturellen Auslöschung. Solche vermeintlichen Vorschläge zur Lösung der Probleme zeigen, dass sich der Staat dagegen wehrte, die Rechtsgrundlagen der Gemeinde anzuerkennen, und außerdem versuchte, das System als Ganzes funktionsuntüchtig zu machen, indem er alle möglichen Verzerrungen und Schlupflöcher nutzte. In der Tat fand diese Herangehensweise des Staates auch in der Gemeinde ein gewisses Maß an Zuspruch. Die Unlösbarkeit der Probleme, Unklarheiten und neue Probleme führten dazu, dass prominente Mitglieder der Gemeinde nach anderen Lösungsmöglichkeiten suchten. Daher ist das Argument, der Staat hätte die Probleme der nicht muslimischen Stiftungen nicht gekannt, nicht stichhaltig, denn es werden

---

fentlicht. Sie ist vollständig enthalten in Papkēn Giwlēsēryan, *Badmut'iwn Giligioy Gat'oghigosats'* (Antelias: Dbaran Gatoghigosut'ean Hayots' Medzi Dann Giligioy, 1990), S. 933–948.
**547** *Marmara*, 19. Juli 1947, Nr. 1702.
**548** *Marmara*, 25. Juli 1947, Nr. 1708.
**549** Ebenda.

ein ausgedehnter Kontakt und mindestens ein detailliertes Informationsgespräch belegt, wobei Letzteres sehr wahrscheinlich nicht das einzige geblieben sein dürfte, das die Generaldirektion der frommen Stiftungen mit VertreterInnen der armenischen und der anderen Gemeinden geführt hat.

Im Februar 1948 veröffentlichte die *Marmara* Artikel über die Gemeinde in Istanbul, die aus den armenischen Tageszeitungen *Arev* (aus Kairo), *Yeprad* und *Arevelk* (beide aus Aleppo) stammten. Diese Artikel behandelten das Einzeltreuhänder-System und die damit zusammenhängenden Ungerechtigkeiten und Probleme. Die Chefredakteure dieser Zeitungen, welche die Berichte der Istanbuler KollegInnen genau verfolgten, hatten wohl alle Probleme der Gemeinde in Istanbul wahrgenommen. Sie erwähnten auch das Fehlen einer zentralen Organisation der Gemeinde. Die *Arevelk* merkte an: „Sie drehen einen durch die Mangel, wenn man es wagen sollte, [eigene] Rechte oder die der Gemeinde zu vertreten. Dies ist der Untergang des intellektuellen Lebens der reichen und lebendigen Hauptstadt von früher, und übrig bleibt allein ein fahler Lichtstrahl."[550] Ende 1948 berichtete die *Marmara* erneut unter Bezugnahme auf ihren Korrespondenten in Ankara, Mekki Seyid Esen, dass das Einzeltreuhänder-System Ende 1949 abgeschafft werden sollte. Dieses Mal wurde jedoch sehr kurz angemerkt, dass die Meldung auch von der *Cumhuriyet* und von der *Yeni Sabah* bestätigt worden war.

Die Ära des Einzeltreuhänder-Systems endete mit der Neuregelung des Stiftungsgesetzes.[551] In den Jahren 1948–1949 war die armenische Gemeinde in Istanbul jedoch wegen der Krise des Patriarchates tief gespalten. Die durch das Einzeltreuhänder-System entstandenen Probleme wurden auf diese Weise mit der Krise um die Patriarchenwahl verflochten. So berichtete beispielsweise die *Marmara* kurz vor der Abschaffung des Einzeltreuhänder-Systems von einem Protest in der Gemeinde Gedikpaşa gegen den Einzeltreuhänder. Dieser hatte offenbar die Durchführung einer religiösen Zeremonie durch Erzpriester Hmayak Bahtiyaryan verweigert. Die Begründung war, dass er gegen den Locum tenens Kevork Arslanyan opponiert hatte. Dieser hob im Gegenzug die kirchlichen Rechte von ihm und vier anderen Geistlichen auf. Nach dem Einspruch des ernannten Treuhänders verfasste die Gemeinde Gedikpaşa einen offenen Protestbrief. Diesen sandte

---

**550** *Arevelk*, zitiert in: *Marmara*, 13. Februar 1948, Nr. 1900. Chefredakteur der *Arevelk* war Minas Tololyan, ein aus Istanbul stammender Armenier.
**551** Das Gesetz über die frommen Stiftungen (Nr. 5404) wurde am 31. Mai 1949 angepasst. Zum Text vergleiche www.hukuki.net/kanun/2762.13.text.asp (abgerufen am 3. Oktober 2020) sowie *Resmî Gazete*, Nr. 7224, 4. Juni 1949, zitiert in: Macar, „Başbakanlık Cumhuriyet Arşivi Belgelerine", S. 8.

sie der *Marmara,* wo er im Faksimile veröffentlicht wurde.[552] Es gab in verschiedenen Stadtteilen – meist im Zusammenhang mit der Krise um die Patriarchenwahl – Proteste. Ich werde auf dieses Thema separat eingehen, doch hier sei angemerkt, dass die Abschaffung des Einzeltreuhänder-Systems innerhalb des umfassenderen rechtlichen Dilemmas einer ordnungsgemäßen Administration in der Gemeinde ein wichtiger Wendepunkt blieb.

Die Wiederherstellung des Wahlsystems erfolgte nicht automatisch. Die lokalen Verwaltungskörperschaften wurden von ihren Gemeinden im Dezember 1949 gewählt. Die neue Regelung trat zwar im Juni 1949 in Kraft, wurde jedoch nicht unverzüglich in die Praxis umgesetzt. Im Februar 1950 veröffentlichte – parallel zu anderen Nachrichten über unterlassene Umsetzungen des Gesetzes – die *Marmara* einen Artikel, der aus der *Son Saat* übersetzt war und die Verzögerung kritisierte.[553]

Im März veröffentlichte die *Marmara* einen weiteren Bericht, in dem es hieß, dass Erzbischof Kevork Arslanyan tatsächlich die Generaldirektion der frommen Stiftungen aufgefordert hätte, die Administration der Stiftungen auf das Patriarchat zu übertragen, statt sie bei den örtlichen Verwaltungen zu belassen.[554] Laut einem anderen Artikel in der *Marmara* sind das Hotel Tokatlıyan und die 72 Grundstücke, die derselben Stiftung gehören, der gewählten örtlichen Verwaltung am 17. März 1950 übergeben worden.[555]

Ein Heft, in dem die Tätigkeiten der Stiftung und der Kirche in Beyoğlu beschrieben werden, *Bēyoghlui Egeghetseats' Ew Anonts' Ent'aga Hasdadut'eants' Madagararut'ean K'aramea Deghegakir 1950–1953,* behauptet, dass die Wahlen am 25. Dezember 1949 stattgefunden haben. Die gewählte Verwaltung unter dem Vorsitz von Dr. Andre Vahram konnte weder Dokumente noch Akten aus der Zeit des Einzeltreuhänder-Systems oder aus früheren Zeiten erhalten, die der Kirche gehörten.[556] Die Verwaltung forderte die Generaldirektion der frommen Stiftungen dazu auf, das Eigentum der Kirchenstiftung zurückzugeben, doch andere versuchten, diesen Prozess herauszuzögern. Dieser Knoten kann erst durch das Eingreifen des Gouverneurs zerschlagen werden.[557] Als die gewählte Administration die Gelder einforderte, die während der Verwaltung durch die Generaldi-

---

**552** *Marmara,* 14. Mai 1949, Nr. 1852.
**553** *Marmara,* 15. Februar 1950, Nr. 2127; 18. Februar 1950, Nr. 2130; 20. Februar 1950, Nr. 2132; 25. Februar 1950, Nr. 2137.
**554** *Marmara,* 5. März 1950, Nr. 2145.
**555** *Marmara,* 18. März 1950, Nr. 2158.
**556** *Bēyoghlui Egeghets'eats' Ew Anonts' Ent'aga Hasdadut'eants Madagararut'ean K'aramea Deghegakir 1950–1953* (Istanbul: Dbakrut'iwn Narin, 1954), S. 7.
**557** Ebenda, S. 8.

rektion eingenommen worden waren, zeigte sich, dass der Betrag wesentlich niedriger war als erwartet.[558]

Dr. Hrant Peştimalcıyan verfasst einen Bericht über die Administration des Armenischen Krankenhauses Surp P'rgich' in den Jahren 1933–1949: Diese hat alles Mögliche unternommen, um eine Einführung des Einzeltreuhänder-Systems in ihrer Stiftung abzuwehren. Die Versuche verliefen schließlich erfolgreich – die Verwaltung des Krankenhauses wurde von der Generaldirektion der frommen Stiftungen anerkannt. Es gab also auch einige Ausnahmen vom Einzeltreuhänder-System.[559]

Im Kapitel „Eine Fallstudie zur Soziologie der Assimilation I: In der Falle der Ambivalenz" untersucht Zygmunt Bauman, wie der Staat die Beziehungen zu seinen Bürgern gestaltet und welchen Zwang er ihnen gegenüber ausübt. dem der Staat die Mitglieder der armenischen Gemeinde unterwarf und wie er Im ersten Abschnitt dieses Kapitels illustriert wird:

Der moderne Staat bedeutete die Entmachtung der kommunalen Selbstverwaltung sowie den Abbau der lokalen oder korporativen Mechanismen der Selbst-Erhaltung; im gleichen Maße untergrub der moderne Staat die sozialen Grundlagen der kommunalen und korporativen Traditionen und Lebensformen. Die Selbstreproduktion der kommunal verwurzelten Lebensformen wurde entweder unmöglich oder traf zumindest auf gewaltige Hindernisse.[560]

Bauman argumentiert, dass Ambivalenz und Assimilation in den neu entstandenen Machtstrukturen des Nationalstaates miteinander verflochten sind, und weist auf die Praktik der dominierenden Gruppe hin, Individuen aus den stigmatisierten Gruppen einzuladen und so ihre Bindung zu ihrer Ursprungsgruppe aufzulösen.[561] Die Einladung durch die herrschende Gruppe verschafft laut Bauman dieser eine Position *einer willkürlichen Macht*, mit der sie das Recht haben, Examina abzunehmen und die Leistung zu bewerten.[562] Bauman erläutert im Zusammenhang mit der JüdInnen der deutschen Reichsgründung von 1871: „Gleichheit vor dem Gesetz bedeutete schließlich die Untergrabung kommunaler Autonomie, Diskreditierung kommunaler Autorität, Schwächung der zentrifugalen Einflüsse der kommunalen und korporativen Eliten. Sie war ein unverzichtbarer Teil des Prozesses, der zur Instituierung der durch das Gesetzgebungs- und

---

558 Ebenda.
559 Hrant Peştimalcıyan, *Hrabaragayin Niwt'agan Ew Paroyagan Hamaraduut'iwn 1933–1949* (Istanbul: Varol Matbaası, 1961), S. 8.
560 Zygmunt Bauman, *Moderne und Ambivalenz. Das Ende der Eindeutigkeit* (Frankfurt am Main: Fischer, 1995), S. 136.
561 Ebenda, S. 139.
562 Hervorhebung im Original.

das Gewaltmonopol charakterisierten modernen Staatsgewalt führte."[563] Gleichsam war das Einzeltreuhänder-System eine der Praktiken, die das System gemeindlicher Administration angriff, um so deren rechtliche Basis zu vernichten. Damit kontrolliert der Staat seine Bürger auf der Ebene der Gemeinde einschließlich aller deren administrativen, finanziellen und sozialen Organisationen, indem einerseits willkürliche Praktiken eingeführt und andererseits die partizipativen Strukturen der Gemeinde unterminiert wurden, wobei alles unter dem Leitsatz der Gleichheit stand. Wie ich bereits gezeigt habe, beruhten die Verstöße gegen die *Nizâmnâme* und die administrativen Mechanismen insbesondere auf dem Argument, dass der republikanische Staat säkular und auf egalitären Prinzipien errichtet worden ist. Die Auslöschung der rechtlichen und administrativen Strukturen beim Übergang vom Osmanischen Reich zur Republik Türkei wurde damit durch das behauptete Gleichheitsprinzip und den Säkularismus des Nationalstaates legitimiert, während die armenische Verwaltung mit all ihren Mechanismen genötigt war, sich selbst an die neuen tatsächlichen Bedingungen anzupassen, welche die bisherige Rechtsgrundlage verneinten. Dies wiederum führte zu einem Verlust der ehemaligen Gemeinderechte und kommunalen Strukturen. So wurden bis heute auf der administrativen, egalitären, demokratischen und partizipativen Ebene keine wirklichen Alternativen angeboten, was wir für das besondere Beispiel der Türkei so erklären könnten, dass sie ihre nationalstaatliche Macht aus der Leugnung bezieht.

## 2.3 Der Gleichheitsanspruch

Da es keine Körperschaften gab, die das soziopolitische Leben organisierten, hatte die Gemeinde keine VertreterInnen, die auf die unentwegten Fragen der türkischen Presse und türkischer Meinungsführer antworten konnten, welche oftmals gleichzeitig der politischen Elite angehörten. Zaven Biberyan fokussierte sich in seinen treffsicheren Artikeln in der zweiten Hälfte der 1940er-Jahre auf diese Probleme.[564] Sein bekanntester Text, „Genug ist genug", erschien am 5. Januar 1946 in der *Nor Lur* und warf folgende Frage auf: „Sind wir gleichberechtigte

---

563 Ebenda, S. 145.
564 Im Rahmen der *Yirmi Kura Askerlik* wurde Biberyan eingezogen. In diesem Zusammenhang lernte er den Chefredakteur der Zeitung *Jamanak*, Ara Koçunyan, kennen. Nach seiner Rückkehr begann Biberyan mit dem Verfassen einer Artikelreihe in der *Jamanak* unter dem Titel „Der Tod der Christenheit". Diese Artikel stießen auf harsche Kritik, und kurz danach verlor er seine Stellung. Vergleiche https://www.arasyayincilik.com/yazarlar/zaven-biberyan/ (abgerufen am 13. Juni 2021).

BürgerInnen der Republik Türkei, oder sind wir Menschen, die eine zeitweilige Ansiedlungserlaubnis haben? Sind wir freie und gleiche BürgerInnen, oder sind wir Menschen, über die sie [die JournalistInnen – T. S.] das Recht haben, von oben herab zu reden, oft auch in einem drohenden und herablassenden Ton?"[565] Bei seinen Hinweisen auf die fehlende politische Vertretung der ArmenierInnen in der Öffentlichkeit unterscheidet Biberyan zudem zwischen der Zeit des Osmanischen Reiches und der Republik. Während der Ersteren hatten armenische Parlamentarier das Recht, die ArmenierInnen zu repräsentieren, während in der Republik der Vertreter von Afyonkarahisar, Berç Keresteciyan (Türker), ein Armenier, nicht die armenische Bevölkerung repräsentierte, sondern lediglich die WählerInnen aus Afyonkarahisar. Biberyan unterstreicht den Umstand, dass die armenische Gemeinde keine administrative oder repräsentative Körperschaft hatte, die sich mit politischen Fragen beschäftigen konnte.

Die fehlende Vertretung führte zu vielschichtigen Problemen. Bei Bedarf wurden die Chefredakteure armenischer Zeitungen während der Jahre nach Gründung der Republik gern als Repräsentanten angesehen oder wahrgenommen. Dadurch entstand für sie eine trügerische Rolle, die sie in eine fragile und gegenüber den Chefredakteuren der türkischen Zeitungen, die oft von der Regierung angestellt waren, strukturell ungerechte Position brachte. Armenische Zeitungen erschienen in ihrer eigenen Sprache und hatten daher eine im Vergleich zum Beispiel zu *Cumhuriyet*, *Son Posta* und *Vakit* eher begrenzte Reichweite.

Gerade durch diese Rolle konnten die Chefredakteure der armenischen Zeitungen, die auf gewisse Weise als Repräsentanten angesehen wurden, wie im Falle von Keresteciyan, eine manipulative Macht übernehmen. Zum Beispiel wurde der Herausgeber der *Marmara*, Suren Şamlıyan, zu den monatlichen Presseveranstaltungen eingeladen, die ab September 1945 in Ankara stattfanden. Wie seinen Artikeln in der *Marmara* zu entnehmen ist, hat auch der Chefredakteur der *Jamanak* an diesen Veranstaltungen teilgenommen. Şamlıyan verfasste über seinen zweiten Besuch (4.–12. Oktober 1945) in Ankara in der *Marmara* einen begeisterten Bericht, in dem er schildert, dass er neben dem Premierminister gesessen und so die Gelegenheit gehabt hätte, mit verschiedenen türkischen Chefredakteuren ins Gespräch zu kommen. Er selbst glaubte daran, in Ankara eine repräsentative Rolle zu spielen. Seiner Darstellung zufolge traf er Premierminister Şükrü Saraçoğlu und sprach Themen wie das Einzeltreuhänder-System, das Gesetz über die frommen Stiftungen, die Abschaffung der Einkommensteuer für die armenischen Schulen und Ähnliches an. Saraçoğlu zeigte sich den Berichten nach sehr interessiert und war darüber erfreut, von diesen Problemen zu erfahren.

---

**565** Zaven Biberyan, „Al gĕ pawē", in: *Nor Lur*, 5. Januar 1946.

Er schien vom Problem mit der Besteuerung sogar enttäuscht zu sein und fragte, warum die Gemeinde diese Probleme ihm nicht schon früher zugetragen hätte.[566] Şamlıyan traf auch Nedim Veysel İlkin, den Pressevertreter, und Fahri Kiper, den Leiter der Generaldirektion der frommen Stiftungen.[567] Seine Artikel waren nicht informativ, sondern eher impressionistisch, und manchmal enthielten sie zahlreiche Witze, die die anderen Teilnehmer gemacht haben. Obwohl er keinerlei greifbares Ergebnis erzielte, spürt man ein allgemeines Gefühl, willkommen gewesen und von „Seiner Exzellenz" akzeptiert worden zu sein, sowie eine sich daraus ergebende Befriedigung.[568] Şamlıyan hatte das Bedürfnis, zu schreiben, dass Istanbul nach der Gründung der Republik nicht länger das Herz des Landes wäre; und seiner Meinung nach müsste man, um die Probleme der Türkei zu verstehen, nach Ankara gehen.[569] So verlagerte sich seine Aufmerksamkeit von der früheren osmanischen Hauptstadt hin zur Kapitale der Republik (die er als überlegen ansah, wie zum Beispiel deutlich wird an seinem Respekt vor dem Ort der Presseveranstaltungen, dem „Anadolu Kulübü", und vor der modernen Infrastruktur),[570] obwohl ArmenierInnen dort keine Rolle spielten – weder als Prominente noch als ParlamentarierInnen oder Angehörige der Elite – und trotz des Umstandes, dass die Existenz der verbliebenen ArmenierInnen im Grunde genommen der Führungsschicht der Republik Unbehagen bereitete. Daher ist es verständlich, dass sich Şamlıyan selbst als Außenstehender begriff, jedoch als ein privilegierter solcher, denn immerhin war er zweimal eingeladen worden, „Seiner Exzellenz" die Probleme der Gemeinden vorzutragen.

Seine ganze Reihe der Eindrücke aus Ankara wird gekennzeichnet durch die verinnerlichte Überlegenheit des Gegenübers auf der einen Seite und die verinnerlichte Unterlegenheit des Selbst auf der anderen. Vor diesem Hintergrund ist es zu verstehen, dass Şamlıyan im Gespräch mit anderen Chefredakteuren, die gleichzeitig Parlamentarier waren, seinen Wunsch ausdrückte, als führender Vertreter der Gemeinde angesehen zu werden:

> Es ist sehr bedauerlich, dass es den Verwaltungen während der gesamten Amtszeit von Patriarch Naroyan [1927–1944 – T. S.] nicht gelang, direkte Verbindungen mit den höchsten Schichten des Staates aufzubauen; ihre passive Haltung ermöglichte es einigen Abenteurern, in diesem Bereich manipulativ tätig zu werden. […] Dasselbe geschah während der Amtszeit von Erzbischof Arslanyan; seine Besuche änderten ebenfalls nichts, sondern sie dienten lediglich dazu, den Status quo zu untermauern. Unter diesen Umständen fiel die Bürde, die

---

566 *Marmara*, 4. Oktober 1945, Nr. 1058.
567 *Marmara*, 5. Oktober 1945, Nr. 1059.
568 Şamlıyan bezeichnet Premierminister Şükrü Saraçoğlu als „Seine Exzellenz".
569 *Marmara*, 7. Oktober 1945, Nr. 1061.
570 *Marmara*, 10. Oktober 1945, Nr. 1064.

Interessen der Gemeinde zu verteidigen, der Presse zu. Die *Marmara* hat diese Verantwortung mit großem Vergnügen übernommen.[571]

Dies konstituiert ein Leitbild, das bereits damals zum Scheitern verurteilt war und auch heute noch ist. Şamlıyan mutmaßte, dass die Probleme der Gemeinde aus dem fehlenden wirklichen Kontakt mit der Regierung herrührten. Deshalb barg seiner Ansicht nach seine Teilnahme an den Treffen in Ankara tatsächlich die Möglichkeit, Dinge zu verändern und schließlich die Probleme der Gemeinde zu lösen.

In zahlreichen Artikeln drückte Şamlıyan seinen Glauben daran aus, dass sich die Probleme in Verhandlungen mit der Regierung beheben ließen. Einer dieser Artikel wurde nach dem Besuch griechischer geistlicher Vertreter in Ankara verfasst. Şamlıyan argumentiert dahingehend, dass anders als die griechische Gemeinde, die ihre Probleme in Ankara vortrug und zu Lösungen kam, die ArmenierInnen es unterließen, dasselbe zu tun, und deshalb ihre Probleme weiterhin bestehen. Er behauptet, dass es kein Problem ohne eine Lösung gebe und dass die Regierung jede berechtigte Nachfrage begrüßen würde.[572] Soweit es Şamlıyan betrifft, hätte sein persönlicher Kontakt mit dem Premierminister es ermöglicht, dass armenische Stücke aufgeführt werden durften und dass die Einkommensteuer für die armenischen Schulen abgeschafft wurde.[573] Allerdings bringt ein Blick in der Jahrbuch des Krankenhauses Surp Pʻrgichʻ von 1947 zutage, dass vier armenische Theatergruppen, die allesamt 1946–1947 gegründet worden waren (Stüdyo, Eridasartatsʻ, Mnagyan, Arpi), bereits verschiedene Stücke auf die Bühne gebracht hatten, was nichts anderes bedeutet, als dass Şamlıyan wohl seine Rolle im kulturellen Engagement übertrieben hat.[574] Gleichzeitig wurden nach den Gesetzesänderungen vom Juni 1946, mit denen Alumni-Organisationen erlaubt wurden, drei solcher Vereine in der armenischen Gemeinde von Istanbul gegründet, und zwar Mkhitaryan, Ēsayan und Getronagan.[575]

Nach der monatlichen Presseveranstaltung im September 1945 berichtete Şamlıyan, dass er im Zug ein Gespräch mit Asım Us gehabt hätte, der Parlamentarier und außerdem Chefredakteur der *Vakit* war. Sonderbarerweise fungiert hier Us als der Sprecher von Premierminister Şükrü Saraçoğlu: „Premierminister Saraçoğlu ist sehr zufrieden mit der Erläuterung, die [Şamlıyan – T. S.] gab. [...] Die Regierung ist bereit, alle möglichen Maßnahmen zu ergreifen, die nötig sind, um

---

571 *Marmara*, 7. September 1945, Nr. 1031.
572 *Marmara*, 21. Juni 1946, Nr. 1313.
573 Ebenda.
574 *Ēntartsag Darekirkʻ Surp Pʻrgichʻ Azkayin Hiwantanotsʻi 1947*, S. 376.
575 *Marmara*, 21. Juni 1946, Nr. 1313.

die Unzulänglichkeiten zu beheben."[576] In erster Linie bestätigt dieser Kommentar die Hierarchie zwischen Asım Us und Suren Şamlıyan. Asım Us sprach aus seiner Rolle als Parlamentarier, als jemand, der an Entscheidungsprozessen beteiligt ist. Daher konnte weder die *Vakit* noch Asım Us als Person außerhalb des Zentrums des Staates wahrgenommen werden.

Wie sich die Kreise um die *Nor Or* mit den Problemen der Gemeinde beschäftigten, unterschied sich vollkommen vom Ansatz Şamlıyans. Als eine der Publikationen, die sich für die Rechte der Gemeinde stark machte, und als die, die gleichbleibend kritische Töne anschlug, ist die *Nor Or* (Juli 1945–Dezember 1946) eine besonders wichtige Quelle. Die Zeitung wurde herausgegeben von Angehörigen der ersten Generation armenischer Intellektueller nach der Gründung der Republik, von denen die meisten in den frühen 1920er-Jahren geboren waren und die sich politisch sozialistisch oder kommunistisch engagierten. Wenngleich er auch kein Mitglied des Teams der *Nor Or* war, so war Hayk Açıkgöz ebenfalls armenischer Sozialist. Er stammte aus Samsun und studierte an der Istanbuler Universität Medizin. Er schreibt in seinen Memoiren, dass es 1941 einen separaten Kreis von etwa zehn armenischen sozialistischen Studierenden gab, die sich selbstständig als Lesegruppe trafen.[577] Er kam durch die Brüder Vartan und Jak İhmalyan zu der Gruppe. Im Jahr 1944 wurden unter anderem Aram Pehlivanyan (Üsküdar 1917[578]–Leipzig 1979), Dr. Hayk Açıkgöz (Samsun/Havza 1918–Leipzig 2001), Krikor Sarafyan[579] und Reşat Fuat Baraner im Rahmen einer Verhaftungswelle gegen antifaschistisch organisierte Personen von der Polizei festgenommen.[580] Nach achteinhalb Monaten im Gefängnis[581] kam Pehlivanyan (Pseudonym A. Şavarş) wieder frei und hob gemeinsam mit Avedis Aliksanyan und Sarkis Keçyan (Pseudonym S. K. Zanku, Istanbul 1917–Paris 2004) die *Nor Or*

---

**576** Ebenda.

**577** Hayk Açıkgöz, *Bir Anadolulu Ermeni Komünistin Anıları* (Istanbul: Belge Yay., 2006), S. 102.

**578** Laut seinem Geburtseintrag wurde er am 9. Temmuz 1333 AH (1. August 1917) geboren. In seiner zweiseitigen handgeschriebenen Autobiografie gibt Pehlivanyan an, dass er im Jahr 1919 geboren wurde. Dieser autobiografische Text, verfasst am 22. April 1955, wurde mir von seiner Tochter Meline Pehlivanyan zur Verfügung gestellt.

**579** Der Chemiker Krikor Sarafyan war einer der früheren Schulleiter (1933–1936) des Gymnasiums Getronagan. Er wurde 1909 in Kadıköy geboren. Ich bedanke mich bei Silva Kuyumcuyan, der Schulleiterin der Gymnasiums Getronagan, für die biografischen Angaben.

**580** Pehlivanyan, autobiografische Notizen vom 22. April 1955. Pehlivanyan schrieb, dass sie 1943 verhaftet worden wären. Dies ist jedoch höchstwahrscheinlich nicht richtig, da die Verhaftungen 1944 stattfanden.

**581** Ebenda.

(„Neuer Tag") aus der Taufe. Gleich mehrere der Redakteure und Kolumnisten der *Nor Or* waren auch Künstler, so zum Beispiel Zaven Biberyan (Istanbul 1921–1984; Journalist, Romancier, Übersetzer, Politiker), der zu einem der besten armenischen Schriftsteller nach der Gründung der Republik wurde; Vartan İhmalyan (Konya 1913–Moskau 1987; Ingenieur, Direktor eines Amateurtheaters);[582] Jak İhmalyan (Istanbul 1922–Moskau 1978; Maler); Aram Pehlivanyan (Politiker, Verleger, Poet); Sarkis Keçyan-Zanku (Verleger, Poet).[583] Diese Generation wird inzwischen auch als die „Generation der *Nor Or*" (*Nor Oryan Serunt*) bezeichnet.[584] Seit Beginn ihres Erscheinens im Juli 1945 war die *Nor Or* eine engagierte Zeitung mit libertären Prinzipien. Sie begann als Wochenzeitschrift, erschien jedoch schon nach einem Jahr als Tageszeitung, was bis Dezember 1946 anhielt, als sie aufgrund einer Entscheidung nach Ausnahmerecht geschlossen wurde. Aram Pehlivanyan, der ein aktives Mitglied der Sozialistischen Arbeiter- und Bauernpartei der Türkei *(Türkiye Sosyalist Emekçi ve Köylü Partisi)* und der „Demokratischen Front" war, wurde erneut festgenommen. Laut seinen knapp gehaltenen autobiografischen Angaben war Pehlivanyan aktiv an der Gründung der ersten unabhängigen Gewerkschaften (der Arbeiter der Tabak-, Schuh-, Textil- und Bauindustrie) beteiligt.[585]

Im Leitartikel der ersten Ausgabe der *Nor Or* wurde ausgeführt, dass liberale Werte international immer mehr Anerkennung finden würden und dass die Vorkriegsmentalität überwunden werden müsste.[586] Gemeinsam waren den Leitartikeln und Kolumnen unter anderem die Themen Gleichheit, Bürgerrechte, die Abweichungen zwischen dem Wortlaut der Verfassung und ihrer Umsetzung, die Koalitionsfreiheit, die Notwendigkeit eines demokratischen Wahlsystems für die Gemeinde, das Recht auf Gewerkschaften und die Rechte der ArbeiterInnen. Die *Nor Or* veröffentlichte Artikel zu den Streiks im US-amerikanischen Bergbau und zu deren Auswirkungen auf Gesellschaft und Wirtschaft.[587]

Aram Pehlivanyans Artikel in der *Nor Or* weist auf den Unterschied darin hin, Rechte zu haben und Rechte zu genießen. Laut Pehlivanyan hat der Premierminister in einem dieser Treffen, nämlich im September 1945, zugesagt, der arme-

---

**582** Vartan İhmalyan hatte einen Abschluss der Amerikanischen Jungenschule, des „Robert College", der heutigen Boğaziçi-Universität. Zu seiner Biografie vergleiche Vartan İhmalyan, Bir Yaşam Öyküsü (Istanbul: Cem Yayınevi, 1989).
**583** Eine detaillierte Biografie von Keçyan ist zu finden auf https://www.arasyayincilik.com/ya zarlar/%D5%BD-f-qшɪɩqnɪ/ (abgerufen am 13. Juni 2021).
**584** Ebenda.
**585** Pehlivanyan, autobiografische Notizen vom 22. April 1955.
**586** *Nor Or*, 21. Juli 1945, Nr. 1.
**587** *Nor Or*, 26. November 1946, Nr. 109.

nischen Presse zu erlauben, einige ihrer Rechte zu genießen, die zwar bereits bestanden, jedoch nicht umgesetzt werden konnten.[588] Der Premierminister gab damit schließlich zu, dass manche Menschen gleicher waren als andere. Die *Nor Or* hob den Umstand hervor und diskutierte, dass das Innehaben gleicher bürgerlicher Rechte nicht bedeuten würde, dass man auch vollständig in deren Genuss kommen könnte. In einem anderen Artikel schreibt Pehlivanyan:

> Gott allein weiß, wie oft wir dies in dieser Kolumne bereits angesprochen haben, und jetzt rufen wir es all den ignoranten Menschen erneut zu [...]: „Nein, nein, die Menschen in diesem Land, die Minderheiten angehören, genießen keine komplette Gleichheit, und ihnen sind viele der Rechte genommen, die sie bereits besaßen." Diese Wirklichkeit lässt sich nicht verdecken, und es lässt sich niemand hinters Licht führen, indem das Gegenteil behauptet wird. Es stimmt, dass die Verfassung Ungleichheit zwischen den BürgerInnen ausschließt. Doch in der Praxis wird mit der Diskriminierung nicht nur gegen die Verfassung, sondern auch gegen liberale Werte und gegen die Menschenrechte verstoßen. Dieses Land braucht einen Mentalitätswechsel, damit ArmenierInnen, GriechInnen, JüdInnen nach ihren eigenen nationalen Werten sowie als gleichberechtigte BürgerInnen leben können.[589]

Kurz vor den ersten Parlamentswahlen mit zwei Parteien im Juli 1946 veröffentlichte die *Nor Or* verschiedene Artikel mit sehr kritischen Tönen. In einem Leitartikel vom 29. Juni 1946 wird argumentiert, dass die CHP diktatorische Macht erhalten hätte, während die Reformen von der Bevölkerung offensichtlich bereits verinnerlicht worden wären und nicht länger verteidigt werden müssten. Im selben Artikel wird deutlich unterschieden zwischen der CHP als einer Partei, die die Reformbewegung eingeführt und geschützt hat, und ihrer Politik gegenüber den Minderheiten und insbesondere gegenüber der armenischen Gemeinde. Die CHP und die ihr eng verbundene Presse schikaniert die ArmenierInnen in jeder möglichen Weise und teilt so die Gesellschaft auf in BürgerInnen einerseits und andererseits VasallInnen. Am wichtigsten in dem Leitartikel ist die Erwähnung, dass die Stimmung relativer Freiheit als nichts Besonderes angesehen werden kann, da sie von der CHP gewährt und nicht von der Bevölkerung erreicht wurde. Die Verfasser des Textes waren sich des Umstandes bewusst, dass Freiheit welcher Bedeutung auch immer das Ergebnis internationaler Konjunktur war und leicht zurückgenommen werden könnte. Sie meinten zudem, dass bestimmte Gesetze in Kraft wären, die gleich einem Damoklesschwert über den liberalen Werten hingen. Laut der *Nor Or* würde die einzige Hoffnung in den erneut aufblühenden sozialistischen Parteien und der Idee des Internationalismus bestehen. Der So-

---

588 *Nor Or*, 13. Oktober 1945, Nr. 13.
589 *Nor Or*, 21. Oktober 1946, Nr. 13.

zialismus könnte die Wunden heilen lassen, die die CHP verursacht hätte.[590] Eine Woche später beschäftigte sich ein Artikel von Zaven Biberyan mit den wichtigsten Problemen des Landes, indem er die CHP kritisierte:

> Heute erkennen wir deutlich, dass das System, die Mentalität und die Art, wie die CHP arbeitet, vollständig kollabiert sind. [...] Mit eigenen Augen wohnen wir der Situation bei; egal ob Anatolien, das Dorf, die Bauernschaft, die Arbeit wie die ArbeiterInnen, die wirtschaftliche Lage des Landes, die sozialen Mechanismen – alles bröckelt. [...] Leider beobachtet [die CHP – T. S.] die Bevölkerung aus dem Elfenbeinturm [...] Bis heute hält das autoritäre Denken der CHP an und lässt uns nur Krumen der Freiheit zukommen.[591]

Laut Biberyan müssten sich in der Gesellschaft drei wichtige Dinge ändern: die Lage der BäuerInnen und der ArbeiterInnen; schlecht bezahlte Arbeit; die Haltung gegenüber den NichtmuslimInnen.[592]

Kurz vor den Wahlen wurde die *Nor Or* am 20. Juli 1946 eine Tageszeitung. Erneut stand die Frage der Vertretung auf der Tagesordnung; dieses Mal jedoch im Zusammenhang mit den Wahlen. Die *Nor Or* erläuterte, warum die ArmenierInnen nicht für Berç Keresteciyan stimmen sollten, einen früheren Abgeordneten der CHP aus Afyonkarahisar, der nun der CHP-Kandidat für Istanbul war. Der prominente Politiker, der sowohl in den letzten Dekaden der osmanischen Zeit als auch in den ersten Jahrzehnten der Republik ein Angehöriger der Elite war und der laut seinen Memoiren auch eine wichtige Rolle beim Rücktritt von Patriarch Zaven Der Yeghiayan spielte, war tatsächlich eine der einflussreichsten Personen und konnte somit 1922 in dieser Richtung Druck ausüben. Im Übrigen veröffentlichte die *Nor Or* einen Leitartikel mit dem Titel „Wer ist dieser Mann?"[593]

> Wer ist dieser Mann? Der frühere Vertreter von Afyonkarahisar, [...] Berç Türker [Keresteciyan], hat während seiner gesamten Amtszeit als Abgeordneter im Parlament niemals auch nur einen Ton über die Lebenssituation der ArmenierInnen verlauten lassen. Er stimmte für die Vermögenssteuer; er blieb völlig unbeteiligt, als es darum ging, 70-Jährige nach Aşkale zu schicken [...] Keine Stimme denjenigen, die unsere Väter und Brüder nach Aşkale sandten; stimmt keinesfalls für diejenigen, die uns unsere Rechte verweigern. [...] Er verhielt sich in keiner Weise dazu, als unsere Kleidung und unsere Betten versteigert wurden oder als man gar unsere Häuser und Hütten verkaufte, damit sich die Steuerschulden von Brüdern und Vätern bezahlen ließen. Es war ihm vollkommen egal, als uns unsere bürgerlichen Rechte

---

590 *Nor Or*, 29. Juni 1946, Nr. 50.
591 *Nor Or*, 6. Juli 1946, Nr. 51.
592 Ebenda.
593 *Nor Or*, 20. Juli 1946, Nr. 1.

aberkannt wurden. Niemand darf vergessen, dass all dies von der CHP zu verantworten ist und dass er stets bei ihnen war.[594]

Schließlich betont der Leitartikel noch einmal, dass man sich nicht von einem armenischen Namen täuschen lassen dürfe, denn „solange ein Armenier nicht nach einer Lösung unserer Probleme und Schmerzen sucht, solange er im Parlament nicht unsere Rechte verteidigt, bedeutet sein Armeniertum rein gar nichts."[595] Dieser wichtige Text legt die zweischneidigen Probleme der Gemeinde offen: Im Falle Keresteciyan bedeutete unter den gegebenen Umständen seine armenische Identität automatisch Vertretung, obwohl es keine offiziellen Mechanismen als solche gab – er hatte nicht im Geringsten mit den Angelegenheiten der Gemeinde zu tun, und er blieb hinsichtlich einer Verbesserung von deren rechtlicher Lage indifferent. Der republikanischen Führungselite diente Keresteciyan hingegen zum Vorzeigen.

Insgesamt mussten sich die armenischen Chefredakteure einerseits mit vorhandenen rechtlichen Problemen beschäftigen, andererseits wollten sie für die politische Frage auf nationaler Ebene mehr Beachtung erreichen. Die *Nor Lur* veröffentlichte für Istanbul eine Liste mit KandidatInnen beider Parteien, zuerst die der CHP und dann die der Demokratischen Partei (DP). Es erschien zudem ein kurzer Artikel, in dem behandelt wurde, dass sich Berç Keresteciyan Türker um die Stimmen der armenischen WählerInnen aus Istanbul bewerben würde.[596] Im Gegenzug kommentierte die Zeitung, dass „Türker auf jeden Fall eine Lösung für unsere Probleme wäre".[597] Die *Nor Lur* warnte die armenische Gemeinde vor möglichen Ausschreitungen und riet dazu, verantwortungsbewusst zu handeln und niemandem eine Möglichkeit zu bieten, Gerüchte in die Welt zu setzen, dass die ArmenierInnen Störungen provoziert hätten.[598] Die Zeitung druckte außerdem İsmet İnönüs Wahlrede im Radio, in der er sich selbst sowie die „ruhmvolle Partei" unter seiner Führung anpries.[599]

---

594 Ebenda.
595 Ebenda.
596 Berç Keresteciyan erhielt seinen türkischen Familiennamen Türker von Mustafa Kemal nach dem Nachnamensgesetz von 1934. Berç Türker reichte seine Kandidatur in Istanbul unter anderem mit Hüseyin Cahit Yalçın, Kazım Karabekir, Refet Bele, Yahya Kemal Beyatlı, Ahmet Şükrü Esmer und Hamdullah Suphi Tanrıöver ein.
597 *Nor Lur*, 20. Juli 1946, Nr. 150.
598 Ebenda.
599 Ebenda.

Ein Ergebnis der besonders korrupten Wahl war,[600] dass die CHP an der Macht blieb, jedoch Berç Keresteciyan Türker nicht wieder ins Parlament einzog, was hingegen Dr. Krikor Keşişyan (ebenfalls CHP) gelang.[601] Direkt nach den Wahlen begann die *Nor Or* mit der Veröffentlichung einer Reihe von Artikeln zu den administrativen Angelegenheiten der Gemeinde. So argumentiert beispielsweise der Artikel mit der Überschrift „Verantwortung" für die Übernahme von Verantwortung durch die Einzelnen und durch die Gemeinde mit dem Ziel, deren Angelegenheiten in Ordnung zu bringen: „Die armenische Gemeinde ist verantwortlich für ihre Angelegenheiten und hat dennoch kein Recht, diese zu verwalten. Zweifelsohne ist die benannte Situation zum größten Teil der alleinregierenden Partei anzurechnen."[602] Anschließend, nämlich am 3. August, griff der Leitartikel die Rolle der armenischen Presse und der armenischen Verwalter auf, wobei der manipulative Charakter der Besuche in Ankara und die sich daraus ergebenden Spekulationen hervorgehoben wurden: „Jedes Mal, wenn unsere Chefredakteure für einen Besuch nach Ankara fahren und dort den Premierminister treffen, kommen sie wie siegreiche Befehlshaber zurück und beginnen, [...] sich gegenseitig über die Frage nach der Rettung nationaler Interessen niederzubrüllen. Ändern tut dies jedoch nichts."[603] Am 11. August wird in einem weiteren Leitartikel versucht, die Leserschaft davon zu überzeugen, dass es nun – im übergeordneten Zusammenhang nach dem Zweiten Weltkrieg – an der Zeit sei, für eine partizipatorische Verwaltung zu kämpfen: „Dank ihrer Mühen haben die nationalen griechischen VertreterInnen Erfolg darin gehabt, gewisse Verbesserungen beim Einzeltreuhänder-System ihrer Gemeinde zu erreichen. Diejenigen, die im Namen der Gemeinde sprechen und die die Ehre haben, für ihre Gemeinde tätig zu sein, müssen nun den Anforderungen ihrer Stellung gerecht werden. Für diese Aufgabe ist Verantwortlichkeit erforderlich."[604] Der Leitartikel rückt das Problem der Verwaltung der Gemeinde in den Vordergrund und argumentiert dahingehend, dass die Nationalversammlung und der Administrationsausschuss überholte Formen seien; neue Formen müssten auf Teilhabe der Gemeinde basieren, was vor dem Umstand sich verändernder Machtbeziehungen möglich wäre.[605] Die

---

**600** Cemil Koçak, *Türkiye'de İki Partili Siyasi Sistemin Kuruluş Yılları: İkinci Parti* (Istanbul: İletişim Yay., 2010), S. 525. Vergleiche auch Metin Toker, *Tek Partiden Çok Partiye* (Istanbul: Milliyet Yay., 1970), S. 171–172.

**601** Laut den offiziellen Einzelergebnissen erhielt Türker 135.913 Stimmen, wohingegen Dr. Kirkor Keşişyan 158.793 Stimmen errang. Vergleiche *Marmara*, 27. Juli 1946, Nr. 1345.

**602** *Nor Or*, 28. Juli 1946, Nr. 2.

**603** *Nor Or*, 3. August 1946, Nr. 3.

**604** *Nor Or*, 11. August 1946.

**605** Ebenda.

Frage wird am 13. August in einem weiteren Leitartikel mit der Überschrift „Och'
Ok'" („Niemand") erneut behandelt. Abschließend argumentiert man im Artikel
wiederholt in der Richtung, dass „niemand das Recht habe, für die ArmenierInn-
nen der Türkei zu sprechen".[606] Eine Woche später verfasst Aram Pehlivanyan
einen weiteren Leitartikel zur Gemeindeadministration. Dieses Mal stellt er die
Regierungspolitik bei der Behandlung von Minderheiten in den Fokus: „Zualler-
erst muss die Regierung ihre Haltung gegenüber den nicht muslimischen Gemeinden verändern. Anderenfalls ist es unmöglich, die derzeitige Situation zu
verbessern."[607]

Während sie in beißendem Ton die Probleme weiterhin auf der Tagesordnung
hat wie auch die Idee eines Kampfes für Rechte und Gleichheit, ist die *Nor Or*
dennoch skeptisch in der Frage einer zweiten Partei und der Begeisterung, die es
wegen deren „freiheitlichen" Prinzipien gab. Aram Pehlivanyan schreibt in „Für
uns gibt es nichts Neues":[608]

> Es hat in unserem Land eine bemerkenswerte Revolution hin zum Liberalismus stattge-
> funden. Die Beherrschung durch das Einparteiensystem wurde beendet. Das Versamm-
> lungsrecht, das Recht auf freies Denken und das Recht zum Ausdruck der Gedanken wurden
> – zumindest teilweise – anerkannt. Den BürgerInnen wurde gestattet, in einem Einzel-
> wahlsystem ihre Stimme abzugeben. [...] All das ist sehr schön. Dennoch haben weder die
> Vertreter der türkischen Presse, die sich selbst für die Hohepriester der liberalen Werte
> halten, noch die politischen Personen des Landes [...] auch nur ein Wort über die vernach-
> lässigten grundlegendsten Rechte der BürgerInnen der Minderheiten verloren. Zweifelsohne
> stellt dies für uns keine Neuigkeit dar.[609]

Auf ähnliche Weise schreibt im Oktober 1946 Avedis Aliksanyan einen dreiteiligen
Leitartikel, in welchem er unverblümt klarstellte, dass die Demokratische Partei
und ihr Liberalismus für die *Nor Or* niemals einen Grund zur Freude bieten
würden, denn die Gründer sind genau die Leute gewesen, die jahrzehntelang der
CHP dienten und deren Prinzipien teilten. Deshalb wäre es unwahrscheinlich,
dass sie dagegen ankämpfen würden.[610]

Aram Pehlivanyan und der Kreis um die *Nor Or* waren sich der Verknüpfung
der staatlichen Politik gegenüber den NichtmuslimInnen und insbesonderen ge-

---

606 *Nor Or*, 13. August 1946, Nr. 4.
607 Aram Pehlivanyan, „Mer tsaverě", in: *Nor Or*, 21. August 1946, Nr. 12.
608 *Nor Or*, 14. August 1946, Nr. 5.
609 Ebenda.
610 *Nor Or*, 14. Oktober 1946, Nr. 66. Im zweiten und dritten Teil des Artikels diskutiert Aliksanyan die Frage aus der Perspektive der arbeitenden Klasse und betrachtet die Haltung von
Köprülü und Menderes zu Klassenfragen.

genüber den ArmenierInnen mit den Problemen der Gemeindeadministration bewusst. Wie bereits gezeigt, besteht die *Nor Or* darauf, dass es sich um eine Frage der Gemeinde handeln würde, die sich jedoch nicht ohne eine Veränderung der staatlichen Politik beantworten ließe. Dieselbe Idee wird im September 1946 in einem anderen Leitartikel von Pehlivanyan ausgedrückt, in welchem er die Rolle der armenischen Presse betont und ankündigt, dass die *Nor Or* weiterhin Kritik ausüben, sich jedoch niemals so verhalten wird wie die übrige armenische Presse bei Fragen zur Verwaltung der Gemeinde.[611] Pehlivanyan und die *Nor Or* im Allgemeinen befürworten eine radikale Veränderung der Struktur der Gemeindeorganisationen und fordern die Abschaffung aller bestehenden und überholten administrativen Strukturen: „Die *Nor Or* wird niemals eine der Einrichtungen unserer Gemeinde akzeptieren, sofern diese nicht von der Gemeinde gewählt ist und sich verantwortungsvoll und ausgeglichen verhält."[612] In diesem kurzen Artikel wie in vielen anderen Texten, die in der *Nor Or* publiziert wurden, geht es darum, dass die ArmenierInnen und andere Gruppen kontinuierlich – und bis heute anhaltend – durch die staatliche Politik von ihren gemeindlichen Rechten abgeschnitten werden und die Gemeinden somit administrativ und auf der finanziellen Ebene kontrolliert und blockiert sind. Die *Nor Or* nimmt neben den Fragen der armenischen Gemeinde auch die globale Politik wahr und registriert das Ende des Faschismus in Europa und die Prozesse zur Entkolonialisierung. Auch wenn wir keine Angaben zu ihrer Auflage haben, war die *Nor Or* die einzige armenischsprachige Zeitung, die im Rahmen des Ausnahmerechtes dauerhaft verboten wurde (Dezember 1946).

Im März 1947 besuchten VertreterInnen der griechischen Gemeinde Ankara, was in der *Marmara* ein Echo unter der Überschrift „Erhalt neuer Rechte" findet.[613] Wenige Tage später schreibt der Leiter der Administration der armenischen Gemeinde, Vahan Papazyan, dass die „neuen Rechte nicht ausschließlich auf die griechische Gemeinde anwendbar sein könnten".[614] Am nächsten Tag erklärt Premierminister Peker in einer Rede vor der Universität Istanbul, dass „antijüdische Einstellungen, die vor allem während des faschistischen Nazi-Regimes aufgeblüht waren, nicht hinnehmbar sind, und dass wir sie missbilligen. [...] Wir müssen auch die etwaigen alten oder neuen Spuren davon in unserer Gesellschaft beseitigen. [...] Minderheiten müssen gleich sein, und zwar nicht nur vor dem Gesetz, sondern auch innerhalb der Gesellschaft." Peker äußerte sich außerdem zu dem Grauen, den der Rassismus verursachte, und dazu, dass der Kommunis-

---

**611** *Nor Or*, 19. September 1946, Nr. 41.
**612** Aram Pehlivanyan, „Anhrajeshd lusapanut'iwn mĕ", in: *Nor Or*, 15. November 1946, Nr. 98.
**613** *Marmara*, 26. März 1947, Nr. 1588.
**614** *Marmara*, 28. März 1947, Nr. 1590.

mus den „makellosen Nationalismus" verunglimpfen würde.[615] In seiner Rede äußerte der Chefarzt des Griechischen Krankenhauses, Dr. Panayot Yağcıoğlu, dass er fest überzeugt sei vom türkischen Nationalismus, und grüßte Peker im Namen der griechischen Gemeinde.[616] Die Veränderung des Regierungsdiskurses lässt sich in diesem Artikel leicht nachvollziehen. Die *Yirmi Kura Askerlik*, die Vermögenssteuer, die wirtschaftlichen und politischen Allianzen mit dem Nazi-Regime und die offen rassistischen Anmerkungen waren nicht länger dienlich, und dies galt insbesondere auf der Ebene von Reden des Premierministers. Im Zusammenhang mit der Truman-Doktrin ist die Rede von Peker als äußerst strategisch anzusehen, allerdings gibt es auch einen ehrlichen Tonfall in der Rede, denn er betonte, dass die NichtmuslimInnen nicht nur vor dem Gesetz ungleich wären, sondern auch in der Gesellschaft. Am beeindruckendsten ist jedoch die Begeisterung Yağcıoğlus für das absolut Höherwertige, die er aus der Position eines minderwertigen Subjektes äußert.

Im Zeitraum Juli–August 1947 begannen angesichts der Erkrankung des Locum tenens Kevork Arslanyan innerhalb der Gemeinde Diskussionen, wie die administrativen Fragen zu regeln wären. Die *Jamanak* schlägt vor, Vahram Gesar zu delegieren, damit sich dieser mit allen Fragen der Gemeinde beschäftigt.[617] Zaven Biberyans Artikel zu dem Problem betont die Frage der Repräsentation und stellt fest: „Die ArmenierInnen von Istanbul haben keine Stimme."[618] Die *Nor Lur* kritisiert die Äußerung von Anwalt Step'an Gülbenkyan, der erklärte, dass die armenische *Nizâmnâme* weiterhin in Kraft wäre. Die *Nor Lur* argumentiert, dass – trotz des Umstandes, dass die *Nizâmnâme* ein wertvolles Dokument ist – die Realität von den Regelungen und von den darin garantierten Rechten abweicht:

> Eine Organisation mit einer hundertjährigen Tradition hörte auf zu existieren; die Nationalversammlung musste die Zusammenkünfte einstellen; der Zivil-Politische Rat, der Teil der Verwaltung war, verschwand aus der Öffentlichkeit; der Patriarch stand allein beziehungsweise war in den vier Wänden des Patriarchates isoliert worden; also alle Körperschaften, die die Nationalversammlung bildeten, stellten ihre Tätigkeit ein; das riesige *Sanasaryan Han* war mehr oder weniger verwaist, da eine Verwaltung nicht mehr existierte. Weder die Nationalversammlung noch der Patriarch oder die Verwaltung oder irgendjemand anderes erhob seine Stimme dagegen.[619]

---

615 *Marmara*, 29. März 1947, Nr. 1591.
616 Ebenda.
617 Zaven Biberyan, „Och' ok'", in: *Aysor*, 8. August 1947, Nr. 4.
618 Ebenda.
619 *Nor Or*, 9. August 1947, Nr. 260.

Eine Woche später beschreibt Vartan Gomikyan in einem Artikel in der *Aysor* eine Lösung, nämlich die Bildung einer zentralen Verwaltungskörperschaft aus den EinzeltreuhänderInnen.[620] Diese Idee wird in derselben Zeitung von einem gewissen Irazeg kritisiert, weil sie das System der EinzeltreuhänderInnen anerkennt.[621] In der nächsten Ausgabe der *Aysor* unterstreicht Zaven Biberyan in einem weiteren Artikel den Umstand, dass die Gemeinde Organisationsstrukturen benötigte, um die Aufgaben in dieser Zeit einer drohenden Auslöschung zu erfüllen, sodass es vergebens wäre, Lösungsansätze anzubieten, die weiterhin die staatlichen Präferenzen reproduzierten und eine Teilhabe der Gemeinde an der Administration ausschlössen.[622] Biberyan zufolge gibt es keine anderen sinnvollen Möglichkeiten als die Einführung eines Wahlsystems. Wenige Tage darauf wird in einem Leitartikel in der *Nor Lur* die Kritik des Irazeg auf der Basis infrage gestellt, dass eine Verwaltung der Gemeinde nicht vorhanden wäre und dass deswegen der Patriarch allein faktisch der einzige Akteur bliebe.[623] Biberyan verfasst im Oktober eine weitere Kritik an Gomikyans Vorschlag. Dieser hätte versucht, seine Idee damit zu rechtfertigen, dass er behauptete, die Lage der frommen Stiftungen in manchen Bezirken wäre schlechter als in anderen; dort würde es mehr Bedürftige ohne alle Ansprüche auf Unterstützung geben. Deshalb würde ein Rat der EinzeltreuhänderInnen die finanziellen Probleme lösen können, indem sie ihre Ressourcen zusammenlegen. Darauf antwortet Biberyan, dass sich die Probleme nicht auf die finanziellen Schwierigkeiten einiger Bezirke reduzieren ließen, sondern dass eine radikale Lösung erforderlich wäre. Nach Auffassung von Biberyan würde der Vorschlag den einzelnen EinzeltreuhänderInnen mehr Rechtmäßigkeit als je zuvor geben und eine abschließende Lösung verhindern.[624]

Auch die *Nor Lur* hat wenig Hoffnungen auf neue Regelungen für die NichtmuslimInnen. Ara Sarkisyan argumentiert in einer Kolumne, dass die *Nor Lur* eine neue Regelung berechtigterweise abwarten würde, um dann zu sehen, ob diese die Probleme der Gemeinden löste oder nicht; die Erörterung eines Gesetzes, das noch nicht vorgelegt worden ist, würde nur Zeit und Druckerschwärze verschwenden.[625] Allerdings ist Sarkisyan der Auffassung, dass das Patriarchat einige vertrauenswürdige prominente Personen benennen sollte, die sich mit den

---

**620** *Aysor*, 16. August 1947, Nr. 5.

**621** „Irazeg" ist in der armenischen Presse ein häufig verwendetes Pseudonym; das Wort lässt sich als „gut informiert; fachkundig" verstehen. Irazeg, „Getronagan madagarar marmin", in: *Aysor*, 6. September 1947, Nr. 8.

**622** Zaven Biberyan, „Kordzik' chllank'", in: *Aysor*, 13. September 1947, Nr. 9.

**623** *Nor Lur*, 16. September 1947, Nr. 271.

**624** *Aysor*, 4. Oktober 1947, Nr. 12.

**625** *Nor Lur*, 13. November 1947, Nr. 289.

finanziellen Fragen beschäftigen könnten, denn die Gemeinde hätte ja überhaupt keine Kontrolle über ihre eigenen Gelder.[626] Auch für die *Nor Lur* war es das Patriarchat, das weiterhin im Namen der Gemeinde tätig werden sollte, nicht die Gemeinde selbst. Auch hier wird eine schnelle und pragmatische Lösung angeboten, die alle rechtlichen Regelungen der Gemeinde außer Acht ließ. Im November 1947 verkündet die *Marmara* erneut die Nachricht, dass eine neue Regelung für die Minderheiten in Arbeit wäre.[627] Laut dem Berichterstatter für Ankara war die Regierung dieses Mal dabei, die osmanischen Dokumente zu überarbeiten, um gerechte Regelungen zu erwirken. Die *Marmara* stellt zudem fest, dass die Gemeindeverwaltung am 26. August 1947 ein offizielles Schreiben an die Regierung richtete (um welches Ministerium oder welche Regierungsbehörde es sich handeln sollte, verbleibt unklar), in dem die Anwendung aller bestehenden Regelungen gefordert wird, damit alle gemeindlichen Einrichtungen ihrer Rechenschaftspflicht nachkommen können.[628] Die *Nor Lur* erwidert auf diesen Artikel, indem sie die *Marmara* der Verbreitung von Lügen über administrative Probleme bezichtigt; man würde den türkischen Zeitungen eine Gelegenheit bieten, zu schreiben, dass der Locum tenens einen Schlaganfall erlitten hätte und nicht länger seinen Pflichten nachgehen könnte.[629] Darüber hinaus entgegnet man der *Marmara* in der *Nor Lur*, dass die Schaffung eines Ausgleichsmechanismus – der dem Einzeltreuhänder-System entgegenwirken sollte, welches außerhalb der Kontrolle der Gemeinde verblieb – nicht an erster Stelle steht. Stattdessen sollte den Bemühungen Vorzug gegeben werden, das Gesetz zur Generaldirektion der frommen Stiftungen abzuschaffen und die Strukturen der Gemeinde wiederherzustellen.[630]

Im Leserbrief eines A. H. stellt dieser in der *Aysor* zur Lage der Gemeindeorganisationen Ende 1947 folgende existenzielle Frage:

> Wie sehen wir, die ArmenierInnen von Istanbul, aus? Wie sehen wir als Gemeinde von 50.000 Menschen aus? Welche Art von religiöser Administration haben wir? Welche Art von säkularer Administration haben wir? [...] Was bedeutet es, armenische Intellektuelle oder armenischer Intellektueller in Istanbul zu sein? [...] Ich bitte um Verzeihung, aber ich weiß von keiner anderen Zeit in der Geschichte, in der 50.000 von uns zusammenkamen und nach nichts aussahen.[631]

---

**626** Ebenda.
**627** *Marmara*, 17. November 1947, Nr. 1813.
**628** Ebenda.
**629** *Nor Lur*, 22. November 1949, Nr. 290.
**630** Ebenda.
**631** *Aysor*, 27. Dezember 1947, Nr. 24.

*Nor Lur*, *Marmara* und *Aysor* beschäftigen sich in den ersten Tagen und Wochen des Jahres 1948 in zahlreichen Artikeln mit den administrativen Problemen der Gemeinde. Die *Marmara* informiert ihre LeserInnen begeistert über die „Details" der neuen gesetzlichen Regelung zu den rechtlichen Fragen der Minderheiten.[632] Die *Nor Lur* veröffentlicht in den ersten drei Monaten des Jahres eine Reihe zu den Problemen der Gemeinde, und zwar auf der Ebene sowohl der Bezirke als auch der Einrichtungen (also des Patriarchates, des Krankenhauses Surp P'rgich', der Schulen).[633] Auch die *Aysor* beteiligt sich an der Diskussion über die Gemeindeverwaltung, die in eine Sackgasse geraten war. Die *Aysor* bespricht in ihrem Leitartikel die neuesten Meldungen in der *Marmara* und in der *Jamanak*, und sie vertritt die Auffassung, dass sich trotz deren „guter Nachrichten" die derzeitige Lage nicht veränderte:

> Haben wir eine nationale Verwaltung? Wenn ja, wo ist sie, was macht sie, was sind ihre Pläne, und warum bleibt sie lieber hinter den Kulissen, statt mutig öffentlich in Erscheinung zu treten und unsere Rechte zu verteidigen? Wer würde bei Rücktritt der Administration eine neue Administration einberufen – und wie? Die Verwaltung, die für Ankara galt, scheint nur als Formalie zu existieren. Warum stellt sie sich nicht selbst der Gemeinde vor? Warum erklärt sie uns ihr langes Schweigen nicht? […] Wie sollen wir einer Schattenadministration trauen können? Wie sollen wir unsere Zukunft und unser Schicksal in ihre Hände legen können?[634]

Die *Tebi Luys*, herausgegeben von Rupen Maşoyan und Yervant Gobelyan, bringt im Juni 1950 ebenfalls eine Reihe von Artikeln zu diesen Problemen. Im ersten Artikel wird der Fokus auf den Genuss gleichwertiger bürgerlicher Rechte in Verbindung mit ethnischen, kulturellen und religiösen Unterschieden gerichtet. Der Artikel vertritt die Auffassung, dass die Unterschiede unveränderlich wären; und dennoch hätten die ArmenierInnen dem Land wie alle anderen BürgerInnen gedient und deswegen als Mitglieder einer Minderheitengruppe das Recht auf gleiche Bürgerrechte. Dem Artikel zufolge hätte Hamdullah Suphi Tanrıöver,[635] ein Parlamentarier der Demokratischen Partei, argumentiert, dass die NichtmuslimInnen keine nationalen Strukturen haben sollten und dass deswegen ihre Schulen und Zeitungen zu schließen seien.[636] Eine andere Angabe im selben

---

632 *Marmara*, 1. Januar 1948, Nr. 1858; 5. Januar 1948, Nr. 1862.

633 *Nor Lur*, 3. Januar, 10. Januar, 13. Januar, 17. Januar, 20. Januar, 23. Januar, 27. Januar, 10. Februar, 17. Februar, 21. Februar, 6. März, 13. März, 20. März, 3. April 1948.

634 *Aysor*, 3. Januar 1948, Nr. 25.

635 Hamdullah Suphi Tanrıöver (Istanbul 1885–1966), Erziehungsminister und Leiter der Organisation „Türkischer Herd" *(Türk Ocakları)*, sowohl bis zu ihrem Verbot 1931 als auch nach der Wiederzulassung 1949. Er wurde 1950 in das Parlament gewählt.

636 *Tebi Luys*, 3. Juni 1950, Nr. 14.

Artikel deutet an, wie die öffentliche Meinung über die NichtmuslimInnen lautet. Die *Hürriyet* veröffentlichte die Antwort eines ihrer Leser auf einen Fragebogen der Zeitung. Auch wenn die Replik oder auch der gesamte beantwortete Fragebogen erfunden sein kann, so hat der in der *Hürriyet* veröffentlichte Kommentar dennoch eine gewisse Aussagekraft. Der zitierte Leser schlägt vor, dass das zurückgelassene Eigentum der NichtmuslimInnen billig verkauft werden sollte.[637] Auch wenn die beiden Beispiele, die im selben Artikel der *Tebi Luys* genannt werden, keinen Bezug zu haben scheinen – das Erstere dreht sich um die Beseitigung der nationalen administrativen Systeme der nichtmuslimischen Gemeinden und das Letztere um die Konfiszierung ihres Eigentums –, so illustrieren sie denselben Ansatz absoluter Überlegenheit, ob nun seitens eines gewöhnlichen Bürgers, der einen Fragebogen beantwortet, oder seitens eines Politikers wie Hamdullah Suphi. In diesem Kontext konnte nichts normaler sein, als den Verkauf des verlassenen Eigentums von NichtmuslimInnen vorzuschlagen. Der folgende Artikel in der Reihe in der *Tebi Luys* belegt dieselbe Überlegenheit, indem angeführt wird, dass die Minderheiten sich inzwischen selbst als unterlegen betrachten würden und damit die Herrschaft der Überlegenen stützten.[638] Als die US-amerikanische Kriegsmarine Istanbul besuchte, hängten viele Geschäfte Schilder mit verschiedenen englischen Texten auf, um entsprechende Sprachkenntnisse zu belegen: „Der große Unterschied zwischen ‚Bürger, sprich türkisch‘ und ‚Welcome‘ demonstriert deutlich einen demütigenden, herablassenden Ton. Grund für die Tobsucht der türkischen Mehrheitsgesellschaft war ihre Haltung, Minderheiten als Untertanen zu betrachten."[639]

Nachdem die rechtliche Grundlage der Verwaltung der armenischen Gemeinden abgeschafft worden war, haben die armenischen Meinungsführer viel Mühe darauf verwendet, die Rolle als Repräsentanten zu übernehmen. Dennoch hat der Staat, wie ich geschildert habe, weiterhin eine sehr wichtige Rolle dabei gespielt, festzulegen, wer als Meinungsführer zählt. Es ist deutlich, dass die armenische Presse gegen diese Aushöhlung der rechtlichen Strukturen kämpfte, auch wenn die Reaktion keineswegs geschlossen war. Im Laufe dieser Entwicklung wurden Diskurse über „Säkularismus, bürgerliche Rechte und Gleichheitsprinzip" zunehmend instrumentalisiert; so sollten die Gemeinden gezwungen werden, die faktischen Zwischenlösungen hinzunehmen, die schließlich die bestehenden Probleme weiter verschlimmerten. Tatsächlich zielte dieser Diskurs über Säkularismus und gleiche Bürgerrechte auf die verschiedenen *Nizâmnâmes*

---

637 Ebenda.
638 *Tebi Luys*, 17. Juni 1950, Nr. 16.
639 Ebenda.

und auf die rechtliche Sicherheit ab, die diese den Gemeinden boten. Bis heute wurde keine Regelung an ihre Stelle gesetzt, die den Bedürfnissen der Gemeinden entsprechen würde.

# 3 Staatliche Überwachung und antiarmenische Kampagnen

## 3.1 Staatliche Überwachung der armenischen Presse

Die Überwachung sowohl der armenischen Presse in der Türkei wie auch der Gemeinde als solcher war ein fester Bestandteil des postgenozidalen Habitus. Erstens wurden alle Veröffentlichungen, welche die Geschichte der ArmenierInnen in der Türkei wie auch anderswo zum Gegenstand hatten, als Bedrohung für die Aufrechterhaltung des Konstruktes der Leugnung angesehen. Zweitens war die von anderen Diasporagruppen isolierte Situation der ArmenierInnen, die in der Türkei verblieben waren, diesem Habitus so eingeschrieben wie auch die Erwartung, dass sie sich im Sinne der offiziellen türkischen Position verstehen sollten. Wie in diesem Kapitel zu sehen ist, waren die verbliebenen ArmenierInnen genötigt, die offizielle Haltung der Türkei zu vertreten, dass die ArmenierInnen glücklich wären, in der Türkei zu leben, dass territoriale Ansprüche nicht ihren Wünschen entsprächen, dass sie nichts mit diesen armenischen Gruppen im Ausland zu tun hätten. Drittens ließ der Aufruf zur Einwanderung nach Sowjetarmenien in Verbindung mit den territorialen Ansprüchen die Beschuldigung der ArmenierInnen, eine fünfte Kolonne zu sein, wieder aufleben und führte zu einer internationalen Krise, durch die die armenische Gemeinde unvorbereitet in den Fokus der internationalen Politik gerückt wurde.

In diesem Kapitel werde ich mich zuerst mit dem Verbot armenischer Publikationen in den 1930er- und 1940er-Jahren beschäftigen und mir genauer ansehen, zu welchen Debatten es in den armenischen Zeitungen wegen des Abdruckes von Artikeln aus türkischen und internationalen Medien kam. Die Berichte der Generaldirektion für die Presse (*Matbuat Umum Müdürlüğü*) und des beim Staat fest angestellten armenischen Übersetzers beleuchten einerseits die Beziehung zwischen der armenischen Presse und der Regierung und andererseits die innere Dynamik der Gemeinde, wie sie sich in Leitartikeln, Kommentaren und Meldungen widerspiegelt.

Angesichts der fehlenden zivilen Vertretung übernahm die armenische Presse de facto Verantwortung bei der Erörterung politischer Äußerungen. Wie ich bereits im zweiten Kapitel gezeigt habe, bedrohte diese Position wegen der massiven staatlichen Zensur nicht nur die Freiheit der Zeitungen und ihrer Herausgeber, sondern oftmals auch ihre gesamte Existenz. In der gesamten ersten Hälfte des 20. Jahrhunderts waren Journalismus, die Herausgabe von Zeitungen und das Druckgewerbe prestigeträchtige Berufe der ArmenierInnen in Istanbul. Der Grund lag darin, dass ihnen diese Professionen rechtlich weiter offenstanden – anders

https://doi.org/10.1515/9783110655087-005

als die lange Liste von Berufen, zu denen der Staat NichtmuslimInnen den Zutritt verwehrte.[640] Allerdings war die Presse auch ein Bereich, in dem sehr großer Druck ausgeübt wurde. Dies wird besonders deutlich am Fall der Zeitung *Aztarar* („Bote"), über den Ara Koçunyan berichtet:

Atatürk äußerte vom Krankenbett aus: „Sie sollen mich nicht zwingen, meine Stiefel wieder anzuziehen." Nach dieser Äußerung musste Frankreich Hatay verlassen, das daraufhin an das „Mutterland" angeschlossen wurde.[641] Diese Nachricht wurde in allen türkischen Zeitungen siebenspaltig auf den Titelseiten gemeldet [...]; die einzige Ausnahme bildete die *Aztarar*, die nur eine Meldung von wenigen Zeilen veröffentlichte, welche zudem zwischen Inlandsnachrichten unterging. Mit dieser kurzsichtigen Haltung schaufelte sich die *Aztarar* ihr eigenes Grab. Der damalige Gouverneur Muhiddin Üstündağ lud Manuk Aslanyan [Chefredakteur der *Aztarar* – T. S.] ein und fragte ihn, ob er mit dem Anschluss [von Hatay] nicht zufrieden sei. Dieser verstand natürlich, dass er in ein Fettnäpfchen getreten war; er entschuldigte sich und sagte zu, am folgenden Tag einen Leitartikel zu verfassen. Diesen Leitartikel schrieb er zwar, doch die *Aztarar* wurde dennoch wenige Tage später geschlossen.[642] Dieser Vorfall verdeutlicht, welche Verinnerlichung und konsequente Praxis der Leugnung seitens des Staates erwartet werden konnte.

Das Vorgehen, eine Zeitung zu schließen oder zu verbieten, hielt an, bis das Gesetz zur Aufrechterhaltung der Ordnung *(Takrir-i Sükun)* 1929 aufgehoben wurde.[643] Mustafa Yılmaz und Yasemin Doğaner haben in drei Artikeln zahlreiche Dokumente aus dem „Staatsarchiv über die republikanische Ära" zur Zensur und zum Verbot von Publikationen ab der Mitte des 19. Jahrhunderts bis in die Zeit der Republik Türkei zusammengestellt.[644] In diesen Artikeln sind auch die Ent-

---

**640** Dass es laut der Aufstellung aus dem Jahr 1934 ausschließlich in Istanbul eine große Anzahl armenischer VerlegerInnen gab, bestätigt diese Behauptung. Vergleiche Server İskit, *Türkiye'de Neşriyat Hareketleri Tarihine Bir Bakış* (Ankara: Milli Eğitim Basımevi, 2000), S. 193–196.

**641** *Mayr hayrenik* ist die Übersetzung des französischen *Mère patrie*.

**642** Ara Koçunyan, *Voğçuyn Amenkin* (Istanbul: Aras Yay., 2008), S. 78–79. Koçunyan nennt nicht das genaue Datum dieses Vorfalles, der aber im Jahr 1936 oder 1937 stattgefunden haben muss. Aslanyan verließ das Land, nachdem seine Zeitung geschlossen worden war. Er ging zuerst nach Syrien und von dort aus weiter in den Libanon. Im Jahr 1942 gab er erneut eine *Aztarar* heraus, nun in Beirut, und diese erschien bis 1955. Vergleiche Amalia Giragosyan (Hg.), *Hay Barperagan Mamuli Madenakrut'yun (1794–1967)* (Jerewan: Haygagan SSH Guldurayi Minisdrut'yun, 1970), S. 36. Manuk Aslanyan verstarb 1944 in Beirut.

**643** Zum vollständigen Gesetzestext vergleiche www.resmigazete.gov.tr/arsiv/87.pdf (abgerufen am 3. Oktober 2020).

**644** Mustafa Yılmaz und Yasemin Doğaner, „Demokrat Parti döneminde Bakanlar Kurulu ile yasaklanan yayınlar", in: *Kebikeç* 22 (2006), S. 151–204. Vergleiche auch Mustafa Yılmaz,

scheidungen zum Verbot der Einfuhr solcher ausländischen Publikationen in die Türkei enthalten, die der Staat aus bestimmten Gründen für schädlich hielt. Auf diese Dokumente komme ich in anderem Zusammenhang zurück. Yılmaz und Doğaner belegen anhand einer ausgiebigen Liste verbotener Publikationen eine lange Tradition, auch wenn sie versuchen, diese Praktik zu rechtfertigen. Bei Lesen dieser Artikel kommt man jedoch nicht umhin, sich zu fragen, was die eigentliche Aufgabe des *Takrir-i Sükun* war, denn auch nach Aufhebung dieses Gesetzes verblieb die Presse weiterhin unter strikter staatlicher Kontrolle. Laut Server İskit gab es nach der Gründung der Republik keine Zensur mehr,[645] obwohl er im Anschluss das Gesetz *Takrir-i Sükun* zitiert und dahingehend argumentiert, dass „Reformen *(inkılap)*" mitunter zu bestimmten Maßnahmen greifen müssten. Die Gründe solcher Maßnahmen sind in Mustafa Kemals Werk *Nutuk*[646] deutlich erläutert. Im Juni 1934 wurden die Aufgaben der Generaldirektion für die Presse erweitert; sie werden detailliert beschrieben im „Gesetz zur Einrichtung und zu den Aufgaben der Generaldirektion für die Presse" *(Matbuat Umum Müdürlüğü Teşkilatına ve Vazifelerine Dair Kanun)*, welches darauf abzielte, Kontrolle über Publikationen sowohl innerhalb der Türkei als auch außerhalb auszuüben.[647]

Wenn man die strenge Kontrolle der Presse berücksichtigt, scheint der oben erwähnte Fall der *Aztarar* nicht ungewöhnlich zu sein. Die *Hay Gin* („Armenische Frau") wurde vom Staat Anfang der 1930er-Jahre verboten, und die Gründe sind bis heute im Dunkeln verblieben.[648] Der Fall der *Nor Or*, die – wie einige türkische Zeitungen und Zeitschriften – letztmalig am 15. Dezember 1946 erschien und damit kurz vor dem Verbot nach Ausnahmerecht, unterscheidet sich nicht davon.[649] Nach meinen Recherchen war die *Nor Or* die einzige nicht auf Türkisch erscheinende Zeitschrift, die vollständig verboten wurde.

Wenn auch ohne Bezug auf das Ausnahmerecht, so wurden in den Jahren nach der Gründung der Republik auch verschiedene griechische Zeitungen ge-

---

„Cumhuriyet döneminde Bakanlar Kurulu kararı ile yasaklanan yayınlar 1923 – 45", in: *Kebikeç* 6 (1998), S. 53 – 80, sowie Mustafa Yılmaz und Yasemin Doğaner, „1961 – 63 yılları arasında Bakanlar Kurulu kararı ile yasaklanan yayınlar", in: *Atatürk Yolu* (2006), S. 247 – 299.

**645** Server İskit, *Türkiyede Matbuat İdareleri ve Politikaları* (Istanbul: Başvekalet Basın ve Yayın Umum Müdürlüğü Yayınlarından, 1943), S. 205.

**646** Ebenda, S. 249.

**647** Zum vollständigen Gesetzestext vergleiche www.tbmm.gov.tr/tutanaklar/KANUNLAR_KARARLAR/kanuntbmmc013/kanuntbmmc013/kanuntbmmc01302444.pdf (abgerufen am 3. Oktober 2020).

**648** Vergleiche Melissa Bilal und Lerna Ekmekçioğlu, *Bir Adalet Feryadı: Osmanlı'dan Türkiye'ye Beş Ermeni Feminist Yazar 1862 – 1933* (Istanbul: Aras Yay., 2006).

**649** Am 16. Dezember 1946 wurden die *Nor Or*, die *Yığın*, die *Gün*, die *Ses*, die *Sendika* sowie die *Dost* verboten.

schlossen.[650] Mustafa Yılmaz nennt immerhin 144 Publikationen, die in den Jahren von 1923 bis 1945 durch Kabinettsbeschluss verboten wurden.[651]

Für ein tatsächliches Verbot von Zeitungen, Zeitschriften und Büchern musste der diesbezügliche Kabinettsbeschluss von Präsident İnönü bestätigt werden. So erging es beispielsweise 1949 der Zeitschrift *Sovedagan Hayasdan* („Sowjetarmenien"), die in Jerewan für die ArmenierInnen in der Diaspora erschien; auch der in Frankreich veröffentlichte Fotoband *1920–1945 Soviet Armenia (Sowjetarmenien)* wurde verboten. Das Verbot der Lieferung dieser Publikationen in die Türkei erlaubte auch die Beschlagnahme der bereits im Land vorhandenen Exemplare.[652] Ebenfalls verboten wurde das Buch *Mufassal Ermeni Tarihi* von Kevork Mesrop, das 1937–1938 sowie 1941 vom Verlag Masis in Sofia gedruckt wurde.[653] Der Verbotserlass erging im Juli 1944.[654] Auch wenn die Archive nichts hergeben hinsichtlich der Vorgehensweise zur Beschlagnahme der bereits vorhandenen Exemplare, so erlaubt folgendes mündliches Interview Rückschlüsse auf die Bücherverbote:

> Wir durften keine armenischen Bücher in der Schule haben. Deswegen war es nicht möglich, Bücher zu behalten, die vor 1923 oder außerhalb der Türkei erschienen sind. Die Administration wusste einfach nicht, wo sie sie aufbewahren konnte. Zuerst waren sie in der Glocke des Surp Haç versteckt, einfach im Glockenturm gestapelt. Später bekam es die Kirchenverwaltung dann mit der Angst zu tun. So brachten sie sie wieder zurück in die Schule, und nun hatte die Schulverwaltung Angst. Schließlich – man wusste einfach nicht, was man sonst mit den Büchern machen sollte – schmissen sie sie einfach in den Heizofen von Tbrevank: Ich war dabei und stand direkt davor, ein Moment, den ich immer vor Augen haben werde. [...] Auch die Bibliothek des Patriarchen sollte nach Tbrevank verbracht werden; das hatte er in seinem Testament verfügt. Aber aus irgendeinem Grund ließ sich das nicht erledigen.[655]

In einem anderen Interview – dem von A. K. – wird eine Bücherverbrennung erwähnt:

---

**650** Vergleiche Elçin Macar, *Cumhuriyet Döneminde İstanbul Rum Patrikhanesi* (Istanbul: İletişim Yay., 2003), S. 168.

**651** Mustafa Yılmaz, www.ait.hacettepe.edu.tr/akademik/arsiv/ysk.htm#_ftn211 (abgerufen am 20. April 2012).

**652** BCA, 030.18.01.02.118.100.18.

**653** Vartan Matiossian wies mich auf den Umstand hin, dass der Titel *Ermeni Tarihi* gelautet haben muss, und dieses Werk wurde bis 1934 veröffentlicht. Deshalb ist es nicht klar, welches Druckwerk tatsächlich verboten wurde.

**654** BCA, 030.18.02.105.47.6.

**655** Mihran Dabag, persönliches Interview, 27. Januar 2015, Konstanz. In: Talin Suciyan, „Dört nesil: Kurtarılamayan son", in: *Toplum ve Bilim* 132 (2015), S. 132–149.

> In der neunten Klasse übernahm ich die Verantwortung für die armenische Bibliothek. [...] Dort fand ich die Satzungen der Huntschak-Partei. Als Mıgırdiç Margosyan 1967 nach Istanbul kam, gab es dort die Druckerei von Hagop Aprahamyan. Doch diese wurde geschlossen und dem Verband der LehrerInnen übergeben. Dort gab es offenbar auch dieses Buchgeschäft. In Tbrevank kamen zwei Lastwagen mit Büchern an. Wir waren es, die die Bücher hineingebracht haben – die Bücher wurden im Boiler verbrannt, und mit dem erhaltenen warmen Wasser haben wir die Wäsche gewaschen. Die Bücher wurden jedoch zuvor entsprechend den Verboten in der Türkei sortiert – die meisten von ihnen wurden an das *Badriarkaran* (Patriarchat) geschickt. Manche wurden jedoch einfach nur weggeworfen.[656]

In beiden Schilderungen wurden Bücher zum „Problem", wobei sich Schulen und andere Einrichtungen nicht einfach darüber verständigen konnten, wie damit umzugehen wäre. Oftmals schien die einzige Lösung die vollständige Vernichtung – ein Vorgang der Selbstzerstörung, zu deren Komplizin zu werden die Gemeinde gezwungen war. Dies war ein Ergebnis ihrer obligatorischen Teilhabe am Habitus der Leugnung.

Das Verbot erfolgte mit Verweis auf § 51 des Pressegesetzes *(Matbuat Kanunu))*.[657] Zwischen 1928 und 1934 wurden verschiedene armenische Publikationen aus Paris verboten: die Zeitung *Haraç*, die der Ausschuss der Armenischen Revolutionären Föderation (ARF) (1928) herausgab;[658] das Buch *Hayasdani Hanrabedut'iwn (Ermenistan Sabık Cümhuriyetinin Tarihçesi* [sic!], 1928; verboten 1934) von Simon Vratzian[659] und die *Troşag*, das Zentralorgan der ARF (1934).[660] Am 7. August 1938 wurden verschiedene armenische Zeitungen, die in Istanbul erschienen (*Nor Lur*, *Arevelk* und *Jamanak*), sowie die griechische *Apoyevmatini* verboten. Als Grund dafür wurde angegeben, dass sie sich allesamt ablehnend über die Regierung geäußert hatten.[661] In der Verbotsentscheidung hieß es, dass die Publikationen schädliche *(muzır)* Artikel enthalten hätten. Lediglich die Entscheidung zur *Troşag* war als geheim *(mahrem)* gekennzeichnet. Zu den in der Türkei verbotenen Publikationen zählten 1931 die *Haraç* (Paris), die *Aztak* (Bei-

---

**656** A. K., Berlin 2009, ebenda.
**657** Gesetz Nr. 1881 von 1931 – „Pressegesetz", § 51: „Der Import von Zeitungen und Zeitschriften, die in anderen Ländern erscheinen, in die Türkei und die Verbreitung dort können durch eine Kabinettsentscheidung verboten werden."
**658** BCA, 030.18.01.02.1.1.14. Die *Haraç* wurde allerdings von Shavarsh Misakian herausgegeben, doch obwohl sie eine private Publikation war, vertrat sie stets die Linie der Armenischen Revolutionären Föderation.
**659** BCA, 030.18.01.02.45.35.4.
**660** BCA, 030.18.01.02.44.25.15. Die *Troşag* wurde 1933 eingestellt.
**661** BCA, 030.18.05.84.73.12.

rut), die *Nor Or* (Athen), die *Husaper* (Kairo) und die *Mşak* (Fresno);[662] 1933 die *Hayrenik* (Boston)[663] und die *Mardgots* (Paris);[664] 1934 die *Aramazt* (Athen)[665] und die *Baykar* (Boston)[666] sowie 1936 die *Arev* (Kairo).[667] In der *Baykar* erschien 1930 eine Meldung zur Liberalen Partei *(Serbest Fırka)*, die ins Türkische übersetzt war.[668]

Laut den Dokumenten im „Staatsarchiv über die republikanische Ära" wurde die Istanbuler Zeitung *Aztarar* 1937 zur zeitweisen Einstellung des Erscheinens mit der Begründung gezwungen, dass sie eine Bedrohung für die Innen- wie für die Außenpolitik darstellen würde.[669] Nicht nur die armenische Presse, sondern auch Publikationen, die in Verbindung mit den armenischen Menschen oder insbesondere mit dem Völkermord an den ArmenierInnen standen, wurden verboten, wozu auch 1935 Franz Werfels *Die vierzig Tage des Musa Dagh* zählten.[670] Außerdem wurde die Regierung gelegentlich über den Inhalt bestimmter Meldungen informiert. So wurde beispielsweise 1937 zu Artikeln in der Zeitschrift *The Truth* und in der *Haraç*, in denen es um Dersim ging, ein Bericht erstellt. Beide Artikel wurden zusammen mit einer Nachricht aus der Kairoer *Arev* übersetzt.[671] *My Beloved Armenia* („Mein geliebtes Armenien") – ein Buch, das von Marie Sarrafian Banker in Chicago veröffentlicht wurde, die einen Abschluss des *American College* in Izmir hatte –,[672] wurde 1937 wegen des „schädlichen Inhaltes" in der Türkei verboten.[673] Im Jahr 1939 wurde auch das Buch *Die armenische Frage* von Mushegh Seropian, das in Beirut auf Armenisch erschienen war, verboten.[674] Dass die armenischen Publikationen und sogar die ausländischen Veröffentlichungen so genau verfolgt wurden, dass seitens des Staates daraus eine Verbotsliste angelegt werden konnte, belegt einmal mehr, wie systematisch der Staat die Leugnung betrieb.

---

**662** BCA, 030.18.01.02.25.2.19.
**663** BCA, 030.18.01.02.35.30.3.
**664** BCA, 030.18.01.02.36.33.6.
**665** BCA, 030.18.01.02.50.89.17.
**666** BCA, 030.18.01.02.49.77.15.
**667** BCA, 030.18.01.01.61.10.15.
**668** BCA, 030.10.108.712.17.
**669** BCA, 030.18.01.02.71.69.
**670** BCA, 030.18.01.02.51.32.
**671** BCA, 030.10.111.745.11.
**672** Marie Sarrafian Bankers Werk *My Beloved Armenia: A Thrilling Testimony* erschien erstmalig 1936 und wurde mehrmals neu aufgelegt.
**673** BCA, 030.18.01.02.79.82.14.
**674** BCA, 030.18.01.02.86.40.18. Bischof Mushegh Seropian war 1909 Prälat von Adana.

Von besonderem Interesse ist die Quelle der genauen Übersetzung der armenischen Artikel ins Türkische, die den staatlichen Berichten beigefügt waren, welche im „Staatsarchiv über die republikanische Ära" in Istanbul zu finden waren. Die meisten Dokumente erwähnen nicht den Namen der ÜbersetzerIn. Die Anmerkung *Ermenice tercümanı* („ÜbersetzerIn für Armenisch") am Ende der Übersetzung gibt ebenfalls keinen Hinweis auf die Namen. Auf der Übersetzung der Nachrichten in der *Nor Lur* und in der *Arevelk* zum Bau von Atatürks Pavillon im Armenischen Krankenhaus ist der Name des Übersetzers angegeben mit „Halit Gökmen (1937)".[675] Einige Dokumente scheint Mithat Akdora übersetzt zu haben; über ihn hat der Chefredakteur der *Marmara*, Suren Şamlıyan, zwei Artikel verfasst.[676] Dem ersten Artikel zufolge stammt Akdora aus Üsküdar und hat dort die Armenische Schule Garabedyan besucht, die 1945 geschlossen wurde. Suren Şamlıyan hielt fest, dass Akdora perfekt Armenisch konnte und dass er, obwohl er kein regulärer Übersetzer war, sich für die Biografien armenischer AutorInnen sowie überhaupt für die armenische Gesellschaft interessierte. Akdora war unter Vedat Nedim Tör Leiter der Armenischen Abteilung *(Ermeni Masası)*; Letzterer war während der antikommunistischen Hetzjagd (1927) inhaftiert worden und wurde später einer der Gründer der Zeitschrift *Kadro* (1932).[677]

Laut İskit stellte Tör die Zeitschrift ein, nachdem er Leiter der Generaldirektion für die Presse geworden war; seine Kollegen hatten ebenfalls offizielle Positionen zugewiesen bekommen.[678] Die Generaldirektion für die Presse unterstand 1929 – 1931 dem Außenministerium und ging dann in den Verantwortungsbereich des Innenministeriums über.[679] Nach seiner Aufgabe als Direktor (1933 – 1937) wurde Tör Leiter von Radio Ankara (1938 – 1943).[680] Er nahm in der türkischen Kulturpolitik weiterhin eine wichtige Rolle ein und war mehrere Jahrzehnte lang in den Kulturabteilungen der Banken Yapı Kredi und Akbank tätig. Auch der

---

**675** BCA, 30.10.109.720.12. Ich konnte zu dieser Person keinerlei Angaben ausfindig machen. Das Dokument wurde an das Büro des Premierministers und des Außenministers übermittelt.

**676** „Ankarayi mēch Hay lezui pdzakhntir bashdonadar mě", in: *Marmara*, 12. Oktober 1945, Nr. 1066, und 13. Oktober 1945, Nr. 1067.

**677** Zu Abdullah Muradoğlu vergleiche yarin1ist.tripod.com/mayis/34.htm (abgerufen am 3. Oktober 2020).

**678** Server İskit, *Türkiyede Matbuat*, S. 271.

**679** Ebenda.

**680** Vedat Nedim Tör (Istanbul 1897–1985) war der Sohn von Nedim Bey, dem Generalsekretär des Kriegsministers *(Harbiye Nezareti Müsteşarlık Başkatibi)*. Vergleiche İskit, *Türkiyede Matbuat*, S. 271–272, sowie seine Memoiren: Vedat Nedim Tör, *Yıllar Böyle Geçti* (Istanbul: Milliyet Yay., 1976).

bekannte Außenpolitiker Selim Rauf Sarper wurde Leiter der Generaldirektion für die Presse (1940–1944).[681]

Ein Bericht für den Premierminister vom März 1944, der unterzeichnet war von Sarper und übersetzt von Mithat Akdora, zitierte die Behauptung des Jahrbuches *Halk Salnamesi*, dass Papadopulos, der Chefredakteur der griechischen Zeitung *Metapolitefsis*, mutig genug gewesen wäre, um ein Gespräch mit dem Premierminister zu bitten, weil er die Umstände derjenigen diskutieren wollte, die zum Ausgleich ihrer Vermögenssteuerschulden zu Zwangsarbeit verurteilt worden waren. Im selben Artikel wurde behauptet, dass ihn auch Ahmet Emin Yalman wegen seines Mutes gewürdigt hätte, über die „erbarmenswürdigen Bedingungen" der Zwangsarbeiter zu schreiben. Ein dritter Punkt in dem Artikel war, dass dieselben Menschen, welche die Zwangsarbeiter beim Transport in die Arbeitslager beleidigt hätten, sie auf dem Rückweg gut behandelt haben. Der Bericht zu diesem Artikel endet mit der Behauptung, dass „keine anderen schädlichen Elemente in diesem Zusammenhang festgestellt werden konnten", was damit nahelegt, dass das Vorstehende als schädlich angesehen wurde.[682]

Auch in den Folgejahren gab es Verbote. In einer Liste aus dem Jahr 1959 wurden drei armenische Bücher aus den Jahren 1946, 1954 und 1958 genannt, die zwischen „arabischen und griechischen Büchern, Zeitschriften und Zeitungen" standen, wobei es sich jedoch um zwei Ausgaben von Vahe Haigs *Hairem Tızıhan / Anavatandan tüten baca dumanı* [sic] (erschienen in Boston bei Baikar im Jahr 1946 und im Verlag Gotchnag 1954)[683] und um *Ermenistan Güneşi* („Sonne von Armenien", publiziert von Hmayak Intoyan 1958) handelte. Alle diese Bücher waren in den USA erschienen.[684] Solche Listen ließ der Staat bis in die 1970er-Jahre anfertigen.[685] Es scheint gute Karrierechancen im Außenministerium eröff-

---

681 www.mfa.gov.tr/sayin_-selim-r_-sarper_in-ozgecmisi.tr.mfa (abgerufen am 3. Oktober 2020).

682 BCA, 30.10.86.570.5; das Jahrbuch *Halk Salnamesi* wurde im Druckhaus A. Abrahamyan gedruckt.

683 Der Titel von Vahe Haigs Werk kann mit *Der Kamin des Vaterlandes* übersetzt werden; die im Dokument verwendete türkische Überschrift ist umständlich formuliert. Es handelt sich um eine Kurzgeschichtensammlung in fünf Bänden. Der Autor, Vahe Haig (1900–1983), ein Überlebender des Völkermordes aus Kharpert, war ein armenisch-amerikanischer Autor. Er ist zudem der Herausgeber des Werkes *Kharpert Ew Anor Osgeghēn Tashdē* (New York: Kharpert Armenian Patriotic Union, 1959). Zu dem Buch vergleiche https://opacplus.bsb-muenchen.de/metaopac/singleHit.do?methodToCall=showHit&curPos=&identifier=100_SOLR_SERVER_569965601 (abgerufen am 10. August 2018).

684 BCA, 030.18.01.151.69.19.

685 BCA, 030.18.01.02.305.79.3.73. Das Dokument erwähnt ein im Iran erschienenes Buch – *Katliam-ı Ermeniyan* – sowie zwei andere Bücher, die in der Bundesrepublik Deutschland erschienen waren.

net zu haben, wenn man als Leiter der Generaldirektion die armenische Presse stets im Blick behielt. So wurde Nedim Veysel İlkin, der die Leitungsaufgabe 1946 innehatte, 1957 Botschafter.[686]

Ein anderes sehr interessantes Dokument aus dem Jahr 1944, das im „Staatsarchiv über die republikanische Ära" zu finden war, bestätigt, dass die Überwachung auf verschiedenen Ebenen stattfand und weit über berufliche Angelegenheiten hinausgehen konnte. Ein in der Armee tätiger Buchhalter, Sabri Karayalçın, verlor seine Stelle, weil er mit einer armenischen Frau zusammenlebte. Dies zeigt, dass es den Armeeangehörigen untersagt war, Beziehungen zu ArmenierInnen zu unterhalten.[687] Dass die Entscheidung zudem von Präsident İsmet İnönü und Premierminister Şükrü Saraçoğlu unterzeichnet war, bestätigt die Haltung des Staates gegenüber den ArmenierInnen im Allgemeinen. Der höchste Repräsentant des Staates musste über die Entlassung eines normalen Buchhalters aus der Armee in Kenntnis gesetzt werden und diese bestätigen, also eines Buchhalters, der normalerweise dem Präsidenten niemals namentlich bekannt geworden wäre, hätte er nicht eine armenische Partnerin gehabt.

Im „Staatsarchiv über die republikanische Ära" sind diverse Berichte zur armenischen Presse zu finden. So gibt es einen vom 1. Februar 1946,[688] der nach der Publikation von Zaven Biberyans Artikel „Badmagan Nshmarner" (übersetzt als „Tarihten İşaretler"/„Zeichen aus der Geschichte") in der *Nor Lur* erstellt wurde.[689] Die Artikel von Biberyan müssen nach der Veröffentlichung des berühmt gewordenen „Genug ist genug" *(Al Gě Pavē)* am 5. Januar 1946 genauesten Untersuchungen unterzogen worden sein, denn der Leiter der Generaldirektion, Nedim Veysel İlkin, erstellte recht lange Berichte sowohl zur *Nor Or* als auch zur *Nor Lur* (dazu später mehr). *Badmagan Nshmarner* gibt einen groben Überblick über die armenische Geschichte und verteidigt die Einwanderung nach Sowjetarmenien mit dem Argument: „So wie es eine jüdische Frage gab, so gab es auch eine armenische Frage, denn die Hälfte der armenischen Bevölkerung lebt außerhalb ihres Heimatlandes."[690] Biberyan zieht auf diese Weise direkt nach dem Zweiten Weltkrieg Parallelen zwischen den JüdInnen einerseits und den ArmenierInnen andererseits. Allerdings betonte der Bericht, dem eine Übersetzung beiliegt, die Unterstützung der Migration nach Sowjetarmenien durch Biberyan

---

**686** Verfügbar unter http://rabat.be.mfa.gov.tr/Mission/MissionChiefHistory (abgerufen am 12. Juni 2021).

**687** BCA, 030.11.165.2.15.

**688** BCA, 030.01.101.623.4.

**689** *Nor Lur*, 22. November 1946, Nr. 100.

**690** Ebenda.

und geht davon aus, dass die Zeitung diesem Land Solidarität erweisen würde und deswegen bestimmten Interessen dienen müsste.[691] Der Bericht behauptet:

> Der Herausgeber der *Nor Lur*, Vahan Toşikyan, ist jemand, der niemals Freund der TürkInnen war, und ist dennoch in seinen 30 Jahren als Journalist noch nie als übermütig aufgefallen. Er ist ein negativer und charakterlich schwacher Mensch. Nunmehr hat er finanzielle Schwierigkeiten. [...] Er war nie Mitglied einer Partei, und er hat seine Zeitung auch nie in den Dienst einer Bewegung gestellt. Wegen seiner finanziellen Engpässe und zum Gewinn von Vorteilen könnte er die Situation ausnutzen.[692]

Ein zweiter Bericht von 20 Seiten Länge wurde am 2. April 1946 überbracht. Dieser enthielt im ersten seiner vier Abschnitte eine Übersetzung des Leitartikels der *Nor Or* (der dritte Teil einer redaktionellen Reihe) vom 9. Februar 1946. Der erste Teil der ursprünglichen Reihe bespricht die Erfüllung der Versprechen, welche die republikanischen Eliten den ArmenierInnen gegeben haben.[693] Der zweite und insbesondere der dritte Teil diskutieren das Prinzip der Gleichheit.[694] Es dürfte kaum reiner Zufall sein, dass der armenische Übersetzer diesen einen Artikel aus der Reihe ausgewählt hat. Der erste Artikel bestätigt mehr oder weniger die Erfüllung der Erwartungen und Versprechungen einer bürgerlichen Gleichheit. Der zweite Artikel befasst sich umfassender mit den Verdiensten der republikanischen Verfassung und dem Gleichheitsprinzip sowie mit dem fehlenden Bewusstsein der Jüngeren für die tragischen Geschehnisse des Ersten Weltkrieges. Außerdem heißt er Ansätze gut, die nicht nach Ethnie oder Religion trennen und so zu einem geschwisterlichen Verhältnis mit den TürkInnen kommen.[695] Der dritte Artikel der Reihe fokussiert stark auf die Diskriminierung der ArmenierInnen auf staatlicher Ebene und führt in diesem Zusammenhang auch die Vermögenssteuer und die ungleiche Behandlung der Nichtmuslime beim Militär an. Der Verfasser problematisiert den Umstand, dass die armenischen Männer keine höheren Offiziersränge erhalten konnten, selbst wenn sie den Abschluss einer türkischen Universität hatten. Im Rahmen der Diskussion der *Yirmi Kura Askerlik* wird darauf hingewiesen, dass junge Nichtmuslime zwar zum Militär eingezogen wurden, jedoch nicht einmal eine ordnungsgemäße Uniform erhielten, sondern stattdessen gezwungen wurden, als Arbeiter im Straßenbau Steine zu schleppen. Zur Vermögenssteuer wird angemerkt, dass sie als besondere Steuer für NichtmuslimInnen diesen extreme Schwierigkeiten bereitet hätte. Schließlich verweist der

---

691 BCA, 030.01.101.623.4.
692 Ebenda.
693 *Nor Or*, 19. Januar 1946, Nr. 27.
694 *Nor Or*, 2. Februar 1946, Nr. 29, und *Nor Or*, 9. Februar 1946, Nr. 30.
695 Ebenda.

Verfasser auf einen Artikel, der in der *Marmara* unter dem Titel „Liebt die ArmenierInnen!"[696] erschienen war, und argumentiert: „Wir lieben, und wir werden
geliebt … Dies ist eine LÜGE. Damit man lieben und geliebt werden kann, müssen
beide Beteiligten auf Augenhöhe miteinander sein."[697] Der Artikel endet mit einer
Erklärung:

> So lange es in einer Gesellschaft „Oben" und „Unten" […] gibt, werden sie immer in Oppo-
> sition zueinander stehen. Die oben werden auf die unten hinabblicken; die unten werden
> einen Verdacht gegen die oben haben. […] Gleichheit darf nicht als Gunst betrachtet werden:
> Sie ist ein „Recht".[698]

Der dritte Artikel der Reihe ist somit am direktesten und am schlüssigsten. Die
beiden vorhergehenden Artikel zum Thema Geschwisterlichkeit und Annäherung
zogen nicht die gleiche Aufmerksamkeit auf sich wie die Punkte im letzten.

Im selben Dossier befindet sich ein Bericht vom 21. Februar 1946 zu *Nor Lur*
und *Nor Or*. Zu Ersterer erwähnt der Übersetzer Zaven Biberyan und seine pro-
sowjetischen Texte. Zur *Nor Or* weist der Übersetzer darauf hin, dass „sogar der
Name der Zeitung in Rot geschrieben war".[699] Der Übersetzer informiert die Regierung über Aram Pehlivanyan – einen Kommunisten und Absolventen der juristischen Fakultät mit dem Pseudonym Şavarş – und behauptet anhand dessen,
dass die Beschäftigten sowie die UnterstützerInnen der Zeitung größtenteils eine
kommunistische Gesinnung hätten. In diesem Bericht betont der Übersetzer, dass
auch die *Marmara* sowjetische Propaganda betreiben würde. Den dritten Teil des
Berichtes bildet die Übersetzung einer Nachricht in der Ausgabe der *Nor Lur* vom
2. Februar 1946, die wiederum die Auswanderung behandelt. Im Artikel erfahren
die LeserInnen, wo sie sich für den Auswanderungsvorgang bewerben können,
und es wird eine Adresse in Jerewan (Nalbandyanstraße 18) genannt. Der Übersetzer, auch dieses Mal handelt es sich um Mithat Akdora, geht davon aus, dass
die Veröffentlichung der Adresse in der Zeitung belegt, dass diese über besondere
Quellen und Kontakte verfügen würde und somit eine Mission verfolgte.[700] Der
vierte Teil des Berichtes, der von Nedim Veysel İlkin unterzeichnet ist, zeigt einen
Brief, der an die *Nor Lur* gesendet und dort am 19. März 1946 veröffentlicht wurde.
Hierin wurde der Zeitung mit dem Angriff durch Studierende und feindlich ge-
sonnene Armenier gedroht, die damit gegen den oppositionellen Artikel Zaven

---

**696** V. Bartevyan, „Siretsek Hayerë", in: *Marmara*, 11. Januar 1946, Nr. 1157.
**697** *Nor Or*, 9. Februar 1946, Nr. 30.
**698** Ebenda.
**699** BCA, 030.01.101.623.6.
**700** BCA, 030.01.101.623.6.

Biberyans protestieren würden.[701] Es wird auf den Angriff verwiesen, den der Tan-Verlag Anfang Dezember 1945 erlebte. In einem eigenen Leitartikel informiert die *Nor Lur* die LeserInnen über diesen Drohbrief, und merkt an, dass die „Studierenden den Verlag der *Nor Lur* genauso zerstören wollten, wie sie es mit der *Tan* getan hätten".[702]

Wiederum ist im selben Dossier ein Zusatzbericht des Übersetzers zu finden, in dem es um die *Nor Lur* vom 15. März 1946 geht und der die Veröffentlichungspolitik der Zeitung genau untersucht. Er weist zuerst darauf hin, dass „die Zeitung direkt an der Propaganda für eine ausländische Macht [die Sowjetunion] beteiligt ist", und merkt des Weiteren an, dass es „ihr Ziel wäre, kommunistische Ideologie und Ideen zu befürworten und zu verbreiten".[703] Alle Artikel von Zaven Biberyan vom 19. Februar bis zum 9. März 1946 werden als prosowjetisch etikettiert. Außerdem enthält der Bericht die Übersetzung eines Artikels von Biberyan in der *Nor Lur* vom 19. Februar 1946. Des Weiteren wird die „Tendenz der Zeitung" durch Informationen zum Inhalt der Ausgaben vom 19. und 23. Februar 1946 belegt. Im letzten Absatz des Berichtes geht es um die Auseinandersetzungen zwischen den armenischen Zeitungen in Istanbul: Die *Marmara* beklage sich über die *Nor Lur*, was zu einem Verlust an LeserInnen führe, während die *Jamanak*, die bekannt sei für ihre loyale Haltung zum Türkentum, weiterhin eine hohe Verbreitung erfahre.[704]

Im letzten Teil des Berichtes wird ein weiterer Artikel erwähnt, „Kämpfe zweier Welten", der von Ares stammt.[705] Hier wird anhand der Spannungen zwischen Sowjetunion und angelsächsischer Welt wiederum die weltpolitische Lage besprochen. Übersetzte Teile von Biberyans Artikeln vom 19. und vom 23. Februar 1946 unter dem Titel „Kapitalismus ist eine Katastrophe der Menschheit" bilden einen zweiten Anhang. Am 9. August 1946 wird dem Büro des Premierministers ein weiterer Bericht vorgelegt. Auf zwölf Seiten geht es allgemein um die Situation der armenischen Presse in Istanbul; insbesondere werden separat die Zeitungen *Jamanak*, *Marmara*, *Nor Lur* und *Nor Or* behandelt.[706] Das erste wichtige Kriterium des Berichtes scheint das Vorhandensein von Anmerkungen und Meldungen zu anderen armenischen Gemeinden zu sein. Fehlten solche, wurde dies als vorteilhaft angesehen. Der Berichterstatter, der wiederum

---

**701** Ebenda.
**702** Ebenda.
**703** Ebenda.
**704** Ebenda.
**705** Pseudonym von Arshag Ezikyan. Vergleiche Toros Azadyan, *Jamanak: Kʻaṙasnamea Hishadagaran 1908–1948* (Istanbul: Becid Basımevi, 1948), S. 209.
**706** BCA, 030.10.87.573.6.

Mithat Akdora war, stellte einen bemerkenswerten Unterschied zwischen der *Jamanak* und der *Marmara* fest. Laut dem Bericht publiziere die *Jamanak* sehr wenige Meldungen über die armenischen Gemeinden im Ausland oder über deren Aktivitäten; die *Marmara* hingegen berichte regelmäßig an hervorgehobener Stelle über das armenische Leben außerhalb der Türkei. Daneben gehe es der *Marmara* auch um die Verbreitung der armenischen Kultur, und in ihr erschienen Artikel darüber, wie wichtig es wäre, dass die Jugend einen regelmäßigen Kontakt mit der alltäglichen Kultur hätte.[707] Akdora zufolge unterstütze die *Jamanak* die CHP, die *Marmara* hingegen war für Sowjetarmenien. Die *Jamanak* veröffentlichte Meldungen aus Zeitungen, die der CHP wohlgesonnen sind, und informiert die LeserInnen so über die Innenpolitik der Türkei; während die *Marmara* sich eher auf oppositionelle Zeitungen bezieht. Der Bericht hebt außerdem hervor, dass die *Marmara* einen Artikel über die armenischen Mitglieder des osmanischen Parlamentes Vartkes Serengülyan und Krikor Zohrab veröffentlicht hat, in dem auch Zohrabs Ideen zu einer freien Presse und seinen damit zusammenhängenden Konflikten mit Hüseyin Cahit Yalçın, dem Leiter des Presseverbandes, genannt werden.[708] Nach Meinung des Berichterstatters verhält sich die *Nor Lur* wie eine Verwaltungskörperschaft der Gemeinde; sie veröffentlicht vor allem Meldungen zu armenischen Themen und scheint für Sowjetarmenien eingestellt zu sein. Akdora wiederholt seine vorangegangenen Anmerkungen zur *Nor Lur*, insbesondere die, dass die Zeitung auf besondere Anweisungen sowjetischer Führungskräfte hin handeln müsse. Die *Nor Or* wird wie auch in den zuvor genannten Berichten erneut als kommunistisches Propagandamittel bezeichnet, das in erster Linie der Veröffentlichung von Nachrichten und Artikeln dient, die sich gegen die Regierung richten. Interessant ist, dass der Bericht einen Satz aus einem Leitartikel der *Nor Or* hervorhebt: „Unsere Zeitung [...] ist ein Blatt der geistigen Auseinandersetzung." In dem Bericht erscheint zudem eine Übersetzung der Artikel von Zaven Biberyan, welche die elende Lage und die Armut der Dorfbevölkerungen behandeln und die Auffassung vertreten, nur „Sozialismus" (unterstrichen) könnte eine Rettung von den Fehlern der Politik der CHP bringen.[709]

Der zweite Bericht verdeutlicht durch die Auswahl der Zeitungen – nämlich der *Nor Lur* und der *Nor Or* –, welche Prioritäten der Staat hat. Kritik an der

---

**707** Ebenda.
**708** Prof. A. Nargizyan, „Aṙachin demokratnerě ew Hay yerespokhanneru terě Osm. khorhrtaranin mēch", in: *Marmara*, 2.–5. Juli 1946, Nrn. 1322–1325. Prof. A. Nargizyan war eines der Pseudonyme von Suren Şamlıyan. Die Artikelreihe bietet ein breites Bild der Presse und der Pressefreiheit im 19. Jahrhundert und in der osmanischen Spätzeit und liefert damit detaillierte Angaben zum armenischen Beitrag zum osmanischen Staatswesen und zur Gesellschaft.
**709** BCA, 030.10.87.573.6.

staatlichen Politik (Artikel zur Ungleichbehandlung von NichtmuslimInnen, zur *Yirmi Kura Askerlik* und zur Vermögenssteuer) sowie Diskussionen über Kommunismus und Erörterungen der Einwanderung nach Sowjetarmenien wurden grundsätzlich als bedrohlich angesehen. Über die *Yirmi Kura Askerlik* oder über die Vermögenssteuer zu schreiben, war nicht einfach unerwünscht, sondern führte mit Gewissheit zur Aufnahme in staatliche Berichte, in denen dann auch die Frage fehlender Loyalität zum Thema gemacht wurde. Zeitungen, die solche Artikel und Meldungen veröffentlichten, wurden damit als Propagandaorgane ausländischer Mächte angesehen, oder es wurde ihnen unterstellt, in einer bestimmten Mission unterwegs zu sein.

Der dritte Bericht bietet ein breiteres Bild; er umfasst die gesamte armenische Presse und informiert über jede einzelne Zeitung, wobei die Meldungen und Artikel ins Türkische übersetzt sind. Hieran erkennen wir, dass für den Staat das wichtigste Kriterium war, ob sich eine armenische Zeitung selbst in den Zusammenhang der „armenischen Welt" stellte, indem sie Nachrichten und Meinungsartikel oder andere Texte zu Themen und Organisationen der armenischen Diaspora veröffentlichte. Das zweitwichtigste Kriterium war die Position hinsichtlich der Leugnung; dabei ging es insbesondere darum, ob eine Zeitung die LeserInnen an solche politischen Maßnahmen wie die Vermögenssteuer oder die *Yirmi Kura Askerlik* erinnerte. Drittens wurden Kommunismus und eine prosowjetarmenische Einstellung in die Debatte um die fünfte Kolonne eingeordnet, die sich jeweils nach der politischen Konjunktur richtete. Die *Marmara* wurde nicht als kommunistisch eingeordnet, jedoch fiel sie wegen der beharrlichen Berichterstattung zur Auswanderung nach Armenien in Ungnade.[710] Die beiden Journalisten Zaven Biberyan und Aram Pehlivanyan wurden auch nach 1946 weiterhin stets im Auge behalten und in Berichten erwähnt. Die staatlichen Berichte informierten ausgiebig über Auseinandersetzungen und Konflikte innerhalb der armenischen Gemeinde sowie über individuelle Probleme der Herausgeber.

Auch wenn die Konkurrenz zwischen der *Jamanak* und der *Marmara* sowie zwischen der *Marmara* und der *Nor Lur* in diesen Berichten zur Sprache kam, konnte ich keine Dokumente finden, die sich mit dem Konflikt zwischen der *Nor Or* und der *Marmara* befassten. Es gibt mindestens zwei offene Briefe in der *Nor Or*, welche die *Marmara* und ihren Chefredakteur Suren Şamlıyan angreifen. Der erste wird Anfang Oktober 1945 veröffentlicht[711] und behandelt den Umstand, dass Şamlıyan auf dem Weg nach Ankara zum Besuch des Premierministers am

---

710 Es gibt in der *Marmara* zahlreiche Artikel zur Migration; so behandelten zwei längere Artikel die Einwanderung von ArmenierInnen aus Bulgarien und aus dem Libanon (28. August 1946, Nr. 1379).

711 *Nor Or*, 6. Oktober 1945, Nr. 12.

2. Oktober 1945 die Büros der *Nor Or* besucht und nachdrücklich nach Exemplaren dieser Zeitung gefragt hätte. Danach veröffentlicht Şamlıyan verschiedene Meldungen und Artikel zu seinem Besuch in Ankara, bei dem die Probleme der armenischen Gemeinde diskutiert wurden, wie sich herausstellte. Die *Nor Or* publiziert einen zweiten offenen Brief zu der Antwort von Şamlıyan, in der er zugegeben hatte, dass er eine Ausgabe der *Nor Or* deswegen wollte, um die Zeitung anzuzeigen. Im zweiten offenen Brief wird festgestellt, dass man trotz der weiterhin drohenden Klagen gegen die *Nor Or* Exemplare einer Zeitung von ihrem Herausgeber nur als Polizei oder als Staatsanwaltschaft einfordern könnte. Der offene Brief fordert Şamlıyan auf, anzugeben, ob er das eine oder das andere wäre.[712] Der Konflikt zwischen der *Marmara* und der *Nor Or* setzt sich fort: Im Juni 1946 veröffentlicht die *Nor Or* eine Kolumne mit dem Titel „An unsere LeserInnen" *(Mer Ĕnterts'oghnerun)*, in der auf Şamlıyans Belästigungen der *Nor Or und ihrer AutorInnen* geantwortet wird.[713] Die *Nor Or* bezichtigt Şamlıyan, „Vertreter einer internationalen faschistischen Organisation in Istanbul zu sein".[714]

Es scheint, dass jedoch nicht nur die *Nor Or* und die *Marmara* ihre Probleme miteinander gehabt hätten. Leitartikeln in der *Nor Lur* zufolge hat Şamlıyan die *Nor Or*, die *Nor Lur* und die *Jamanak* gleichzeitig angegriffen.[715] Zur Vergeltung verfasst Şamlıyan im Januar 1946 den Artikel „Aufruf zur Vorsicht" *(Zkushutean Hraver)*, in dem er Zaven Biberyan öffentlich angreift und ihm droht.[716] Darin bezieht sich Şamlıyan auf einen Brief, der in der *Yeni Sabah* erschienen war und vermutlich von einem Armenier namens Boğos Çinili verfasst war, der aus Adapazarı stammte und in Rumelihisarı lebte. Während die *Yeni Sabah* die Ideen von Çinili als repräsentativ für die armenischen Vorlieben in der Türkei darstellt, bezeichnet Şamlıyan sowohl Çinili als auch Biberyan als „gleichermaßen gefährlich" für die Gemeinde, indem sie ihre persönlichen Ideen der gesamten Gemeinschaft anhaften würden.[717] Im Gegenzug deckte Biberyan auf, dass in Rumelihisarı niemand des Namens Boğos Çinili lebte; der Brief war höchstwahrscheinlich eine Fälschung der *Yeni Sabah* oder im besten Falle der Spitzname von jemandem.[718] Biberyan zeiht Şamlıyan zudem des Opportunismus und entgegnet ihm, dass jemand wie er nicht einmal den Namen der *Nor Or* in den

---

712 *Nor Or*, 20. Oktober 1945, Nr. 14.
713 *Nor Or*, 29. Juni 1946, Nr. 50.
714 Ebenda.
715 *Nor Lur*, 20., 24. und 27. November 1945.
716 Suren Şamlıyan, „Zkushut'ean hraver", in: *Marmara*, 24. Januar 1946, Nr. 1170.
717 Ebenda.
718 Ebenda.

Mund nehmen dürfe – der äußerst intellektuellen armenischen Zeitung, die er angreifen würde.[719]

In dieser Reihe von Artikeln treten die Konflikte zwischen Redaktionen, einzelnen AutorInnen und allgemein den Zeitungen offen zutage. Wie persönlich diese Konflikte auch erscheinen mögen, so sind die Probleme wohl eher politischer und taktischer Natur. Şamlıyans Ziel ist nicht nur die *Nor Or*, sondern er greift auch Einzelpersonen an, welche sich deren Linie mehr oder minder anschließen. Zaven Biberyan, der damals für die *Nor Lur* schreibt, verbirgt nie seine Sympathie für die *Nor Or*. Was können die taktischen Gründe von Şamlıyan gewesen sein, wenn man voraussetzt, dass seine Zeitung für die Berichterstattung zum weltweiten armenischen Leben bekannt war? Höchstwahrscheinlich wusste Şamlıyan, dass die *Jamanak* beim Staat ein deutlich höheres Ansehen genoss. In diesem politischen Zusammenhang kann die Veröffentlichung von Beschwerden und Klagen über eine kritische und linke Zeitung wie die *Nor Or* oder die *Nor Lur* als ein Mittel zur weiteren Verbesserung des eigenen Rufes und zum Gewinn an Glaubwürdigkeit in den Augen der Offiziellen angesehen werden. Das Hauptziel bleibt jedoch die *Jamanak*, denn es lässt sich ein Diskreditieren dieser Zeitung wegen ihres Kontaktes mit der *Nor Or* und mit der *Nor Lur* rechtfertigen. Die Feindseligkeiten zwischen der *Marmara* und anderen Zeitungen sind auch Saraçoğlu bekannt. Şamlıyan berichtet nach der monatlichen Presseveranstaltung in Ankara, dass Saraçoğlu ihn darum gebeten hätte, diese Feindseligkeiten zwischen den armenischen Zeitungen zu erläutern. Er tat diese in seiner Erwiderung als rein persönlich ab.[720] Şamlıyans Bemühungen erweisen sich jedoch als vergebens, denn der Bericht, der am 11. Februar 1948 dem Privatsekretär des Premierministers vorgelegt wird, stellt klar, dass ihm seitens der Regierung keinerlei Gunst entgegengebracht wird. Weiterhin ist die *Jamanak* die favorisierte armenische Zeitung der Regierung, während die *Marmara* immer noch als die Zeitung erscheint, die sich auf die Beziehungen zwischen den ArmenierInnen in der Türkei und denen in den „Kolonien" konzentriert, also die armenischen Menschen in der Diaspora.[721]

Seit Mitte 1945 wird die öffentliche Meinung in der Türkei auf den nächsten Wendepunkt vorbereitet, nämlich die Notwendigkeit mindestens einer weiteren Partei im politischen System, damit das Einparteiensystem nicht länger als autoritär erschiene. Die „Demokrat Parti" („Demokratische Partei") kündigt ihre Gründung just der Tage an, als Biberyan den Artikel „Genug ist genug" veröf-

---

719 *Nor Lur*, 29. Januar 1946, Nr. 102.
720 *Marmara*, 7. Januar 1946, Nr. 1153.
721 BCA, 030.01.101.626.6.

fentlicht, in dem er angesichts des aktuellen Diskurses zu Demokratie und Liberalismus seiner arglosen Hoffnung Ausdruck verleiht. Jedoch stimmen diese Wünsche nicht damit überein, was armenischen Intellektuellen widerfährt. Biberyan wird nach dem Erscheinen seines Artikels verhaftet.[722]

Im Oktober 1946 existieren im Land zwei verschiedene Menschenrechtsorganisationen; am 20. Oktober 1946 wird in Istanbul, Edirne, Kırklareli, Tekirdağ, Çanakkale und Kocaeli der Ausnahmezustand ausgerufen, der zuerst im Dezember 1946 und dann erneut im Mai 1947 jeweils für sechs Monate verlängert wird.[723] Einige der Debatten, die im Parlament zum Ausnahmezustand geführt wurden, hat die *Marmara* übersetzt veröffentlicht. So argumentierte beispielsweise Fahri Ecevit von der CHP, dass der Ausnahmezustand für Istanbul erforderlich wäre, denn die Stadt hätte eine besondere, abweichende demografische Zusammensetzung, wodurch der Feind leicht einfallen könnte, um danach nach Anatolien einzudringen.[724] Nach der Verlängerung des Ausnahmezustandes für weitere sechs Monate wurden zahlreiche Organisationen und Zeitungen verboten – manche nur vorübergehend, andere auf Dauer. Die *Nor Or* gehörte zu den Letzteren.[725] Sie scheint die einzige armenische und sogar die einzige nicht türkischsprachige Zeitung gewesen zu sein, die während dieser Zeit verboten wurde. Der systematische Kampf der *Nor Or* für Gerechtigkeit und Rechte, ihre Proteste gegen antiarmenische Kampagnen und ihre Forderung nach demokratischen Prinzipien zur Vertretung der Gemeinde spielten wohl für das Verbot eine ebenso wichtige Rolle wie die politische Haltung ihres Herausgebers. Wie zu erwarten, wurden auch die Redakteure Avedis Aliksanyan und Aram Pehlivanyan verhaftet. Am Tag nach dem Verbot drückten die Leitartikel der türkischen Presse gesammelt ihre Unterstützung aus, und auch Autoren wie Ethem İzzet Benice *(Son Telgraf)*, Ahmet Emin Yalman *(Vatan)* und Nadir Nadi *(Cumhuriyet)* gehörten dazu.[726] Der Kreis um die *Nor Or* gründete eine neue Zeitung namens *Aysor*, die ab dem 19. Juli 1947 erschien. In seinem ersten Leitartikel erläuterte der zu dem

---

722 Verfügbar unter https://www.arasyayincilik.com/yazarlar/zaven-biberyan/ (abgerufen am 13. Juni 2021). Vergleiche auch die Biografie von Biberyan in: Zaven Biberyan, *Mrchiwnneru Verchaloysĕ* (Istanbul: Aras Yayıncılık, 2007), S. 7.
723 Vergleiche Cemil Koçak, *Türkiye'de İki Partili Siyasi Sistemin Kuruluş Yılları: İkinci Parti* (Istanbul: İletişim Yay., 2010), S. 311–313, sowie *Marmara*, 21. Mai 1947, Nr. 1642.
724 *Marmara*, 5. Dezember 1946, Nr. 1478.
725 *Marmara*, 17. Dezember 1946, Nr. 1490. Verboten worden sind die Türkische Sozialistische Arbeiterpartei, die Türkische Sozialistische Partei, ihre Gewerkschaften sowie die Zeitungen *Sendika*, *Ses*, *Gün*, *Yığın* und *Dost*. *Yarın* und *Büyük Doğu*, die beide als reaktionär angesehen waren, wurden zeitweilig verboten.
726 *Son Telgraf*, *Vatan* und *Cumhuriyet*, zitiert in: *Marmara*, 18. Dezember 1946, Nr. 1491.

Zeitpunkt aus der Haft entlassene Avedis Aliksanyan, dass ihnen nicht einmal die Veröffentlichung der Gründe des Verbotes der *Nor Or* gestattet wäre.[727]

Die für den Staat erstellten Berichte lassen erkennen, dass die Generaldirektion für die Presse und deren Beamte einen guten Einblick in die Zustände bei den Zeitungen hatten und auch viel über die Verleger und zu deren privaten Lebensumständen wusste. Die *Jamanak* beispielsweise gab es 1948 seit 40 Jahren und war dem Staat durch und durch bekannt. Zur *Jamanak* gab es im Prinzip nur – kurze – positive Berichte. Auch die Verleger sowie die AutorInnen der *Marmara*, der *Nor Or*, der *Nor Lur* und der *Aysor* waren den Behörden gut vertraut. Der Regierung scheint das Privatleben von Verlagsleitung und -beschäftigten, deren finanzielle Lage und die Entwicklung des politischen Standpunktes sogar wichtiger gewesen zu sein als die tatsächlichen Inhalte ihrer Veröffentlichungen. So sind unter den Berichten zur Lage der Presse, die im „Staatsarchiv über die republikanische Ära" zu finden sind, drei Sonderberichte zur *Nor Lur* vorhanden, die lediglich die Zeit betreffen, in der Zaven Biberyan dort veröffentlicht hat.[728] Der Berichterstatter kannte persönliche Details zu Chefredakteur Vahan Toşikyan sowie seine wirtschaftliche Situation und seinen politischen Standpunkt. Der

---

**727** *Aysor*, 19. Juli 1947, Nr. 1. In einem Artikel in der *Marmara* vom 16. März 1948 (Nr. 1932) über haftentlassene KommunistInnen werden erstmalig die Namen der verhafteten Armenier genannt: Aram Pehlivanyan, Jak İhmalyan, der Schneider Levon, Barkev Şamigyan und Dr. Hayk Açıkgöz. Die *Marmara* veröffentlicht eine weitere Nachricht über die Gerichtsentscheidung am 15. Juli 1948, Nr. 1551. Aram Pehlivanyan und Dr. Hayk Açıkgöz wurden zu drei Jahren Freiheitsstrafe verurteilt, Barkev Şamigyan zu zwei Jahren. Nubar Acemyan und Hraç Akmanoğlu wurden freigesprochen. Diese Angaben wurden in den Memoiren von Dr. Hayk Açıkgöz bestätigt, nach denen Nubar Acemyan Architekt und Hraç Akmanoğlu Arbeiter waren. Außerdem wurde eine weitere Person namens Mıgırdiç verhaftet. Vergleiche Hayk Açıkgöz, *Bir Anadolulu Ermeni Komünistin Anıları* (Istanbul: Belge Yay., 2006), S. 236–237. Nach seiner Entlassung erhielt Aram Pehlivanyan seinen Einberufungsbefehl. Als armenischer Kommunist war ihm nach seinen Erfahrungen mit Gefangenschaft und Folter klar, dass dies eine Reise ohne Wiederkehr sein würde. Er teilte mit, dass er das Land in Übereinstimmung mit den Entscheidungen des Zentralkomitees der Türkischen Kommunistischen Partei verlassen hätte. Er lebte in Aleppo und in Beirut, wo er eine Gebäckfabrik gründete. Später zog er nach Deutschland. Jak İhmalyan und Dr. Hayk Açıkgöz teilten dasselbe Schicksal und verließen ebenfalls das Land. Mithilfe von ArmenierInnen in Syrien und im Libanon gelangten sie nach Beirut. Zaven Biberyan schloss sich ihnen in Beirut an (ebenda, S. 267–277 und 310–311). So wurde Beirut Ende der 1940er- und Anfang der 1950er-Jahre zu einem wichtigen Zentrum der türkischen armenischen Linken. Dafür war die große armenische Gemeinde in Beirut wichtiger als die Stärke der linken Bewegung im Libanon. Dr. Açıkgöz erwähnte, dass die türkischen Linken, die nach Beirut kamen und dort durch die Verbindungen sowohl einheimischer ArmenierInnen als auch durch armenische Mitglieder der Türkischen Kommunistischen Partei, zum Beispiel Aram Pehlivanyan und Hayk Açıkgöz (vergleiche ebenda, S. 397–398), falsche Ausweise erhielten.
**728** BCA, 030.01.101.623.6.

Umstand, dass es keine anderen Sonderberichte zur *Nor Lur* gibt – zumindest habe ich keine auffinden können –, legt nahe, dass diese Sonderberichte vor allem deswegen angefertigt worden sind, weil zu dieser Zeit Zaven Biberyan zu den AutorInnen der Zeitschrift zählte.

Im Februar 1948 wird vom Vorsitzenden des Journalistenverbandes, Hasan Refik Ertuğ, ein weiterer Bericht über die armenische Presse erstellt.[729] Mehr als die Hälfte des zwölfseitigen Berichtes widmet sich der *Carakayt*, einer weiteren armenischen Zeitung, die von 1947 bis 1952 erschien (sie wird in meiner Untersuchung nur am Rande behandelt).[730] Die *Aysor* wird als „kommunistische" Zeitung genauer untersucht, zumal der „führende Kommunist" Avedis Aliksanyan ihr Chefredakteur war. Zaven Biberyan wird im Zusammenhang mit Aliksanyan erwähnt. Die Leitartikel der *Aysor*, die vom 6. bis zum 20. Dezember 1947 erschienen, wurden zum Teil übersetzt. Sie behandeln VerräterInnen in der Gemeinde; die in den Überschriften verwendeten Begriffe lassen sich auch als „gekaufte Schreiber" *(Satılmışlar)* und „gekaufte Presse" *(Satılmış Basın)* verstehen. Die Artikel argumentieren damit, dass sich die Gemeinde in völligem Durcheinander befinden würde und dass sich sowohl Einrichtungen als auch Einzelpersonen die Lage zum Nachteil der Gemeinde zunutze machten. Interessanterweise wird auch ein anderer Artikel der *Aysor* mit dem Titel „Morgen" vom Pressebüro als gefährlich eingestuft. Bei der Besprechung des Silvesterabends drückt der Verfasser darin aus, dass er nichts Gutes vom „Morgen" erwarten würde, sondern nur einen weiteren Tag der Tränen, Versklavung und Verzicht auf jede Freude. Der Bericht argumentiert dahingehend, dass Artikel dieser Art Unzufriedenheit und Pessimismus fördern und gegen die soziale Ordnung aufstacheln würden.[731]

Die *Marmara* ihrerseits setzt alles daran, auf der Linie der staatlichen Politik zu verbleiben, und veröffentlicht Artikel zu der unschätzbaren Anwesenheit ihres Chefredakteurs bei den monatlichen Presseveranstaltungen in Ankara,[732] doch das Pressebüro berichtet darüber anders. Hauptsächlich wird die *Marmara* deswegen kritisiert, weil in der Zeitung weiterhin Nachrichten zum armenischen Leben in den verschiedenen Diaspora-Gemeinden erscheinen. Dem Berichterstatter zufolge versucht die *Marmara* durchgängig, armenische Kultur zu pflegen, indem sie die Verbindungen zwischen der Istanbuler Gemeinde und den Gemeinden außerhalb der Türkei lebendig hält. Diese Kritik war bereits in früheren

---

729 BCA, 030.01.101.626.6.
730 Die *Carakayt* wurde von Haçik Amiryan von 1947 bis 1952 herausgegeben. Amiryan ging später nach Sowjetarmenien und wurde Dozent an der Staatlichen Universität Jerewan.
731 Ebenda.
732 Vergleiche Kapitel 2 „Das rechtliche Umfeld".

Berichten hervorgehoben worden.[733] Die äußerst starke Unzufriedenheit mit diesen Versuchen, sich mit den Diaspora-Gemeinden zu vernetzen, lässt sich als Ausdruck der Ablehnung der Diaspora-ArmenierInnen ansehen. Außerdem ist die *Marmara* laut diesem Bericht weiterhin prosowjetisch eingestellt. Was die Probleme der Gemeinde angeht, so besteht die *Marmara* nicht auf einen säkularen Ausschuss *(Cismani Meclis)*, kritisiert aber dennoch das Einzeltreuhänder-System. Dabei muss man sich aber hier vor Augen halten, dass keine armenische Zeitung dem Einzeltreuhänder-System gegenüber positiv eingestellt ist und dass alle Zeitungen Sorgen hinsichtlich der Verwaltung der Gemeinde ausdrücken. Darüber hinaus veröffentlichen alle von mir untersuchten armenischsprachigen Zeitungen Meldungen zum kulturellen Leben in verschiedenen Gemeinden oder versuchen, über die Gemeinden auf der ganzen Welt zu berichten; dieses wird in dem Bericht stets als Problem angesehen. Wie ich bereits gezeigt habe, untersuchte der Staat nicht nur lokale Publikationen auf ihre Verbindungen mit der armenischen Diaspora, sondern hielt auch die Kontakte einzelner ArmenierInnen mit verschiedenen Diaspora-Gemeinden im Auge, verbot ihre Veröffentlichung und zensierte sie.

Die antiarmenische Haltung des Kemalismus war allumfassend. Während der Jahre, in denen der Kemalismus institutionalisiert wurde, und während der Einparteienzeit waren nicht nur die in der Türkei lebenden ArmenierInnen unbeliebt, sondern auch die armenischen Überlebenden weltweit wurden als Feinde der Türkei angesehen. Da die starke Ablehnung gegenüber der Diaspora ein konstitutives Element des Kemalismus war, überrascht die positive Haltung gegenüber der *Jamanak* nicht, die als eine Zeitung galt, die sehr wenig über die Diasporagemeinden berichtete. Der erste Satz des Berichtes vom 9. August 1946 hält fest, dass die *Jamanak* nur sehr wenige Meldungen über die armenische Diaspora enthält und dass sie damit den hohen Status der „vertrauenswürdigen Berichterstattung" verdienen würde: „Die Meldungen [zur Diaspora] bestehen meist aus Zusammenfassungen kurzer Nachrichten, die ohne weitere Anmerkungen von [der staatlichen Nachrichtenagentur – T. S.] A. A. verbreitet wurden."[734] Ich möchte mich hier nicht zu den Entscheidungen äußern, welche die *Jamanak* in ihren Leitartikeln traf, denn zum einen wird sie in dieser Untersuchung nur angerissen behandelt und zum anderen können andere Zeitungen in verschiedenen Zeiträumen ähnliche Entscheidungen getroffen haben. Daher gilt nur, dass solche Aussagen in den Archiven vor allen Dingen die staatlichen Prioritäten widerspiegeln.

---

**733** BCA, 030.01.101.623.6.
**734** BCA, 030.10.87.573.6.

In diesem Abschnitt habe ich anhand von Dokumenten aus dem „Staatsarchiv über die republikanische Ära" und anhand armenischer Quellen gezeigt, wie
die Behörden die armenische Presse sowohl innerhalb der Türkei als auch weltweit überwacht haben. In diesem Zusammenhang sind die Laufbahnen und
Biografien von Vedat Nedim Tör und Nedim Veysel İlkin sowie des Armenisch-
Übersetzers Mithat Akdora interessant zu verfolgen. Die armenische Presse stand
unter strenger Überwachung und unter großem Druck. Die Chefredakteure der
armenischen Zeitungen waren – anders als viele der Kollegen bei türkischen
Zeitungen – nicht gleichzeitig Parlamentarier. Ihre Reaktionen, aber auch ihr
Schweigen führte in vielen Fällen zum Verbot ihrer Zeitung oder Zeitschrift. Der
postgenozidale Habitus der Republik Türkei machte es erforderlich, die noch im
Land lebenden ArmenierInnen von anderen armenischen Gemeinden auf der Welt
zu isolieren; außerdem erwartete man von der in der Türkei verbliebenen armenischen Bevölkerung, dass sie die offizielle staatliche Politik verteidige. Außerdem ist meiner Meinung nach einer der wichtigen Gründe für das Verbot der
Zeitungen und Zeitschriften der, dass die AutorInnen dazu neigten, Themen mit
Bezug auf ArmenierInnen stets direkt oder indirekt in einem historischen Kontext
zu behandeln, und zwar unabhängig davon, ob die Veröffentlichung in der Türkei
erfolgte oder in der Diaspora. Schließlich beschränkte sich die Überwachung, wie
ich gezeigt habe, nicht nur auf die berufliche Tätigkeit der Herausgeber, sondern
auch auf deren persönliche Gegebenheiten und das Privatleben. Auf diese Weise
zeigte der Staat eine konsistente und umfassende Haltung gegenüber der armenischen Presse und allgemein gegenüber armenischen Einzelpersonen und Gemeinden. Die armenischen Zeitungen mussten sich auf die eine oder andere Weise
innerhalb dieses sozialen und politischen Habitus verhalten und sich selbst als
politische Akteurinnen einordnen, die auf unsicherer Grundlage und mit begrenzten Mitteln auf internationale Politik reagierten; dabei mussten sie mitunter
in Kauf nehmen, dass ihre gesamte Existenz infrage gestellt wird.

## 3.2 Antiarmenische Kampagnen während des Zweiten Weltkrieges und danach

Antiarmenische Kampagnen fanden sowohl während des Zweiten Weltkrieges als
auch danach in einem breiteren internationalen Zusammenhang statt, wobei einer der Faktoren die historischen und die politischen Bedingungen in Sowjetarmenien und an allen anderen Orten der Welt war, an denen ArmenierInnen lebten. Ein weiterer Faktor waren die sich verschiebenden Machtbeziehungen in der
Nachkriegszeit und die Position der Türkei darin. Ein dritter Faktor waren die
Auswirkungen der ersten beiden Faktoren, mit denen die armenische Gemeinde in

der Türkei umgehen musste. Der letztgenannte Faktor scheint mir allgemein am wenigsten beachtet zu sein; die Gemeinde musste einerseits die Folgen der Machtverschiebungen der Nachkriegszeit ertragen, konnte aber andererseits keine politischen AkteurInnen hervorbringen. Deshalb fiel es der armenischen Presse anheim, auf die antiarmenischen Kampagnen zu reagieren, denn andere repräsentative Organe gab es für die armenische Gemeinde auf der politischen Ebene nicht.

Wie Pınar Dost betont, begannen die Vereinigten Staaten nicht erst nach, sondern bereits während des Zweiten Weltkrieges, die Türkei als Verbündeten anzusehen.[735] Einerseits hatten die Vereinigten Staaten und die Sowjetunion zum damaligen Zeitpunkt teilweise gemeinsame Interessen; andererseits unterzeichnete die Türkei im Juni 1941 – vier Tage vor dem Überfall auf die Sowjetunion – den Deutsch-Türkischen Nichtangriffspakt. Die türkische Armee war im Herbst 1942 an der türkisch-sowjetischen Grenze stationiert.[736] Dies stellte für Sowjetarmenien eine potenzielle Gefahr dar. Am Ende des Krieges manövrierte sich die Türkei in eine Position auf der Seite der Sieger. Die Frage der beiden Meerengen und der östlichen Grenze erwies sich sowohl für die Sowjetunion als auch für die Türkei als wirkungsvoll im Sinne ihrer eigenen Interessen innerhalb der sich verändernden Konjunkturen der Nachkriegszeit. Die amerikanisch-sowjetische Allianz hatte positive Auswirkungen auf die armenischen Organisationen in den Vereinigten Staaten: Der Artikel von Vahé Tachjian zur Geschichte der „Armenian General Benevolent Union" (AGBU) im Kontext des Zweiten Weltkrieges und seiner Folgezeit verdeutlicht die amerikanisch-sowjetischen Beziehungen und deren Auswirkungen auf die ArmenierInnen.[737] Nach einem Lösen der Beziehungen mit Sowjetarmenien im Jahr 1937 erneuerte die AGBU diese während des Krieges wieder. Der Grund dafür war laut Tachjian die sich verändernde Haltung der Sowjetunion gegenüber der armenischen Diaspora, was durch die umfangreichen Kriegsverluste an Menschen und Material bedingt war.[738]

---

735 Vergleiche Pınar Dost, „Amerika'nın Türkiye politikasının oluşumu üzerine yeni bir okuma", in: *Tarih ve Toplum Yeni Yaklaşımlar* 13 (2011), S. 177–198.

736 Ētuart Melk'onyan, „Stalini ashkharhakragan ngrdumnerě ew Hayeru hayrenatarts'utiwunē 1946–48", in: *1946–1948 Hayrenatarts'ut'iwunē Ew tra Taserē: Hayrenatarts'ut'ean Himnakhntirn Aysōr. Hamahaygagan Kidazhōghōvi Zegutsumneri Zhōghōvadzu*, 2008. Verfügbar unter http://www.hayrenadardz.org/en/article/eduard-melkonian (abgerufen am 13. Juni 2021).

737 Vahé Tachjian, „„Repatriation': A new chapter, studded with new obstacles, in the history of AGBU's cooperation in Soviet Armenia", in: Raymond H. Kévorkian und Vahé Tachjian (Hg.), *The Armenian General Benevolent Union: A Hundred Years of History (1906–2006)*, Bd. 2 (1941–2006), S. 291–309.

738 Ebenda, S. 291.

Einer der zentralen Punkte in der Geschichte der Nachkriegszeit war die Gründungskonferenz der Vereinten Nationen in San Francisco im April 1945. Eine Gruppe, die unter der Bezeichnung „Armenian National Council of America" (ANCA) auftrat, sandte ein Memorandum, das angeblich von „allen armenischen Bürger-, sozialen, Kultur- und religiösen Organisationen – mit Ausnahme der kleinen faschistischen Fraktion der sogenannten Taschnaken – in den Vereinigten Staaten unterstützt wurde".[739] In diesem Beleg ist das Wort *Taschnak* mit einer Fußnote versehen, die angibt, dass sich die Armenische Revolutionäre Föderation (ARF) selbst bei der Konferenz als den „Armenischen Nationalausschuss" vorgestellt hat.[740]

Dieses unser Heimatland, die armenischen Provinzen der Türkei, ist getrennt von der freien und unabhängigen Republik Sowjetarmenien, wo diejenigen unserer Brüder, die das Glück haben, dort zu leben, einen wunderbaren Beginn eines Wiederauflebens und eines Wiederaufbaues nationalen armenischen Lebens gemacht haben. Was wäre für ArmenierInnen außerhalb dieses sprießenden neuen Landes natürlicher als der Wunsch, in ihr Heimatland zurückzukehren und ihren Brüdern die Hände zu reichen. Es ist die Zeit gekommen, dass das Armenien, das unter türkischer Herrschaft lebt, mit dem existierenden, freien und unabhängigen Armenien innerhalb des Bundes der Sowjetunion vereint wird und im Ausland Möglichkeiten gewährleistet werden, in ihre eigenen Häuser und Ländereien, ihre Städte und Dörfer zurückzukehren und ihr eigenes Leben zu führen.[741]

Somit präsentierte die ANCA mittels der Terminologie „armenische Provinzen der Türkei" eine Gebietsforderung, auch wenn der Text keine spezifische geografische Beschreibung enthielt. Als vereinte Front aller Organisationen außerhalb der ARF stand die ANCA in einem heftigen Wettbewerb mit deren Armenischem Nationalausschuss. Zwischenzeitlich kam es zu starken Spannungen in den Beziehungen zwischen der UdSSR und der Türkei, nachdem Stalin den Sowjetisch-Türkischen Neutralitäts- und Freundschaftspakt im Mai 1945 aufgekündigt hatte, also direkt nach der Konferenz von San Francisco. Die UdSSR forderte eine Überarbeitung des Vertrages von Montreux über die Kontrolle der Meerengen in Kriegszeiten sowie die Rückübereignung der Regionen Kars und Ardahan.

---

**739** Die Delegation des Armenian National Council of America, *The Case of the Armenian People: Memorandum to the United Nations Conference on International Organization in San Francisco* (New York: 1945).
**740** Ebenda.
**741** Ebenda.

Nach Ansicht von Ronald Grigor Suny begann die sowjetische Initiative gegen die Türkei in der Euphorie der Post-Jalta-Periode, als die Beziehungen der „Großen Drei" noch nicht abgekühlt waren:[742]

Es ging bei Stalins Türkeipolitik nicht in erster Linie darum, den Hoffnungen der armenischen (oder georgischen) Bevölkerung zu entsprechen oder die Bemühungen der internationalen Linken zu unterstützen, sondern wie auch in Osteuropa fand sie ihren Grund in der eher traditionellen Auffassung, Einflusssphären schaffen zu wollen. Die Verwundbarkeit der Türkei in Verbindung mit dem enormen Prestige der Sowjetunion hätte ausreichend sein sollen. [...] Der sowjetische Druck wirkte jedoch in der Art, dass sich die Türkei zusammenraufte und in die Arme der westlichen Allianz getrieben wurde.[743]

Der Geschäftsführer der ANCA, Charles A. [Aznakian] Vertanes, verfasst am 6. März 1946 einen Brief an die *New York Tribune*, in dem er auf einen Artikel von Major George Fielding Eliot reagiert. Er bezieht sich auf dessen Interpretation, dass sich die Interessen der ANCA und die Forderungen der Sowjetunion überschnitten, und schreibt: „Es mag sein, dass die Forderungen des armenischen Volkes zusammenfallen mit den Interessen der Sowjetunion, doch warum sollten deswegen mehr als eine Million Menschen leiden? Ist es nicht an der Zeit, dass die armenische Frage unabhängig von diesen Interessen behandelt wird, oder geben diese den größeren Ausschlag?"[744] Vertanes zufolge finden die Gebietsforderungen durch die Initiative der ANCA ihren Anfang, nicht durch die der UdSSR.[745]

Diese Gebietsforderung wird in den türkischen Medien erhitzt debattiert. In „Der Antrag, der im Namen von ArmenierInnen aus der Türkei gestellt wurde" („*Trk'ahayeru Anunov Gadaruadz Timumĕ*", 10. Mai 1945), bezieht sich der Chefredakteur der *Marmara*, Suren Şamlıyan, auf den Armenischen Nationalausschuss, der der ARF und nicht der ANCA angegliedert ist. Dieser hatte in San Francisco ein weiteres Memorandum präsentiert.[746] Doğan Nadi, der als Erster von den armenischen Präsentationen in San Francisco berichtet, erwähnt offenbar, dass es sich um eine Initiative von „ArmenierInnen aus der Türkei"

---

742 Ronald Grigor Suny, *Looking Toward Ararat: Armenia in Modern History* (Bloomington: Indiana University Press, 1993), S. 166.
743 Ebenda.
744 Charles A. Vertanes, Geschäftsführer der ANCA, Schreiben an die *New York Tribune*, vom 6. März 1946. Ich bedanke mich bei Marc Mamigonian, dem Akademischen Direktor der NAASR, dafür, dass er mir diese Quellen zugänglich gemacht hat.
745 Ebenda.
746 Prof. A. Nargizyan [Suren Şamlıyan], „Trk'ahayeru anunov gadaruadz timumĕ", in: *Marmara*, 10. Mai 1945, Nr. 655.

handele,[747] was ins Armenische als *Trk'ahay* übersetzt wird. Da ja die meisten ArmenierInnen, die in den USA lebten, ursprünglich aus der Türkei stammten, muss diese Definition nicht unbedingt bedeuten, dass an der Initiative ArmenierInnen beteiligt sind, die immer noch in der Türkei lebten. In einem anderen Artikel schreibt Doğan Nadi dann: „Manchmal ist es unmöglich, nicht zu bedauern, dass wir die Folterungen nicht derart begangen haben, wie es die Amerikaner mit den Schwarzen getan haben."[748] Dies ist der Wendepunkt für die armenische Presse. Unter dem Pseudonym Prof. Nargizyan verfasst Şamlıyan zwei Artikel in der *Marmara:* „Sie sind im Irrtum, Doğan Nadi" *(„Gĕ Skhalis Doghan Nadi")*[749] und „Wir sind keine Schwarzen" *(„Menk Khap'shig Chenk").*[750] Am 4. und 5. August veröffentlicht Şamlıyan ein Interview mit Cihad Baban von der *Tasvir,* in der die Meldungen von Doğan Nadi ebenfalls besprochen werden.[751] Am Tag darauf besucht Şamlıyan die *Son Posta* und versucht klarzustellen, dass die ArmenierInnen in der Türkei friedlich im Land leben wollen und nichts mit den Forderungen zu tun haben, die auf der Konferenz von San Francisco erhoben wurden.[752] Auch die *Nor Lur* veröffentlicht eine Entgegnung zu einem Leitartikel von Selim Ragıp Emeç in der *Son Posta.* Darin wird hervorgehoben, dass die ArmenierInnen, die in der Türkei leben, keine *politischen* [meine Hervorhebung – T. S.] Verbindungen zu den armenischen Menschen in der Diaspora *(Sp'iwrk)* haben, bis auf die Tatsache, dass sie derselben Ethnie angehören.[753] Der Chefredakteur der *Nor Lur,* Vahan Toşikyan, betont, dass die ArmenierInnen, die in der Türkei leben, mit Politik nichts zu tun hätten. Die armenische Presse ist in dieser Zeit voll von Andeutungen der Zustände. Auch Nachstehendes war ein solcher Fall, denn Toşikyan verwies indirekt auf historische Bezüge, ohne dies wirklich auszusprechen: „Wir ArmenierInnen, die wir in der Türkei leben, sind niemals in die Politik verwickelt, denn wir erfahren immer wieder bis unter die Haut, was dies bedeutet. Deshalb sollten sich unsere türkischen Landsleute zu hundert Prozent beruhigt fühlen."[754]

---

747 *Marmara,* 20. Juni 1945, Nr. 696. Spezialinterview mit Hüseyin Cahit Yalçın, Chefredakteur der *Tanin,* zu den Berichten von Doğan Nadi und der Fragestellung im Allgemeinen.
748 *Jamanak,* zitiert in: *Marmara,* 31. Juli 1945, Nr. 737.
749 *Marmara,* 1. August 1945, Nr. 738.
750 *Marmara,* 3. August 1945, Nr. 740.
751 *Marmara,* 4. August 1945, Nr. 741, und 5. August 1945, Nr. 742.
752 *Marmara,* 6. August 1945, Nr. 743.
753 *Nor Lur,* 11. August 1945, Nr. 53.
754 Ebenda.

Am 5. August veröffentlicht die *Jamanak* einen weiteren Artikel von Doğan Nadi, der in der *Marmara* nachgedruckt wird.[755] In diesem unterscheidet er deutlich zwischen den ArmenierInnen in der Diaspora und denen, die in der Türkei leben. Nadi behauptet, dass er die ArmenierInnen der Türkei weder verletzen noch als schlecht bezeichnen wollte, unter denen er so enge FreundInnen hätte; sein Ärger hätte sich ausschließlich gegen die ArmenierInnen in den Vereinigten Staaten gerichtet, welche die Unruhe verursacht hätten.[756] Nadi scheint das Bedürfnis verspürt zu haben, seine ersten Artikel aus San Francisco von Anfang Juni ausgleichen zu müssen, die sich so verstehen ließen, als würde die armenische Bevölkerung der Türkei Gebietsforderungen aufstellen, und auf die Şamlıyan aufmerksam gemacht hatte, indem er ihn an das faschistische Deutschland und an die türkische Allianz mit den Vereinigten Staaten erinnerte.[757] Während der Konferenz von San Francisco war Doğan Nadi nicht allein, sondern in Gesellschaft von Hüseyin Cahit Yalçın *(Tanin)*, Ahmet Emin Yalman *(Vatan)*, Falih Rıfkı Atay (Leiter des Presseverbandes, Parlamentarier und Chefredakteur der *Ulus*), Cemil Bilsel und Şükrü Esmer.[758] Laut der *Marmara* blieb die offizielle Delegation 76 Tage lang in den Vereinigten Staaten; sie kam erst in der ersten September-Woche 1945 zurück.[759]

Doğan Nadi jedoch kehrte bereits im August zurück. Aram Pehlivanyan erinnert in einem Leitartikel in der *Nor Or* daran, dass Nadi bei seinem ersten Bericht zu dem Thema alle ArmenierInnen angegriffen hätte.[760] Pehlivanyan zufolge hätte Nadi seinen Fehler bei der Rückkehr in die Türkei eingesehen:

---

**755** *Jamanak*, zitiert in *Marmara*, 10. August 1945, Nr. 747.

**756** Ebenda.

**757** Suren Şamlıyan, „Gě skhalis Doghan Nadi", in: *Marmara*, 3. August 1945, Nr. 740, und ders., „Menk khap'shig chenk", in: *Marmara*, 1. August 1945, Nr. 738. Im ersten Artikel nennt Şamlıyan einige interessante historische Details. Şamlıyan behauptet, dass zwei Armenier, Harutiwn Kuyumjiyan und Vartan Tovmasyan, das Leben der Familie Nadi gerettet und deswegen bis zum Ende seines Lebens eine Förderung erhalten hätten. Aufgrund dieses Vorfalles würde sich Yunus Nadi – anders als Doğan Nadi – stets positiv zu armenischen Themen äußern. Allerdings erwähnte Şamlıyan nicht den eigentlichen Vorfall. Außerdem erwähnt Şamlıyan, dass die *Cumhuriyet* anlässlich der Konfiszierung des Verlagshauses Madt'ēosyan gegründet worden wäre.

**758** Andere Mitglieder der Gruppe waren der Meldung zufolge Abdühlak Şinasi Hisar, Hasan Nureddin, Tahsin Gönden, Şinasi Devrim, Abdullah Zeki Polat, Hazım Atıf Kuyucak, Süreyya Anderiman (*Marmara*, 9. September 1945, Nr. 1033). Vergleiche www.unmultimedia.org/s/photo/detail/613/0061360.html (abgerufen am 4. Oktober 2020).

**759** *Marmara*, 8. September 1945, Nr. 1032. Die *Marmara* druckte die Meldung „Endlich konnten unsere Vertreter in die Heimat zurückkehren" der *Cumhuriyet* in armenischer Übersetzung nach.

**760** Aram Pehlivanyan, „Mer badaskhaně Doghan Nadiin", in: *Nor Or*, 11. August 1945, Nr. 4.

In seinem Artikel würde Nadi sich freundlich maskieren wollen, indem er behauptet, er hätte armenische FreundInnen. Auch wenn er persönlich eng mit ArmenierInnen befreundet sein mag, so muss ihm klar gewesen sein, dass er hierbei nur Umstände zu verschleiern suchte, die dennoch offen zutage traten. Außerdem sollte er wissen, dass die armenischen Menschen, die in der Türkei leben, nicht auf die Freundschaft eines Doğan Nadi angewiesen sind.[761]

Pehlivanyan bezieht sich außerdem auf Doğan Nadis älteren Bruder, Nadir Nadi, welcher der *Jamanak* ein Interview gab. Darin verkündete er, dass er die Ideen seines Bruders nicht teile und dass er einen Unterschied zwischen der armenischen Bevölkerung in der Türkei und jenen ArmenierInnen mache, die anderswo auf der Welt lebten. Passenderweise fragt Pehlivanyan daraufhin, warum Nadir Nadi ausgerechnet mit der *Jamanak* sprechen würde, wenn er doch in seiner eigenen Zeitung, der *Cumhuriyet*, hätte schreiben können, die – anders als armenische Zeitungen – eine Zehntausende zählende Leserschaft hat.

Auch Hüseyin Cahit Yalçın gibt ein Interview. Bei seiner Rückkehr aus San Francisco spricht er in der *Marmara* über die ArmenierInnen, welche die Türkei 30 Jahre zuvor (also 1915) verlassen hatten und voll nostalgischer Sehnsucht nach ihrer früheren Heimatstadt waren, nach Amasya oder nach Agn (Eğin). Diese Menschen, die ihm in San Francisco sehr freundlich begegnet wären, würden natürlich nicht die Ideen des auf der Konferenz vorgestellten Memorandums teilen.[762] Am nächsten Tag veröffentlicht Yalçın einen weiteren Artikel. Dieses Mal behauptet er in seiner Zeitung, der *Tanin*, dass bei einer Lösung des Problems (also der armenischen Frage) in der Türkei die armenischen *Komitacıs* außerhalb des Landes verhungern würden; deshalb hätten diese ArmenierInnen beabsichtigt, in der Türkei für Ärger und Aufruhr zu sorgen.[763] Einige Tage später schreibt Falih Rıfkı Atay, seines Zeichens Parlamentarier und Chefredakteur der *Ulus*, an die *Akşam* zur selben Sache.[764] Laut der *Marmara* druckten alle türkischen Zeitungen Atays Artikel nach, und dieser wurde von TRT auch im Radio verbreitet. Der Chefredakteur der *Son Posta*, Selim Ragıp Emeç, ruft die ArmenierInnen in der Türkei auf, sich wie „der gute Teil" der armenischen Bevölkerung in den USA öffentlich gegen die Forderungen des Memorandums auszusprechen.[765]

---

**761** Ebenda.
**762** *Marmara*, 20. Juni 1945, Nr. 696.
**763** *Marmara*, 21. Juni 1945, Nr. 697.
**764** *Akşam*, zitiert in: *Marmara*, 23. Juni 1945, Nr. 698.
**765** *Son Posta*, zitiert in: *Marmara*, 23. Juni 1945, Nr. 698.

Das hetzerischste rassistische Pamphlet veröffentlicht jedoch eine lokale Zeitung aus Adana, *Keloğlan*, auf Turco-Armenisch. Die *Marmara* druckt den Text ab, was in der armenischen Presse zu großer Entrüstung führt.

| | |
|---|---|
| *Ben sana ne yaptım eşek merkebyan?* | „Was habe ich dir getan, du Esel eines ‚Eselian' |
| *Şikayet etmişsin halimden heman.* | Dass du dich über mein Vorgehen beschwerst. |
| *Hiç sıkılmadın mı söylerken yalan.* <br> *Türkler bizi kesiyor demişsin.* | Schämst du dich nicht, zu lügen? Du sagtest, die Türken haben uns ermordet. |
| *Sen ne sanıyorsun Keloğlan beni?* <br> *Göster bana bir eşek, bir nankör deni.* | Für wen hältst du mich, mich den Keloğlan? Zeig mir einen Esel, einen undankbaren. |
| *O senin dediğin nankör Ermeni.* <br> *Yemek yediği kapları kirletir.* | Du undankbarer Armenier, der die Hand noch beißt, die ihn füttert, |
| *Hem yalan uydurur hem titrer tir tir.* <br> *Dibinde durmadan bülbüller ötse,* | lügt und dabei schlottert wie Laub. <br> Wenn zu seinen Füßen immerdar Nachtigallen singen würden, |
| *Şarktaki dağları garba yürütse,* | Wenn sich die Berge des Ostens nach Westen verschöben, |
| *Ermeni bin sene dirsek çürütse,* | Wenn ein Armenier auch tausend Jahre zu lernen suchte, |
| *İnsanlık yolunu bulamaz eşek.*[766] | So wird er doch ein Esel bleiben, das Menschsein nicht erlangen." |

Suren Şamlıyan trifft bei seinem Besuch in Ankara im Oktober den Bruder des Chefredakteurs der *Keloğlan* und spricht das Thema an. Im Januar 1946 reagiert unter anderem Zaven Biberyan im Artikel „*Al Gě Pawē*" auf das Pamphlet.

Die antiarmenischen Meldungen reißen nicht ab. Im Juli 1945 veröffentlicht die *Marmara* in übersetzter Fassung Artikel, die in der *Tasvir* und in der *Tanin* erschienen waren. In diesen wird behauptet, dass einige ArmenierInnen aus Urfa über die syrische Grenze gingen, um von dort aus antitürkische Aufstände und Kampagnen zu organisieren.[767] Im August erscheint in der *Marmara* eine weitere

---

766 *Keloğlan*, zitiert in: *Marmara*, 24. Juni 1945, Nr. 700.
767 *Tanin*, zitiert in: *Marmara*, 6. Juli 1945, Nr. 712.

Übersetzung. Der ursprünglich in der *Yeni Sabah* veröffentlichte Text bezieht sich auf eine Meldung aus einer lokalen Zeitung, der *Yeni Adana*. Diesem Text zufolge würden die ArmenierInnen, die nahe der syrischen Grenze lebten, Haus und Hof verlassen, die Frauen würden nach Beirut gehen und die Männer nach Aleppo, wo sie im französischen Mandatsgebiet Polizisten würden. Die ArmenierInnen hingegen gaben an, dass sie wegen der feindlichen Haltung ihrer türkischen NachbarInnen gehen müssten.[768] Diese Entwicklungen halten noch einige Zeit an. Im Januar 1946 übersetzt die *Marmara* einen Artikel von Ömer Rıza Doğrul aus der *Cumhuriyet* ins Armenische.[769] Darin berichtet er von seinem Besuch in Aleppo und behauptet, dass alle die ArmenierInnen hassen würden, da diese als fünfte Kolonne der Sowjetunion gehandelt hätten.[770] Etwa zur selben Zeit äußert sich Berichten zufolge der Erzbischof von Canterbury, Hewlett Johnson, zum Memorandum von San Francisco und unterstützt die Forderungen der ANCA. Johnson ist begeisterter Anhänger der sowjetischen Politik zur Religion und von Stalins Türkeipolitik.[771] Kurz danach erwähnt die *Marmara* zwei Artikel aus der *Tasvir*, in denen behauptet wird, dass Johnson ein „roter Geistlicher" wäre, den die Sowjetunion instrumentalisiert hätte.[772] Zwischenzeitlich berichtet die *Marmara*, dass Premierminister Saraçoğlu anlässlich der üblichen Presseveranstaltung in Ankara die Haltung der armenischen Zeitungen sowie der in der Türkei lebenden ArmenierInnen im Allgemeinen zum Memorandum von San Francisco gelobt hätte.[773] Im Juli 1945 verfasst Aka Gündüz, ein enthusiastisches Exmitglied des

---

**768** *Yeni Sabah*, zitiert in: *Marmara*, 8. Juli 1945, Nr. 713.

**769** Ömer Rıza Doğrul (Kairo 1893–Istanbul 1952) war ein bekannter Journalist, der sich auf religiöse Themen spezialisiert hatte.

**770** *Cumhuriyet*, zitiert in: *Marmara*, 12. Januar 1946, Nr. 1158.

**771** Felix Corley, „The Armenian Church under the Soviet Regime, part 1: Leadership of Kevork", in: *Religion, State and Society* xxiv/1 (1996), S. 19. Johnson schreibt: „Ich bin vollständig und mit ganzem Herzen davon überzeugt, dass die von der Türkei besetzten Gebiete schnellstmöglich wieder an Armenien zurückgegeben werden müssen – hat doch die Türkei mit einer unglaublichen Brutalität die armenische Bevölkerung ausgelöscht. Die Siegermächte erklärten nach dem Ersten Weltkrieg, dass die Gerechtigkeit die Rückgabe dieser Territorien an ihre rechtmäßigen InhaberInnen fordern würde." (*Prawda*, 29. Juni 1945) Laut Corley war Erzbischof Johnson mit dem höchsten Orden der Armenischen Kirche ausgezeichnet, dem Orden des Heiligen Gregor des Erleuchters. Corley bezieht sich auf einen Brief in den Staatsarchiven der Russischen Föderation (GARF), der verfasst war von Nersesovich Ovanesyan, einem Major des armenischen NKWD (Volkskommissariat für innere Angelegenheiten), und gerichtet war an Ivan Polyansky, den Leiter des Rates für Angelegenheiten der armenischen Kirche. Der Brief vom 25. April 1947 erwähnte die Auszeichnung und bestätigte die Unterstützung Johnsons für die Annektierung der östlichen Türkei (GARF, f. 6991, op. 3. d. 234, S. 152–153).

**772** *Tasvir*, zitiert in: *Marmara*, 5. Juli 1945, Nr. 711, und 7. Juli 1945, Nr. 713.

**773** *Marmara*, 9. Juli 1945, Nr. 715.

Komitees für Einheit und Fortschritt, der ebenfalls Parlamentarier und Gastautor verschiedener türkischer Zeitungen war, einen Artikel in der *Cumhuriyet*. In diesem behauptet er, dass die „Seele des Komitees mehr oder weniger automatisch anspringen würde, wenn es eine Bedrohung von außen gebe".[774] In diesen Tagen wird das Memorandum von San Francisco als eine konkrete Bedrohung aufgefasst; Gündüz hat eine gerade Linie gezogen von den osmanischen Ideen der Jahre nach 1918 hin zu denen der republikanischen Führungspersonen. Außerdem vertritt Gündüz die Ansicht, dass eine neu zu gründende Partei die Prinzipien des Komitees für Einheit und Fortschritt wieder aufleben lassen sollte. Die Spannungen wachsen weiter an mit dem Telegramm, das an die Potsdamer Konferenz gerichtet ist, sowie mit dem Artikel, der in der *New York Times* erscheint, in welchem Suren Saroyan die Forderungen zu Kars und Ardahan wiederholt.[775] Am 24. Juli 1945 lautet die Überschrift der *Marmara* „Der große Sieg von Lausanne".[776] Die *Marmara* übersetzt außerdem den Leitartikel „Armenische Frage für ewig beendet" aus der *Vakit*,[777] in dem der Herausgeber und Parlamentarier Ahmed Us die Auffassung vertritt, dass der Vertrag von Lausanne die Probleme der ArmenierInnen in der Türkei gelöst hätte. Ahmed Daver schreibt in der *Cumhuriyet* einen ähnlichen Artikel.[778]

Also wurde die gesamte Frage territorialer Forderungen zuerst von dem Armenian National Council of America in die internationale Arena getragen. Dennoch hatten, wie Tachjian erwähnt hat, die Armenian General Benevolent Union und die Sowjetunion bereits 1940 gute Beziehungen zueinander aufgebaut, als sie die erste Spendenkampagne für die „armenischen Kriegsopfer" ins Leben riefen.[779] Die Verhandlungen zwischen AGBU und UdSSR fanden im Rahmen der *Rückführungs*-Kampagne statt, die die sowjetische Regierung Ende 1945 begonnen hat. Zur Etablierung freundschaftlicher Beziehungen mit der UdSSR wurde die AGBU gebeten, im Gegenzug eine Spendenkampagne für die Rote Armee zu starten.[780] Die AGBU engagierte sich auch weiterhin finanziell für Sowjetarmenien, und das New Yorker Komitee der AGBU brachte sich aktiv in die Rückfüh-

---

774  *Cumhuriyet*, zitiert in: *Marmara*, 22. Juli 1945, Nr. 728.
775  Ebenda.
776  *Marmara*, 24. Juli 1945, Nr. 730.
777  *Vakit*, zitiert in: *Marmara*, 24. Juli 1945, Nr. 730.
778  *Cumhuriyet*, zitiert in: *Marmara*, 24. Juli 1945, Nr. 730.
779  Tachjian, „‚Repatriation': A new chapter", S. 291.
780  Ebenda, S. 292.

rungskampagne ein.[781] Im November 1945 wird die Forderung der UdSSR zu Kars und Ardahan bereits in den armenischen und in den türkischen Zeitungen diskutiert. Ein Schreiben von Kevork VI., dem Katholikos aller ArmenierInnen in Ējmiacin, bestätigt die offizielle Unterstützung der Gebietsansprüche. Am 22. Oktober 1945 verfasst der Katholikos einen zweieinhalb Seiten langen Brief an die sowjetische Regierung, in dem er in Einzelheiten die historischen Verdienste der armenischen Bevölkerung im Osmanischen Reich ab Anfang des 19. Jahrhunderts aufführt. Er drückt eine offizielle Unterstützung der Territorialforderungen aus und bittet darum, die armenischen *Vilayets* an Sowjetarmenien anzugliedern.[782] Die Territorialforderungen, denen sich Einwanderungsaufrufe nach Sowjetarmenien anschließen, stellen für die Türkei ernsthafte Provokationen dar. Diese Situation im Anschluss an den Zweiten Weltkrieg muss die Türkei dazu motiviert haben, über eine engere Allianz mit den Vereinigten Staaten nachzudenken; die Provokationen wurden im Anschluss von der Türkei instrumentalisiert. Diese Kehrtwende war aufgrund der nachstehend analysierten Gründe möglich.

Kevork VI. wurde 1945 zum Katholikos aller ArmenierInnen gewählt, sieben Jahre nach dem mysteriösen Tod von Khoren I.[783] Katholikos Kevork VI. äußerte seine volle Unterstützung der sowjetischen Territorialansprüche und der Einwanderungsaufrufe an die ArmenierInnen, während er den Vatikan für die Unterstützung der Nazis angriff.[784] So schuf er von sich das Bild eines Führers, der aktiv in die Weltpolitik eingebunden war. Die *Marmara* druckt erneut einen Artikel auf Basis von Angaben in syrisch-armenischen Zeitungen und von Aussagen des Kardinals Aghagianian,[785] in welchen dieser inständig darauf verweist, dass katholische ArmenierInnen gegen den Sozialismus wären wie auch gegen die Aufrufe zur Einwanderung nach Armenien. Demzufolge hatte er erklärt: „Katholi-

---

781 Die AGBU war auch bereits während der Repatriierungskampagnen der 1920er- und 1930er-Jahre aktiv. Vergleiche https://www.agbu.am/en/about-2/agbu-in-armenia-1 (abgerufen am 13. Juni 2021).

782 Santro Pehputyan (Hg.), *Vaverakrer Hay Yegeghetsu Badmut'ean: Kevork VI. Gat'oghigos Amenayn Hayots' (1938–1955)*, Bd. 6 (Jerewan: Osgan Yerevants'i Publ., 1999), S. 299.

783 Corley, „The Armenian Church", S. 9. Vergleiche auch Corley, „The Armenian Apostolic Church", in: Lucian N. Leustean (Hg.), *Eastern Christianity and the Cold War, 1945–91* (Abingdon, Oxon: Routledge, 2010), S. 196. Laut Corley war der Katholikos aller ArmenierInnen, Khoren I., (Muradbekyan) im Hauptsitz der Kirche am Kloster des Heiligen Ējmiacin tot aufgefunden worden, wahrscheinlich ermordet vom NKWD (Volkskommissariat für innere Angelegenheiten).

784 Corley, „The Armenian Church", S. 19.

785 Kardinal Krikor Bedros Aghagianian (Akhaltskhe 1895–Rom 1971) war Katholischer Patriarch von Kilikien von 1937 bis 1962; in das Kardinalat war er 1946 von Papst Pius XVII. erhoben worden. Zu Einzelheiten vergleiche https://encyclopedia.thefreedictionary.com/Grégoire-Pierre+Agagianian (abgerufen am 19. Oktober 2020).

kInnen sind Feinde der sozialistischen Administration. [...] Der Aufruf zur Einwanderung löst nicht die armenische Frage; im Gegenteil – sie sorgt für zahlreiche neue Probleme und Enttäuschungen."[786] Sowohl für die sowjetische Regierung wie für das Katholikat war die Rückgewinnung von Loyalität und Interesse der armenischen Diaspora an Ējmiacin ein strategischer Schritt. Stalin hatte die Veröffentlichung des Einwanderungsaufrufes für April 1945 angekündigt; diesen veröffentlicht er jedoch erst am 21. November 1945.[787] Diese Welle der Immigration nach Armenien würde vollkommen neue Auswirkungen und Zusammenhänge als frühere Einwanderungen haben, denn Sowjetarmenien hatte im Jahr 1937 alle Beziehungen zur Diaspora abgebrochen.[788] Deshalb schufen der erneute Einwanderungsaufruf und die Territorialforderungen in den armenischen Gemeinden starke Sympathie für die Sowjetunion, was für das Katholikat aller ArmenierInnen in Ējmiacin relevant war. Durch die Unterstützung der Einwanderung erfuhr Ējmiacin dank der Diaspora-Gemeinde ein Wiederaufleben. Die Einwanderung begann tatsächlich im Mai 1946 und hielt an bis 1948. ArmenierInnen kamen nach Sowjetarmenien aus Syrien, dem Libanon, dem Iran, Griechenland, Rumänien, Bulgarien, Ägypten, Palästina, Irak, Frankreich und den Vereinigten Staaten.[789] Auch wenn die Kampagne initiiert worden war, um Hunderttausende von Menschen anzuziehen, so erreichte die Zahl der Eingewanderten laut sowjetarmenischen Quellen über die drei Jahre (1946–1948) insgesamt nur 102.277 Personen.[790]

Ein Blick in die armenischen Zeitungen des Tages zeigt, welche Auswirkungen dieses Problem sowohl in der türkischen öffentlichen Meinung als auch in der armenischen Gemeinde hat. Nach dem anglo-amerikanisch-sowjetischen Treffen in Moskau am 15. Dezember 1945[791] setzen die türkischen Zeitungen eine Kampagne gegen die ArmenierInnen in Gang. Als am 4. Dezember 1945 das Verlagshaus *Tan* durchsucht wird, erreicht die türkische öffentliche Meinung eine weitere Eskalationsstufe, wie Ronald Suny festhält:[792] „Am 27. November 1945 hatte Kevork VI. eine Note an die drei Großmächte übersandt und sie aufgerufen, die

---

786 *Marmara*, 12. Februar 1948, Nr. 1899. Kardinal Aghagianian veröffentlichte seine Ideen in einer Enzyklika namens „T'ught' hovuagan" (6. Juli 1946; kritisiert in der *Nor Or*, 14. August 1946, Nr. 5; 6. September 1946, Nr. 28, und 6. Dezember 1946). Sie waren außerdem Thema eines Artikels von Zaven Biberyan in der *Aysor*, 28. Februar 1948, Nr. 33.

787 *Soviet News*, 30. Juni 1945, zitiert in: Corley, „The Armenian Church", S. 18.

788 Ētuart Melk'onyan, „Stalini".

789 Tachjian, „‚Repatriation': A new chapter", S. 300–303.

790 Daniela De Maglio Slavich, *Il rimpatrio degli Armenia nell'immediato dopoguerra* (Mailand: ICOM, 1980), S. 25.

791 Koçak, *Türkiye'de İki Partili*, S. 824.

792 Suny, *Looking Toward Ararat*, S. 168.

Rückgabe der armenischen Gebiete entsprechend der Garantie des Vertrages von Sèvres zu unterstützen", was deutlich mehr war als eine bloße Rückforderung von Kars und Ardahan.[793] General Kazım Karabekir verkündete, dass die Türkei um jeden Zentimeter ihres Territoriums kämpfen würde: „Die Welt soll wissen, dass die Meerengen den Schlund der türkischen Nation bilden; das Plateau von Kars hingegen ist sein Rückgrat."[794] Das war der Kontext, innerhalb dessen die Durchsuchung des Verlages *Tan* stattfindet; die Presse spornt die öffentliche und staatlich geförderte antiarmenische Ideologie erneut an. Nachrichten, Leitartikel und Kommentare zu den sowjetischen Einwanderungsaufrufen lösen einander ab. Die *Marmara* übersetze entsprechende Artikel aus der *Yeni Sabah*,[795] der *Gece Postası*,[796] der *Vatan*,[797] der *Cumhuriyet*,[798] der *Akşam*,[799] der *Tasvir*,[800] der oben

---

793 Ebenda. Vergleiche auch das Schreiben des sowjetischen Außenministeriums vom 11. April 1946 (an die Botschaften der Vereinigten Staaten sowie von Frankreich und der Türkei und an die sowjetischen Vertretungen in Ägypten und Irak zur Organisation der Rückführung der ArmenierInnen) im Armenischen Nationalarchiv, F. 326, „Außenministerium der Sowjetunion", Katalog 1, Akte 117, Mappe 1, zitiert in: Armen Melqumyan, „Turkagan ishkhanut'yunneri k'aghak 'aganut 'yuně ew Bolsahay hamaynkě 1945–1947 t't'", in: S. Krikoryan et al. (Hg.), *Mertsavor Arevelk (VII): Badmut'yun, K'aghak'aganutyun, Mshaguyt': Hotvadzneri Joghovadzu*, RA National Academy of Sciences, Institute of Orientalism (Jerewan: Lusagn Publ., 2011), S. 198. Verfügbar unter serials.flib.sci.am/openreader/merc_arev_7/book/index.html#page/198/mode/2up (abgerufen am 4. Oktober 2020).

794 Ebenda. Zu Karabekirs Zitat auf Türkisch – „Boğazlar boğazımız, Kars–Ardahan bel kemiğimizdir" – vergleiche die offizielle Website des Ministeriums für Kultur und Tourismus von Ardahan, https://www.kulturportali.gov.tr/turkiye/ardahan/genelbilgiler (abgerufen am 13. Juni 2021).

795 *Yeni Sabah*, zitiert in: *Marmara*, 18. Dezember 1945, Nr. 1133.

796 *Gece Postası*, zitiert in: *Marmara*, 17. Dezember 1945, Nr. 1132. Der Chefredakteur der *Gece Postası*, Ethem İzzet Benice, der zuvor Abgeordneter von Kars war, verfasste einen Artikel zu dem Thema „Die armenische Bevölkerung der Türkei und die sowjetische Einladung". Darin schlägt er vor, dass alle, die gehen wollten, gehen sollten – und „Auf Nimmerwiedersehen!".

797 *Vatan*, zitiert in: *Marmara*, 18. Dezember 1945, Nr. 1133. Der Chefredakteur der *Vatan*, Ahmet Emin Yalman, schrieb, dass jedwede Entscheidung gegen die Ehre und gegen die Interessen der Türkei den Widerstand der Bevölkerung in Betracht ziehen müsse. Er bezieht sich damit auf die Frage der Grenzen im Osten.

798 *Cumhuriyet*, zitiert in: *Marmara*, 18. Dezember 1945, Nr. 1133. Laut der Übersetzung in der *Marmara* beschreibt die *Cumhuriyet* die Menge vor der sowjetischen Botschaft in Istanbul und versucht sich an einer sozialen Analyse der AntragstellerInnen unter anderem anhand ihres Alters, ihrer Berufstätigkeit, ihrer Ziele. In der *Marmara* (26. Dezember 1945, Nr. 1141) erwähnt Suren Şamlıyan einen Artikel von Ahmed Halil in der *Cumhuriyet* vom Vortag mit dem Titel „Die armenische Frage während des Zweiten Weltkrieges". Aram Pehlivanyan reagiert auf genau diesen Artikel in einem auf Türkisch verfassten Leitartikel in der *Nor Or* vom 26. Januar 1946.

799 *Akşam*, zitiert in: *Marmara*, 18. Dezember 1945, Nr. 1133. Der Chefredakteur der *Akşam*, Necmeddin Sadak, der damals auch Abgeordneter von Sivas war, schreibt: „Wer gehen will, soll

erwähnten Tageszeitung aus Adana, der *Keloğlan*,[801] der *Son Telgraf*[802] und der *Tanin*[803] sowie aus zahlreichen anderen Zeitungen und Zeitschriften. Die Sprache dieser Artikel ist durchweg rassistisch und feindlich gegen die ArmenierInnen; ihnen wird gedroht, indem man anklingen lässt, dass die Gastfreundschaft und die Geduld der Menschen in der Türkei ein Ende finden könnten. Die meisten wünschten einen baldigen Abschied. Asım Us beispielsweise fordert in seinem Leitartikel für die *Vakit* die ArmenierInnen auf, „pflichtbewusst zu sein und ihre Aufgaben zu erfüllen".[804]

Allerdings war ein solch typischer Druck nicht nur auf diesen Zeitraum beschränkt. Auch wenn bereits ein Jahr seit der Konferenz von San Francisco vergangen ist, werden weiterhin zahlreiche Artikel mit ähnlicher Argumentation veröffentlicht. Peyami Safa zum Beispiel ruft die ArmenierInnen in der Türkei mit seinem Artikel „ArmenierInnen der Türkei, wo seid ihr?", der im September 1945 in der *Tasvir* erscheint, zur Pflicht.[805] Safa bezieht sich auf das Dokument, das im April von der ANCA an die Konferenz von San Francisco gerichtet worden war:

> Einige eurer Brüder erbrechen in eurem Namen sinnlose Gedanken. Auf jeder internationalen Konferenz erscheinen diese Narren auf der Bühne und übergeben Briefe, obwohl sie nicht einmal selbst wissen dürften, wer ihnen diese Vertretungsmacht zugewiesen haben sollte. [...] Ihnen ist sicherlich bewusst, dass jede Katastrophe, die dem armenischen Volk in der Vergangenheit widerfuhr, ein Ergebnis solchen Bestrebens war. [...] Doch gehen wir davon aus, dass es für unsere geliebten armenischen MitbürgerInnen noch nicht zu spät ist,

---

gehen; wer bleiben will, soll bleiben." Er verfasst seine Kolumne unter dem Pseudonym „Demokrat". Sadak behauptet, dass die ArmenierInnen bevorzugten, Minderheit zu bleiben, ihre eigene Sprache zu sprechen und ihre eigenen Schulen zu besuchen; so würden sie immer AusländerInnen sein.

**800** *Tasvir*, zitiert in: *Marmara*, 24. Dezember 1945, Nr. 1139, mit folgender Übersetzung: „Wir haben das Recht, die gesamte armenische Gemeinde unter Verdacht zu stellen. [...] Es waren die Armenier, die der türkischen Armee in den Rücken fielen, und so wurde ihnen die legitime Antwort gegeben."

**801** *Keloğlan*, zitiert in: *Marmara*, 24. Juni 1945, Nr. 700 (auf Turco-Armenisch verfasst). Laut der *Marmara* veröffentlicht die *Keloğlan* ihren Artikel am 20. Dezember 1945: „Einige ArmenierInnen, die nicht mit der Gemeinde verbunden waren, wandten sich an die Moskauer Botschaft in Istanbul und teilten dem Gesandten mit, dass sie ausreisen wollten. Diese Nachricht erfreute uns. Mögen sie doch gehen, ob tanzend oder lachend, solange sie nur gehen." (*Keloğlan*, zitiert in: *Marmara*, 24. Dezember 1945, Nr. 1139.)

**802** *Son Telgraf*, zitiert in: *Marmara*, 25. Dezember 1945, Nr. 1140. Im *Son Telgraf* werden einige armenische Personen interviewt, die angeblich gesagt hätten: „Wir sind Türken. Was haben wir denn in Russland zu schaffen? Dorthin zu gehen wäre reine Dummheit."

**803** *Tanin*, zitiert in: *Marmara*, 25. Dezember 1945, Nr. 1140.

**804** *Vakit*, zitiert in: *Marmara*, 25. Dezember 1945, Nr. 1140.

**805** *Tasvir*, zitiert in: *Marmara*, 22. September 1945, Nr. 1046.

die goldene historische Gelegenheit zu ergreifen, ihre Verbundenheit mit diesem Land unter Beweis zu stellen.[806]

Am Tag darauf publiziert die *Marmara* einen Artikel mit dem Titel „Wir sind hier, Peyami Safa". Darin argumentiert Chefredakteur Suren Şamlıyan, dass die armenische Bevölkerung der Türkei längst bestätigt hätte, was Safa hören will, doch dass dieser die entsprechenden armenischen Stimmen nicht habe vernehmen wollen.[807] Im November 1945 berichtet die *Marmara* auf Türkisch darüber, dass auf dem armenischen Friedhof von Pangaltı Bomben gefunden worden wären; die Schuldigen wären bereits festgenommen worden. Nach diesem Vorfall stattet Patriarch Mesrob Naroyan dem Gouverneur von Istanbul, Lütfü Kırdar, einen Besuch ab, bei dem er die Loyalität der ArmenierInnen mündlich und schriftlich bestätigt.[808] Die *Marmara* veröffentlicht einen Leitartikel in türkischer Sprache: „In der Türkei werden keine Armenier von ausländischen Mächten instrumentalisiert" und richtet sich damit an die türkische Öffentlichkeit.[809] Die armenische Presse Istanbuls quillt über von Artikeln, die auf diese Anschuldigungen reagieren.

Die soziopolitischen Bedingungen und das von den türkischen Zeitungen aufgespannte und reproduzierte Machtfeld lassen sich nicht unabhängig von der damaligen staatlichen Politik betrachten, denn zahlreiche der Chefredakteure waren außerdem Parlamentsabgeordnete. Cemil Koçak hat gezeigt, dass die türkische Presse viele dieser Artikel tatsächlich auf direkte Weisung von Premierminister Saraçoğlu oder des Außenministeriums hin veröffentlichte.[810] Im Dezember 1945 hatten der US-Vizestaatssekretär Dean Acheson und der türkische Botschafter in Washington, Hüseyin Ragıp Baydur, ein Treffen, auf dem Baydur behauptete, dass sich das türkische Volk angegriffen fühlte, weswegen es sich nur schwerlich in Schach halten ließe.[811] Dies waren die Umstände, unter denen für die armenische Gemeinde in der Türkei das Jahr 1946 begann. In den ersten Tagen des Jahres äußert sich Premierminister Saraçoğlu dahingehend, dass sich die ArmenierInnen sicher fühlen sollten, dass die Regierung von ihrer Loyalität zum

---

806 Ebenda.
807 Suren Şamlıyan, „Hos enkʻ Pʻēyami Safa", in: *Marmara*, 23. September 1945, Nr. 1450.
808 Suren Şamlıyan, „Türkiye'de yabancılara alet olacak Ermeni yoktur', in: *Marmara*, 26. Dezember 1945, Nr. 1141. Ich konnte weder herausfinden, wann die Bomben auf dem Friedhof von Pangaltı deponiert worden waren, noch wann Patriarch Naroyan den Gouverneur von Istanbul aufsuchte. Es war vermutlich kurz vor seinem plötzlichen Tod im Jahr 1944.
809 Ebenda.
810 Koçak, *Türkiye'de İki Partili*, S. 835.
811 Ebenda, S. 840.

Land überzeugt wäre und dass sie den Schutz des Gesetzes genössen.[812] Şamlıyan behauptet, dass die Ausführungen von Saraçoğlu die psychologischen Höllenqualen der armenischen Gemeinde beenden würden.[813] Einige Tage später veröffentlicht die *Marmara* statt des Leitartikels einen Artikel von „V. Bartevyan", der mit „Liebt die Armenier!" übertitelt war.[814] Bartevyan wendet sich an die türkischen Chefredakteure.

> Sie, Chefredakteure, Vorgesetzte türkischer JournalistInnen, benachbarter Zeitungen, jüngere und ältere AutorInnen, wir meinen Sie: Liebt die ArmenierInnen! [...] An allem sind für euch die ArmenierInnen schuld – redet ihr nicht ständig von den ArmenierInnen, egal ob in den Zeitungen oder in den Theatern, auf den Märkten wie in den Läden, in den Zügen und an Bord der Schiffe? [...] Und das unsägliche Vorurteil: „*Gavur*" [Ungläubige]! [...] Dieses Wort lässt den ArmenierInnen das Blut in den Adern gefrieren![815]

Bartevyans Artikel lässt sich als ein Aufschrei verstehen, provoziert durch den Druck auf die armenische Bevölkerung, welcher in dieser Zeit permanent spürbar war. Durch seine Aufforderung zum „Lieben" weist Bartevyan eigentlich auf den unverblümten Hass hin, dem die ArmenierInnen in der türkischen Gesellschaft ausgesetzt sind. Im Jahr 1935 verfasst Bedros Zeki Garabetyan,[816] der Gründer der „Gesellschaft zur Stärkung der türkisch-armenischen Beziehungen" *(Türk-Ermeni Teali Cemiyeti)*, einen ähnlichen Text, ein Gedicht, in dem er Mustafa Kemal Atatürk anspricht und welches mit einem Aufruf endet: „Lieben Sie uns!" Ein durchdachter Aufruf, denn wenn Atatürk „uns" lieben würde, bestünde eventuell eine Chance, dass auch die gesamte Nation „uns" liebte.[817]

In seinem berühmten Artikel „Genug ist genug" konfrontiert auch Zaven Biberyan den gesamten antiarmenischen Habitus der Türkei, der ArmenierInnen der inneren Feindschaft, der Spionage, des Verrates bezichtigt, ihnen Bombenanschläge vorwirft, sie als „fünfte Kolonne" bezeichnet oder als Lehrer der *Komitacıs*.[818] Unter Verweis auf Texte berühmter Journalisten wie Asım Us[819] und

---

812 *Marmara*, 7. Januar 1946, Nr. 1153.

813 Ebenda.

814 *Marmara*, 11. Januar 1946, Nr. 1157.

815 Ebenda.

816 Bedros Garabetyan gründete 1926 gemeinsam mit Freunden den Chor „Hilal", der an den Feiern zum Gründungstag der Republik teilnahm. Vergleiche Bedros Garabetyan, *Hnktarean Hishadagaran Samatio Surp Kēōrk Yegeghetso 1461–1935* (Istanbul: Terzyan Kardeşler Matbaası / Yeni Türkiye Basımevi, 1935), S. 336.

817 Garabetyan, *Hnktarean Hishadagaran*, S. 5.

818 *Nor Lur*, 5. Januar 1946, Nr. 95.

819 Eine Übersetzung des Artikels von Asım Us erschien in der *Marmara*, 16. Dezember 1945, Nr. 1131. Us bringt die Themen Kars, Ardahan und Artvin mit den sowjetischen Einwanderungs-

Peyami Safa[820] argumentiert Biberyan dahingehend, dass jedes Nachgeben gegenüber der Bezichtigung, ArmenierInnen bildeten eine fünfte Kolonne, den Hass gegen sie weiter anstacheln würden. Biberyan erkennt die prodeutsche Haltung in der Türkei während des Krieges und analysiert die steten Debatten in der türkischen Öffentlichkeit als ein Manöver, die ArmenierInnen die Zeche für die türkische Außenpolitik der Kriegszeit bezahlen zu lassen. Er weist auch darauf hin, dass es nicht eine einzige armenische Person unter all jenen gegeben hätte, die damals wegen Spionage vor Gericht standen. Das zweite Thema, zu dem Biberyan schreibt, sind die Einwanderungsaufrufe der sowjetischen Regierung. Wie bereits oben erwähnt, gab es beträchtliche Bemühungen, auf die ArmenierInnen in der Türkei zu zeigen und sie zu drängen, diesen Aufrufen zu folgen. Biberyan meint in seinem Artikel, dass die sowjetischen Einwanderungsaufrufe der türkischen Öffentlichkeit lediglich eine weitere Gelegenheit böten, antiarmenische Ressentiments zu äußern. Er sagt auch, dass er sich gar nicht zu den Aufrufen an sich äußern wolle, denn weder er noch irgendeine andere Person könnte im Namen der ArmenierInnen sprechen, fehlte diesen doch jegliche repräsentative oder administrative Körperschaft oder Person. Zehn Tage später kritisiert Biberyan in einem anderen Artikel, „Letzter Hinweis an die Provokateure" *(Verchin Aztararut'iwn krkrich'nerun)*, die Chefredakteure der *Son Posta*, Selim Ragıp Emeç und Ekrem Uşaklıgil.[821] Auch wenn die *Son Posta* versucht hat, sich in ihren Veröffentlichungen um Ausgleich zu bemühen, indem sie Şükrü Saraçoğlus Ansicht veröffentlichte, dass die Türkei keine Beschwerden in Richtung der armenischen Bevölkerung vorzubringen hätte, erschien gerade einmal einen Monat zuvor in derselben Zeitung ein Text, in welchem Selim Ragıp alle ArmenierInnen als verdächtig bezeichnete. Aufgrund dieser abrupten Änderungen der Haltungen unterstellt Biberyan den türkischen Meinungsmachern und Journalisten, ihr Fähnchen einfach in jeden Wind zu hängen. Auf Ekrem Uşaklıgils Artikel, in dem dieser behauptet, die ArmenierInnen würden lediglich wie TürkInnen auf türkischem Boden leben wollen, entgegnet Biberyan wie folgt:

---

aufrufen zusammen und fragt die Regierung, wie die sowjetische Botschaft die Namen und Adressen von ArmenierInnen in der Türkei hätte registrieren können, ohne zuvor eine Vereinbarung mit der Türkei abgeschlossen zu haben. Ein anderer Artikel von Us, „Sprechen wir offen mit unseren armenischen MitbürgerInnen" („Ermeni vatandaşlarımızla açık konuşalım") erschien am 26. Dezember 1945 in der *Vakit*.
**820** Peyami Safa, „ArmenierInnen der Türkei, wo seid ihr?' („Türkiye Ermenileri neredesiniz?"), in: *Tasvir*, 22. September 1945. Vergleiche auch „Ein völlig neuer armenischer Unsinn" („Yeni bir Ermeni saçması"), in: *Tasvir*, 19. September 1945, und „Der armenische Kongress frischt die Geschichte auf" („Ermeni Kongresi hikayeyi tazeledi"), in: *Tasvir*, 28. September 1945.
**821** Zaven Biberyan, „Verchin aztararut'iwn krkrich'nerun", in: *Nor Lur*, 15. Januar 1946, Nr. 98.

> Uşaklıgil darf nicht vergessen, dass die in der Türkei lebenden ArmenierInnen zuerst Menschen, danach armenisch und dann erst türkisch sind. [...] Zweifelsohne würde Ekrem Uşaklıgil, zwänge man ihn, sein Türkischsein zu verleugnen, sich dem widersetzen und es verweigern. [...] Niemand hat das Recht, uns zu verbieten, als Menschen zu leben sowie als ArmenierInnen, denn als solche wurden wir geboren. Außerdem kann wohl niemand behaupten, dass es eine Sünde sei, als armenischer Mensch geboren worden zu sein.[822]

Ohne sich die Mühe zu machen, seine „armenischen FreundInnen oder KollegInnen" anzusprechen oder gar öffentlich zu fragen, wie sie denn leben wollten, nimmt Uşaklıgil einfach in ihrem Namen Stellung, in der Annahme, dass die ArmenierInnen es nicht wagen würden, einen solchen Einwand zu erheben, wie es Biberyan schließlich tat.

Am 24. Dezember 1945 veröffentlicht die *Tasvir* eine lange Besprechung einer früheren Kolumne von İbrahim Suphi Soysaloğlu[823] mit dem Titel „ArmenierInnen, seid vorsichtig! In diesem Land gibt es Freiheit, aber keinen Verrat".[824] In diesem Artikel wird auch eine Person zitiert, die als ein früherer Minister Aserbaidschans eingeführt wird. Die *Marmara* übersetzt diese Kolumne und veröffentlicht sie unter der Überschrift „Gedanken eines früheren Ministers Aserbaidschans".[825] In seiner Antwort darauf fragt Biberyan, ob es sich bei der Person tatsächlich um einen früheren Minister handeln würde, und weist darauf hin, dass dieser alle ArmenierInnen auf der ganzen Welt unabhängig von ihrem politischen Standpunkt zu den üblichen Verdächtigen zählen würde, die den TürkInnen oder dem Islam gegenüber feindlich eingestellt wären. Das einzige Ziel des Artikels wäre, zu Hass aufzurufen, alte Geschichten wiederzubeleben und eine antiarmenische Stimmung zu forcieren:

> Wenn alte Geschichten hervorgeholt werden sollen, so können wir das ebenfalls. Wenn jeder Leichnam der Vergangenheit gezählt werden muss, können auch wir sie zählen. Denn wie jedes andere Volk auf der Welt und sogar eher als diese haben auch wir unsere Toten, die gezählt werden wollen. Weniger haben wir weder der *Tasvir* noch ihrer Anhängerschaft zu entgegnen. Sie und ihresgleichen sind verantwortlich für die Millionen Toten, die uns umgeben.[826]

Mit seiner Antwort an die *Tasvir* konfrontiert Biberyan nicht alleine eine Zeitung, sondern den gesamten Staatsapparat damit, dass sie die Leugnung und den Antiarmenianismus erzeugen würden. Soysaloğlus Artikel und viele andere Texte,

---

**822** Ebenda.

**823** Abgeordneter von Burdur im Parlament von 1920.

**824** *Tasvir*, zitiert in: *Marmara*, 24. Dezember 1945, Nr. 1139.

**825** Ebenda.

**826** Zaven Biberyan, „Verchin aztararut'iwn krkrich'nerun", in: *Nor Lur*, 15. Januar 1946, Nr. 98.

die während dieser Zeit in unterschiedlichen Zeitungen erscheinen, bedrohen die
ArmenierInnen direkt. Biberyan schreib, falls sie nicht aufhörten, die armenische
Bevölkerung weiterhin zu drangsalieren, würde er sich ihnen gegenüber ebenso
verhalten, ohne dass die Verantwortung dafür bei ihm liegen würde.[827]

Die internationale Presse beginnt bereits am 1. Juni 1940, die armenische
Bevölkerung zu bezichtigen, eine fünfte Kolonne zu sein, also schon vor dem
Treffen zwischen dem US-Botschafter in der Türkei, John Van A. McMurray, und
dem türkischen Premierminister Refik Saydam.[828] Die *Marmara* zählt einzeln die
antiarmenischen Veröffentlichungen in Europa, im Nahen Osten und anderswo
auf: Laut Şamlıyan erscheint die erste Anklage in der britischen Tageszeitung
*News Chronicle* am 27. Mai 1940.[829] Deren Korrespondent behauptet, dass deutsche
Offiziere aus den ArmenierInnen in Istanbul eine fünfte Kolonne aufzubauen
versuchten, was deswegen einfach wäre, da diese massiv antitürkisch eingestellt
wären.[830] Şamlıyans erster Beitrag in dieser Reihe beschäftigt sich auch mit einem
Artikel von Cedric Salter, der später *Introducing Turkey* verfasste[831]. Er behauptet,
die armenische Bevölkerung der Türkei wäre vom deutschen Botschafter Franz
von Papen als fünfte Kolonne instrumentalisiert worden.[832]

Ab den 1940er- bis in die 1950er-Jahre gab es in der internationalen Öffentlichkeit sehr heftige Debatten mit detaillierten politischen Analysen; bedingt
dadurch, dass diese verleugnet wurden, nahmen die öffentlichen Auseinandersetzungen zu. In dem informativen Buch *Summer of '42* zu den deutsch-armeni-
schen Beziehungen während des Zweiten Weltkrieges schreibt Levon Thomassian: „Die armenische Vertretung in Deutschland stand unter starkem Einfluss der
EmigrantInnen. Dies war vor allem durch den umfangreichen Exodus von ArmenierInnen aus dem Osmanischen Reich vor und während des Genozides an der
armenischen Bevölkerung bedingt. Es folgten weitere Auswanderungen, als Armenien 1920 zu einer Sowjetrepublik wurde."[833] Ein Grund dafür, warum die ArmenierInnen in Deutschland mit Argwohn betrachtet worden sind, mag sein, dass
eine sehr kleine Gruppe derjenigen, die nach 1915 nach Deutschland emigriert

---

827  Biberyan, „Verchin aztararut'iwn".
828  Dost, „Amerika'nın Türkiye politikasının oluşumu üzerine", S. 187.
829  *News Chronicle*, 27. Mai 1940, zitiert in: Suren Şamlıyan, „Hagahay krut'iwnner Londoni
mamulin mech", in: *Marmara*, 5. November 1946, Nr. 1448.
830  Ebenda.
831  Cedric Salter, *Introducing Turkey* (London: Methuen, 1961, Nachdruck 1996).
832  Suren Şamlıyan, „Hagahay krut'iwnner Londoni mamulin mech", in: Marmara, 5. November
1946, Nr. 1448.
833  Levon Thomassian, *Summer of '42: A Study of German-Armenian Relations During the Second
World War* (Atglen, PA: Schiffer Publ., 2012), S. 28.

waren, mit den Nazis zusammengearbeitet hat, was den Meinungsführern in der Türkei eine Möglichkeit bot, diese Gruppe als türkische ArmenierInnen darzustellen. Der Hintergrund der antiarmenischen Kampagnen wird jedoch in einem größeren historischen Zusammenhang deutlicher, wie ihn beispielsweise ein Brief von Jirair Missakian bietet, dem Vertreter des Büros der Armenischen Revolutionären Föderation in London. Missakian suchte Zeitungsredaktionen auf und versuchte, Falschinformationen zu korrigieren, bevor er ein Schreiben an die *London Times* verfasste, in dem er den Behauptungen über ArmenierInnen widersprach:

> Meine Herren, unglaubliche Berichte erschienen jüngst in der britischen und in der amerikanischen Presse, die verlauten ließen, die ArmenierInnen in der Diaspora würden im derzeitigen Krieg prodeutsche Haltungen zeigen. Ihre Zeitung hat in den Ausgaben vom 14. März, 5. Mai und 24. Juni entsprechende Andeutungen in diesem Sinne publiziert. Eine amerikanische Zeitschrift veröffentlicht die absurde Behauptung, dass die Nazis die armenische Taschnaken-Partei als fünfte Kolonne ausersehen und ihr für ihre Mitwirkung einen Autonomiestatus versprochen hätten.
>
> Auf das Schärfste protestiere ich gegen diese boshaften Anschuldigungen, die jedweder Grundlage entbehren. Sie gehen auf bestimmte antiarmenische Kräfte zurück und sind bezeichnend für einen vergeblichen Versuch, einen Keil zwischen das armenische Volk und Großbritannien und seine Alliierten zu schlagen. Wie absurd die Behauptung ist, dass sich armenische Kräfte an antidemokratischen Bestrebungen beteiligen könnten, wird allen deutlich, die sich mit der deutschen Politik der vergangenen 60 – 70 Jahre und deren Drang nach Osten beschäftigt haben. Der Platz reicht nicht dafür aus, anhand von Belegen zu zeigen, wie sich verschiedene deutsche Regierungen gegenüber den ArmenierInnen verhielten. Deswegen sei an dieser Stelle auf Äußerungen deutscher Staatsmänner von Bismarck bis Rethmann Hollweg sowie auf die Auslassungen zahlreicher radikaler deutscher Philosophen hinzuweisen, die sich einfach nicht als Manifestation [teutonischer] Zuneigung zu unserem Volk verstehen lassen. Es gibt keinen Grund anzunehmen, dass die gegenwärtigen Herrscher Deutschlands nicht an ihre Vorgänger anknüpfen werden, was die ArmenierInnen betrifft.
>
> Das armenische Volk kämpfte im letzten Krieg unter der Führung der Taschnaken-Partei an der Seite Großbritanniens und Frankreichs, und gerade diese Partei wird nun der Kollaboration mit den Deutschen bezichtigt. Bei den Friedenskonferenzen wurde das armenische Volk außer Acht gelassen. Das armenische Volk selbst wurde wie auch die unvergleichliche Tragödie, die über es hereingebrochen ist, von der zivilisierten Welt schlichtweg vergessen. Dennoch hält das armenische Volk an seiner Überzeugung fest, dass sowohl eine Emanzipation der unterdrückten Nationen wie auch die Prinzipien von Gerechtigkeit und Freiheit für alle nur durch einen Sieg der Alliierten zu erreichen sind.[834]

---

834 Jirair Missakian, „Armenians and the War", in: *The London Times*, 19. Juli 1941, zitiert in: James G. Mandalian, „The smearer: A reply to Roy John Carlson", in: *Armenian Review* 3 (1950), S. 8. Das Schreiben wurde zum Teil ins Armenische übersetzt; vergleiche *Marmara*, 6. November

Mit dem Nachdruck dieses Schreibens aus dem Jahr 1941 weist James Mandalian 1950 darauf hin, dass die antinazistische Position der ARF für die deutsche Regierung offensichtlich gewesen sein muss.[835] Laut Mandalian war für die Beschuldigungen der ArmenierInnen John Roy Carlson verantwortlich:

> Doch uns wird eine noch authentischere Quelle als der *Mirror-Spectator* angeboten, die es bis in das Kongressprotokoll geschafft hat. Es gibt eine beeindruckende sechszeilige Meldung in der *News Week*, in der behauptet wird, dass die Taschnaken-Partei für die Nazis von ihrem Hauptquartier in Berlin aus als fünfte Kolonne tätig wäre.

> Spannend ist bei diesen beiden Zitaten aus jeweils Ehrfurcht gebietenden Quellen der den LeserInnen unbekannte Umstand, dass Carlson der Autor von beiden war. Analysiert man die Merkmale des Artikels im *Mirror-Spectator*, also Inhalt, Duktus, Stil und Schärfe, wird klar, dass Carlson der Verfasser ist, also derjenige, der auch hinter der Sechszeilenmeldung in der *News Week* mit der skurrilen Beschuldigung der Taschnaken. Auch ansonsten verfasste Carlson in amerikanischen Zeitungen verschiedene Texte gegen die Taschnaken-Partei. Er war es, der 1940 und 1941 Artikel unterbrachte, Material bereitstellte oder Anspielungen anregte – zum Beispiel in den Zeitungen *Newsletter, The Hour, The Nation*, alles in einem desparaten Versuch, die Taschnaken auszuschalten. Er war der Autor eines vervielfältigten Memorandums mit dem Titel „Der Fall für und gegen die Armenische Revolutionäre Föderation, auch bekannt als Taschnaken", das von einer fiktiven Organisation namens „Amerikanische Freunde der Armenier" veröffentlicht wurde, aber nichts anderes als ein abscheulicher Aufguss dessen war, was er einst auf den Seiten der *Propaganda Battlefront* platzierte und das er in der ersten Ausgabe der kommunistischen Zeitschrift *Armenian Affairs* erneut ausspuckte.

> Carlsons Technik ist überhaupt nicht schwierig, wenn man weiß, wie man sie anwendet. Carlson veröffentlichte sein Gehetze in sieben verschiedenen Zeitungen, dreht sich dann um und zitiert sie als sieben unterschiedliche Quellen.[836]

John Roy Carlson war das Pseudonym von Avedis Boghos Derounian, der 1909 im griechischen Alexandroupoli geboren wurde und 1991 in den USA starb. Er ist der Autor des Buches *Under Cover* (1943),[837] das Gegenstand zahlreicher Gerichtsverfahren war.[838] Der Primas der Armenischen Diözese von Amerika, Erzbischof Ghewont Tourian, der eine Kampagne gegen den Einfluss der ARF auf die Kirche

---

1946, Nr. 1449. Ich bedanke mich bei Vartan Matiossian dafür, dass er mich auf den Artikel Mandalians hinwies; außerdem bedanke ich mich bei Marc Mamigonian von der NAASR, der das Dokument gescannt und mir übersandt hat.

**835** Mandalian, „The smearer", S. 9.

**836** Ebenda.

**837** John Roy Carlson, Under Cover: My 4 Years in the Nazi Underworld of America. The Amazing Revelation of How Axis Agents and Our Enemies Within Are Now Plotting to Destroy the United States (Philadelphia: Blakiston, 1943).

**838** Siehe auch Mandalian, „The smearer", S. 19.

begonnen hatte, weigerte sich im Juli 1933, bei den Feierlichkeiten zum Armenischen Tag auf der Chicagoer Weltausstellung zu sprechen, bevor nicht die Trikolore der unabhängigen Republik entfernt wäre. Einige Zeit später wurde er von einer Gruppe von Armeniern verprügelt und am 24. Dezember 1933 in der New Yorker Kirche Surp Khach' getötet.[839] Die ARF bestritt offiziell, etwas damit zu tun zu haben; dennoch wurden neun Mitglieder der Partei verhaftet.[840] Dieser Vorfall hinterließ tiefe und dauerhafte Spuren sowohl in der soziopolitischen als auch in der religiösen Sphäre der armenischen Gemeinden und verursachte einen Riss in der armenisch-amerikanischen Community, der bis heute bestehen geblieben ist.

Auch in der Türkei verfolgten die armenischen Zeitungen den Fall genau. Der ungeklärte Tod des Katholikos aller ArmenierInnen, Khoren I., in seiner Residenz im Kloster des Heiligen Ējmiacin (1938) und das Buch von John Roy Carlson, in dem die ARF der Kollaboration mit den Nazis in den 1940er-Jahren beschuldigt wurde, wirkten sich auf die armenische Politik, insbesondere die in der Diaspora, aus.[841] So lassen sich antiarmenische Veröffentlichungen in der türkischen Presse, welche die armenische Community in der Türkei beschuldigen, als fünfte Kolonne gewirkt zu haben, auf Debatten zurückführen, die in den USA und in Europa stattfanden. Diese passten haargenau in den Kontext des postgenozidalen Habitus der Türkei und ließen diesen erneut wirkmächtig werden. Die in der Türkei verbliebenen NichtmuslimInnen sahen sich auch nach der Zeit des Waffenstillstandes mit dem Vorwurf konfrontiert, als fünfte Kolonne zu agieren. Diese beiden – historisch nicht zusammenhängenden – Kontexte überschneiden sich also und reproduzieren denselben Antiarmenianismus.

Der Korrespondent des *Observer* in Beirut verfasst einen ähnlichen Artikel, der jedoch zudem die KurdInnen in das Szenario einbezieht, referiert er doch auf die Aussagen „eines berühmten (aber nicht namentlich genannten) kurdischen Führers". Dieser hätte behauptet, dass die Frage der Meerengen zur Gründung von Kurdistan und von Armenien führen würde.[842] Behauptungen über eine prosowjetische „fünfte Kolonne" erscheinen laut der Artikelreihe der *Marmara* auch in der syrischen Presse; die syrische Zeitung *El Kefah* behauptet, die ArmenierInnen würden die Fahne des Kommunismus hochhalten.[843] Die *Marmara* übersetzt den Leitartikel, in dem behauptet wurde, dass die armenische Jugend in Qamischli im Sinne der bolschewistischen Propaganda engagiert wäre; im Gebiet von Dscha-

---

**839** Suny, *Looking Toward Ararat*, S. 223.
**840** Liana Sayadyan, „New book sheds light on 1933 murder of Archbishop Tourian and Church split". Verfügbar unter: https://hetq.am/en/article/35995 (abgerufen am 13. Juni 2021).
**841** Vergleiche auch Suny, *Looking Toward Ararat*, S. 224.
**842** *Marmara*, 6. November 1946, Nr. 1449.
**843** *El Kefah*, zitiert in: *Marmara*, 7. November 1946, Nr. 1450.

zīra wäre sie gemeinsam mit den KurdInnen organisiert, die darauf hofften, mittels russischer Hilfe die Unabhängigkeit zu erlangen.[844] Direkt neben diesem Artikel veröffentlicht die *Marmara* eine „spezielle Korrespondenz" zu den in Aleppo lebenden ArmenierInnen. Ihnen zufolge ist der syrische Staat froh über die fleißige armenische Bevölkerung; er beklagt, dass einige von ihnen nach Armenien auswandern wollten.[845] Dies ist offensichtlich eine taktische Entscheidung, mit der die Leserschaft beruhigt werden soll, nämlich dass – anders als in *El Kefah* behauptet – die ArmenierInnen in Aleppo von der syrischen Bevölkerung gut aufgenommen wurden und harmonisch als Teil der syrischen Gesellschaft lebten. Die ArmenierInnen in Syrien und im Libanon als fünfte Kolonne zu bezeichnen, unterstellt ihnen ein Dasein als kommunistische Satelliten.[846] Die *Marmara* berichtet außerdem, dass eine andere Zeitung aus Kairo, die *Al Musawwar*, ebenfalls antiarmenische Nachrichten verbreitet, die mit den kommunistischen Bewegungen und der armenischen Beteiligung daran zusammenhingen.[847] Schließlich veröffentlicht die *Marmara* auch weiterhin Berichte zu antiarmenischen Artikeln, die in der arabischen Welt erscheinen. Im Februar 1947 zieht – wiederum in Kairo – die *Dünya El Cedid* Parallelen zwischen der von JüdInnen in Deutschland und ArmenierInnen im Osmanischen Reich *verursachten Zerstörung* (meine Hervorhebung – T. S.). Außerdem setzt die Zeitung einen Preis darauf aus, die armenische Bevölkerung aus dem Libanon, Syrien und Ägypten zu vertreiben.[848] Wenige Tage später veröffentlicht die *Karagöz* eine Karikatur, in der sich „Artin", eine armenische Figur mit einer riesigen Nase und einem verzerrten Gesicht, den fünf Mächten (China, Großbritannien, den USA, der Sowjetunion und Frankreich) vorstellt. Er sagt, dass er aus Van stammte, aber nun in den Vereinigten Staaten lebte.[849] Die *Nor Lur* behandelt den Vorfall am 15. Februar auf ihrer

---

**844** Ebenda.
**845** Ebenda.
**846** *Marmara*, 8. November 1946, Nr. 1451.
**847** *Al Musawwar*, zitiert in: *Marmara*, 8. November 1946, Nr. 1451.
**848** *Dünya El Cedid*, zitiert in: *Marmara*, 7. Februar 1947, Nr. 1541.
**849** *Karagöz*, zitiert in: *Marmara*, 13. Februar 1947, Nr. 1547. Die Konversation wird auch auf Turco-Armenisch wiedergegeben: „Genug mit diesen Gräueltaten, Sir. Allein Mega Asdvadz [Gott – T. S.] und Hampartsun Papaz wissen, wie wir unter den TürkInnen gelitten haben. Auch wenn ich in Amerika lebe, so ist mein Ursprung doch Hay [armenisch], und geboren bin ich im Lande Van." (*„Bu vahşetlikler yeter olsun efendim. Türk milletinden çektiğimizi bir Meg[h]a Asdvadz [Ya Rab] bir de Hampartsum Papaz bilior. Bendeniz Amelikada ikamet edorsam da, aslım Hay, toprağa indiğim yer ise Van."*) Die *Karagöz* berichtet danach den Vereinten Nationen: „Meine Herren, was soll ich sagen – Artin Domuzyan [„Sohn des Schweines"] hat gestanden, ein Hayvanoğlu Hayvan [„Vieh, Sohn vom Vieh"] zu sein." (*„Çelebiler, sözüm yok, Artin Domuzyan itiraf etti ki Hayvanoğlu Hay-*

Titelseite und erläutert, dass die *Karagöz*, da der Gebietsanspruch von einem Armenier aus Van eingeführt wurde, ein beleidigendes Wortspiel mit den Wörtern „Hay" („armenisch" auf Armenisch) und „Van" als der angestammten Heimat macht – was zusammen das türkische Wort „Hayvan" (Vieh) bildet.[850]

Die *Nor Or* antwortet sehr aktiv auf die antiarmenischen Kampagnen in der türkischen Presse, die immer wieder diskriminierende und hetzerische Ausfälle veröffentlicht, auf die Gemeinde oder auf Einzelpersonen zielt und die Istanbuler Gemeinde unaufhörlich zu Reaktionen auf die Weltpolitik drängt. Berücksichtigt man die internationale Konjunktur der damaligen Zeit und die strenge türkische Politik gegen den Kommunismus und seine AnhängerInnen, so stellten die sowjetischen Einwanderungsaufrufe, die sich an die ArmenierInnen in der ganzen Welt richteten, die beste Gelegenheit dar, wenn es darum ging, antiarmenischen Hass in der Gesellschaft anzustacheln. Der Artikel von Aram Pehlivanyan in der *Nor Or* beschreibt die antiarmenischen Kampagnen in der türkischen Presse:

> Einige türkische Journalisten verspotteten die armenische Bevölkerung Istanbuls, indem sie fragten, „warum sich die armenische Gemeinde nicht regt" und „warum unsere geliebten ArmenierInnen nicht ihre Stimme erheben". Solche Schmähungen waren nahezu alle Tage zu lesen. Vor Kurzem gesellte sich Peyami Safa zu jenen, die diese Fragen aufwarfen. [...] Was liegt diesen Fragen zugrunde? Wir meinen, dass sie buchstäblich und ausschließlich dazu dienen, die öffentliche Meinung in der Türkei gegen die armenische Minderheit aufzustacheln. Menschen wie Herr Safa greifen nicht so direkt an, wie das Doğan Nadi macht. Sie haben subtilere Wege, die netter daherkommen, wenn sie ihr Ziel erreichen wollen.[851]

Am 26. Januar 1946, also nach Biberyans Artikel, schreibt Pehlivanyan einen weiteren Text. Dieser erscheint nun auf Türkisch und ist mit „Hakikat!" („Wahrheit") überschrieben.[852] Er erwähnt darin einen Text eines gewissen Ahmed Halil aus der *Cumhuriyet* vom 25. Dezember 1945. Halil hatte behauptet, dass die ArmenierInnen in der Türkei und weltweit mit den Deutschen kollaboriert hätten. Pehlivanyan erwidert, dass die *Cumhuriyet*, deren pro-deutsche Voreingenommenheit weithin bekannt war, versuchen würde, nun die armenische Bevölkerung zu bezichtigen.[853] Er stellt den Artikel von Ahmed Halil in einen antiarmenischen Zusammenhang, denn es gibt keinerlei Belege, die Halils Behauptung bestätigen würden. Im selben Artikel antwortet Pehlivanyan auch auf die Beschuldigungen,

---

*vandır.")* Vergleiche auch Talin Suciyan, „Bir Cumhuriyet açmazı: Ermeni karşıtlığı ortamında Ermeni temsiliyeti", in: *Toplumsal Tarih* 224 (2012), S. 76–79.

**850** *Nor Lur*, 15. Februar 1947, Nr. 210.

**851** *Nor Or*, 13. Oktober 1945, Nr. 13.

**852** *Nor Or*, 26. Januar 1946, Nr. 28.

**853** Suciyan, „Bir Cumhuriyet açmazı", S. 77.

die den Antiarmenianismus in einen Zusammenhang mit den Einwanderungsaufrufen aus Sowjetarmenien stellten:

> Kürzlich erst wurde die armenische Einwanderung zu einem Thema gemacht, das dann eine
> weitere Gelegenheit für Missbrauch, Schikane und allgemeine Empörung erbot [...]. Aller-
> dings wurde in dieser Debatte ein Punkt vergessen. [...] Jeder demokratische Staat gestattet es
> seinen BürgerInnen, dorthin zu ziehen und dort zu leben, wo sie wünschen. [...] In einigen
> Zeitungen stellt man besonders intensive Bemühungen dabei fest, antiarmenische Mei-
> nungen zu schüren.[854]

Ares (Arshag Ezikyan) verfasst am 9. Februar 1946 einen weiteren Artikel in diesem Sinne: „Was erwarten wir von der türkischen Presse?". Darin zeichnet er
nach, dass das Ziel der Texte in den türkischen Zeitungen darin besteht, die ArmenierInnen in der öffentlichen Meinung der Türkei zu demütigen und sie als
unerwünschtes Element der Gesellschaft hervorzuheben.[855] Das Thema wird über
den Rest des Jahres hinweg diskutiert.[856]

Die zahlreichen Aufzeichnungen zu Biberyan und Pehlivanyan, die im
„Staatsarchiv über die republikanische Ära" zu finden waren, belegen, dass sie
eine recht intelligente Analyse der Situation als Ganzes darstellen. Als linke armenische Autoren unterstützen sie die Einwanderungsaufrufe. Zaven Biberyan
verfasste zahlreiche Artikel, in denen er seinem Enthusiasmus Ausdruck verlieh,
so zum Beispiel auch in „Armenisches Wunder" im März 1946:[857] „Sowjetarmenien war nach Jahrhunderten der Dunkelheit unerwartet auf die Beine gekommen. [...] Die Menschen erleben hinter den sicheren Grenzen eines sozialistischen
Staates den Fortschritt, mit Bewusstsein, gesund, lebendig, glücklich und fern
von allen Vorurteilen und Schrecken." So kurz nach dem Zweiten Weltkrieg wurde
die Sowjetunion immer noch als heldenhaft angesehen. Doch der Enthusiasmus
von Biberyan hat historische Gründe. In den 1920er-Jahren hatte eine kleine
Gruppe armenischer Intellektueller, die den Genozid überlebt hatten, darunter
Zabel Yesayan, all ihre Mühen und Hoffnungen auf ein sowjetisches Armenien
gerichtet, das – im Vergleich mit einem Leben in stetem Existenzkampf als Dia-
sporagemeinde irgendwo auf der Welt – als die einzige machbare Option galt. Die
Einzelheiten der stalinistischen Säuberungen und die Ermordung armenischer
Intellektueller waren den Gemeinden in der Diaspora noch nicht bekannt. Trotz
des stalinistischen Regimes, dessen Umstände damals noch im Dunkeln lagen,

---

854 Aram Pehlivanyan, „Hakikat", in: *Nor Or*, 26. Januar 1946, Nr. 28.
855 *Nor Or*, 9. Februar 1946, Nr. 30.
856 *Nor Or*, 27. August 1946, 28. August 1946, 29. August 1946, 30. August 1946, 13. September
1946, 22. Oktober 1946, 28. Oktober 1946.
857 Zaven Biberyan, „Haygagan hrashkĕ", in: *Nor Lur*, 12. März 1946, Nr. 114.

flößte Sowjetarmenien der Generation armenischer Überlebender immer noch Hoffnung ein. Dies traf auch auf die in der Türkei verbliebenen ArmenierInnen zu. Insbesondere angesichts des in diesem Buch erläuterten Habitus verwundert es nicht, dass armenische Menschen auswandern wollten. Die Migration war somit voll im Gange – einzig die Frage nach der Richtung blieb: Ost oder West? Für Jahrzehnte schien der Weg von Kleinasien nach Istanbul und von dort aus nach Europa vorgezeichnet. Die Auswanderung in den Osten, also nach Sowjetarmenien, kam jedoch erst mit den „Rückführungs-"Aufrufen ins Spiel, und dies war etwas Außergewöhnliches. Eine Meldung vom 11. Juli 1946 in der *Akşam* löst eine erneute Diskussion darüber aus, ob die Vermögenssteuer wieder eingeführt werden soll.[858] Vâlâ Nureddin vertritt die Auffassung, dass die MillionärInnen in Istanbul ihr extravagantes Leben auf Kosten der Bauernschaft und der *Mehmetçiks* (der einfachen Soldaten) führen würden.[859] Deshalb dürfe die Vermögenssteuer, auch wenn sie früher zu einigen Ungerechtigkeiten geführt hätte, neuen Generationen nicht in allzu schlechtem Lichte präsentiert werden.[860] Diese Diskussion erscheint Mitte Dezember erneut auf der Tagesordnung.

Im August 1946 weist Aram Pehlivanyan in seinem Leitartikel „Presse und Regierung" („Mamul Ew Garawarut'iwn") darauf hin, dass die antiarmenische Haltung, die in der Presse reproduziert wurde, von der Regierung längst aufgenommen worden ist:[861]

> Wenn diese antiarmenische Haltung Besonderheit lediglich einer Zeitung wäre, lohnte es sich gar nicht, darüber weitere Worte zu verlieren. Es gibt jedoch eine Haltung im Lande, eine rassistische und vor allem antiarmenische, die die Existenz des Anderen leugnet. [...] Presse und Regierung hängen derselben Mentalität an und ergänzen sich darin. Wenn der Staat seine Haltung veränderte, würde die Presse nicht mehr denselben Mut aufbringen. Wollen wir hoffnungsvoll sein oder nicht? Ein Blick in die Geschichte verbietet uns die Hoffnung. Aber es gibt immer noch einen Weg zurück zu einer gesunden Art des Denkens.

Die antiarmenischen Kampagnen, die durch die sowjetischen Einwanderungsaufrufe und die Forderungen nach Gebieten im Osten angestachelt wurden,

---

**858** *Akşam*, zitiert in: *Marmara*, 11. Juli 1946, Nr. 1331.

**859** Vâlâ Nureddin (1901–1967), Journalist und Autor, hatte in Wien und Moskau studiert. Er war der Verfasser des biografischen Werkes *Bu Dünyadan Nazım Geçti*. https://www.biyografi.info/kisi/vala-nureddin (abgerufen am 13. Juni 2021).

**860** *Akşam*, zitiert in: *Marmara*, 11. Juli 1946, Nr. 1331.

**861** Aram Pehlivanyan, „Mamul ew garavarut'iwn", in: *Nor Or*, 30. August 1946, Nr. 21.

hielten das gesamte Jahr 1946 über an.[862] Die Unklarheit hinsichtlich der Migration der türkischen ArmenierInnen wurde zum Anlass von Agitation und Provokationen. Im Juli 1946 berichtet die Presseagentur Anadolu Ajansı von drei Beschlüssen auf dem Parteitag der Kommunistischen Partei in Paris: Es sollten Anstrengungen unternommen werden, Kars und Ardahan wegen der Massaker an den ArmenierInnen an Sowjetarmenien anzuschließen, der Region Kilikien Autonomie zu bringen und eine unabhängigen Staat Kurdistan zu gründen.[863] Die türkische Presse reagiert hierauf unisono; die *Son Telgraf* publiziert einen Text unter der Rubrik „Auferstehung armenischer Träume: Riesiger Fall von Dummheit".[864]

Dem Artikel von Avedis Aliksanyan vom 27. August 1946 zufolge setzen die Zeitungen *Tasvir* und *Son Saat* ihre Beleidigungen gegenüber den ArmenierInnen fort. Letztere behauptet, dass die ArmenierInnen, die sich für eine Auswanderung in die Sowjetunion entscheiden, Obdachlose von unter den Brücken, VagabundInnen, Vaterlandslose und „Xenophile" wären, die ihr Land oder ihre Landsleute nicht ausreichend liebten. Allerdings war es so, wie Aliksanyan zeigt, dass die *Tasvir* nicht nur diejenigen, die auszuwandern gedachten, zu VerräterInnen erklärte, sondern auch alle, die bleiben wollten.[865] Die *Son Saat* behauptet, dass 700 ArmenierInnen aus der Türkei ihre Papiere für die Abreise vorbereitet hätten.[866]

Die *Tasvir* veröffentlicht weiterhin antiarmenische Texte. In einem Leitartikel stellt Aram Pehlivanyan fest, dass die Zeitung Meldungen zu einer Landkarte veröffentlichen würde, die unter armenischen Menschen verbreitet wäre und die Ostprovinzen der Türkei als Teil von Sowjetarmenien zeigte. Bei dieser Gelegenheit verdeutlicht er die Haltung der *Tasvir* durch eine Verknüpfung von Faschismus und Antiarmenianismus:

> Die *Tasvir* und ähnliche Schriften haben ihre faschistischen Masken von gestern nun gegen liberale Masken getauscht. Doch ihre Haltung, die sich gegen die ArmenierInnen richtet, lässt von Zeit zu Zeit durchscheinen, wie tief verankert ihre faschistischen Prinzipien verwurzelt sind. [...] Sie freuen sich jedes Mal, wenn sie einen armenischen Namen im Zusammenhang mit einer internationalen Angelegenheit vernehmen, was ihnen Gelegenheit gibt, die ArmenierInnen in der Türkei der öffentlichen Meinung als Schuldige oder Verdächtige präsentieren zu können. So lange [...] sie straflos bleiben, fällt die Verantwortung

---

862 Vergleiche beispielsweise *Yeni Türkiye*, zitiert in: *Nor Or*, 13. September 1946, Nr. 35; *Vatan*, zitiert in: *Nor Or*, 15. September 1946, Nr. 37; *Cumhuriyet*, zitiert in: *Nor Or*, 17. Oktober 1946, Nr. 69; *Tasvir*, zitiert in: *Nor Or*, 28. Oktober 1946, Nr. 80.

863 *Anadolu Ajansı*, zitiert in: *Marmara*, 6. Juli 1946, Nr. 1326.

864 *Son Telgraf*, zitiert in: *Marmara*, 6. Juli 1946, Nr. 1326.

865 *Nor Or*, 27. August 1946, Nr. 18.

866 *Son Saat*, zitiert in: *Nor Or*, 27. August 1946, Nr. 18.

für ihre Taten auf die Regierung zurück, denn es ist deren Pflicht, die Ehre der BürgerInnen zu schützen.[867]

Pehlivanyan weist auf eine sehr wichtige Eigenschaft sowohl der Presse als auch des Staates hin. Wie bereits angemerkt, war Cihad Baban, der sowohl Abgeordneter war wie auch Chefredakteur (Istanbuler Vertreter der DP im Jahr 1946), in den 1930er- und 1940er-Jahren für verschiedene Zeitungen als Kolumnist oder Chefredakteur tätig, darunter die *Cumhuriyet*, die *Tasvir-i Efkar*, die *Yeni Sabah* und die *Son Posta*.[868] Er gehörte der osmanischen Elite an und war nach der Gründung der Republik ein prominenter Meinungsführer. Gemeinsam mit anderen türkischen Presseleuten war er Mitglied der Delegation für die Konferenz in San Francisco. Während des Zweiten Weltkrieges unterstützte er als Verfasser die Nazis; 1933 – also im Jahr der Machtübergabe an Hitler – schrieb er *Hitler ve Nasyonal Sosyalizm*,[869] was 1946, als er von der Demokratischen Partei zum Parlamentarier gemacht wurde, nicht vergessen war.[870] Wenn also Aram Pehlivanyan von „*Tasvir* und ähnlichen Schriften" spricht, geht er von einem tiefverwurzelten Rassismus und Antiarmenianismus unter den Meinungsführern aus. Meldungen sowie Leitartikel zeigen, wie unter den Vorzeichen des postgenozidalen Habitus im Land öffentliche Meinung gemacht wurde. Die *Tasvir* fährt mit ihren antiarmenischen Veröffentlichungen fort: Dieses Mal wird in einer Meldung behauptet, dass die syrischen ArmenierInnen über die Istanbuler ArmenierInnen sehr erzürnt wären, die sich von den Aufrufen zur Einwanderung nach Armenien nicht so recht begeistert zeigten.[871] In derselben Meldung heißt es, dass ein gewisser Hrant aus Hatay, der in Syrien lebte, die türkischen Dörfer bei Latakia terrorisieren würde.[872]

Äußerst interessant ist es, dass Mitte Dezember Gerüchte über die Wiedereinführung der Vermögenssteuer in der *Yarın* auftauchen,[873] doch die Meldung dieses Mal etwa zur selben Zeit von offizieller Seite dementiert wird.[874] Mitglieder

---

**867** *Nor Or*, 29. August 1946, Nr. 20.
**868** Cihad Baban (Istanbul 1911–1984), Verfasser zahlreicher Bücher, Journalist, Chefredakteur, Parlamentarier, Minister für Presse und Tourismus (1960–1961), Kulturminister (1980). Zu Einzelheiten vergleiche www.timas.com.tr/yazarlar/cihad-baban.aspx?hA.R.F.¼&list¼41 (abgerufen am 12. März 2013).
**869** Cihat Hikmet (Cihad Baban), *Hitler ve Nasyonal Sosyalizm* (Istanbul: Şafak Kütüphanesi, 1933).
**870** *Marmara*, 14. August 1946, Nr. 1365.
**871** *Tasvir*, zitiert in: *Nor Or*, 28. Oktober 1946, Nr. 80.
**872** Ebenda.
**873** *Yarın*, zitiert in: *Nor Or*, 14. Dezember 1946, Nr. 127.
**874** *Yarın*, zitiert in: *Nor Or*, 15. Dezember 1946, Nr. 128.

der DP, die früher Parlamentarier der CHP waren, hatten die Vermögenssteuer bei ihrer ersten Einführung verteidigt. Es scheint auch unwahrscheinlich, dass diese Gerüchte beiläufig unmittelbar nach dem Treffen in Paris auftauchen, wo behauptet worden war, dass aus den Ostprovinzen ein Kurdistan gegründet werden sollte. Wiederholt waren seit dem Oktober 1946 Karten veröffentlicht worden, welche die östlichen Provinzen als Teil von Sowjetarmenien zeigten. Die Wochenzeitschrift *Millet* druckt eine solche Karte auf ihrer Titelseite ab, und darauf sind Kars, Ardahan, Erzurum und Bitlis als Teile von Sowjetarmenien dargestellt.[875] Es wird angegeben, dass die *Millet* die Karte aus den USA erhalten hätte. Im oberen Teil der Karte deutet eine Bemerkung von Senator Charles W. Tobey an, dass die ArmenierInnen ihren Fall den Vereinten Nationen vorlegen und ihr Heimatland zurückfordern sollten.[876] Zur Rechten ist eine Frau zu sehen, die die *Millet* „Vartuhi" nennt und zu der sie schreibt: „Dies soll ein Symbol der ArmenierInnen sein" *(„Bu Ermeni sembolü imiş")*. Der Artikel „Die menschliche Seite der armenischen Frage" wird mit einer Karte illustriert, die als „Die politische Seite der armenischen Frage" bezeichnet wird.[877] Im November 1946 veröffentlicht die *Keloğlan* aus Adana einen weiteren Artikel über die sowjetarmenische Einwanderungskampagne. Darin heißt es: „Wir würden uns mehr als freuen, wahrlich vor Freude in die Luft springen, wenn wir ihnen beim Aufbruch helfen könnten, wenn sie sich denn nun endlich entscheiden würden. *Efendim* ... Sie müssen sowieso gehen – Jerewan ist ihr Himmelreich."[878] Der Artikel in der *Keloğlan* behauptet, dass die *Daily Telegraph* ebenfalls über die armenische Migration in die Sowjetunion berichtet hätte.[879] Indem sie diese Behauptungen bis Mitte Dezember nicht zurückwies, hielt die Regierung diese unklare Atmosphäre und die Unsicherheit für NichtmuslimInnen auch am Vorabend der Verhängung des Ausnahmezustandes im Dezember 1946 aufrecht. Die Situation verbesserte sich auch nicht, als der Ausnahmezustand die Öffentlichkeit einschränkte, indem zahlreiche Organisationen und Zeitungen verboten wurden.

Die Frage der östlichen Provinzen diente den Meinungsführern und der Legislative als Vorwand dafür, den antiarmenischen Habitus der Leugnung zu reproduzieren. Ein von Präsident İsmet İnönü unterzeichnetes Dokument belegt, dass der Staat auch andere „Sicherheitsmaßnahmen" ergriff. Die Verfügung vom 18. September 1946 untersagt eine ausländische Ansiedlung in Kars, Erzurum,

---

**875** *Millet*, nachgedruckt in: *Marmara*, 17. Oktober 1946, Nr. 1429. Die Wochenzeitung *Millet* wurde ab dem 31. Januar 1946 von Cemal Kutay herausgegeben.
**876** Ebenda.
**877** Ebenda.
**878** *Keloğlan*, zitiert in: *Marmara*, 4. November 1946, Nr. 1447.
**879** Ebenda.

Ağrı und Muş.[880] Ich konnte keine Belege darüber finden, inwieweit die Verfügung überhaupt zur Anwendung kam oder wie sie sich auf das Leben der Menschen in diesen Regionen auswirkte. Über soziale Auswirkungen allerdings schrieb Agop Arslanyan; er befasste sich damit, wie die Einwanderungsaufrufe aus Sowjetarmenien in Tokat aufgenommen wurden. Laut Arslanyan waren die ArmenierInnen damals zum einen überrascht, zum anderen aber auch stark daran interessiert, nach Armenien auszuwandern. Ihr Wunsch bereitete jedoch ihrer türkischen Nachbarschaft Probleme. Ohanik und Hamazasp, die beide bereit waren, nach Armenien zu gehen, verkauften ihr gesamtes Hab und Gut und bereiteten sich auf die Auswanderung vor. Dennoch kamen sie nur bis Istanbul, denn die Sowjetunion nahm gar keine ArmenierInnen aus der Türkei auf.[881] Ohanik und Hamazasp lebten fortan verarmt in Istanbul. Es ist nicht leicht, auf die Frage, ob die Sowjetunion nun tatsächlich keine ArmenierInnen aus der Türkei aufnahm oder ob es andere Hindernisse gab, die einer Einwanderung nach Armenien im Wege standen, eine Antwort zu finden. Es belegen jedoch verschiedene Zeugnisse und Zeitungsmeldungen, dass zwischen 1946 und 1948 keine ArmenierInnen aus der Türkei auswanderten, auch wenn sich eine Vielzahl von Menschen hatte registrieren lassen. Abidin Daver hält in der *Cumhuriyet* fest, dass trotz langer Schlangen vor der sowjetischen Botschaft keine armenischen Menschen aus der Türkei weggingen.[882]

Armen Melqumyan veröffentlicht eine Kurzliste mit den Menschen, die sich vom 1. bis zum 29. Juli in der sowjetischen Botschaft in Istanbul registriert hatten. Dieser Liste nach hatten mehr als 1000 Menschen einen Antrag gestellt, doch nur 200 Anträgen war stattgegeben worden.[883] Schlussendlich konnte keine Armenierin und kein Armenier aus der Türkei auswandern. Die von Daniela De Maglio Slavich herangezogene Liste armenischer MigrantInnen aus der Türkei nach Sowjetarmenien gibt als Anzahl null an.[884] Ich fand keinerlei offizielle Erklärung, aus welcher der Grund hervorging.

Ein russisches Dokument – nicht das endgültige Dekret, sondern nur ein Entwurf – stellt fest, dass es 1946 keine Masseneinwanderung aus der Türkei, aus den Vereinigten Staaten, Frankreich, Irak oder Ägypten geben würde. Dennoch

---

**880** BCA, 030.18.01.02.111.59.17.

**881** Agop Arslanyan, *Adım Agop Memleketim Tokat* (Istanbul: Aras Yay., 2008), S. 66 – 68.

**882** *Cumhuriyet*, zitiert in: *Marmara*, 24. Januar 1948, Nr. 1880.

**883** Protokolle von Gesprächen in der sowjetischen Botschaft in Istanbul, 29. Juli 1946, Armenisches Nationalarchiv, F. 326. „Außenministerium der Sowjetunion", Katalog 1, Akte 134, Mappe 10, zitiert in: Melqumyan, „Turkagan ishkhanut'yunneri k'aghak'aganut'yunĕ ew Bolsahay hamaynkĕ 1945 – 1947 t't'", S. 199.

**884** Slavich, *Il rimpatrio degli Armenia*, S. 25.

sollten diesem Dokument zufolge Ausschüsse gegründet und Vorbereitungen für zukünftige Einwanderungskampagnen getroffen werden.[885] Allerdings fand dann eine Einwanderung aus den USA und aus anderen Ländern statt. Unter Bezug auf die Archive der amerikanischen Botschaft schreibt Dilek Güven, dass im Sommer 1946 sowjetische Schiffe den Bosporus passierten, die ArmenierInnen aus dem Gebiet des östlichen Mittelmeeres transportierten; aber Schiffe für ArmenierInnen, die eine Einwanderung aus der Türkei beantragt hatten, waren bis Ende 1946 nicht festzustellen. Die amerikanischen Konsularberichte zeigen auf, dass die Registrierung der ArmenierInnen deren Verdächtigung in der Türkei noch einmal anheizte.[886]

1947 war die erste Einwanderungswelle längst in der Sowjetunion angekommen. In der Zwischenzeit hatten sich laut Ronald Suny sowohl die USA als auch die UdSSR von den Gebietsansprüchen vom August 1946 distanziert und waren auch in der Frage zu Kars und Ardahan zurückgewichen.[887] Für Truman war es wichtiger, Militärbasen in der Türkei zu haben, und das amerikanische Militär kam zu dem Schluss, dass die Türkei entsprechend ausgerüstet werden sollte.[888] Nach der Verkündung der Truman-Doktrin am 12. März 1947 legte der Armenian National Council of America ein Memorandum über die geplante Hilfe für Griechenland und die Türkei vor.[889] Diesem Memorandum zufolge verdiente Griechenland Unterstützung, die Türkei hingegen nicht:

> Der Vorschlag einer finanziellen und militärischen Unterstützung für die Türkei fällt jedoch in eine ganz andere Kategorie und kann niemals gerechtfertigt werden. Sie dient auch weder unseren eigenen nationalen Interessen noch unserer Sicherheit und kann im Nahen Osten nicht für Gerechtigkeit und Frieden sorgen.[890]

---

**885** http://hayrenadardz.org/hy/document/amn-owm-fransiayowm-ew-t-owrk-iayowm-sshm-de spanatnerin-egiptosowm-ew-irak-owm-sshm-misianerin (abgerufen am 12. Juni 2021); ich bedanke mich bei Hrach Bayadyan für die Übersetzung des Dokumentes.
**886** NARA, 867.4016/5–1449, Ankara, 3. Dezember 1946, in: Dilek Güven, *Nationalismus und Minderheiten: Die Ausschreitungen gegen die Christen und Juden der Türkei vom September 1955* (München: Oldenbourg Verlag, 2012), S. 125.
**887** Suny, Looking Toward Ararat, S. 175.
**888** Ebenda. Zu Einzelheiten vergleiche auch *Foreign Relations*, Bd. 7 (1946), S. 857–858; zitiert in derselben Quelle.
**889** Armenian National Council of America, *Memorandum on the Proposed Aid to Greece and Turkey, Presented to the Government of the United States*, März 1947. Ich danke Marc Mamigonian und der NAASR für den Hinweis auf diese Quelle und dafür, sie mir zugänglich gemacht zu haben.
**890** Ebenda.

In dem Memorandum werden sieben Argumente gegen eine Bereitstellung militärischer und finanzieller Unterstützung aufgeführt: Die Türkei wäre keine Demokratie; sie wäre ein aggressiver Staat; sie hätte Pläne zur Expansion durch Pan-Turanismus und Pan-Islamismus; sie wäre im Ersten Weltkrieg mit Feindstaaten der USA und im Zweiten Weltkrieg mit den Achsenmächten verbündet gewesen; sie erfüllte nicht ihre Verpflichtungen nach dem Vertrag über die gegenseitige Unterstützung zwischen Großbritannien, Frankreich und der Türkei vom 19. Oktober 1939; sie erhielte den Sandschak Alexandrette als Geste; sie beraubte ihre Minderheiten mit der Vermögenssteuer und zermalmte sie damit wirtschaftlich. Wirtschaftliche und militärische Hilfe würde die Türkei im Nahen Osten stärken und die Gefahr von Pan-Turanismus und Pan-Islamismus wieder aufleben lassen.[891] Über Feridun Demokan, den Korrespondenten der *Vatan*, berichtet die *Marmara* vom Armenischen Weltkongress (veranstaltet vom Armenian National Council of America), der vom 30. April bis zum 4. Mai 1947 in New York stattfand.[892] Die Illustration auf der Titelseite des Konferenzprogramms zeigt Präsident Woodrow Wilson, wie er vor dem Alliierten Obersten Kriegsrat vor einer Landkarte steht und fordert, außer Kars und Ardahan auch Trabzon, Erzurum, Erzincan, Bitlis, Muş und Van an Armenien anzugliedern.[893] Auf diesem fünftägigen Kongress wurden auch Vorträge zur „Repatriierung und Rehabilitation" und zu „Armenischen Gebietsansprüchen" gehalten.[894] Im Anschluss an den Kongress wurde den Vereinten Nationen ein Schreiben übermittelt, in dem eine Lösung der armenischen Frage gemäß den Grundsätzen des Vertrages von Sèvres gefordert wurde; außerdem wurde darin festgehalten, dass bereits im Mai 1947 armenische VertreterInnen an einer Besprechung im Moskauer Außenministerium teilgenommen hätten.[895] Die armenische Unterstützung der sowjetischen Ansprüche zu Kars und Ardahan sowie die türkische Reaktion auf die Gebietsansprüche ebneten in den Vereinigten Staaten den Weg dafür, die Türkei gegen die sowjetische Bedrohung zu unterstützen und eine militärische wie finanzielle Hilfe für die

---

**891** Ebenda.

**892** *Marmara*, 3. Mai 1947, Nr. 1625. Laut Demokan nahmen an dem Kongress 1200 armenische Delegierte aus aller Welt teil. Diese Zahl scheint übertrieben. Nach einem Artikel von Aris Gazinyan und Suren Musaelyan waren es tatsächlich 715 Delegierte aus 22 Ländern und 31 kirchlichen Diözesen. Vergleiche www.agbu.org/publications/article.asp?A_ID¼ 643 (abgerufen am 6. Juli 2012).

**893** Programm des Armenischen Weltkongresses, 30. April–4. Mai 1947, Hotel Waldorf Astoria, New York, sowie Vahe Haig (Hg.), *Kharpert Ew Anor Osgeghēn Tashdĕ* (New York: Kharpert Armenian Patriotic Union, 1959), S. 1475.

**894** Programm des Armenischen Weltkongresses, 30. April–4. Mai 1947, Hotel Waldorf Astoria, New York.

**895** *Marmara*, 16. Juni 1947, Nr. 1668.

Türkei zu rechtfertigen. Auch wenn die Rolle der armenischen Organisationen auf internationalem Parkett nicht unbedingt als entscheidend bezeichnet werden konnte, so trugen ihre Forderungen jedoch stark dazu bei, antiarmenische und später antisowjetische Kampagnen durchzuführen, und sie leiteten zudem in den fragilen Verhältnissen der Zeit nach dem Zweiten Weltkrieg eine politische Wende ein. Im Anschluss an die Meldungen in der türkischen Presse über den Armenischen Weltkongress stellt die Zeitung *Şark Yolu* die wiederkehrende Frage: „Warum schweigen die türkischen ArmenierInnen?". Sie argumentiert dahingehend, dass das Schweigen der „türkischen ArmenierInnen" eine Übereinstimmung mit der armenischen Meinung in den USA signalisierte.[896] Am selben Tag veröffentlicht die *Marmara* einen besonderen Leitartikel auf Türkisch. Hierin wird betont, dass die armenische Bevölkerung der Türkei weder zum Armenischen Weltkongress beigetragen hätte noch in irgendeiner Verbindung zu diesem stünde.[897] Bezugnehmend auf diesen Leitartikel wird am darauffolgenden Tag in der *Cumhuriyet* das Unbehagen der in der Türkei lebenden ArmenierInnen erwähnt. Somit hat man die *Marmara* zu deren Repräsentantin gemacht.[898] Laut der *Cumhuriyet* wären die ArmenierInnen in der Türkei machtvoll genug, sich an die Regierung zu wenden und Ergebnisse zu erzielen. Die *Cumhuriyet* greift als Beispiel den Fall der armenischen Besitztümer der Kirche von Kayseri auf. Deren Versteigerung war in letzter Sekunde durch staatliche Intervention verhindert worden. Dies sollte belegen, welche Macht die ArmenierInnen hatten.[899] Zwei Tage später veröffentlicht die *Son Saat* einen Bericht von Cehdi Şahingiray vom Armenischen Weltkongress in New York.[900] Kurz danach kündigt die Wochenzeitschrift *Bekri Mustafa* an, dass – im Falle eines neuen Krieges mit Russland – „wir verpflichtet wären, zur Aufrechterhaltung der inneren Ordnung neue Maßnahmen zu ergreifen".[901] In dem Artikel wird behauptet, dass die ArmenierInnen ganz im Geiste der „Komitacıs" „bis zu den Zähnen bewaffnet wären" und dass sie bereit wären, der Türkei als Kinder und Enkel der Mörder von Said Halim, Bahattin Şakir und Talat beliebigen Schaden zuzufügen – ihre Hände wären in Blut getränkt.[902] Die *Bekri Mustafa* erwähnt also in diesem Zusammenhang die Namen einiger der Täter des Völkermordes an den ArmenierInnen: Das ehrende Gedenken an die Genozidtäter ergibt sich aus dem Habitus der Leugnung der Republik

---

**896** *Şark Yolu*, 7. Mai 1947, zitiert in: *Marmara*, 9. Mai 1947, Nr. 1631.
**897** *Marmara*, 7. Mai 1947, Nr. 1629.
**898** *Cumhuriyet*, zitiert in: *Marmara*, 8. Mai 1948, Nr. 1630.
**899** Ebenda.
**900** *Son Saat*, zitiert in: *Marmara*, 10. Mai 1947, Nr. 1632.
**901** Bekri Mustafa, 17. Mai 1947, Nr. 8, zitiert in: *Marmara*, 17. Mai 1947, Nr. 1639.
**902** Ebenda.

Türkei; es war genau dieser Habitus, der es 1943 ermöglichte, die sterblichen Überreste von Talat aus Deutschland zu überführen und in der Türkei neu beizusetzen. Es ging so weit, dass bei Wiedereröffnung von „Türkischer Herd" *(Türk Ocakları)* 1949 darüber diskutiert wurde, Talat ein Mausoleum zu errichten.[903] Die *Marmara* übersetzt den gesamten Artikel der *Bekri Mustafa* mit der neuen Überschrift „Den ArmenierInnen drohen" und fordert, dass die Behörden gegen diese Drohung einschreiten sollten.

Die Grenzfrage war im Dezember 1948 erneuter Anlass für heftige Debatten. Die Überschriften der *Marmara* glühten geradezu wegen Meldungen und Kommentaren zu Gebietsansprüchen und der Reaktion von in der Türkei lebenden ArmenierInnen. Am 13. Dezember 1948 veröffentlicht die *Cumhuriyet* eine Nachricht zur „russischen Provokation der kurdischen und armenischen Bevölkerung". Dieser Meldung zufolge hätte der russische Rundfunk über die Vorstellung eines weiteren armenischen Memorandums zu Gebietsansprüchen vor den Vereinten Nationen berichtet.[904] Am Tag darauf weist Şamlıyan erneut darauf hin, dass die ArmenierInnen in der Türkei nicht an dieser Initiative beteiligt wären. Er ruft in Erinnerung, dass die ArmenierInnen in der Türkei 1946 anlässlich der ersten Debatten im Zusammenhang mit der Konferenz von San Francisco unter großen Druck geraten wären und man sie als verdächtigte Bevölkerungsgruppe dargestellt hätte; nun würde zwei Jahre später dasselbe Phänomen erneut stattfinden. In beiden Fällen, so schreibt Şamlıyan, wird von der armenischen Bevölkerung gefordert, sich zu äußern und sich von denjenigen zu distanzieren, die diese Initiativen ergriffen hätten.[905] Eines der Argumente, die Şamlıyan in seinem Leitartikel wiederholt, ist, dass die armenische Gemeinde in der Türkei nichts mehr mit Politik zu tun hätte. Şamlıyan fordert, dass die Regierung öffentlich den Verdächtigungen der ArmenierInnen in der Türkei entgegentreten möge. Am 14. Dezember schreibt Berç Türker, der sich verhält, als wäre er ernannter Vertreter der ArmenierInnen in der Türkei, an die *Cumhuriyet*, und die *Marmara* veröffentlicht den Brief in übersetzter Fassung. In seinem Schreiben behauptet Türker, dass sich die ArmenierInnen in der Türkei glücklich schätzten, nichts mit denen in der Diaspora zu schaffen zu haben und dass die russischen Intrigen der armenischen Bevölkerung sowieso bekannt wären:[906] „Oh, du großartige türkische Nation, stelle niemals deine armenischen Brüder unter Verdacht, die sich dir gegenüber doch so loyal verhalten und die sich weigern, der verteufelten Propa-

---

**903** *Marmara*, 21. September 1949, Nr. 1982.
**904** *Marmara*, 13. Dezember 1948, Nr. 1702.
**905** *Marmara*, 14. Dezember 1948, Nr. 1703.
**906** Ebenda.

ganda der Außenwelt ihr Ohr zu schenken. Die ArmenierInnen der Türkei verachten diese Dinge."[907]

Einen weiteren Tag später berichtet Nureddin Artam von Radio Ankara über das Memorandum und teilt mit, dass die ArmenierInnen in der Türkei nichts damit zu tun hätten. Dies wird als der offizielle Versuch der Regierung verstanden, die öffentlichen Verdächtigungen gegenüber ArmenierInnen zu zerstreuen.[908] Die Nachrichten im Radio werden als Bestätigung der „offiziellen Anerkennung der armenischen Rechtschaffenheit" aufgenommen.[909] Doch offenbar hat die offizielle Bestätigung nicht ausgereicht, denn die Repräsentanten des armenischen Krankenhauses Surp P'rgich' veröffentlichen am nächsten Tag in der *Son Telgraf* folgende Bekanntmachung: „Als ein Bürger der Türkei liebe ich mein Land und fühle mich ihm tief verbunden. [...] Diese Initiativen haben nichts mit den ArmenierInnen in der Türkei zu tun."[910] Am 15. Dezember berichtet die *Son Posta* aus Adana von einem tödlichen Kampf in Aleppo. Dieser fand zwischen Armeniern und protürkischen Arabern statt; dem Vorfall waren Steinwürfe auf einen türkischen Zug durch armenische EinwohnerInnen vorausgegangen. Die Nachricht über diesen Vorfall, der bereits vier Tage zurücklag (und damit einen Tag vor der Nachricht zum armenischen Memorandum über Gebietsansprüche), wird in armenischer Übersetzung in der *Marmara* veröffentlicht. Die *Son Posta* stellt die Nachricht besonders heraus und schürt durch Aufdecken von Vorfällen jenseits der türkischen Grenzen erneut die antiarmenische Stimmung. Einen Tag später wird in der *Cumhuriyet* erklärt, dass die gesamte Nachricht eine Fälschung gewesen wäre. Man hätte mit Reisenden gesprochen, die sich in dem Zug befanden, und herausgefunden, dass man sie bei der Ankunft in Aleppo mit „Viva Türkei"-Rufen hochleben ließ und auf der Zitadelle sogar die türkische Fahne gehisst gewesen wäre. Zu Steinwürfen auf den Zug wäre es in Bagdad gekommen, wie sich herausstellte, und dieser Vorfall hätte keine Verbindungen mit der armenischen Bevölkerung.[911] Dieses Beispiel verdeutlicht, wie einfach sich durch Manipulationen antiarmenische Öffentlichkeit schaffen ließ, wenn es gewünscht war. Im März 1949 entgegnet Nureddin Artam auf die armenischen Gebietsansprüche mit der Veröffentlichung eines Schreibens von Dr. Mustafa Selçuk Ar. Dieser behauptet, dass die ArmenierInnen niemals anatolische UreinwohnerInnen gewesen wären, denn die HethiterInnen, die nachgewiesenermaßen ein Turkvolk ge-

---

**907** Ebenda.
**908** Radiosendung von Nureddin Artam, zitiert in: *Marmara*, 15. Februar 1948, Nr. 1704.
**909** Ebenda.
**910** *Marmara*, 16. Februar 1948, Nr. 1705.
**911** *Cumhuriyet*, zitiert in: *Marmara*, 17. Dezember 1948, Nr. 1706.

wesen wären, hätten lange vor den ArmenierInnen in Anatolien gelebt.[912] Ar zitiert den deutschen Wissenschaftler von Brandenstein, um zu belegen, dass die ArmenierInnen neu hinzugekommen und eben keine Urbevölkerung wären.

Obwohl von sowjetischen Gebietsansprüchen Ende 1946 keine Rede mehr war, ließen sich die antiarmenischen Kampagnen auf Zuruf wiederholen.[913] Die Berichte über antiarmenische Kampagnen wegen der sowjetischen Einwanderungsaufrufe nahmen im Zuge der Krise um die Patriarchenwahl ab. In den Jahren 1949 und 1950 waren die armenischen Zeitungen hauptsächlich mit der Patriarchenwahl und anderen administrativen Angelegenheiten wie den lokalen Wahlen der frommen Stiftungen befasst. Mit den Parlamentswahlen vom 14. Mai 1950 kommt in der Türkei die Demokratische Partei an die Macht, womit die drei Jahrzehnte andauernde Herrschaft der CHP endete. Wie bereits erwähnt, waren die armenischen Meinungsführer über diesen Wechsel nicht begeistert. Die *Tebi Luys* hält fest: „Wir müssen uns eingestehen, dass die Demokratische Partei ihren Erfolg [...] den Fehlern der CHP verdankt. [...] Wir können nicht umhin, dies zu sagen, da es keinen Unterschied zwischen den Programmen der beiden Parteien gibt. [...] Das Einzige, worin ein gewisser Unterschied zwischen den beiden Parteien liegen mag, [...] sind persönliche Sympathien oder Antipathien. [...] Die Demokratische Partei entspringt der CHP."[914] Deshalb war der Sieg der DP für die armenische Gemeinde kein Grund zur Hoffnung. Das Pogrom vom 6. und 7. September 1955 bewies die Richtigkeit derartiger Meinungen.

Tatsächlich blieben antiarmenische Kampagnen konstitutiver Bestandteil des Habitus der Leugnung in der Türkei: Sie dienten dazu, den Antiarmenianismus zu bewahren, die Stimmen der in der Türkei verbliebenen Opfer und ihrer Nachkommen zu unterdrücken, die offizielle Geschichtsschreibung zu reproduzieren, die armenische Gemeinde in der Türkei von ihren Angehörigen in anderen Teilen der Welt zu isolieren und sie zu zwingen, sich zu Ansichten zu bekennen, die mit der offiziellen Position der Türkei übereinstimmen, und welche alle darauf hinauslaufen, aktiv die Leugnung zu propagieren. Die Forderung an die ArmenierInnen, sich selbst im Rahmen einer antiarmenisch geprägten Öffentlichkeit zu präsentieren, zielte nicht nur darauf ab, ihre Großeltern auszuradieren, sondern auch den Umstand zu vertuschen, dass sie selbst Kinder der Überlebenden waren. Auf diese Art wurde von den ArmenierInnen gefordert, einen eigenen Beitrag zum

---

912 *Marmara*, 1. April 1949, Nr. 1811.
913 Vergleiche Talin Suciyan, „Armenian representation in Turkey", in: *The Armenian Weekly*, Sonderausgabe, April 2012. Verfügbar unter www.armenianweekly.com/2012/06/12/suciyan-armenian-representation-in-turkey/ (abgerufen am 5. Oktober 2020), und dieselbe, „Bir Cumhuriyet açmazı".
914 *Tebi Luys*, 20. Mai 1950.

Habitus der Leugnung zu leisten. Ich überlasse es den LeserInnen, sich vorzustellen, wie sich der armenische Alltag in einer Gesellschaft gestaltete, in der die Presse Lügen, Beleidigungen und rassistische Schmähungen verbreitete. Des Weiteren möchte ich das Augenmerk auf zwei wichtige Punkte im internationalen Rahmen richten. Dies war zum einen der rasche Wechsel des Lagers, den die Türkei im Zusammenhang des Zweiten Weltkrieges vollzog und für den sie die Rechnung den ArmenierInnen präsentierte. Zum anderen gestaltete die Türkei ihren Antikommunismus und Antisowjetismus in deren gewaltigsten Ausprägungen auf dem Rücken der ArmenierInnen. So ließ sich der Habitus der Leugnung international für unterschiedliche Ziele „mit Erfolg" einsetzen und erwies sich erneut als mündig.

# 4 Die Krise um die Patriarchenwahl 1944 – 1950

## 4.1 Von der institutionellen zur gesellschaftlichen Krise

### Der Hintergrund

In Istanbul sind die Jahre 1944 – 1950 durch die Krise um die Patriarchenwahl geprägt. Obwohl diese Krise für die Geschichte des Armenischen Patriarchates in Istanbul von großer Bedeutung ist, habe ich zu diesem Thema weder türkisch-sprachige noch englische Quellen ausfindig machen können. In diesem Kapitel analysiere ich einige wenige armenischsprachige Zeugnisse zu der Krise. Eine geschichtliche Darstellung ohne Erwähnung dieser Krise und ihres Widerhalles im gesellschaftlichen Leben wie auch in den Einrichtungen der armenischen Gemeinde in der Türkei würde einen ihrer größten Konflikte außer Acht lassen.

Es ist ein bemerkenswerter historischer Zufall, dass sowohl dem Patriarchat von Jerusalem als auch dem Katholikat in Ējmiacin die Locum tenentes vorstan-den, zum einen Erzbischof Giwregh Israelyan (1944) und zum anderen Erzbischof Kevork Chorekchyan (1938 – 1945). Karekin I. Hovsēp'yan (1943 – 1952) war der Katholikos des historischen Katholikates von Sis (Kozan), das im libanesischen Antelias neu aufgebaut wurde. Es ist sicherlich hilfreich, die politische Situation von Ējmiacin zusammenzufassen: Laut Felix Corley, der sich ausführlich mit der Geschichte der Armenischen Apostolischen Kirche beschäftigt hat, entscheiden die sowjetischen Behörden in den 1930er-Jahren, die Struktur der armenischen Kirche im Land aufzulösen.[915] Nach dem Tode des Katholikos Khoren I. im August 1938 beschließt die Armenische Kommunistische Partei, das Kloster des Heiligen Ējmiacin zu schließen, auch wenn dieser Entscheidung in Moskau wohl nicht zugestimmt wurde.[916] Die Wahl ist für die Armenische Kirche in Ējmiacin aus verschiedenen Gründen nicht einfach gewesen. Corley hebt hervor, dass der Russischen Orthodoxen Kirche lange untersagt war, einen neuen Patriarchen zu wählen, und dies trifft nach dem Tode von Khoren I. auch auf die Armenische Kirche zu:[917]

Die Kirche hatte in der Sowjetunion als Körperschaft praktisch zu existieren aufgehört; Ējmiacin funktioniert nur in geringstem Umfang und ist isoliert von der Außenwelt, während eine Handvoll einzelner Pfarreien und Priester in Armenien,

---

**915** Felix Corley, „The Armenian Apostolic Church", in: Lucian N. Leustean (Hg.), *Eastern Christianity and the Cold War, 1945 – 91* (Abingdon, Oxon: Routledge, 2010), S. 190.
**916** Ebenda.
**917** Ebenda.

https://doi.org/10.1515/9783110655087-006

Georgien und Südrussland weiterhin um ihre Existenz kämpfen. Die armenische Bevölkerung der Sowjetunion hat in weiten Teilen jedwede organische Verbindung zur Kirche verloren.[918] Anfang der 1940er-Jahre beginnen sich die Dinge jedoch zu verändern. Erzbischof Kevork Chorekchyan ist nach dem ungeklärten Tod von Khoren I. zum Locum tenens ernannt worden, und daran schließt sich die Erlaubnis zur Ausrichtung einer Neuwahl an.[919] Der Prozess zur Wahl des Katholikos aller ArmenierInnen beginnt am 16. Juni 1945. Acht Tage später wird Kevork VI. zum Katholikos geweiht. In dieser Zeit erfährt die Armenische Kirche eine beträchtliche Wiederbelebung.

In Istanbul ist nach dem plötzlichen Hinscheiden des Patriarchen Mesrob Naroyan am 31. Mai 1944 am 2. Juni vom Religiösen Rat Erzbischof Kevork Arslanyan zum Locum tenens ernannt worden. Zu biografischen Angaben über Erzbischof Arslanyan habe ich drei Quellen herangezogen: *Gensakragan Paṙaran* von Kaṙnig Step'anyan,[920] den Beitrag von Kevork Pamukciyan in *Biyografileriyle Ermeniler*[921] und die Biografie Toros Azadyans, *Kevork Arch. Arslanyan (1867–1951)*.[922] Laut Azadyans Biografie wurde Arslanyan 1867 im Dorf Pingean bei Agn (Eğin) geboren und auf den Namen Karekin getauft worden. Im Anschluss an den Besuch der örtlichen Mesrobyan-Schule arbeitete er von 1882 bis 1885 in der Apotheke seines Onkels, Dr. Kevork Bekyan.[923] Danach wurde er zum Vorsteher der Mesrobyan-Schule ernannt; er heiratete Nazeni, mit der er fünf Kinder hatte. Im Jahr 1890 zog er mit seiner Familie nach Istanbul und eröffnete gemeinsam mit seinem Bruder eine Fabrik für Leibwäsche und Strumpfwaren. Im darauffolgenden Jahr wurde er vom Hof zum „*Fanilacıbaşı*" (Hoflieferant für Leibwäsche) ernannt.[924] Nach Angaben von Kevork Pamukciyan entschied sich Arslanyan wegen eines nicht weiter benannten Schicksalsschlages in seiner Familie für die Religion.[925] Von Pamukciyan wird angedeutet, dass der Schicksalsschlag die Hamidischen Massaker waren. Während dieser verlor Arslanyan seine Frau, seinen Vater und seine Kinder. Einzig Hripsime, eine seiner Töchter, überlebte.[926] Im Jahr

---

918 Ebenda.
919 Ebenda.
920 Kaṙnig Step'anyan, *Gensakragan Paṙaran*, Bd. 1 (Jerewan: Hayasdan, 1973), S. 116.
921 Kevork Pamukciyan, *Ermeni Kaynaklarından Tarihe Katkılar IV: Biyografileriyle Ermeniler*, hg. von Osman Köker (Istanbul: Aras Yay., 2003), S. 46–47.
922 Toros Azadyan (Hg.), *Kevork Arch. Arslanyan (1867–1951)* (Istanbul: Mshaguyt Hradaragchagan, 1952), S. 7.
923 Pamukciyan, *Ermeni Kaynaklarından*, S. 46–47.
924 Ebenda.
925 Ebenda.
926 Azadyan (Hg.), *Kevork Arch. Arslanyan*, S. 8.

1898 wurde er zum Direktor der Waisenhäuser von Divrighi ernannt; danach war er in Tokat und anschließend in Sivas tätig.[927] Nachdem er seinen religiösen Grad (*Apegha*, zölibatärer Mönch) erhalten hatte, wurde er stellvertretender Direktor des Klosters Surp Nshan. Danach wurde er das religiöse Oberhaupt von Tokat.[928] Von 1904 bis 1914 war er als religiöser Führer in Malatya, Kharpert (Harput), Tekirdağ und Adana tätig.[929] Nach den Massakern von Adana 1909 ging er in dieses Gebiet und brachte einige Waisenmädchen in *Arhesdanots'* (Werkstätten) unter, wo sie ein Handwerk erlernten, mit dem sie später ihren Lebensunterhalt verdienen könnten.[930] Bei Step'anyan heißt es, dass Arslanyan während des Krieges im Exil war;[931] bei Pamukciyan gibt es hingegen einfach eine Lücke zwischen Arslanyans Amt als religiöser Führer 1914 und seiner Ankunft in Istanbul 1921. Azadyan allerdings berichtet detailliert über diese Jahre. Seiner Quelle zufolge war Arslanyan ins Exil im syrischen Idlib geschickt worden. Dort erkrankte er an Typhus. US-Botschafter Henry Morgenthau sen. intervenierte und sorgte für seine Verbringung nach Aleppo.[932] Nach einem Aufenthalt in Beirut zur medizinischen Behandlung kehrte Arslanyan Ende 1919 nach Adana zurück.[933] Ende 1920 hatte er in der Kirche eine Konfrontation mit Mitgliedern der ARF, bei der er verwundet wurde. Adana verließ er in Richtung Istanbul im März 1921.[934] 1922 wurde er in Ējmiacin zum Erzbischof geweiht und zum Locum tenens des Patriarchates von Istanbul ernannt (1922–1927). Im Jahr 1928 schließlich wurde er nach Äthiopien entsandt, um in Addis Abeba die armenische Kirche des Surp Kēōrk zu weihen.[935] Bei seiner Rückkehr verfasste er das Reisetagebuch *Ugheworut'iwn Et'ovbia* und eine unveröffentlichte Studie über die ArmenierInnen in Pingean. Seit 1890 verfasste er Artikel für armenische Zeitungen und Zeitschriften sowohl in Istanbul als auch im Ausland.[936] Von 1944 wurde Arslanyan erneut Locum tenens (bis 1950), also während des Zeitraumes der Krise um die Patriarchenwahl.

Der Grund der Kontroverse, die im Juni 1944 begonnen hatte, ist die Art und Weise, wie Arslanyan erneut zum Locum tenens des Patriarchates von Istanbul

---

**927** Ebenda, S. 9.
**928** Pamukciyan, *Ermeni Kaynaklarından*, S. 47.
**929** Step'anyan, *Gensakragan Paṙaran*, S. 116.
**930** Azadyan (Hg.), *Kevork Arch. Arslanyan*, S. 11.
**931** Step'anyan, *Gensakragan Paṙaran*, S. 116.
**932** Azadyan (Hg.), *Kevork Arch. Arslanyan*, S. 13.
**933** Ebenda.
**934** Ebenda, S. 14.
**935** Step'anyan, *Gensakragan Paṙaran*, S. 116.
**936** Pamukciyan, *Ermeni Kaynaklarından*, S. 47.

ernannt wurde. In *Lipananean Husher* bezieht sich Toros Azadyan auf die Protokolle des Verfahrens, das zu Arslanyans Wiederernennung führte. Obwohl sie unvollständig sind, bleiben diese Protokolle die einzige verfügbare Quelle. Laut Azadyan ist wegen der Handlungsunfähigkeit des Zivil-Politischen Rates die Zustimmung prominenter Gemeindemitglieder erforderlich, außerdem müssen acht der 14 Mitglieder des Religiösen Rates zustimmen.[937] Dies bedeutet, dass Mitglieder der Gemeinde, die nicht gewählt sind, bei der Ernennung des Locum tenens eine wichtige Rolle spielen. Nach der Ernennung Erzbischof Arslanyans finden nur wenige Treffen mit dem Religiösen Rat statt, bevor er diesen am 21. August 1944 auflöst.[938] Im Juli 1944 übersenden einige Mitglieder Arslanyan ein Schreiben und fordern die Benennung einer Verwaltungskörperschaft, die ein Gegengewicht zu den schweren Aufgaben des Religiösen Rates bilden solle. Laut dem Bericht, welcher der Nationalversammlung am Tag der Patriarchenwahl, also am 2. Dezember 1950, vorgestellt wird, verweigerte Erzbischof Arslanyan, den Religiösen Rat zusammenzurufen; er begründet dies damit, dass dieser die Mehrheit seiner Mitglieder verloren hätte.[939] Daraufhin veröffentlichen die Mitglieder des vorgenannten Religiösen Rates eine Pressemitteilung, mit der sie der Entscheidung Arslanyans deswegen widersprechen, weil dieser von eben diesem Religiösen Rat ernannt worden wäre; Erzbischof Arslanyan hätte den Rat zusammenrufen müssen, um seine Kritikpunkte zu besprechen, denn der Rat wäre die einzige Körperschaft, die von der Gemeinde gewählt und seitens des Staates zur Administration ihrer religiösen Angelegenheiten anerkannt wäre.[940] Somit fordert der Religiöse Rat Erzbischof Arslanyan mittels einer öffentlichen Erklärung dazu auf, wieder zur rechtlichen Tradition der Kirche zurückzukehren.[941] Über den Vorfall wird in *Lipananean Husher* wie folgt berichtet:

> Sechs Mitglieder des Religiösen Rates fordern, dass die rechtlichen Befugnisse vom Zivil-Politischen Rat auf den Religiösen Rat übertragen werden sollten, was jedoch der Satzung [der Nationalversammlung] widerspricht. Auf die Ablehnung dieser Forderung hin treten die Mitglieder auf eigenen Wunsch zurück; und der Locum tenens bildet einen Zeitweiligen Religiösen Rat, an dem sich die

---

**937** Toros Azadyan, *Lipananean Husher* (Istanbul: Doğu Basımevi, 1949), S. 134.
**938** *Deghegakir Ěnthanur Zhoghovoy K'nnich' Hantsnazhoghovi* (Istanbul: Foti Basımevi, 1951), S. 10.
**939** Ebenda, S. 11.
**940** *Marmara*, 8. Juli 1949, Nr. 1907; *Jamanak*, 30. September 1944; *Bashdonagan Hradaragut'iwn Azkayin Badriark'arani: Adenakrut'iwn Azkayin Ěnthanur Zhoghovoy* (Istanbul: Ak-Ün Matbaası, 2. Dezember 1950), S. 3; und *Deghegakir Ěnthanur Zhoghovoy K'nnich'*, S. 12.
**941** Ebenda und *Jamanak*, 1. September 1944.

zwei der bisherigen acht Mitglieder beteiligen, die sich gegenüber der Satzung loyal verhalten.[942]

Die Situation des Zivil-Politischen Rates ist keinesfalls besser als die des Religiösen Rates: Viele seiner Mitglieder sind verstorben, einige sind zurückgetreten, und viele sind bereits lange über ihre Amtszeit hinaus im Dienst.[943] Neben schwierigeren Fragen zur Verwaltung gibt es auch andere, weniger gewichtige Probleme, die in der Gemeinde für Reibungen sorgen, darunter die Frage des Sessels. Erzbischof Arslanyan will den handgefertigten Sessel verwenden, der 1904 für Katholikos Sahak von Kilikien (Sis/Kozan) anlässlich seines Besuches in Istanbul gefertigt worden war.[944] Laut dem Bericht des offiziellen Untersuchungsausschusses wird sein Antrag abgelehnt und ihm ein anderer Sessel angeboten. Die Frage nach dem Sessel wird für Arslanyan so wichtig, dass er gegenüber dem Gouverneur von Istanbul seine Unzufriedenheit zum Ausdruck bringt.[945] Auf diesen Vorfall bin ich ausschließlich in dem ausdrücklich gegen Arslanyan gerichteten Bericht des Untersuchungsausschusses gestoßen.

Es gibt jedoch auch andere Vorfälle, die sich negativ auf Arslanyans Beliebtheit auswirken: So plant Patriarch Mesrob Naroyan, sein Eigentum dem Krankenhaus Surp P'rgich' zu vermachen, und bespricht das Vorhaben mit dem Chefarzt des Krankenhauses, Bağdasar Manuelyan, sowie mit dem Leiter der Krankenhausadministration, Hrant Peştimalcıyan.[946] Er verstirbt jedoch überraschend, noch bevor die Formalitäten geregelt sind. Der Locum tenens Erzbischof Kevork Arslanyan interveniert, indem er den im Büro befindlichen Besitz des Patriarchen konfisziert.[947] Darunter befinden sich 50 ägyptische Aktien, 182 osmanische Goldstücke, ein Smaragdring sowie die Memoiren des Patriarchen.[948] Der Konflikt kommt Ende 1944 vor Gericht. Im Urteil wird die rechtliche Gültigkeit des Letzten Willens von Patriarch Naroyan bestätigt, und das Gericht verfügt, dass die Gegenstände dem neuen rechtmäßigen Eigentümer, also dem Krankenhaus, zu übergeben wären. Arslanyan akzeptierte die gerichtliche Entscheidung nicht

---

**942** Azadyan, *Lipananean Husher*, S. 135.

**943** *Bashdonagan Hradaragut'iwn Azkayin Badriark'arani*, S. 3.

**944** *Deghegakir Ĕnthanur Zhoghovoy K'nnich'*, S. 30.

**945** Ebenda.

**946** Gülbenkyan und Peştimalcıyan, „Deghegakir Surp P'rgich' Azkayin Hiwantanots'i Hokapartsut'ean 1944–45i shrchani (113.rt Dari)", in: *Ĕntartsag Darekirk' Surp P'rgich' Azkayin Hiwantanots'i 1946* (Istanbul: Dbakrut'iwn H. Aprahamyan, 1946), S. 421.

**947** Varujan Köseyan, *Hushamadean Surp P'rgich' Hiwanatanots'i – Surp Pırgiç Hastanesi Tarihçesi* (Istanbul: Murat Ofset, 1994), S. 176.

**948** Die Quellen geben den Wert der strittigen Erbschaft unterschiedlich an. So handelt es sich zum Beispiel laut der *Marmara* um 186 osmanische Goldstücke (*Marmara*, 14. Januar 1947, Nr. 1517).

und begründet dies damit, dass die Gegenstände bislang dem Patriarchat und nicht dem verstorbenen Patriarchen gehört hätten.[949] Im Eigentum des Verstorbenen ist zudem ein Betrag von 15 560 Lira gefunden worden, der Khachig (Haçik) Batmayan anvertraut worden war;[950] auch hier behauptet Arslanyan, dass es sich um Eigentum der armenischen Gemeinde handeln würde. Obwohl belegt ist, dass Batmayan das Geld nach der Gerichtsentscheidung dem Krankenhaus ausgehändigt hatte,[951] ist Meldungen aus dem Jahr 1947 zu entnehmen, dass weiterhin ein Gerichtsverfahren anhängig ist. Nach langen Diskussionen und Konflikten wird im Schiedsverfahren eine Lösung gefunden, die jedoch Erzbischof Arslanyan aufkündigt, sodass sie nicht vollzogen werden kann. Der juristische Kampf hält drei Jahre an, also bis April 1947; schließlich verliert Arslanyan und muss die genannten Gegenstände und das Geld den Eigentümern aushändigen.[952] Die Sperre des persönlichen Kontos des Patriarchen bei einer niederländischen Bank und des Kontos des Patriarchates durch die Verwaltung des Armenischen Krankenhauses wird allerdings erst im Oktober 1947 aufgehoben.[953] Die beiden vom Staat offiziell anerkannten Einrichtungen der Gemeinde, das Patriarchat und das Armenische Krankenhaus Surp P'rgich', geraten aufgrund dieses Vorfalles in einen lang anhaltenden Konflikt miteinander. Obwohl dies nicht das einzige schwerwiegende Thema ist, das die Gemeinde kurz nach dem Tod des Patriarchen Naroyan beschäftigt, lässt besonders dieser Fall die Krise um die Patriarchenwahl weiter eskalieren, zu dem es nur sehr wenige Quellen gibt. Interessant ist in diesem Zusammenhang jedoch schon, dass die beiden wichtigsten Quellen diesen Hintergrund gar nicht erwähnen.[954]

Nach dem Tod des Patriarchen Naroyan entzweit sich die armenische Gemeinde über die Erbschaftsfrage und wegen des Gerichtsverfahrens und schließlich auch wegen der übrigen rechtlichen, administrativen und sozialen Probleme. Im Laufe der langen Zeit, in der es nicht zu einer Wahl des Patriarchen kommt, also bis Ende 1950, werden die Positionen der beiden Lager immer

---

**949** Gülbenkyan und Peştimalcıyan, „Deghegakir Surp P'rgich'i Azkayin Hiwantanots'i Hokapartsut'ean", in: *Ëntartsag Darekirk' Surp P'rgich' Azkayin Hiwantanots'i 1946*, S. 422.

**950** Der Wert wird in der *Nor Lur*, 2. Juni 1945, Nr. 33, und in der *Nor Lur*, 7. Juli 1945, Nr. 43, mit 15 650 und mit 16 650 beziffert. Es kann sich jedoch auch um einen Schreibfehler handeln.

**951** Dieser Betrag wird in der *Nor Lur* vom 2. Juni 1945, Nr. 33 mit 15.650 Türkische Lira angegeben und in der *Nor Lur* vom 7. Juli 1945, Nr. 43 als 16.650 Türkische Lira genannt. Allerdings könnte dies ein Tippfehler sein.

**952** *Marmara*, 19. April 1947, Nr. 1611.

**953** *Nor Lur*, 10. November 1947, Nr. 278.

**954** Zaven Arzumanyan, *Azkabadum*, Bd. 4.ii (1930–55) (New York: St Vartan Matenashar, 1997), S. 263–269, und Puzant Yeghiayan, *Jamanagagits' Badmut'iwn Gat'oghigosut'ean Hayots' Giligyoy 1914–1972* (Antilias: Dbaran Gat'oghigosut'ean Hayots' Medzi Dann Giligioy, 1975), S. 617–623.

feindseliger. Die *Nor Lur* sowie die *Jamanak* halten zu Arslanyan; die *Marmara* hingegen steht dem ihm gegnerischen Lager nahe. Laut den persönlichen Berichten von Varujan Köseyan kaufen die UnterstützerInnen einer Gruppe jeweils die Zeitungen der anderen, um zu verhindern, dass diese in Umlauf kommen.[955] Die Krise beschränkt sich dabei nicht allein auf die Istanbuler Gemeinde. Der Umstand, dass eine Patriarchatswahl nicht stattfinden kann, wird bald zu einer Fragestellung, welche die ArmenierInnen auf der ganzen Welt betrifft, also auch die Katholikate von Kilikien und von Ējmiacin sowie viele weitere religiöse Zentren.

Im Juni 1945 wird Kevork VI. zum Katholikos aller ArmenierInnen in Ējmiacin ernannt. Es ist erwartet worden, dass der Locum tenens des Patriarchates von Istanbul an der Wahl teilnähme. Den Meldungen zufolge, die in der *Nor Lur* erscheinen, erhalten Erzbischof Kevork Arslanyan und seine Delegation die sowjetischen Visa nicht rechtzeitig genug, um an der Wahl teilnehmen zu können.[956] Die Delegation des Patriarchates von Istanbul besteht aus Männern des Klerus und prominenten Mitgliedern der Gemeinde, wobei Letzteres zu einer weiteren Debatte führt, denn diese prominenten Gemeindemitglieder sind nicht gewählt worden, weswegen ihre Vertretungsbefugnis infrage gestellt wird. Dr. Hrant Peştimalcıyan, der zum einen der Verwalter des Krankenhauses und zum anderen Mitglied der Nationalversammlung ist, telegrafiert wegen dieser fehlenden Befugnis nach Ējmiacin und gibt an, dass die Laienmitglieder der Delegation nicht autorisiert wären, die Gemeinde zu vertreten.[957] Der offizielle Bericht des Untersuchungsausschusses der Nationalversammlung verweist auf diesen Punkt und stellt fest, dass nach §§ 60 und 61 der *Nizâmnâme* (Satzung) ein Zusatztreffen des Zivil-Politischen Rates erforderlich wäre, auf dem über die Mitglieder des Ausschusses zur Wahl des Katholikos zu entscheiden sei.[958] Laut dem Bericht des Ausschusses beabsichtigt Arslanyan, mit willkürlich ausgewählten Personen nach Ējmiacin zu reisen, und er hätte die verfügbaren Plätze der Reisegruppe an die gefälligsten, höchstbietenden Personen versteigert.[959] Im August 1945 kritisiert eine armenische Zeitung aus Ägypten, die *Araks*, das Telegramm, das von den Vertretern der armenischen Gemeinde Istanbuls nach Ējmiacin gesandt worden

---

**955** Talin Suciyan, „Baron Varujan İstanbul", in: *Agos*, 29. April 2011, Nr. 786; vergleiche auch azadalik.wordpress.com/2011/05/07/ermeniler-varujan-koseyana-tarihlerini-borcludur/ (abgerufen am 7. Februar 2020). Armenische Zeitungen wurden in den Stadtteilen vertrieben, in denen viele ArmenierInnen lebten; dies waren zum Beispiel Beyoğlu, Kurtuluş, Yeşilköy und Bakırköy.
**956** *Nor Lur*, 16. Juli 1945, Nr. 37.
**957** *Marmara*, 21. Juni 1945, Nr. 697, *Nor Lur*, 10. Juli 1945, Nr. 44.
**958** *Deghegakir Ēnthanur Zhoghovoy K'nnich'*, S. 25.
**959** Ebenda, S. 26.

war, und verurteilt die Initiative als unpassend.[960] Im September 1945 drückt laut einer Meldung in der *Nor Lur* Premierminister Şükrü Saraçoğlu der armenischen Gemeinde seine Wertschätzung aus: „Die türkischen ArmenierInnen konsultierten uns, als sie zur Teilnahme an den Wahlen zum Katholikat in Ējmiacin eingeladen waren. Wir teilten ihnen mit, dass es ihnen freistünde, zu reisen, wobei sie natürlich auf der Reise nicht ihre türkische Staatsbürgerschaft vergessen sollten."[961] Ein redaktioneller Hinweis zu der Meldung bestätigt, dass die armenische Delegation aus der Türkei auf der Reise niemals ihre zutiefst geschätzte türkische Staatsbürgerschaft vergessen hätte und keinesfalls zuließe, dass diese herabgesetzt werden würde.[962] Die Bemerkung von Saraçoğlu muss im Kontext der Zeit nach der Konferenz von San Francisco verstanden werden: Damals toben heftige Debatten über die fünfte Kolonne, und der Schock über die Gebietsansprüche ist eine schwärende Wunde. Das religiöse Oberhaupt der armenischen Gemeinde in Bulgarien, Erzbischof Krikor Garabetyan, äußert sich angelegentlich eines Besuches bei seiner Familie in Istanbul dahingehend, dass trotz der Betrübnis, welche das Telegramm aus Istanbul nach Ējmiacin verursacht hätte, die Delegation ihre Aufgabe zur Zufriedenheit erledigt habe.[963] Die Delegation erreicht Jerewan erst nach der Wahl und kann folglich nicht daran teilnehmen.

## 4.2 Von der Krise der Gemeinde zur Krise der Gesellschaft

Unter all den Streitigkeiten, die im Jahr 1947 in den Kirchen stattfinden, sind zwei besonders hervorzuheben, die in Feriköy und in Balat während des Gottesdienstes ausbrechen. Die Auseinandersetzung in Balat klingt erst ab, als die Polizei einschreitet.[964] Weitere Vorfälle kommen hinzu. Die *Nor Lur* berichtet im Juni 1947 erneut über einen Kampf während der Messe: Der Priester und der Assistent streiten sich auf dem Altar, weil Letzterer sich nicht an die Vorschriften der Liturgie gehalten hätte.[965]

Im Dezember 1948 veröffentlicht Bruder Hovnan Palakashyan einen offenen Brief an den Priester von Gedikpaşa, Hosrof Misakyan, und bittet ihn, im Gottesdienst nicht den Namen des Locum tenens zu erwähnen. Damit bezieht er sich auf eine Meldung in der *Marmara*, derzufolge die armenische Gemeinde in Paris

---

**960** *Araks*, zitiert in: *Nor Or*, 7. August 1945, Nr. 5.
**961** *Nor Lur*, 11. September 1945, Nr. 62.
**962** Ebenda.
**963** *Nor Lur*, 14. Dezember 1946, Nr. 192.
**964** *Nor Lur*, 8. April 1947, Nr. 225.
**965** *Nor Lur*, 7. Juni 1947, Nr. 242.

auf diese Weise einmal protestiert hatte.[966] Für den Fall, dass seiner Bitte nicht nachgekommen werde, droht Palakashyan damit, in der Kirche laut auszurufen: „Erwähnet nicht seinen Namen!"[967] Einige Tage später nennt der Kolumnist Dr. K. Shahnazaryan Beispiele aus der Geschichte der armenischen Kirche, mit denen er zeigt, dass die Gemeinde in den Kirchen erfolgreich gegen den Patriarchen revoltiert hatte, indem man „Erwähnet nicht seinen Namen!" rief.[968] Auch in der Verwaltung der Gemeinde kommt es zu ähnlichen Vorfällen. Die *Marmara* berichtet, dass in einer der größten Gemeinden in Feriköy eine sich selbst ernannt habende Gruppe die Angelegenheiten der Gemeinde verwalte, obwohl ihre Namen nicht einmal in den Rundschreiben aufgeführt wären.[969] Laut der *Marmara* wählen die Gemeinden in der Regel ihre Verwalter, doch hier hätten sie sich einfach selbst in diese Position gebracht.

Während das soziopolitische Leben innerhalb der armenischen Bevölkerung durch die Krise um die Patriarchenwahl geprägt ist, wird im Januar 1949 Erzbischof Athenagoras zum Patriarchen der Ökumenisch-Orthodoxen Kirche in Istanbul gewählt. Athenagoras reist aus den Vereinigten Staaten an Bord des Flugzeuges Air Force One an.[970] Zuerst besucht er die Statue von Mustafa Kemal am Taksim-Platz, danach sucht er das Patriarchat im Stadtteil Fener auf.[971] Athenagoras hält seine erste Rede auf Türkisch, während der Metropolit von Bursa, der Athenagoras auf dem Flughafen begrüßt, seine auf Griechisch hält.[972] In einem Interview berichtet Athenagoras, dass ihn auf seiner Reise aus den Vereinigten Staaten in die Türkei eine Gruppe türkischer Journalisten begleitet hätte. Deren Anwesenheit sei für ihn von Vorteil,[973] und er beabsichtige, Millionen orthodoxer Gläubiger vor dem sowjetischen Regime zu retten.[974] Er ist im Besitz eines persönlichen Schreibens von Präsident Truman, das er bei seinem Besuch am 5. Februar in Ankara Präsident İnönü übergibt. Die Beziehungen zwischen anderen nichtmuslimischen Gruppen und dem Staat wirkt sich auf alle Gemeinden aus. Deshalb hat die Haltung von Erzbischof Athenagoras gegenüber dem Staat Auswirkungen auch auf das Armenische Patriarchat.

---

**966** *Marmara*, 22. Dezember 1948, Nr. 1711.
**967** Ebenda.
**968** *Marmara*, 25. Dezember 1948, Nr. 1714. Der Autor erwähnt Patriarch Sarkis Kuyumcuyan und Boghos Taktakyan, die wegen dieser Proteste beide zum Rücktritt gezwungen werden.
**969** *Marmara*, 11. Januar 1949, Nr. 1730.
**970** *Marmara*, 27. Januar 1949, Nr. 1746, und 29. Januar 1949, Nr. 1748.
**971** Ebenda.
**972** Ebenda.
**973** *Vatan*, zitiert in: *Marmara*, 29. Januar 1949, Nr. 1748.
**974** *Marmara*, 29. Januar 1949, Nr. 1748.

In der Zwischenzeit spitzt sich die Krise innerhalb der armenischen Gemeinde weiterhin zu. Am 7. März 1949 erhält Erzbischof Kevork Arslanyan zwei Petitionen, in denen er um ein Treffen gebeten wird. Die Unterzeichner sind 38 der insgesamt 47 Geistlichen, von denen jedoch neun in den Folgetagen ihre Unterschriften zurückziehen, weil sie doch lieber im Patriarchat bis zur Ankunft des Locum tenens warten und diesen um ein Treffen bitten würden.[975] Arslanyan entgegnet ihren Berichten zufolge, dass er die Angelegenheit nach Ostern mit dem Religiösen Rat besprechen möchte.[976] Die gegnerischen Geistlichen sind damit jedoch nicht einverstanden. Am 10. März reagiert Arslanyan auf die Petitionen, indem er fünf Geistliche als Rädelsführer suspendiert. Die offizielle Antwort des Patriarchates wird an die beiden Zeitungen *Marmara* und *Jamanak* verschickt. Die *Marmara* veröffentlicht den Text des Patriarchates und die Antwort der Geistlichen an den Locum tenens nebeneinander.[977] Die *Nor Lur* veröffentlicht nicht die ursprüngliche Petition der Geistlichen, doch erscheint ein paar Tage danach ein ausführlicher Leitartikel, dessen Argumente sehr an die erscheinende Antwort des Locum tenens gemahnen. Die *Nor Lur* macht allerdings eine recht interessante Anmerkung über das religiöse Oberhaupt der ArmenierInnen in Bulgarien, Erzbischof Kusan, der sich noch in der Stadt befindet. Der *Nor Lur* zufolge wäre er der allerwahrscheinlichste Kandidat als Patriarch von Istanbul, wenn man das Alter und die gesundheitlichen Probleme des Locum tenens berücksichtigen würde.[978]

Ein weiterer langer Leitartikel, der am 12. März in der *Nor Lur* erscheint, zitiert die *Jamanak* und verdeutlicht, dass auch die *Jamanak* die Initiative der Geistlichen für unangemessen hält.[979] Die *Nor Lur* und die *Jamanak* stehen also dem einen Lager nahe, und die *Marmara* unterstützt das andere. Laut der *Nor Lur* ist die gesamte Krise durch die seit Jahrzehnten andauernde Krise der Administration bedingt, weswegen Erzbischof Arslanyan für die derzeitige Lage nicht verantwortlich gemacht werden könne. Darüber hinaus sei vor der rechtlichen Tradition des Patriarchates nach Auffassung der *Nor Lur* die Auflehnung der Geistlichen nicht hinnehmbar.[980] Die Geistlichen hingegen sind mit ihrer Suspendierung nicht einverstanden und setzen ihren Dienst in den Kirchen fort, wobei sie sich

---

**975** Santro Pehputyan (Hg.), *Vaverakrer Hay' Yegeghets'u Badmut'ean: Kevork VI. Gat'oghigos Amenayn Hayots' (1938–1955)*, Bd. 6 (Jerewan: Osgan Yerevants'i Publ., 1999), S. 497.

**976** Varujan Köseyan berichtet mir ebenfalls von diesem Treffen; ihm zufolge wollte der Locum tenens die Angelegenheit nach Ostern besprechen. Es scheint jedoch keine weiteren Gespräche gegeben zu haben. Vergleiche *Agos*, 29. April 2011, Nr. 786.

**977** *Marmara*, 11. März 1949, Nr. 1789.

**978** *Nor Lur*, 8. März 1949, Nr. 425.

**979** *Nor Lur*, 12. März 1949, Nr. 426.

**980** Ebenda.

weiterhin weigern, in den Gottesdiensten den Namen des Locum tenens zu nennen.[981] Die Frage, ob der Name erwähnt wird, bleibt während der gesamten Dauer der Krise in den meisten Kirchen ein heikles Thema. Am 16. März ernennen die suspendierten Geistlichen den Obersten Archimandriten Hmayag Bahtiyaryan zum Locum tenens.[982] Die *Nor Lur* bezeichnet Bahtiyaryan stets als *„Bantogĕndir"*, als „den im Hotel Gewählten", denn seine Ernennung zum Locum tenens durch seine Gefolgsleute geschieht in einem solchen. Ein Patriarch oder auch ein Katholikos müsste ein *Azkĕndir* sein, also von der *Azk* („Nation") gewählt sein. Am 18. März reist Bahtiyaryan nach Ankara, wo er sein Mandat ratifizieren lassen will; dort erhält er eine Registernummer.[983] Nun wird auch die türkische Presse auf den Konflikt aufmerksam. Priester Tovma Shigaher gibt der *Yeni Sabah* ein Interview, und Hmayag Bahtiyaryan spricht mit der *Son Telgraf*.[984] Während die *Marmara* diese Texte in übersetzter Form samt Kommentaren veröffentlicht, erscheinen in der *Nor Lur* lediglich Meldungen darüber; den gegnerischen Geistlichen wird kein Platz für ihre Meinung eingeräumt. Die *Yeni Sabah* berichtet über die Vorgänge unter dem Titel „Weggabelung im Armenischen Patriarchat", und die *Son Telgraf* spricht von einem „Vorfall im Armenischen Patriarchat". Erstere veröffentlicht auch die Stellungnahme von Erzbischof Arslanyan. Am Tag darauf findet erneut in der Öffentlichkeit ein Streit zwischen Toros Azadyan, der auf der Seite Arslanyans steht, und Dikran Karakızyan statt. Auch dieser endet erst, als die Polizei einschreitet.[985] Am Folgetag berichtet die *Marmara* darüber, dass die armenischen Gemeinden in Belgien und Frankreich den Namen des Locum tenens nicht nennen würden, doch dass der Name des verstorbenen Patriarchen Naroyan weiterhin erwähnt werden würde.[986] Ein viereinhalbseitiges Schreiben von Arslanyan an Kevork VI. am 16. März 1949 beginnt mit einem Rückblick darauf, dass Arslanyan 1945 für den Katholikos eingestanden wäre, als er sich anlässlich der Wahl Kevorks VI. in Ējmiacin aufgehalten hätte:

> Das nationale und religiöse Leben der ArmenierInnen in der Türkei fand seit Jahrzehnten unter grässlichen [...] Umständen statt. [...] Die Nationalversammlung, die Administration und die Ausschüsse haben bereits seit Langem ihre Aktivitäten eingestellt; nur der Religiöse Rat besteht noch aus der Mehrzahl seiner Mitglieder, doch kann er nun wegen Rücktritten und wegen des Todes von ein oder zwei Mitgliedern ebenfalls seine Tätigkeit nicht mehr

---

981 *Deghegakir Ĕnthanur Zhoghovoy K'nnich'*, S. 29, und Azadyan, *Lipananean Husher*, S. 162.
982 *Nor Lur*, 18. März 1949, Nr. 428.
983 Azadyan, *Lipananean Husher*, S. 163.
984 *Marmara*, 13. März 1949, Nr. 1791; *Yeni Sabah*, 13. März 1949, Nr. 3579, und *Son Telgraf*, 13. März 1949, Nr. 4405, zitiert in: Pehoutyan, *Vaverakrer Hay Yegeghets'u*, S. 499.
985 *Marmara*, 14. März 1949, Nr. 1792.
986 *Marmara*, 15. März 1949, Nr. 1793.

fortführen. Wir richten einen Zeitweiligen Religiösen Rat ein, der sich auf die Autorität stützt, welche uns in Übereinstimmung mit unseren Vorschriften gewährt wurde.[987]

Die Stellungnahme von Erzbischof Arslanyan bestätigt den Umstand, dass es an sich keine Administration gibt und dass er es sich selbst eingeräumt hat, einen Religiösen Rat zu konstituieren. Er schreibt zu der Petition der oppositionellen Geistlichen und über deren Stellungnahmen zur Wahl eines neuen Religiösen Rates; dabei vertritt er die Auffassung, dass dies normalerweise die Aufgabe der derzeit jedoch inaktiven Nationalversammlung wäre, weswegen deren Aufgaben nun ein Zeitweiliger Religiöser Rat übernommen hätte. Ein anderes Argument von Arslanyan lautet, dass das Patriarchat hätte warten müssen, bis das neue Gesetz zu den Minderheiten von der Regierung in Kraft gesetzt worden wäre. Außerdem fertigt er einen Bericht über drei der suspendierten Geistlichen und über die Berichterstattung in der türkischen Presse an.[988]

Die armenischen Kirchen sind zwar stets in allen Ländern, in denen sie sich befinden, mit verschiedenen politischen Problemen konfrontiert; allerdings ist die armenische Kirche in der Türkei als die einzige Institution gezwungen, sich mit den Angelegenheiten der Gemeinde zu befassen. Weil jedoch, wie im zweiten Kapitel gezeigt, die Politik nach der Gründung der Republik die administrativen Mechanismen der Gemeinde immer mehr aushöhlt, vermögen sich Umstände wie der plötzliche Tod des Patriarchen leicht zu einer Krise mit unmittelbaren sozialen und auch internationalen Auswirkungen auf alle armenischen Einrichtungen und Gemeinden auszuwachsen. Unter dem Gesichtspunkt von Machtbeziehungen sind dies die günstigsten Gelegenheiten dafür, zu willkürlichen Lösungen zu greifen und von der Macht diktierte Praktiken auszuwählen, für die weder eine rechtliche Genehmigung noch die Zustimmung durch die Gemeinde vorliegt. Die sozialen Auswirkungen der Krise des Patriarchates sind jedoch eine weitere Untersuchung wert, da sich hieran die allgemeine Einbindung der Menschen in die Administration sowie in die Entscheidungsprozesse und ihr Wille zur Teilhabe zeigen lässt.

## 4.3 Machtkämpfe

1949 erreicht der politische Konflikt bereits internationale Ausmaße. Die Machtansprüche von Ējmiacin und vom Patriarchat sowie die Reaktionen von Staat und

---

**987** Pehputyan, *Vaverakrer Hay Yegeghets'u*, Brief Nr. 348, S. 496.
**988** Ebenda, S. 499–500.

Gesellschaft prallen aufeinander. Interessant ist es, sich anzuschauen, wer von wem eine Orientierung am Recht einfordert.

Laut einer Meldung, die in der türkischen Presse erscheint, übersendet Arslanyan zwei Schreiben an das Innenministerium, an den Premierminister und an den Gouverneur.[989] Obwohl diese Meldung am 13. März veröffentlicht wird und sein Brief an Ējmiacin auf den 16. März datiert ist, erwähnt der Locum tenens in Letzterem seine Briefe an die türkische Regierung nicht. Am 18. März erreicht die Angelegenheit mit dem Einschreiten der Generaldirektion der frommen Stiftungen eine neue Dimension. Hierzu kommt es wegen der Anweisung des Patriarchates, die Gehälter der Priester in Beyoğlu, Kadıköy und Yeniköy auszusetzen. In einem Artikel der *Marmara* vom 18. März heißt es, dass die Stiftungen dieser Kirchen der direkten Verwaltung durch die Generaldirektion unterliegen[990] und dass die Priester dieser Kirchen der oppositionellen Gruppe angehören. Am Tag darauf berichtet die *Marmara*, dass sowohl Arslanyan als auch die oppositionellen Priester dem Gouverneur einen Besuch abgestattet hätten; außerdem wird darüber geschrieben, dass dieser Besuch nun auch in den türkischen Zeitungen *Tasvir*, *Hürriyet*, *Yeni Sabah* und *Son Telgraf* gemeldet worden ist.[991] Am 21. März erscheint in der *Marmara* ein Artikel über den Besuch der oppositionellen Geistlichen in Ankara.[992] In derselben Ausgabe wird begeistert mitgeteilt, dass die oppositionelle Gruppe nun Bahtiyaryan zum Locum tenens ernannt hätte. Nach ihrer Ankunft in Ankara besuchen die Priester als Erstes das vorläufige Mausoleum von Atatürk und suchen im Anschluss zuerst den Premierminister und danach den Innenminister auf.[993] Die türkischen Zeitungen verfolgen die Lage genauestens. Am 23. März gibt Erzbischof Arslanyan eine Pressemitteilung heraus, in der er mitteilt, weiterhin der Locum tenens zu sein; jegliche Informationen, die das Gegenteil behaupteten, wären unbegründet.[994]

Ende März kommt es auf der Beerdigung von Hosrof Misakyan, einem der Mitglieder des Religiösen Rates, zu weiteren Protesten. In der Zwischenzeit kritisiert der Priester von Kayseri, Pater Haygazun, die Handlungen der oppositionellen Gruppe; der Bericht hierüber ist der einzige Beleg für eine Reaktion aus den Provinzen auf die Lage in Istanbul.[995]

---

**989** *Yeni Sabah*, zitiert in: *Marmara*, 13. März 1949, Nr. 1791.
**990** *Marmara*, 18. März 1949, Nr. 1796.
**991** *Tasvir*, *Hürriyet*, *Yeni Sabah* und *Son Telgraf*, zitiert in: *Marmara*, 19. März 1949, Nr. 1797.
**992** *Marmara*, 21. März 1949, Nr. 1799.
**993** Ebenda.
**994** *Marmara*, 23. März 1949, Nr. 1801.
**995** *Nor Lur*, 2. April 1949, Nr. 432.

Etwa zur selben Zeit schreibt Nusret Safa in der *Son Posta*, dass im Falle einer Intervention von Ējmiacin in die Angelegenheiten der armenischen Kirche der Türkei der ganze Vorgang eine politische Dimension erhalten würde.[996] Eine weitere Krise braut sich gleichzeitig in der armenischen Gemeinde von Ägypten zusammen, wo der Konflikt zwischen Staat und Gemeinde ähnliche Ausmaße annimmt. Laut dem in der *Marmara* veröffentlichten Artikel hat der Katholikos aller ArmenierInnen gefordert, dass bei der Wahl in Ägypten bestimmte Regeln zu befolgen wären. Doch die Regierung widerspricht dieser Intervention des Katholikos und lehnt alle anderen Autoritäten außer der eigenen ab.[997] Kurz darauf kommt es zu einem ähnlichen Fall auch in Bulgarien: Erzbischof Kusan, der religiöses Oberhaupt der armenischen Kirche in Bulgarien ist und die türkische Staatsbürgerschaft hat, wird aus seinem Amt entfernt, weil die bulgarische Regierung fordert, dass Geistliche bulgarische Staatsbürger wären.[998] Erzbischof Kusan selbst wird vermutlich seine Staatsangehörigkeit haben behalten wollen, damit er sich als Kandidat für die Patriarchenwahl in der Türkei aufstellen lassen könnte. Die armenische Kirche muss also gleichzeitig in drei Ländern mit sich verändernden politischen und rechtlichen Strukturen kämpfen: in der Türkei, in Ägypten und in Bulgarien. Zu diesen Konfrontationen kommt es aufgrund der internationalen Lage, wobei der Umstand, dass das Zentrum der armenischen Kirche in der Sowjetunion liegt, wie auch die Notwendigkeit rechtlicher Mechanismen zum Schutz der Autorität des Nationalstaates besonders dazu beitragen. Nusret Safa merkt dazu an: „Wenn Ējmiacin einschreitet, könnte sich uns der Magen umdrehen.“[999] Dies verweist darauf, dass der Konflikt durch die internationale Nachkriegspolitik bedingt ist und es sich nicht mehr um gemeindeinterne Auseinandersetzungen in Istanbul handelt. Erstens werden die Gemeinden zu einem Feld, auf dem der Machtkampf innerhalb der Nationalstaaten stattfindet; und zweitens sind sie zwischen den nationalen Behörden ihrer jeweiligen Heimatländer und dem Hauptsitz der Kirche in Ējmiacin eingezwängt, der seinerseits wiederum einen Machtkampf mit der Sowjetregierung führt. Hinsichtlich der Hierarchie innerhalb der armenischen Kirche ist die besondere Position des Patriarchates in Istanbul bemerkenswert, das wie auch das Patriarchat in Jerusalem und das Katholikat in Antelias eine weitgehende Autonomie innerhalb des armenischen Kirchensystems genießt.

---

**996** *Son Posta*, zitiert in: *Marmara*, 31. März 1949, Nr. 1809.
**997** *Marmara*, 1. April 1949, Nr. 1810.
**998** *Marmara*, 8. April 1949, Nr. 1816, und *Nor Lur*, 9. April 1949, Nr. 434.
**999** *Son Posta*, zitiert in: *Marmara*, 31. März 1949, Nr. 1809.

Mitte April ist die Angelegenheit bereits in einen Informationskrieg ausgeartet, dessen Waffen Interventionen, Bemerkungen und Nachrichten sind, die in der türkischen Presse weite Verbreitung finden – besonders nach Bahtiyaryans Schreiben an Arslanyan vom 14. April, in dem es um dessen Entfernung aus dem Amt geht.[1000] Mit dem Ziel, innerhalb der türkischen Presse zum Referenzorgan zu werden, beginnt die *Marmara* mit einem türkischsprachigen Teil (der eine Woche lang erscheint), der die Überschrift „Fraktionen innerhalb des Armenischen Patriarchates" („*Ermeni Patrikhanesi İhtilafı*") trägt. Damit soll „die türkische Presse über die inneren Befindlichkeiten des Konfliktes unterrichtet werden".[1001] Die türkische Presse hingegen beginnt wiederum damit, Stellungnahme einzelner ArmenierInnen zu veröffentlichen, die somit mehr oder weniger zu VertreterInnen der Gemeinde gemacht werden. Die *Marmara* berichtet, dass die *Tasvir* einen langen Beitrag mit Aussagen von Erzbischof Arslanyan und einem gewissen Hagop Chnaryan veröffentlicht hat, der Mitglied der (zu diesem Zeitpunkt nicht mehr existierenden) Nationalversammlung gewesen sein soll. Chnaryan meint, dass Arslanyan weiterhin gegenüber dem türkischen Staat loyal sei, auch wenn er in Adana und in Beirut wegen seiner protürkischen Haltung bedroht worden wäre.[1002] Ein anderer armenischer Zeuge, Misak Bey aus Hatay, bestätigt die Aussagen und spezifiziert, dass Arslanyan vonseiten der Armenischen Revolutionären Föderation (ARF) bedroht worden wäre; außerdem fügt er an, dass alle ArmenierInnen in Europa gegen ihn wären.[1003] Misak Bey bezieht sich auf die ARF, auf die ArmenierInnen in Beirut und diejenigen in Europa (dabei sind dies keine objektiven Kategorien, denn es handelt sich um Referenzen auf den Diskurs der antiarmenischen Kampagnen) und versucht auf diese Weise nicht nur, den Ruf von Arslanyan zu korrigieren, sondern deutet auch eine Kluft zwischen „guten" und „schlechten" ArmenierInnen an. In diesem Sinne ist Misak Bey als Armenier aus Hatay ein „guter" Armenier, und dies gilt auch für Hagop Chnaryan; die ARF hingegen und andere gehören zu den „schlechten". Der Versuch, die Position eines Locum tenens dadurch zu sichern, dass er in der äußerst antiarmenischen Zeitung *Tasvir* seine protürkische Einstellung bekräftigt und sich einer Sprache bedient, die das armenische Katholikat von Kilikien in Beirut an den Rand drängt, verortet die Krise ganz klar in den antiarmenischen Diskurs.

Im April 1949 berichtet die *Marmara* über die Erwähnung des Obersten Archimandriten Bahtiyaryan als Locum tenens während der Sonntagsmesse in der armenischen Kirche von Gedikpaşa. Der Artikel erläutert, dass in der armenischen

---

**1000** Azadyan, *Lipananean Husher*, S. 164.
**1001** *Marmara*, 14. April 1949, Nr. 1823.
**1002** Ebenda.
**1003** Ebenda.

Tradition nie zuvor Locum tenentes erwähnt wurden, doch wäre der Name des verstorbenen Patriarchen bis zur Wahl seines Nachfolgers stets genannt worden.[1004] Die *Nor Lur*, der nicht viel daran liegt, über interne Vorgänge der Kirchen zu berichten, schreibt jedoch über heikle Vorfälle, die sich unter anderem in den Kirchen von Beşiktaş, Feriköy und Kadıköy abgespielt haben.[1005] Die Geschehnisse, zu denen es während des Ostergottesdienstes in der Kirche des Patriarchates kommt, machen deutlich, wie ernst die Lage ist. Laut der *Nor Lur* hat die EinzeltreuhänderIn der Kirche in Kumkapı den selbst ernannten Locum tenens Bahtiyaryan dazu eingeladen, die religiösen Zeremonien an Ostern vorzunehmen.[1006] Azadyan berichtet, dass am 17. April, als Arslanyan dem Ostergottesdienst beizuwohnen sucht, dieser dem Obersten Archimandriten Bahtiyaryan und einer Gruppe von AnhängerInnen gegenübersteht, die in der Nacht zuvor in die Kirche eingedrungen sind, um die Messe durchzuführen.[1007] Die *Marmara* meldet, dass Bahtiyaryan den zeremoniellen Handlungen vorsitzt; Erzbischof Arslanyan hingegen hat nicht in die Hauptkirche des Patriarchates eintreten können.[1008] Der *Marmara* zufolge nehmen etwa 3000 Menschen am Ostergottesdienst teil.[1009] Auch wenn diese Zahl übertrieben sein mag, so vermittelt sie dennoch einen Eindruck über den öffentlichen Widerhall – oder auch die Unterstützung der oppositionellen Geistlichen. Des Weiteren wird in der *Marmara* über verschiedene Vorkommnisse am Ostersonntag berichtet. So gibt es beispielsweise auf dem Friedhof von Bakırköy einen Streit zwischen Priestern, von denen die einen für Arslanyan und die anderen für Bahtiyaryan sind. Auch hier greift die Polizei ein.[1010] Am 21. April gibt Bahtiyaryan bekannt, dass der Sitz in der Hauptkirche von Kumkapı ihm gehören würde:[1011] Beide Locum tenentes – der eine also vom Staat anerkannt, der andere nicht – stehen sich also – nicht nur im übertragenen Sinne – in derselben Straße gegenüber. Wiederum laut einem Artikel in der *Marmara* fordert Arslanyan die Polizei auf, Bahtiyaryan aus der Kirche zu entfernen, doch diese geht hierauf nicht ein und zieht sich hinter dem Argument zurück, der türkische Staat sei säkular.[1012] Auch wenn die Wahrhaftigkeit dieser Dialoge nicht bestätigt werden kann, so hat es offenbar am Ostersonntag eine

1004 *Marmara*, 5. April 1949, Nr. 1814.
1005 *Nor Lur*, 12. April 1949, Nr. 435.
1006 *Nor Lur*, 7. Mai 1949, Nr. 442.
1007 Azadyan, *Lipananean Husher*, S. 165.
1008 *Marmara*, 19. April 1949, Nr. 1827.
1009 Ebenda.
1010 Ebenda.
1011 *Marmara*, 21. April 1949, Nr. 1829.
1012 Ebenda.

Konfrontation gegeben. Auch Toros Azadyan bestätigt, dass Erzbischof Arslanyan die Hauptkirche nicht durch das Patriarchat habe betreten können.[1013]

Anfang Mai erscheint in der *Baikar*, einer armenischen Zeitung aus Boston, die der Partei der Ramgavaren verbunden ist, ein Kommentar zur Lage in Istanbul. Darin wird die Haltung der *Marmara* verurteilt.[1014] Fünf EinzeltreuhänderInnen aus fünf lokalen Gemeinden fordern Arslanyan vor seinem Haus zum Rücktritt auf.[1015] Der Gouverneur von Istanbul, Lütfü Kırdar, trifft sich sowohl mit dem Locum tenens als auch mit den oppositionellen Gruppen; er kündigt an, dass die Patriarchenwahl in Kürze stattfinden würde.[1016] Nach dem Treffen mit Arslanyan am 7. Mai 1949 berichtet die *Jamanak*, dass der Gouverneur die Vorbereitung „eines juristischen Rahmens entsprechend den derzeitigen Erfordernissen" gefordert hätte, damit der Prozess der Patriarchenwahl weitergehen könnte.[1017] Es ist nicht klar, über welche Art von juristischem Rahmen verhandelt worden ist. Am 11. Mai veröffentlicht die *Marmara* einen seltsam anmutenden Bericht zu dem Treffen des Gouverneurs mit der Gruppe Bahtiyaryans: Der Artikel ist im Passiv verfasst und lässt die gesamte Krise als durch die berechtigte Intervention des Gouverneurs oder des Staates gelöst erscheinen.[1018] Am 16. Mai berichtet die *Marmara* über ein zweistündiges Treffen im Büro des Gouverneurs, an dem auch der Chefredakteur der *Jamanak* teilnimmt. Der Gouverneur ist sich der Art des Konfliktes bewusst und kennt auch die beiden Lager. Ein Telegramm vom Katholikat von Ējmiacin vom 18. Mai wird am 20. Mai in der *Marmara* und in der *Nor Lur* als Faksimile abgedruckt, wobei sich die Darstellung der beiden Zeitungen auffällig unterscheidet. Die *Nor Lur* veröffentlicht die Nachricht ganzseitig auf der Titelseite zusammen mit einem Foto des Katholikos Kevork VI. Hier stimmt Kevork VI. der Suspendierung zu und verweigert Bahtiyaryan die Anerkennung als Locum tenens.[1019] Der Brief hat verschiedene Auswirkungen; so berichtet die *Marmara* anschließend über die Krise deutlich zurückhaltender. Doch hat sich die Krise schon weit verbreitet, und ein Schreiben aus Ējmiacin reicht nicht dafür aus, den Riss zu kitten, der sich in den vergangenen fünf Jahren aufgetan hat. Die Kirchen sind zu Orten der Auseinandersetzung zwischen den beiden Lagern

---

1013 Azadyan, *Lipananean Husher*, S. 165.
1014 *Nor Lur*, 7. Mai 1949, Nr. 442.
1015 *Nor Lur*, 10. Mai 1949, Nr. 443.
1016 *Marmara*, 7. Mai 1949, Nr. 1845; 8. Mai 1949, Nr. 1846; 9. Mai 1949, Nr. 1847.
1017 *Deghegakir Ēnthanur Zhoghovoy K'nnich'*, S. 56.
1018 *Marmara*, 11. Mai 1949, Nr. 1849.
1019 *Marmara*, 20. Mai 1949, Nr. 1858, und *Nor Lur* (20. Mai 1949). Diese Ausgabe der *Nor Lur* trug weder ein Datum noch eine Nummer. Ich habe das Datum anhand ihrer Erscheinungshäufigkeit erschlossen.

verkommen. Das Osterfest, Beerdigungen oder auch gewöhnliche Sonntagsgottesdienste bieten zahlreiche Gelegenheiten, damit sich Spannungen innerhalb der Gemeinde entladen können. Ein sozialer Aspekt des Konfliktes lässt sich in der Pressemitteilung des Koghtan-Chores erkennen, des Chores der armenischen Hauptkirche von Istanbul. Darin wird „im Namen der Majorität der ArmenierInnen in Kumkapı" von der Unzufriedenheit wegen der ungelösten Frage der Suspendierungen gesprochen, und der Chor kündigt an, sich im Falle weiterer willkürlicher Entscheidungen des Erzbischofs zu weigern, aufzutreten.[1020] Eine ähnliche Situation gibt es in Gedikpaşa, wo sich sechs Chöre anlässlich einer Messe für den verstorbenen Priester Hosrov zusammentun. Obwohl Arslanyan den vereinten Chören untersagt, an der Messe teilzunehmen, da sich die Bestattung von Hosrov zu einer Schlacht entwickelt hat, findet die Zeremonie unter Beteiligung aller sechs Chöre statt.[1021]

Die Position der Verwaltung wird in den Diskussionen über die Angelegenheiten der Kirche zu einem Kuriosum. Denn in den Zeitungen wird gelegentlich „die Verwaltung" erwähnt, jedoch gibt es weder Zitate noch Stellungnahmen. In der ersten Juli-Woche bereiten die Zeitungen die Leserschaft und die Gemeinde auf die anstehende Patriarchenwahl vor, obwohl weiterhin nicht klar ist, in welcher Form und wann diese stattfinden würde.[1022] Die Vorbereitungen gehen auf die Eingaben der oppositionellen Geistlichen beim Büro des Gouverneurs zurück, die um Erlaubnis dafür gebeten haben, den Wahlprozess in Gang setzen zu dürfen. Der Gouverneur von Istanbul ließ daraufhin mitteilen, dass sein Büro sich nicht in den Konflikt einmischen würde,[1023] was von den oppositionellen Geistlichen als Erlaubnis verstanden wurde. Jedoch berichtet die *Marmara* mit Verweis auf ein Zitat aus der *Jamanak*, dass einige Leute die armenischen Juwelierläden im Gedeckten Basar aufgesucht und nach Spenden für die Kirchen gefragt hätten, denen wegen des Konfliktes mit dem Patriarchat die Gelder gestrichen worden sind. In diesem Zusammenhang hätte es einen Streit mit einem gewissen Davud Şükrü gegeben, bei dem die armenischen Juweliere und die Polizei eingreifen mussten.[1024] Auch die *Nor Lur* berichtet über ähnliche Auseinandersetzungen in der Kirche und anderswo; und auch dieser Davud Şükrü sowie die Geldsammlung werden angeführt, jedoch ohne Erwähnung des Streites und der polizeilichen Intervention.[1025]

---

**1020** *Marmara*, 18. Juni 1949, Nr. 1887.
**1021** *Marmara*, 19. Juni 1949, Nr. 1888.
**1022** *Nor Lur*, 12. Juli 1949, Nr. 461.
**1023** *Deghegakir Ěnthanur Zhoghovoy K'nnich'*, S. 59.
**1024** *Marmara*, 9. Juli 1949, Nr. 1908.
**1025** *Nor Lur*, 16. Juli 1949, Nr. 462.

Das eigentliche Problem ist jedoch, dass die rechtliche Struktur der Gemeinschaft 1934 aufgehoben worden war, indem wegen des staatlich erzwungenen Säkularismus der Patriarch die soziale und säkulare Rolle eines Oberhauptes der armenischen *Millet* verloren hatte und ihm ausschließlich die Rolle der religiösen Führerschaft geblieben war.[1026] Zur Legitimierung dieser neuen Form der Existenz gab sich die damalige Verwaltung einen neuen Briefkopf und einen neuen Stempel.[1027] Somit war eine De-facto-Verwaltung gebildet worden, die bis zur Einführung des Einzeltreuhänder-Systems an der Macht blieb. Als all dies stattfand, hatte die Nationalversammlung mehr als 50 Mitglieder, von denen einige eine Satzung ähnlich der *Nizâmnâme* erarbeitet und mit Rückendeckung durch die restliche Verwaltung dem Gouverneur vorgestellt haben.[1028] Nach einem in der *Nor Lur* veröffentlichten Artikel kam dies einem „Aufgeben" gleich.[1029] Meinem Verständnis nach wollte der Verfasser Datevatsi auf ein Problem hinweisen, das bis zum heutigen Tag eine große Rolle spielt. Es fanden zwei parallele Prozesse statt: Zum einen wurde die Autorität des Patriarchen auf die religiöse Sphäre begrenzt, was den Einfluss und die Kooperation der gewählten Körperschaften (die aus LaiInnen bestanden) bei der Entscheidungsfindung zu religiösen Fragen aushöhlte. Zum anderen gab es, wie ich es zahlreichen Artikeln entnehmen konnte, eine staatliche Intervention, indem die Einladung zu den Treffen der Nationalversammlung behindert wurde.

Daher war die Nationalversammlung trotz ihres Bestehens nicht funktional – sie hing in ihrer Grundlage und in der Wahrnehmung ihrer Aufgaben von einer Erlaubnis der Regierung ab.[1030] Nach der erzwungenen Ausreise von Patriarch Zaven Der Yeghiayan im Jahr 1922 wurde Erzbischof Kevork Arslanyan der Locum tenens bis zur Wahl 1927. Varujan Köseyan hält in seinem Buch zum Armenischen Krankenhaus fest, dass Arslanyan die Gefahr eines fehlenden Zivil-Politischen Rates erkannte und die Mitglieder der Nationalversammlung einberief, die sich noch in Istanbul befanden; diese stimmten dann für die Bildung eines Zivil-Politischen Rates unter dem Vorsitz von Artur Maghakyan.[1031] Maghakyan verwendet seine gesamte Anstrengung darauf, das administrative System der Gemeinde wieder zum Funktionieren zu bringen; 1927 wurden ein neuer Zivil-Politischer Rat gewählt und die Patriarchenwahl durchgeführt.[1032] Sowohl die Aussagen von

---

**1026** Azadyan, *Lipananean Husher*, S. 133.
**1027** *Nor Lur*, 30. Juli 1949, Nr. 466.
**1028** Ebenda.
**1029** Ebenda.
**1030** Ebenda sowie Köseyan, *Hushamadean*, S. 189.
**1031** Köseyan, *Hushamadean*, S. 156.
**1032** Ebenda.

Köseyan als auch die Texte aus der *Nor Lur* verdeutlichen, welch eine Herausforderung es darstellte, eine Genehmigung zur Durchführung eines Treffens der
Nationalversammlung zu erhalten; und ohne ein solches Treffen hätten sich die
weiteren Schritte nicht anschließen können. Dasselbe Problem – also der Erhalt
einer Regierungsgenehmigung zur Durchführung der Wahlen – ergibt sich 1949
erneut. Die oppositionellen Geistlichen erbitten beim Gouverneur eine Genehmigung Anfang Juni.[1033] Ich konnte zwar nicht das eigentliche Dokument mit der
Genehmigung ermitteln, aber laut der *Marmara* ist davon auszugehen, dass die
Regierung dem Ausschuss die Genehmigung erteilte, die Patriarchenwahl vorzubereiten.[1034] Jedoch übersendet am 15. Juni Arslanyan Premierminister Şemseddin Günaltay ein Schreiben und erbittet von diesem die Genehmigung zur
Wiedereinsetzung der Nationalversammlung.[1035] Wegen der Entwicklungen in
Istanbul bittet das Katholikat in Ējmiacin das Katholikat von Kilikien in Antelias,
sich der Krisensituation anzunehmen.[1036] Währenddessen ist die *Marmara* mit
Begeisterung dabei, ihre Leserschaft auf die Patriarchenwahl einzustimmen, die
also offensichtlich eine Angelegenheit ist, welche von der Opposition betrieben
wird. Sowohl die Regierung als auch das Patriarchat versuchen also, hiergegen zu
intervenieren.

Der Bericht des Untersuchungsausschusses der Nationalversammlung enthält ebenfalls das Protokoll des Treffens vom 26. Juli 1949,[1037] das Erzbischof
Arslanyan angefertigt hat, unter dessen Vorsitz das Treffen auch stattfand.[1038]
Diesem Protokoll zufolge hat Arslanyan gemeinsam mit Toros Azadyan, Mardiros
Koç (dem Chefredakteur der *Jamanak*) und zwei weiteren Personen Premierminister Şemseddin Günaltay in seinem Haus in Erenköy gesprochen.[1039] Günaltay
wurde über den Konflikt informiert, und daraufhin erklärte er seinen Willen, in
den unrechtmäßigen Prozess einzugreifen und dem Patriarchat eine Antwort
zukommen zu lassen.[1040] Im Anschluss an das Gespräch mit Günaltay wurde die
Genehmigung, die Nationalversammlung zu organisieren, zurückgezogen; stattdessen wurde der Großen Nationalversammlung der Türkei ein Dokument zur

---

1033 *Marmara*, 15. Juli 1949, Nr. 1914.
1034 Ebenda.
1035 Ebenda. Vergleiche auch Azadyan, *Lipananean Husher*, S. 171.
1036 *Nor Lur*, 6. August 1949, Nr. 468, *Marmara*, 17. Juli 1949, Nr. 1916, und Yeghiayan, *Jamanagagits‘*, S. 620.
1037 Azadyan, *Lipananean Husher*, S. 182. In diesem Buch wird als Datum der 25. Juli 1949 genannt.
1038 *Deghegakir Ēnthanur Zhoghovoy K‘nnich‘*, S. 61.
1039 Ebenda.
1040 Ebenda.

Administration der ArmenierInnen in der Türkei vorgestellt. In diesem Dokument heißt es, dass der Patriarch nur eine geistliche Aufgabe hätte und ihm deswegen nicht zustünde, die Gemeinde zu repräsentieren. Auch könnte nur die Geistlichkeit den Patriarchen wählen, LaiInnen hätten keinerlei Rechte, in diesen Prozess einzugreifen.[1041] Mit diesen Feststellungen wurde erneut versucht, die einschlägigen Regelungen der *Nizâmnâme* zur Patriarchenwahl aufzuheben, denn der Patriarch muss von den zivilen Repräsentanten gewählt werden. Das Protokoll hält fest, dass eine Delegation Präsident İnönü aufgesucht hat, um ihm den säkularen Charakter der armenischen Satzung darzulegen. Der Vorschlag wurde vor seiner Ratifizierung zurückgezogen.[1042] Indes organisiert die Gruppe um Bahtiyaryan ein Treffen am 18. Juli, obwohl dies durch Arslanyan vollkommen untersagt worden ist. Bei dem Treffen wird eine Liste mit sechs Kandidaten für das Amt des Patriarchen erstellt.[1043] Die *Marmara* veröffentlicht die Liste möglicher Mitglieder der Nationalversammlung: Davon sind 22 – einschließlich des Chefredakteurs der *Nor Lur*, Vahan Toşikyan[1044] – bereits Mitglieder der früheren Nationalversammlung, während sich 71 Personen als KandidatInnen gemeldet haben, sodass eine Wahl ermöglicht wird.

## 4.4 Die Intervention des Katholikos

Am 29. Juli übermittelt der Katholikos Kevork VI. vom Heiligen Ējmiacin dem Armenischen Patriarchat in Istanbul eine Untersuchungsanfrage. Er fordert das Patriarchat auf, Gesandte nach Antelias zu schicken, damit das Problem gelöst werde.[1045] So lädt Karekin I., der Katholikos von Kilikien, beide Konfliktparteien nach Antelias ein, wie von Kevork VI. angeordnet war.[1046] Am 1. und am 6. August veröffentlicht die *Marmara* beide Schreiben als Faksimile.[1047] Am 6. August publiziert die *Nor Lur*[1048] eine Nachricht von Kevork VI., in der er alle Gremien, ob ziviler Art oder religiöser, für aufgelöst erklärt.[1049] Doch keine dieser Entwicklungen bringt den Kirchen eine Form von Friede; die Zeitungen sind weiterhin

---

1041 Ebenda.
1042 Ebenda, S. 62.
1043 Ebenda, S. 177.
1044 *Marmara*, 24. Juli 1949, Nr. 1924.
1045 Azadyan, *Lipananean Husher*, S. 184.
1046 Ebenda, S. 184.
1047 *Marmara*, 1. August 1949, Nr. 1931, und 6. August 1949, Nr. 1936.
1048 *Nor Lur*, 6. August 1949, Nr. 468.
1049 Azadyan, *Lipananean Husher*, S. 185.

gefüllt mit Meldungen über Streitigkeiten, Auseinandersetzungen und polizeiliches Einschreiten.

Am 8. August schreibt Hayganuş Mark, die regelmäßig Beiträge für die *Nor Lur* verfasst und die Frau von deren Chefredakteur Vahan Toşikyan ist, einen Brief an ihren Kollegen Avedik Isahakyan, der in Armenien ein gefeierter Schriftsteller ist. Sie bittet ihn, mit dem Katholikos zu reden, ihm die Ernsthaftigkeit der Lage zu schildern und auf diese Weise dabei zu helfen, wieder Friede in die Kirchen zu bringen:[1050]

> Leider haben sich einige argwöhnische LaiInnen mit klarer Unterstützung einer bestimmten Zeitung sowie einige, die wirklich bösen Willens sind, zu einer Opposition zusammengeschlossen und nehmen keinerlei Rücksicht darauf, dass Seine Heiligkeit über die Suspendierung entschieden hat. [...] Man hat heute den Eindruck, dass die Kirche zu einer Theaterbühne [oder, T. S.] zu einem Schlachtfeld geworden ist: Sie ignorieren alle [...] Anordnungen und Maßnahmen. Brüder ergreifen die Waffen gegeneinander, als wenn in ihren Adern nicht dasselbe armenische Blut flösse.[1051]

Bereits am 15. August sind vier Vertreter der Oppositionsgruppe in Antelias angekommen; der Locum tenens jedoch weigert sich, Repräsentanten zu schicken. Stattdessen übermittelt er einen 31-seitigen Bericht über die Krise.[1052] Als der Katholikos insistiert, reist gerade einmal eine Person, Toros Azadyan, als Repräsentant von Erzbischof Arslanyan nach Antelias, wo er am 9. September eintrifft.[1053] Sowohl Puzant Yeghiayan als auch Toros Azadyan beschreiben die Situation als die einer Gerichtsverhandlung. Das Protokoll dieser Verhandlung, bei der beide Seiten nach separaten Treffen mit dem Katholikos Karekin I. am 22. September zusammenkommen, ist in Azadyans Buch *Lipananean Husher* zu finden.[1054] Die Entscheidung wird am 24. September 1949 Ējmiacin mitgeteilt.[1055] In einem Schreiben nach Ējmiacin bittet Katholikos Karekin I. Kevork VI. darum, die suspendierten Geistlichen wieder in Dienst setzen zu dürfen, wobei er ihnen zum einen untersagen würde, sich an der anstehenden Patriarchenwahl zu beteiligen, und zum anderen verböte, den Locum tenens Kevork Arslanyan aufzufordern, bei der Patriarchenwahl nicht zu kandidieren.[1056] Am selben Tag veröffentlicht die *Marmara* einen Brief des Leiters der Generaldirektion der frommen

---

**1050** Pehputyan, *Vaverakrer Hay Yegeghets'u*, S. 518.
**1051** Ebenda.
**1052** *Nor Lur*, 3. September 1949, Nr. 476; vergleiche auch Yeghiayan, *Jamanagagits'*, S. 621.
**1053** Ebenda.
**1054** Azadyan, *Lipananean Husher*, S. 189–199.
**1055** Yeghiayan, *Jamanagagits'*, S. 622.
**1056** Akte 54/3, Katholikos Karekin I., Kopien der versandten Briefe, Nr. 41, in ebenda., S. 622.

Stiftungen für den Bereich Beyoğlu, der in ungewöhnlich formalem Stil verfasst ist. Darin teilt er mit, dass Priester Husig am 22. August 1949 auf Forderung des Patriarchates entlassen worden wäre.[1057] Die türkischen Zeitungen verfolgen das Thema aufmerksam. Auch das Treffen in Beirut bleibt ihnen nicht verborgen: Die *Son Telgraf* berichtet über die Aufhebung der Suspendierungen, und die *Cumhuriyet* gibt sich eher misstrauisch, was das Ergebnis des Beiruter Treffens betrifft.[1058] Dennoch bleibt die Entscheidung des Katholikos von Kilikien einige Zeit lang vertraulich und ist in Istanbul auch im August 1950 noch nicht bekannt – eine Situation, die von der *Marmara* stark kritisiert wird.[1059]

Mit der Aufsagung des Einzeltreuhänder-Systems zum Ende Oktober 1949 beginnen die lokalen Gemeinden, sich auf die Wahlen für die Stiftungsverwaltungen vorzubereiten. Auch diese Wahlen bilden einen Teil der Krise um die Patriarchenwahl, denn auch die Gemeinden vor Ort sind in die BefürworterInnen von Arslanyan und dessen GegnerInnen gespalten. Einerseits ist die Wiedereinführung des Wahlsystems sehr willkommen, andererseits eröffnen sich hierdurch im Zusammenhang der Krise um die Patriarchenwahl neue Konflikträume. Als der Wahlaufruf durch die Zentralverwaltung ergeht, der von Vartan Akgül und Levon Papazyan unterzeichnet ist, ergibt sich eine weitere Diskussion – nämlich darüber, ob die Zentralverwaltung überhaupt berechtigt wäre, einen solchen Wahlaufruf zu erlassen.[1060] Laut dem Arslanyan-Lager sei die Zentralverwaltung nicht mehr an der Macht und habe deswegen keinerlei Rechte, zur Wahl aufzurufen;[1061] dem wird entgegengehalten, dass die Zentralverwaltung niemals zurückgetreten sei und deshalb auch weiterhin die entsprechenden Befugnisse besitze. Das Argument der Ersteren beruht darauf, dass die Zentralverwaltung während der Amtszeit von Patriarch Naroyan abgeschafft worden sei. So, wie es seitdem keine Nationalversammlung gegeben habe, so habe es auch keine Zentralverwaltung gegeben. Für die BefürworterInnen von Arslanyan könnte es deswegen keine rechtmäßige Art der Gemeindeadministration geben. Allerdings reagieren viele lokale Gemeinden positiv auf den Aufruf. Auf administrativer Ebene ist das Fehlen der Nationalversammlung tatsächlich ein Problem, das die Gemeinde als Ganzes beeinträchtigt; so kann beispielsweise keine Administration für das Krankenhaus Surp P'rgich' benannt werden. Eigentlich hätte die Krankenhausadministration nach den Wahlen alle zwei Jahre verändert werden müssen, doch 1950 ist wegen der nicht vorhandenen Nationalversammlung – zum ersten Male in der Ge-

---

**1057** *Marmara*, 24. September 1949, Nr. 1985.
**1058** *Marmara*, 29. September 1949, Nr. 1990.
**1059** *Marmara*, 3. August 1950, Nr. 2295.
**1060** *Marmara*, 17. Oktober 1949, Nr. 2008.
**1061** *Nor Lur*, 5. November 1949, Nr. 494.

schichte des Krankenhauses – eine Verwaltung bereits seit 16 Jahren im Dienst. Deswegen lädt die Administration neue KandidatInnen ein, um so die vorherrschende Lage lösen zu können.[1062]

Ende 1949 beginnen Gemeinden vor Ort, Wahlen für die Administrationen ihrer jeweiligen Stiftungen vorzubereiten. Das Wahlvorhaben ist das reine Chaos. In Beyoğlu, Feriköy und Gedikpaşa gibt es vielschichtige Probleme: So hat beispielsweise in Beyoğlu nicht allein eine Administration das Recht zur Vorbereitung der Wahl; eine von denen ist mittels des Einzeltreuhänder-Systems durch die Regierung autorisiert, die andere hatte hingegen die Verwaltung schon vor dem Einzeltreuhänder-System inne und organisiert nun die Wahlen unter der Annahme, dass sie das Recht dazu habe, weil sie nie zurückgetreten ist. Die Konflikte lassen sich nicht lösen, und die Polizei muss zahlreiche Streitereien auflösen. Die Spannungen, die sich angestaut haben, weil in den vergangenen sechs Jahren keine Wahlen abgehalten werden konnten und die gemeindlichen Verwaltungsstrukturen zerschlagen sind, entladen sich in der Zeit der Wahlen dermaßen massiv, wie es in den vorangegangenen hundert Jahren nicht vorgekommen ist. Die KandidatInnen der Opposition gewinnen die lokalen Wahlen, was zu einer Beschleunigung des Prozesses bei der Patriarchenwahl führt.

Unter diesen soziopolitischen Bedingungen kommt am 23. November 1949 eine neue Zeitung heraus: Die *Paros* beginnt als Tageszeitung, wird jedoch nach einiger Zeit auf wöchentliches Erscheinen umgestellt. In der ersten Ausgabe hält Chefredakteur Takvor Acun (1894–1976) fest, dass der Grund für die Herausgabe einer weiteren Zeitung die durch das Vorhandensein zweier Tageszeitungen – *Marmara* und *Jamanak* – geschaffene und befeuerte Polarisierung sei. Im Gegensatz dazu will die *Paros* unvoreingenommen über die gesamte Krise berichten.[1063] Zeigt das Aufkommen einer neuen Zeitung unter solchen sozial und politisch chaotischen Umständen zwar einerseits die Tiefe des Risses, der die Gemeinde durchzieht, so spiegelt sich andererseits in ihr auch die anhaltende Dynamik der Gesellschaft. In der ersten Ausgabe heißt es in der *Paros:* „Wir müssen aufrichtig zugeben, dass wir Arslanyan nicht mögen und nicht mögen können, und wir hassen unter anderem auch Bahtiyaryan und Şigaher, weil wir sie sehr gut kennen."[1064] Wie ich bereits in diesem Werk erwähnt habe, so dia-

---

**1062** Köseyan, *Hushamadean*, S. 180. Der Leiter des Armenischen Krankenhauses Surp P'rgich', Dr. Peştimalcıyan, behielt sein Amt bis weit über das Jahr 1950 hinaus. Als er 1951 offiziell versuchte, zurückzutreten, wurde dies vom Patriarchen nicht angenommen; er war auch 1961 noch im Amt. Vergleiche Hrant Peştimalcıyan, *Hrabaragayin Niwt'agan Ew Paroyagan Hamaraduut'iwn, 1933–1949* (Istanbul: Varol Matbaası, 1961).
**1063** *Paros*, 23. November 1949, Nr. 1.
**1064** Ebenda.

gnostiziert die *Paros*, dass die bestehende Krise das Ergebnis eines Prozesses war, der 1923 begann, nämlich als man der Souveränität über die gemeindlichen Angelegenheiten verlustig ging.

Varujan Köseyans Bericht über die Krisenjahre bestätigt, dass auch die dem Patriarchat gegenüberliegende Hauptkirche und sogar das Patriarchat selbst zu Kampfplätzen geworden sind. Köseyan berichtete mir, dass die GegenspielerInnen von Erzbischof Arslanyan diesen daran hinderten, die Kirche auch nur zu betreten. Der offizielle Bericht des Untersuchungsausschusses hielt ebenfalls fest, dass das Patriarchat meist verwaist war, da der Locum tenens sein Büro nicht regelmäßig aufsuchte; 1949 war das Patriarchat eine Zeitlang sogar gänzlich geschlossen und sogar besonders geschützt, weil Versuche einer Besetzung befürchtet wurden.[1065]

Am 28. Januar 1950 fordert die Administration zusammen mit 18 Mitgliedern der Nationalversammlung den Locum tenens auf, sich von seinem Amt zurückzuziehen. Das entsprechende Schreiben wird auch an den Premierminister gesandt.[1066] Erzbischof Arslanyan und sein Beirat entscheiden, nach Ankara zu fahren und dort die Gründe der Unrechtmäßigkeit der Administration zu darzulegen.[1067]

Im Februar 1950 gibt Kevork VI. eine Order heraus, mit der drei oppositionelle Geistliche[1068] suspendiert und weitere drei[1069] vom Gottesdienst in der armenischen Kirche ausgeschlossen werden.[1070] Die am schärfsten formulierte Passage des dreiseitigen Schreibens betrifft die Erklärungen von Bahtiyaryan in der *Yeni Sabah*, woraus Folgendes wörtlich zitiert wird:

> Alle unsere Handlungen bleiben im Rahmen des Rechtmäßigen. Die Regierung kennt jeden der von uns vorgenommenen Schritte. Wir informieren die Regierung regelmäßig über unser Handeln. Es ist nicht zutreffend, dass wir von Jerewan bestraft wurden, aber auch, wenn dies der Fall wäre, hätten wir dies nicht beachtet. Es ist eine Lüge, dass wir an Jerewan appelliert und keine Antwort erhalten hätten. Ein Appell in Richtung Jerewan bedeutete das Ignorieren der türkischen Regierung. Etwas derart Schlimmes würden wir nicht tun.[1071]

---

**1065** *Deghegakir Ěnthanur Zhoghovoy K'nnich'*, S. 39, und Suciyan, „Ermeniler Varujan Köseyan'a"; in: Agos, 29. April 2011, Nr. 786; vergleiche auch azadalik.wordpress.com/2011/05/07/ermeniler-varujan-koseyana-tarihlerini-borcludur/ (abgerufen am 7. Februar 2020).
**1066** *Deghegakir Ěnthanur Zhoghovoy K'nnich'*, S. 65.
**1067** Ebenda.
**1068** Zarmayr Geziwryan, Apraham Ebeyan, Serope Burmayants'.
**1069** Hmayag Bahtiyaryan, Tovma Shigaher, Sahak Papazyan.
**1070** Pehputyan, *Vaverakrer Hay Yegeghets'u*, S. 567.
**1071** Ebenda., S. 566, und Azadyan, *Lipananean Husher*, S. 140.

Es versteht sich von selbst, dass eine solche Aussage Ējmiacin besonders stark verärgert hat. In einem Schreiben ebenfalls vom Februar 1950 erklärt Kevork VI., dass er Karekins Schlussfolgerung erhalten habe, doch nichts darüber wisse, was dieser zugrunde liegt, und deshalb könnte er keine abschließende Entscheidung treffen.[1072]

Im Juni 1950 korrespondiert Kevork VI. mit Hrach'ya Grigoryan, dem Vorsitzenden des Komitees für Angelegenheiten der armenischen Kirche beim Ministerrat von Sowjetarmenien (1948 – 1957), und bittet um die Erlaubnis, „seine Entscheidung über die Bestrafung der oppositionellen Geistlichen zu übersenden, um Frieden zu bringen und die janusköpfige Politik des türkischen Staates zu beenden".[1073] Dieses Schreiben zeigt, dass es nicht nur eine strenge Postzensur gab, sondern allein das Übersenden von Post einer Genehmigung bedurfte.

Interessanterweise hat weder die Entscheidung des Katholikos von Kilikien noch das Telegramm von Katholikos Kevork VI. an Präsident Celal Bayar vom 2. August 1950 in der armenischen Presse Istanbuls Platz gefunden. Allerdings erscheint der Gesamttext des Telegramms in der Diaspora-Presse. So veröffentlicht ihn beispielsweise die Zeitung *Zartonk* aus Beirut am 12. November 1950, was wiederum zu einem Nachdruck in der Monatsschrift *Hasg* des Katholikates von Kilikien führte:

> Das historische Telegramm Seiner Heiligkeit, des Patriarchen Kevork VI., Katholikos aller ArmenierInnen, an den Präsidenten der Republik Türkei, Celal Bayar, zur Wahl des Armenischen Patriarchen der Türkei.
>
> An den Präsidenten der Republik Türkei, Ankara
>
> Sehr geehrter Herr Präsident,
>
> die vom Gouverneur von Istanbul ausgestellte Weisung zur Wahl des Patriarchen von Istanbul verstößt nicht nur gegen kanonische Gesetze und die historisch gestifteten Rechte der Armenischen Kirche, sondern läuft auch der Satzung von 1862 zuwider, der die türkische Regierung zugestimmt hat und die durch Brauch in Kraft blieb. Gleichzeitig stellt diese Anordnung eine unhinnehmbare Einmischung in die inneren Angelegenheiten der Armenischen Kirche dar. Aus diesem Grunde protestieren wir als Oberhaupt der vereinten Armenischen Apostolischen Kirche entschieden gegen die vorgenannten Maßnahmen des Gouverneurs von Istanbul *und hoffen, dass Ihr freundlicherweise den Befehl des Gouverneurs zur Wahl aufhebt und damit Anweisung erteilt, dass die Wahlen entsprechend den Regeln der Satzung der Armenischen Kirche abgehalten werden, die mit Genehmigung der Regierung die Grundlage der Wahl von Patriarch Mesrob Naroyan im Jahr 1927 bildeten*, und zu deren Beachtung Eure Regierung den Locum tenens des Patriarchen, Erzbischof Arslanyan, auch bei den folgenden Wahlen aufgefordert hat. Anderenfalls werden wir als Oberhaupt der ver-

---

**1072** Pehputyan, *Vaverakrer Hay Yegeghets'u*, S. 560.
**1073** Ebenda, S. 591–592.

einten Armenischen Kirche gezwungen sein, die Patriarchenwahl als unrechtmäßig zu bewerten und dem gewählten Patriarchen die Weihe zu versagen. [Kursivierung von mir – T. S.][1074]

Yeghiayan, der nur den kursivierten Teil zitiert, folgert, dass der Konflikt beigelegt ist und dass das Wahldatum nach diesem Telegramm für Dezember festgelegt wird.[1075] Ob das Telegramm des Katholikos von Ējmiacin an Präsident Bayar bei der Lösung des Konfliktes eine Rolle spielt, verbleibt unklar, auch wenn die *Hasg* eine kurze Meldung abdruckt, in der es heißt: „Mit größter Freude können wir berichten, dass auf die Forderung im Telegramm Seiner Heiligkeit des Patriarchen Kevork VI., des Katholikos aller ArmenierInnen, die türkische Regierung die Wahl des armenischen Patriarchen für die Türkei gemäß den Vorgaben der Satzung gestattet hat.“[1076] Indes diskutieren die armenischen Zeitungen die Entscheidung des Gouverneurs von Istanbul noch im Oktober 1950. Den Nachrichten und Artikeln entnehmen wir, da Bayar in diesen Texten nicht erwähnt wird, dass er gegen die Weisung des Gouverneurs nicht interveniert. Ende Oktober 1950 wirft die *Tebi Luys* in einer Überschrift (wobei sogar die übliche Gestaltung der Zeitung umgeworfen wird) die Frage auf: „Welche Bewandtnis hat es mit dem Befehl des Gouverneurs?“,[1077] und behauptet, dass die Weisung des Gouverneurs gleichzeitig gegen die Verfassung der Türkei, gegen die Satzung der Armenischen Nationalversammlung sowie gegen den Vertrag von Lausanne verstößt. Dem Leitartikel zufolge unterdrückt die Weisung des Gouverneurs, Prof. Fahrettin Kerim Gökay, vom 19. September 1950 (Weisung Nr. 11824) sowohl die Nationalversammlung als auch die Administration und lässt auf diese Weise keine Möglichkeit, die mutmaßliche Gestattung und die Voraussetzungen der armenischen *Nizâmnâme* hinsichtlich des Vorganges zur Patriarchenwahl in Einklang zu bringen.[1078]

Mitte November veröffentlicht die *Paros* die offizielle Ankündigung des Patriarchates, die unterzeichnet ist von Locum tenens Arslanyan. Darin ist das gesamte Verfahren der Patriarchenwahl beschrieben, nämlich dass eine Wahl der Nationalversammlung samt des Religiösen und des Zivil-Politischen Rates hätte stattfinden müssen, wobei beide jeweils aus 14 Personen zu bestehen hätten.[1079]

---

**1074** *Zartonk*, 12. November 1950. Ich danke Vartan Matiossian für den Hinweis auf diese Quelle und dafür, sie mir zugänglich gemacht zu haben.

**1075** *Hasg*, November 1950 (Beirut: Hradaragut'iwn Giligioy Gat'oghigosutean), S. 356, zitiert in: Yeghiayan, *Jamanagagits' Badmut'iwn Gat'oghigosut'ean Hayots'*, S. 622.

**1076** *Hasg*, November 1950, S. 356.

**1077** *Tebi Luys*, 28. Oktober 1950, Nr. 34.

**1078** Ebenda.

**1079** *Paros*, 14. November 1950, Nr. 64.

## 4.5 Die Durchführung der Wahl

Das Wahlverfahren beginnt am 2. Dezember 1950. Die Regierung gestattet der Gemeinde offenbar nur ein einziges Mal das Zusammentreten der Nationalversammlung zur Wahl des Patriarchen. Am 25. November haben 14.000 Menschen in den Gemeinden vor Ort ihre RepräsentantInnen gewählt, von denen 69 gegen und 15 für Arslanyan sind.[1080] Der offizielle Bericht des Untersuchungsausschusses der Nationalversammlung enthält auch einen interessanten nicht unterzeichneten Brief, der vom Armenischen Patriarchat gesendet worden zu sein scheint und auch dessen Adresse trägt. Das Schreiben ist gerichtet an Pater Haygazun Garabetyan, den Priester von Kayseri der gebeten wird, alles so zu organisieren, dass die Wahl umgangen und das Problem durch Ernennung gelöst wird. Er wird zudem angehalten, weitere Anweisungen abzuwarten.[1081] Auch wenn ich das Original des Schreibens nicht auffinden konnte und in der von mir wahrgenommenen Presse keine diesbezüglichen Nachrichten zu finden sind, ist dieses Dokument deswegen wichtig, weil es in die offiziellen Veröffentlichungen des Patriarchates aufgenommen wurde.

Die Protokolle der Zusammenkünfte der Nationalversammlung sind eine wertvolle historische Quelle, wenn es darum geht, die wichtigsten Konflikte innerhalb der Administration aufzudecken und die soziopolitische Situation der Gemeinde zur damaligen Zeit zu schildern. Gemäß der Anweisung des Locum tenens soll jede Kirche in Istanbul wie in den Provinzen zwei VertreterInnen wählen.[1082] Auf diese Weise werden die RepräsentantInnen aus Istanbul sowie aus Kayseri, Kırıkhan, Everek, İskenderun, Antakya-Vakıfköy, Diyarbakır (in den Kirchen S. Sarkis und S. Giragos gab es jeweils eine Wahlurne) und Ordu bestimmt. In einigen Provinzen sind als RepräsentantInnen nicht Personen aus den Gemeinden vor Ort, sondern aus Istanbul gewählt worden waren. Meiner Meinung nach ergibt sich aus den Protokollen der Nationalversammlung, dass es auch Wahlurnen in Gümüşhacıköy und Talas gab und dass die RepräsentantInnen vor Ort gewählt wurden. Auf dem Treffen der Nationalversammlung findet über diese beiden Orte eine Debatte statt (für die es Wahlurnen gab, aber keine Kirchen) sowie eine Erörterung der Frage, ob eine Wahl stattfinden kann, wenn es zwar eine Gemeinde, aber nicht eine Kirche gibt. Einige Mitglieder fordern, diese Stimmen nicht zu zählen, was also bedeuten würde, diese VertreterInnen abzulehnen. Zum

---

**1080** *Deghegakir Ěnthanur Zhoghovoy K'nnich'*, S. 85–86.
**1081** Ebenda.
**1082** *Bashdonagan Hradaragut'iwn Azkayin Badriark'arani: Adenakrut'iwn Azkayin Ěnthanur*, S. 3.

Ende der Diskussion wird abgestimmt, und diese beiden Wahlurnen werden mit 42 Stimmen und 38 Gegenstimmen für nichtig erklärt.[1083] Es werden insgesamt 99 RepräsentantInnen zur Nationalversammlung gewählt. Die Reden, die auf dem Treffen der Nationalversammlung gehalten wurden, sind informativ. Der Repräsentant von Beykoz, H. Hayrabedyan, fordert, die Nationalversammlung entsprechend der Satzung zu führen, die vorschreibt, dass der Zivil-Politische und der Religiöse Rat der Nationalversammlung einen Kandidaten für das Amt des Patriarchen benennen. Hayrabedyan beantragt, diese beiden Körperschaften zu bilden, damit die Patriarchenwahl fortgeführt werden könnte.[1084] Einige der RepräsentantInnen haben laut dem Protokoll vor der Zusammenkunft mit dem Gouverneur eine Tagesordnung vereinbart. Der Wahltag und die Punkte dieser Tagesordnung werden bei der Zusammenkunft verteilt und sind am Ende des Protokollheftes auf Türkisch enthalten. Andere Mitglieder wehren sich gegen die Tagesordnungspunkte und wollen eine eigene Tagesordnung festlegen. Der Vorsitzende der Nationalversammlung, Kegham Kavafyan, argumentiert, dass die Versammlung unter außergewöhnlichen Umständen zusammengetreten sei und dass dies eine gute Gelegenheit bieten würde, die gemeindlichen Mechanismen wiederzubeleben und so die anhaltende Krise zu beenden. Der Bitte nach einer Direktwahl des Patriarchen entgegen der Satzung wird von Dr. Manuelyan nicht entsprochen. Er argumentiert dahingehend, dass die Nationalversammlung so lange nicht zusammentreten konnte und dass der administrative Mechanismus der Gemeinde derart lange funktionsunfähig gewesen ist, dass es nun eine gute Gelegenheit gibt, einen satzungsgemäßen Neuanfang zu wagen.[1085] Ein anderer Repräsentant, Garbis Ersan für Antakya–Vakıfköy, hält daran fest, dass die Nationalversammlung entsprechend der Weisung des Gouverneurs fortgeführt werden soll, also den Patriarchen ohne Einberufung der Räte zu wählen hat.[1086] Die Sitzung der Nationalversammlung beginnt also mit einer Diskussion darüber, ob den Prinzipien der armenischen Satzung oder den Prinzipien des Gouverneurs von Istanbul gefolgt werden soll. Entschieden wird, dass zuerst der Religiöse Rat (14 Mitglieder) und anschließend der Zivil-Politische Rat (20 Mitglieder) gewählt werden soll.

Am 2. Dezember 1950 um 21:30 Uhr tritt die Nationalversammlung zur Patriarchenwahl mit zuerst zwei und später fünf Kandidaten zusammen: Erzbischof Kevork Arslanyan, Erzbischof Karekin Khachaduryan, Bischof Khoren Paroyan,

---

1083 Ebenda, S. 12.
1084 Ebenda, S. 8.
1085 Ebenda, S. 9.
1086 Ebenda, S. 10.

Erzbischof Mampre Kalfayan und Bischof Krikor Garabetyan.[1087] Nach einer weiteren Debatte wird die Zahl der Kandidaten wieder auf zwei verringert. Lehnte einer von beiden das Amt ab, würde der andere der neue Patriarch werden. In einer weiteren Debatte geht es um die Frage, ob dies nach der Satzung möglich ist. Die Dringlichkeit der Wahl eines Patriarchen und der Wunsch, ein Andauern der Krise aufgrund einer misslingenden Wahl zu vermeiden, gewinnt die Oberhand. Für die Stimmzettel werden zwei Namen ausgewählt: Erzbischof Karekin Khachaduryan, der Legat des Katholikos für Südamerika (mit Sitz in Argentinien seit 1938) wird mit 67 Stimmen gewählt; Khoren Paroyan, der Bischof in Antelias ist, erhält 63 Stimmen und ist damit an zweiter Stelle.[1088] Der bisherige Locum tenens, Kevork Arslanyan, erhält lediglich zwei Stimmen, was die Haltung der Gemeinde zu ihm auf drastische Art widerspiegelt.[1089]

Der Untersuchungsausschuss der Nationalversammlung erarbeitet einen 95-seitigen Bericht, der in neun Anklagepunkten auf den ersten drei Seiten die Verletzungen der Satzung durch Erzbischof Arslanyan während seiner Amtszeit als Locum tenens auflistet.[1090] Laut dieser Anklageschrift hat sich Arslanyan über die armenische Satzung und die jahrhundertealte Tradition der Armenischen Apostolischen Kirche hinweggesetzt, indem er ihren demokratischen und religiösen Prinzipien zuwiderhandelte – zum Beispiel durch folgende Missachtungen:

(1) Paragraf 11 der Satzung: Arslanyan hat hiergegen verstoßen, indem er den Religiösen Rat, der ihn ernannt hatte, sowie den Zivil-Politischen Rat abgeschafft hat.

(2) Paragraf 8: Arslanyan verletzte dessen Bestimmungen durch Monopolisierung aller Gemeindeangelegenheiten, ohne sich satzungsgemäß mit den Verwaltungskörperschaften abzustimmen.

(3) Paragraf 10: Hierin ist eindeutig festgelegt, dass der Patriarch die Suspendierung von Geistlichen der Nationalversammlung lediglich vorschlagen könnte, falls diese gegen die Prinzipien der Satzung verstoßen hätten.

(4) Paragraf 25: Arslanyan verstieß dagegen, indem er neue Mitglieder für den Religiösen Rat ernannte.

(5) Paragraf 29: Arslanyan suspendierte die Geistlichen, die gefordert hatten, die Probleme der Gemeinde zu diskutieren, und manipulierte den Katholikos aller ArmenierInnen in Ejmiacin.

(6) Paragraf 30: Alle offiziellen Berichte hätten von der Mehrheit des Religiösen Rates unterzeichnet werden müssen.

(7) Paragraf 31: Arslanyan verstieß gegen diese Bestimmung, indem er kirchliche Ränge willkürlich verlieh.

---

**1087** Ebenda, S. 14.
**1088** Yeghiayan, *Jamanagagits'*, S. 622.
**1089** Ebenda, S. 16.
**1090** *Deghegakir Ěnthanur Zhoghovoy K'nnich'*, S. 3–6.

(8) Paragrafen 8 und 99: Arslanyan verhandelte die Prinzipien der Satzung mit dem Staat.[1091]

Der Untersuchungsausschuss rät, die Kandidatur von Erzbischof Arslanyan zum Amt des Patriarchen nach Paragraf 1 der Satzung zurückzuweisen, gemäß dem sich der Kandidat den Respekt und das Vertrauen der „Nation" *(Azk)* verdient haben muss.

Die Wahl ist ein Wendepunkt in der Krise der Gemeinde, die seit 1923 andauert und sich in den Jahren der Einparteienherrschaft vertieft hat, was vor allem für siebenjährige Amtszeit des Locum tenens gilt. Nach den Wahlen bittet der Vereinigte Rat (der Religiöse Rat zusammen mit dem Zivil-Politischen Rat) Erzbischof Arslanyan, die Gemeinde bis zur Ankunft des Patriarchen Khachaduryan aus Argentinien zu führen. Der Rat fordert ihn außerdem auf, alle administrativen und finanziellen Funktion wieder in das Patriarchat zurückzuführen. Der Locum tenens entspricht den Bitten jedoch nicht, woraufhin der Rat beschließt, ihn aus seinem Amt zu entlassen. Arslanyan lehnt die Entscheidung des Rates ab und beantwortet dessen Bitte mit einem notariell beglaubigten Schreiben. Der Konflikt wird auf rechtlicher Ebene durch Austausch mehrerer notariell beglaubigter Schreiben fortgeführt.[1092] Wie der Untersuchungsausschuss am Ende seines offiziellen Berichtes anklagend bemerkt: „Dies ist nicht die Geschichte eines bestimmten Zeitraumes, denn es werden nicht alle Vorfälle mit ihren Ursachen und Folgen behandelt. Es handelt sich auch nicht um eine biografische Erzählung, sondern nur um eine einzige Seite der umfassenden Krise, die unsere Gemeinde in den vergangenen 30 Jahren durchlitt."[1093]

## 4.6 Fortgesetzte Krise zwischen Istanbul und Ējmiacin

Erzbischof Karekin Khachaduryan sendet zwei Briefe nach Ējmiacin, in denen er Kevork VI. um die Bestätigung seiner Wahl als Patriarch der ArmenierInnen in der Türkei bittet. Im zweiten Schreiben bittet Khachaduryan Kevork VI. außerdem um die Autorisierung, die anhaltenden Probleme der Suspendierungen und Amtsabsetzungen von Geistlichen zu lösen. Diesen beiden Schreiben folgt ein drittes, das die Nationalversammlung in Istanbul an Kevork VI. richtet und in dem sie ihn auffordert, dem neuen Patriarchen die Vollmacht einzuräumen, die Krise zu lö-

---

**1091** Ebenda.
**1092** Ebenda, S. 90.
**1093** Ebenda, S. 94.

sen.[1094] Kevork VI. übersendet sein Gratulationsschreiben am 20. März, also nahezu vier Monate nach der Wahl, und geht auf die Suspendierungen und Verbote gar nicht ein. Stattdessen übersendet Kevork VI. in den letzten Absätzen seine besten Wünsche auch an Erzbischof Kevork Arslanyan, der „den traditionellen Gesetzen der Armenischen Kirche und der Satzung treu geblieben ist",[1095] was nach der siebenjährigen Krise des Istanbuler Patriarchates als Ausdruck der Unterstützung für Arslanyan gewertet werden kann. Am nächsten Tag, dem 21. März, bitten zwei der suspendierten Geistlichen den neu gewählten Patriarchen um Amnestie.[1096] Am 22. März wenden sich auch die anderen drei, die vom armenischen Gottesdienst ausgeschlossen waren, mit einem Schreiben an Khachaduryan.[1097] Diese Briefe werden am 4. April 1951 zusammen mit einem Anschreiben von Patriarch Khachaduryan nach Ējmiacin gesandt.

Die Schreiben von und an Kevork VI. sind in einem Buch veröffentlicht, welches leider nicht alle Briefe enthält. In der Einführung zum Buch heißt es, dass die Briefe in chronologischer Reihenfolge aufgeführt sind. Allerdings sind die Daten der Schreiben nicht immer angegeben. Ich vermute, dass der am 4. April versandte Brief am 21.–22. März von den suspendierten und ausgeschlossenen Geistlichen verfasst worden ist, da dazwischen keine weiteren Briefe enthalten sind. Die Antwort Kevorks VI. ist ohne Datum angegeben. Aus dem Datum des sich anschließenden Briefes folgere ich, dass Kevork VI. auf das Schreiben des Patriarchen vom April erst im Oktober antwortet. Ich habe auch tatsächlich Bezugnahmen auf zwei andere Briefe vom 9. Juli und 10. September an Kevork VI. gefunden,[1098] die meine Behauptung stützen, dass er keinen all dieser Briefe vor Oktober beantwortet hat. Aus diesem Schreiben leite ich ab, dass trotz der erfolgten Aufhebung der Suspendierungen das Problem der suspendierten Geistlichen weiterhin nicht gelöst war.[1099] Kevork VI. antwortet mit dem im Buch ohne Datum enthaltenen Brief: „Wir haben Euer Schreiben vom 4. April erhalten. Wir haben es gelesen und waren erstaunt, denn es unterscheidet sich in Stil und Tonfall von denen des religiösen Führers [der ArmenierInnen – T. S.] von Süd-

---

**1094** Pehputyan, *Vaverakrer Hay Yegeghets'u*, S. 607–608.
**1095** Ebenda, S. 623.
**1096** Ebenda, S. 626.
**1097** Ebenda, S. 627.
**1098** Ebenda, S. 634.
**1099** Ebenda, S. 653. In seinem Schreiben vom 15. Mai 1951 schreibt Kevork VI.: „Im Anschluss an das Schreiben der suspendierten Geistlichen gewährten wir ihnen Amnestie, obwohl wir ihr Bedauern als reine Formalität betrachteten und ihre Briefe keine Glaubwürdigkeit vermittelten." Und das verweist darauf, dass unbeschadet der gewährten Amnestie das Problem nicht gänzlich gelöst wurde.

amerika."[1100] Mit einer Reihe von Rügen, die sich diesen einleitenden Zeilen anschließen, wird klargemacht, dass Khachaduryan als Geistlicher niedrigeren Ranges kein Recht hätte, eine Frage erneut zu überprüfen, die bereits von zwei Katholikoi und einem Locum tenens behandelt worden ist.[1101] Das Schreiben endet wie folgt: „Mit diesem Schreiben drücken wir unseren Wunsch aus, dass Ihr Ruf unbeschädigt bleibt. Sie entscheiden selbst, was für Sie gut ist."[1102] Patriarch Khachaduryan wiederum antwortet nach Ējmiacin mit der Feststellung, dass er ein wenig Respekt für Seine Heiligkeit verloren hat wegen der Entschiedenheit, auf Grundlage meist gefälschter oder verdrehter Informationen eine einseitige Entscheidung aufrechtzuerhalten: „Wenn dies Eure Entscheidung ist und bleibt, muss sich unsere bisherige respektvolle, tief verbundene Beziehung verändern."[1103] Danach erörtert er seinen Willen, denjenigen, die suspendiert und aus dem Dienst entfernt wurden, Amnestie zu gewähren: „Wir haben nicht den Klerus, der die zerbrochenen Teile unseres Volkes in den Provinzen erreichen und ihnen dienen könnte. [...] Sie müssen wissen, dass wir keine Brüder von anderswo einstellen können; wir müssen unsere Arbeit mit denen machen, die wir haben."[1104] Der Tonfall der Schreiben beider Seiten wird zunehmend angespannter, wie in Khachaduryans Bemerkung deutlich wird: „Wir haben alles getan, um die Autorität Eurer Heiligkeit in höchstem Maße zu erhalten, was Sie nicht wahrgenommen haben. [...] Ich schreibe an den armenischen Katholikos und nicht an den Papst in Rom; daher habe ich das Recht, Sie zu bitten, mich anzuhören."[1105] Patriarch Karekin Khachaduryan gibt am Ende des Schreibens zu verstehen, dass dieses nicht offiziell ist, wie es auch seine Bemerkung *„srdkrutiwn antsnagan"* am Beginn verdeutlicht, also „schreiben, was einem privat im Herzen wichtig ist." Es ist nicht klar, ob Kevork VI. auf dieses Schreiben antwortet. Insgesamt ist aus diesem Schriftwechsel jedoch zu erkennen, wie tiefgreifend die Krise ist. Er zeigt aber auch, dass der Konflikt über die Wahl hinaus weiterbesteht.

Auch wenn Kevork VI. nicht auf den Brief vom 4. April 1951 antwortet, so hat sich auf jeden Fall der Allsowjetische Ministerrat in Moskau mit der Krise des Patriarchates in Istanbul befasst. Entsprechend seinem Schreiben vom 10. April 1951, das als „geheim" gekennzeichnet und von I. V. Poliansky unterzeichnet ist, hat Patriarch Khachaduryan die oppositionellen Geistlichen bereits vor seiner Ankunft in Istanbul kontaktiert. Weiterhin wird behauptet, dass Khachaduryan

---

**1100** Ebenda, S. 628.
**1101** Ebenda, S. 629.
**1102** Ebenda, S. 630.
**1103** Ebenda, S. 631.
**1104** Ebenda, S. 632.
**1105** Ebenda.

Suren Şamlıyan angerufen hat, den Chefredakteur der *Marmara*, der sich für den Abbruch der Beziehungen zu Ējmiacin einsetzt. Arslanyan hingegen benötigt die Unterstützung durch Ējmiacin, um seine Probleme zu lösen. Der Ministerrat fragt, ob das Schreiben an Khachaduryan auch auf Erzbischof Arslanyan Bezug nehmen oder sich darauf beschränken soll, die Wahl des Ersteren zum Patriarchen zu bestätigen, was meine oben erwähnte Behauptung zum Absatz über Arslanyan im Glückwunschschreiben unterstützt.[1106] Darüber hinaus kann man nach der Lektüre dieses Absatzes im Lichte des Briefes des Ministerrates dahingehend argumentieren, dass Kevork VI. diese Worte der Unterstützung verfasst, um die Situation für Erzbischof Arslanyan in Istanbul zu erleichtern und ihn zu schützen. Am selben Tag, dem 10. April, verfasst der Ministerrat einen weiteren Brief. In diesem setzt er den Katholikos über ein Treffen von Patriarch Khachaduryan und Hrant Samuelyan, dem Generalsekretär der Armenischen Revolutionären Föderation, in Mailand in Kenntnis.[1107] Diese Informationen wurden vom Cousin Arslanyans übermittelt. In dem Brief ist des Weiteren festgehalten, dass türkische Zeitungen über Khachaduryans Besuch in Mailand berichtet haben, da er bereits in Argentinien im Verdacht stand, die ARF zu unterstützen.[1108] Pehputyans Buch enthält mehrere Berichte bis aus den frühen 1940er-Jahren mit ähnlichen Vorwürfen.[1109] Insbesondere dieser Brief hat einen anklagenden Tonfall, da zu den Zeiten Stalins das Unterhalten von Beziehungen mit der ARF synonym zu Spionage und damit Grundlage für Inhaftierung oder Exil ist.

Erzbischof Kevork Arslanyan verstarb im Juni 1951. In einem Brief, der nach dem 28. August 1951 verfasst wird und an Kevork VI. gerichtet ist,[1110] schreibt Patriarch Khachaduryan: „Wir haben die Autorität von Euer Gnaden respektiert und unsere eigene rechtliche Zuständigkeit außer Acht gelassen. Wir wollen weiterhin das Problem innerhalb unseres Rechtsbereiches entsprechend dem Vorschlag lösen, wie wir ihn in unserem Brief vom 9. Juli unterbreitet haben. So bitten wir um eine dringende Bestätigung der Amnestie von Papazyan auf telegrafischem Weg.“[1111] Ich möchte hier die verwendete Wortwahl hervorheben, *heghinagut'iwn* und *irawasut'iwn*, Ersteres in der Bedeutung „Autorität“, Letzteres

---

1106 Ebenda, S. 642.
1107 Ebenda, S. 643.
1108 Ebenda.
1109 Vergleiche der Bericht von Erzbischof Arsen Ghldchyan aus dem Jahr 1942 an den Obersten geistlichen Rat beim Heiligen Stuhl von Ējmiacin, in: Pehputyan, *Vaverakrer Hay Yegeghets'u*, S. 146.
1110 Das Schreiben ist undatiert, doch es beginnt mit einem Zitat von Erzbischof Eghishē, dem Locum tenens von Jerusalem, das vom 28. August stammt. Ebenda, S. 634.
1111 Ebenda, S. 635.

bedeutet „rechtliche Zuständigkeit". Auf diese Weise versucht der Patriarch von Istanbul, sich einerseits mit dem Katholikos von Ējmiacin weiterhin gutzustellen, aber andererseits klingt der letzte Satz eher wie eine Anweisung.

Der Briefwechsel zwischen den ranghöchsten Klerikern der armenischen Kirche nimmt im Oktober 1951 an Häufigkeit weiter zu. Der Primas von Ägypten, Erzbischof Mampre Sirunyan, besucht Istanbul, wo er sich zwei Monate lang aufhält, und verfasst einen Brief an Kevork VI., in dem er um Amnestie für die bestraften Geistlichen bittet.[1112] Auch der Locum tenens des Katholikates von Kilikien, Eghishē Derderyan, verfasst im Oktober ein Schreiben nach Ējmiacin, worin unter anderem die ungelöste Frage der Bestrafungen behandelt wird. Derderyan beklagt sich in seinem Brief über Sirunyan wegen völlig anderer (finanzieller) Gründe; dies zeigt auch, dass sie sich beim Versand der Briefe nicht abgesprochen haben.[1113] Patriarch Khachaduryan schreibt am 31. Oktober einen weiteren Brief, in welchem er Kevork VI. bittet, den bestraften Geistlichen zu vergeben und die Würde und die Autorität von Ējmiacin durch die Gewährung von Amnestie zu wahren.[1114] Die erwartete Amnestie spricht Ējmiacin Anfang Dezember aus.[1115] Die Angelegenheit hinterlässt jedoch ihre Spuren in den Beziehungen der Parteien. So wendet sich beispielsweise Katholikos Kevork VI. im Juni 1952 in einer anderen Sache an Erzbischof Sirunyan und verwendet allein drei von sechs Seiten auf Sirunyans Rolle in der Krise der bestraften Geistlichen. Der Katholikos verwahrt sich nicht gegen die Vorgehensweise von Erzbischof Sirunyan. Vielmehr gibt er an, dass er die Haltung von Patriarch Karekin Khachaduryan für vollständig missgeleitet und unehrenhaft hält.[1116] Dies zeigt uns, dass es trotz der schließlich auf gewisse Art erfolgten Lösung der Istanbuler Krise schwierig bleibt, die Beziehungen wiederherzustellen.[1117]

Der Zeitraum 1915–1923 und seine Nachwirkungen schwächten auch die Stellung des Patriarchates als Institution und die Rolle des Patriarchen als Symbol

---

1112 Ebenda, S. 678.

1113 Ebenda, S. 679–681.

1114 Ebenda, S. 683.

1115 Ebenda, S. 685.

1116 Ebenda, S. 768–773.

1117 Beim Verfassen dieses Buches stieß ich auf eine Fußnote im Buch von Yeghiayan, *Jamanagagits' Badmut'iwn Gat'oghigosut'ean Hayots' Giligioy 1914–1972*, in der er anmerkt, dass es eine 200-seitige Sonderakte zur Krise des Patriarchates von Istanbul gab. Ich wandte mich dazu an das Katholikat in Antelias. Leider ließ sich aufgrund von Umstellungen in der Klassifizierung die Akte nicht auffinden. Ich wurde jedoch dazu eingeladen, am Thema weiterzuforschen, und ich schließe die Möglichkeit nicht aus, dass die Akte bei zukünftigen Recherchen gefunden werden kann. Ich vermute, dass die Archive der beiden Patriarchate in Istanbul und in Jerusalem sowie der beiden Katholikate in Ējmiacin und Kilikien weitere Informationen zum Thema enthalten.

von Macht und Vertretung. Dadurch, dass im Zusammenhang des Kalten Krieges verstärkt armenische Einrichtungen in die Diaspora gingen, erhielt die Krise um die Wahl eine so große Bedeutung, wie es bis dahin nicht der Fall war. In diesem Prozess versuchte nämlich Ēǰmiacin unter dem Schirm der sowjetischen Regierung an Macht zu gewinnen, und auch das Katholikat von Kilikien in Antelias versuchte, seine Macht zu festigen. In diesem Zusammenhang erlitt das Patriarchat von Istanbul einen krisenhaften Verlust an Rechtmäßigkeit und Autorität. Dies heizte den Antiarmenianismus in der Türkei weiter an und belastete außerdem die Beziehungen zwischen anderen armenischen Gemeinden auf der ganzen Welt. In dieser Hinsicht bildet die Krise meiner Auffassung nach einen Wendepunkt auf allen Ebenen – bei der gesellschaftlichen Dynamik der armenischen Community in der Türkei, in deren Beziehungen zu den armenischen Gemeinden auf der ganzen Welt und auch hinsichtlich der Probleme, mit denen sie in der internationalen Politik konfrontiert war.

# Abschluss

Mit diesem Buch lege ich eine soziopolitische Geschichte der ArmenierInnen in der Türkei bis in die 1950er-Jahre vor. Einen solchen Ansatz hat es bislang kaum gegeben. Ich erinnere mich der Worte von Kevork Hintlian, der für mich das lebende Gedächtnis all der armenischen Menschen verkörpert, die sich nach 1915 auf den Weg nach Jerusalem machten: „Sie müssen die Menschen im armenischen Pflegeheim in Istanbul befragen." Auch wenn ich damals die Bedeutung seines Ratschlages noch nicht verstand, so ist dieses Werk das Ergebnis meiner Arbeit sowohl im Pflegeheim des Armenischen Krankenhauses als auch in den darin untergebrachten Archiven. Wenn ich zurückblicke, erkenne ich, dass die mündlichen Interviews diesem Buch die Tiefe gegeben haben, welche die schriftlichen Quellen nicht zu geben vermochten, und ich begreife, wie wichtig es ist, zu verstehen und zu erzählen, dass die Banalität in Form alltäglicher Praktiken angenommen wird und so wiederum alles banalisiert.

Jedes Mal, wenn armenische Menschen im Mittelpunkt von Krisen in der Türkei stehen, können wir Artikel darüber lesen, was es bedeutet, als Armenierin oder Armenier in der Türkei zu leben. Dies ist eine Frage, die über die persönliche Erfahrung hinausgeht und die nie vollständig beantwortet werden kann, da Worte versagen würden und die Antworten von der breiten Öffentlichkeit kaum verstanden werden können.[1118] Meiner Ansicht nach liegt der tiefere Grund darin, dass es dieser Frage an Zusammenhang mangelt. Sie ist daher anders zu stellen. Warum werden die ArmenierInnen so leicht zur Zielscheibe und zum Opfer verschiedener physischer oder verbaler Angriffe? Wie werden sie in diese Situation gebracht? Warum überhaupt können sie in diese Situation gebracht werden? Die Antwort liegt im historischen Kontext, der für die Mehrheit in der Türkei die „soziale" Umgebung gebildet hat, nämlich der postgenozidale Habitus der Leugnung.

Deshalb habe ich in den Mittelpunkt meines Buches das Konzept eines vom Staat ausgehenden und von einem Großteil der Gesellschaft reproduzierten postgenozidalen Habitus der Verleugnung gestellt. Ein weiteres zentrales Thema ist der Prozess, dass die in der Türkei verbliebenen ArmenierInnen diasporisiert wurden. Ich habe daher die Kohärenz staatlicher Praktiken und offizieller Leugnung sowie deren sozialer Auswirkungen und ihrer Signifikanz insbesondere für die ArmenierInnen aufgezeigt. Außerdem habe ich veranschaulicht, wie diese

---

**1118** Vergleiche Ayda Erbal, „We are all oxymorons", in: *The Armenian Weekly*, 24. April 2007, Sonderbeilage, S. 14 und S. 27. Vergleiche auch azadalik.wordpress.com/2013/01/21/we-are-all-oxymorons/ (abgerufen am 22. Oktober 2020).

https://doi.org/10.1515/9783110655087-007

Praktiken, die Leugnung, ihre Auswirkungen und die Signifikanz als Teile einer Ganzheit einander in vollständigem Einklang ergänzt haben. Das Verstummenlassen der armenischen Menschen durch die „Bürger, sprich türkisch"-Kampagnen, Anklagen wegen „Verunglimpfung des Türkentums", alltägliche Einschüchterungen, Konfiszierung von Eigentum, zu Normalität gewordene Entführungen weiblicher armenischer Überlebender, jederzeit mögliche Diskriminierungen und sozialer Druck ließen diesen Habitus derart wirksam werden, dass er die soziale Realität definierte. Hinzu kamen auf der Ebene der staatlichen Politik zahlreiche rechtliche Maßnahmen, die den systematischen Ausschluss vereinfachten und legitimierten. Zu den Maßnahmen, die der Staat gegen die nicht muslimische Bevölkerung richtete, gehörten die Zerstörung des kulturellen Erbes, die Legitimierung einer Konfiszierung von Liegenschaften, die Umsiedlungspolitik, Reiseverbote und die Untersagung bestimmter Berufe, die als Wehrpflicht umschriebene Zwangsarbeit der *Yirmi Kura Askerlik* und die sogenannte Vermögenssteuer. All dies zusammen konstituiert den postgenozidalen Habitus, also das Konzept, welches ich als Werkzeug vorschlage, mit dem sich die Formierung von Staat und Gesellschaft verstehen lässt, wobei der Völkermord und seine Leugnung starke Treiber sind. Außerdem habe ich belegt, wie die Leugnung während der Jahre der Einparteienherrschaft institutionalisiert wurde. Diese halte ich für wesentlich, wenn es darum geht, die soziopolitischen Bedingungen dieser Zeit zu verstehen.

Das Ziel der staatlichen Politik der Jahre nach 1923, nämlich die Diasporisierung der armenischen Community in der Türkei, wurde vor allem dadurch erreicht, dass die ArmenierInnen systematisch ihrer rechtlichen Grundlagen beraubt wurden, und zwar insbesondere der *Nizâmnâme*, und dass die mit dieser verbundenen institutionellen Strukturen zerschlagen wurden. Dieser seit 1915 anhaltende Prozess wurde in den ersten drei Jahrzehnten nach der Gründung der Republik systematisiert. Die politischen Maßnahmen sowie ihre indirekten Folgen zwangen die Gemeinde, ihre institutionellen Vertretungskörperschaften – zum Beispiel den Zivil-Politischen Rat – zu beseitigen oder Zusammenkünfte der Nationalversammlung zu untersagen; stattdessen wurde das Einzeltreuhänder-System eingeführt. Auf diese Weise verloren das Armenische Patriarchat und die Strukturen, die sich aus der *Nizâmnâme* ergaben, zu einem großen Teil ihre Wirkmächtigkeit (gegenüber dem Staat) und den sozialen Einfluss, den sie sich im Laufe des vorherigen Jahrhunderts erworben hatten. Die Krise um die Patriarchenwahl war ein Ergebnis dieser jahrzehntelangen Politik struktureller Ausrottung. Die staatliche Intervention in der Krise, die Legitimierung, um die die Akteure nachsuchten, sowie der soziale und rechtliche Zusammenhang, wie ich sie im letzten Kapitel des Buches beschreibe, zeigen deutlich, dass die staatliche Politik systematisch auf die Vernichtung der bestehenden Strukturen abzielte.

Gleichzeitig traf die staatliche Politik auch innerhalb der Gemeinde auf Widerhall. Somit war der postgenozidale Habitus zum Teil auch von federführenden Personen der Gemeinde internalisiert, die ihren Anteil an der willkürlichen Macht wollten.

Der Anspruch auf Gleichheit wurde sowohl von den öffentlichen MeinungsführerInnen als auch vom Staat abgelehnt. Wenn eine Gruppe ganz oder teilweise ihre Handlungsfähigkeit und die institutionelle Vertretung verliert, verliert sie allmählich auch die Befugnis, Rechte und Gleichbehandlung einzufordern. Repräsentanz und Handlungsfähigkeit werden undeutlich, wenn der Staat bestimmt, wer beachtet wird, wer an den Rand geschoben oder gar gänzlich ausgelöscht wird. Armenische Intellektuelle, die für Gleichheit und Koexistenz kämpften, wurden nicht nur marginalisiert, sondern auch inhaftiert; ihre Zeitungen wurden verboten, und viele von ihnen wurden gezwungen, das Land zu verlassen. So verlor im Prinzip eine ganze Generation armenischer Intellektueller den Kontakt zu der Community, der sie angehörten. Durch die Beschäftigung mit diesem Zeitraum erhielt ich einen wertvollen Einblick darin, was es heißt, ein „bewusster Paria" zu sein, oder, um es mit Arendts Worten auszudrücken, „– die Herausforderung und Verantwortung annehmen, ein Außenseiter zu sein, auch unter den eigenen Leuten –."[1119] Dafür, dass die ArmenierInnen in der Türkei als bewusste Paria leben müssen, gibt es einen geschichtlichen Hintergrund, für den sie einen hohen Preis gezahlt haben. Bei zukünftigen Untersuchungen des intellektuellen Lebens der armenischen Community nach der Gründung der Republik sollte unbedingt die Erfahrung der Generation der *Nor Or* berücksichtigt werden.

Hinzu kommt, dass der postgenozidale Habitus der Republik Türkei verschiedene Praktiken setzte und legitimierte. Mit der Einführung und Verstetigung der Leugnung sowohl im Staat wie in der Gesellschaft wurden eine Reihe von Praktiken normalisiert und nach 1923 reproduziert. Zu diesen Praktiken zählten die Beschränkung des Rechtes auf Bildung in den Provinzen; das De-facto-Verbot der Gründung armenischer Schulen außerhalb von Istanbul, obwohl das Recht darauf durch internationale Verträge zugesichert war, was einem Verstoß gegen den Vertrag von Lausanne gleichkam; die Vertreibung der Überlebenden des Völkermordes aus den Provinzen seit 1923; das Unterdrücken armenischer Publikationen durch anhaltende willkürliche Razzien in Privathaushalten und Schulen; Verhinderung des Begehens armenischer Rituale wie Feste, Hochzeiten, Bestattungen durch physische Belästigungen und rassistische Angriffe. Durch

---

**1119** Richard Bernstein, *Hannah Arendt and the Jewish Question* (Cambridge, MA: MIT Press, 1996), S. 18.

diese offizielle und gesellschaftliche Politik der Republik wurde das kulturelle wie das soziale armenische Leben in den Provinzen ausgelöscht; dieser Vorgang lässt sich ab den 1920er-Jahren bis in die 1950er-Jahre beobachten, also zu den Zeiten, in denen es noch eine wahrnehmbare Zahl armenischer Menschen in den Provinzen gab.

Eine andere Art der Praktik war der staatliche Zwang gegenüber der armenischen Community in der Türkei, die offizielle Politik bestätigen zu müssen. Dadurch wurde die armenische Community in der Türkei durchweg von anderen armenischen Gemeinden auf der Welt, die in höchstem Maße zu Ungeheuern erklärt und dämonisiert wurden, abgeschottet. Von der inländischen armenischen Presse wurde erwartet, dass sie die offizielle Haltung der Türkei unterstützt und zur Fürsprecherin der internationalen Politik des Landes wird. Historische Zeugnisse einer armenischen Existenz vor der osmanischen Zeit oder auch Berichte vom Anfang des 20. Jahrhunderts zu veröffentlichen, war Grund für Verbote und Zensur. Nicht allein die Presse wurde aufs Stärkste kontrolliert, sondern auch das Privatleben der Herausgeber war Ziel von Überwachungsmaßnahmen. Es lässt sich deshalb zweifellos feststellen, dass es eine durchgängige und umfassende Haltung des Staates gegenüber den ArmenierInnen sowohl weltweit als auch in der Türkei gab. Die Trennung in „unsere guten ArmenierInnen" einerseits und andererseits die „bösen ArmenierInnen in der Diaspora" war insofern nichts anderes als ein kemalistisches Konstrukt, dem die Leugnung immanent war. Mit dieser diskursiven Separierung sollten die Verbindungen zwischen der Community in der Türkei und den Gemeinden außerhalb torpediert werden – was im Übrigen jahrzehntelang erfolgreich war. Die in der Türkei verbliebene armenische Bevölkerung war und ist politisch wie sozial marginalisiert, da ihnen untersagt wurde, ihre Stimmen mit denen ihrer Angehörigen in anderen Ländern zu vereinen. Im Gegenteil, von ihnen wurde schlichtweg erwartet, „zu ihrer eigenen Sicherheit" Partei für den türkischen Staat zu ergreifen.[1120] Antiarmenische Kampagnen – konstitutiver Bestandteil des Habitus der Leugnung der Türkei – dienten dazu, den Antiarmenianismus im Land aufrechtzuerhalten und die Opfer weiterhin zum Schweigen zu verdammen. Die ArmenierInnen dazu aufzurufen, sich im Rahmen der antiarmenischen Strukturen selbst zu repräsentieren, be-

---

**1120** So musste zum Beispiel eine Gruppe von Istanbuler ArmenierInnen eine zeremonielle Bücherverbrennung in Istanbul durchführen, der Franz Werfels *Die vierzig Tage des Musa Dagh* zum Opfer fiel (1933). Vergleiche Rıfat N. Bali, *Musa'nın Evlatları, Cumhuriyet'in Yurttaşları* (Istanbul: İletişim Yay., 2001), S. 133. Oder sie mussten 1965 als Reaktion auf die Gedenkfeiern zum 50. Jahrestag des Völkermordes, die anderswo auf der Welt stattfanden, einen Kranz an der Statue der Republik ablegen. Vergleiche Kersam Aharonian, *Khoher Hisnameagi Avardin* (Beirut: Dbaran Atlas, 1966), S. 149 und Fußnote 113.

deutete, von ihnen zu fordern, sich selbst im Rahmen des Antiarmenianismus zu assimilieren. Auf diese Weise wurde von den ArmenierInnen in der Türkei erwartet, sich am Habitus der Leugnung zu beteiligen, in dem sie sich in allen Handlungen an diesem Rahmen ausrichteten, sich daran beteiligten und so den Habitus der Leugnung permanent reproduzierten.

Wie auch die osmanische Geschichtsschreibung, so sollte auch die Geschichte der Türkei seit der Gründung der Republik aus den Quellen „der anderen", also derjenigen, deren Existenz und Nichtexistenz aufs Schärfste geleugnet wird, überdacht und neu verfasst werden; dabei wäre methodologisch zu beachten, dass auch die Quellen selbst dem postgenozidalen Habitus unterlagen. Sie kamen erst durch den Habitus zustande, wurden durch ihn begrenzt und gehemmt. Die Geschichte der armenischen Gemeinden im Nahen Osten und auch anderswo sind Teil sowohl der osmanischen als auch der republikanischen Geschichte. Mit anderen Worten, die Berichte der ArmenierInnen aus Diyarbakır, die nun in Los Angeles leben, oder aus Van, die in Armenien oder in Beirut leben, gehören genauso zur osmanischen Geschichtsschreibung wie die Berichte aus der und über die Türkei zum Beispiel von GriechInnen, JüdInnen, AssyrerInnen, AlevitInnen, KurdInnen, die ins Exil gingen oder auf die eine oder andere Weise aus ihren angestammten Gebieten vertrieben wurden. Wir dürfen dabei nicht vergessen, dass nicht nur in der Endphase des Osmanischen Reiches, sondern auch nach der Gründung der Republik Türkei zahlreiche Diasporen entstanden, deren Geschichte sowohl zum untergegangenen Reich wie zum modernen türkischen Staat zählt.

Die Gerichtsverfahren zum Eigentum der Gemeinden, vor allem derjenigen, die außerhalb von Istanbul verblieben waren, die Konfiszierungen sowie die Immobilien, die unter das „Gesetz über verlassenes Eigentum" fallen, müssen weiter untersucht werden. Die armenischen Publikationen bilden eine sehr reichhaltige Quelle für die rechtlichen Grundlagen der republikanischen Türkei sowie für die vorherrschende Vorstellung von Gerechtigkeit sowohl des Staates als auch der Gesellschaft. So würde eine ausgiebige Forschung zur Existenz von ArmenierInnen – unabhängig davon, ob sie islamisiert wurden oder nicht – in den Provinzen während der ersten Jahrzehnte der Republik eine zentrale Lücke der Sozialgeschichte füllen.

Bis heute hat der postgenozidale Habitus der Leugnung in jeder Hinsicht die Existenz der ArmenierInnen sowie das Leben all der anderen Gruppen geprägt, deren Konflikte mit dem Staat weiterhin ungelöst sind. Wichtiger ist dabei noch, dass die Mechanismen desselben Habitus in allen sozialen Segmenten wirksam sind. So wurde über all die Jahrzehnte hinweg nicht nur die armenische Bevölkerung, sondern auch die Mehrheitsgesellschaft durch die Strukturen der Leugnung in einem Maße beeinflusst, das sich nicht durch die Dichotomie von Minderheit und Mehrheit erklären lässt. Nicht nur der rechtliche Zusammenhang, sondern auch der gesamte Habitus der Leugnung spielt eine entscheidende Rolle bei der Erzeugung aller möglichen Ausschlussverfahren, bei der Konstruktion eines Modells der „guten BürgerIn" und folglich auch bei der affektiven Bindung an alle Dimensionen des Habitus selbst.

# Bibliografie

## I Primärquellen

### a) Staatsarchiv über die republikanische Ära (Başbakanlık Cumhuriyet Arşivi)

BCA, 030.01.101.623.4.
BCA, 030.01.101.623.6.
BCA, 030.01.101.626.6.
BCA, 030.10.108.712.17.
BCA, 030.10.109.720.12.
BCA, 030.10.109.720.13.
BCA, 030.10.109.721.21.
BCA, 030.10.109.723.1.
BCA, 030.10.111.745.11.
BCA, 030.10.191.307.9.
BCA, 030.10.191.308.11.
BCA, 030.10.225.515.26.
BCA, 030.10.24.136.3.
BCA, 030.10.85.558.7.
BCA, 030.10.86.570.5.
BCA, 030.10.87.573.6.
BCA, 030.10.88.577.4.
BCA, 030.10.88.577.4.
BCA, 030.11.165.2.15.
BCA, 030.18.01.01.61.10.15.
BCA, 030.18.01.02.1.1.14.
BCA, 030.18.01.02.111.59.17.
BCA, 030.18.01.02.118.100.18.
BCA, 030.18.01.02.120.65.17.
BCA, 030.18.01.02.25.2.19.
BCA, 030.18.01.02.35.30.3.
BCA, 030.18.01.02.36.33.6.
BCA, 030.18.01.02.44.25.15.
BCA, 030.18.01.02.45.35.4.
BCA, 030.18.01.02.49.77.15.
BCA, 030.18.01.02.50.89.17.
BCA, 030.18.01.02.51.32.
BCA, 030.18.01.02.71.69.
BCA, 030.18.01.02.79.82.14.
BCA, 030.18.01.02.86.40.18.

---

**Anmerkung:** Heute geführt als „Präsidialarchiv über die republikanische Ära (Cumhurbaşkanlığı Cumhuriyet Arşivi)".

https://doi.org/10.1515/9783110655087-008

BCA, 030.18.01.03.84.79.8.
BCA, 030.18.01.151.69.19.
BCA, 030.18.02.105.47.6.
BCA, 030.18.05.84.73.12.
BCA, 030.18.01.02.305.79.3.

## b) Jahrbücher

Azadyan, Toros, *Mshaguyt' Azkakragan Darekirk' 1948* (Kulturethnografisches Jahrbuch) (Istanbul: Becid Basımevi, 1947).
Azadyan, Toros; Geziwryan, Zarmayr Dz. V. (Hg.), *Hay Hosnak Salnamesi / Hay Khosnag Darekirk' I. Dari, 1941* (Istanbul: ohne Verlag, 1941).
Azadyan, Toros, und Mardiros Koçunyan, *Armağan: Türkiye Cumhuriyeti 15. Yıldönümü 1923 – 38* (Istanbul: Dbakrut'iwn Giwt'ĕmberg, G. N. Makascıyan, 1938).
*Ĕntartsag Darekirk' Azkayin Hiwantanots'i 1937 (Allgemeines Jahrbuch des Nationalkrankenhauses 1937)* (Istanbul: Dilberyan Basımevi, ohne Jahr).
*Ĕntartsag Darekirk' Azkayin Hiwantanots'i 1938 (Allgemeines Jahrbuch des Nationalkrankenhauses 1938)* (Istanbul: O. Aktaryan Matbaası, 1938).
*Ĕntartsag Darekirk' Azkayin Hiwantanots'i 1939 (Allgemeines Jahrbuch des Nationalkrankenhauses 1939)* (Istanbul: O. Aktaryan Matbaası, 1938).
*Ĕntartsag Darekirk' Surp P'rgich' Azkayin Hiwantanots'i 1944 (Allgemeines Jahrbuch des Nationalkrankenhauses Surp P'rgich' 1944)* (Istanbul: V. Der Nersĕsyan Ew Ortik' / Güzeliş Basımevi, 1943).
*Ĕntartsag Darets'oyts' Surp P'rgich' Azkayin Hiwantanots'i 1932 (Allgemeiner Almanach des Nationalkrankenhauses Surp P'rgich' 1932)* (Istanbul: Dbakrut'iwn H. M. Sĕtyan, ohne Jahr).
*Ĕntartsag Darets'oyts' Surp P'rgich' Azkayin Hiwantanots'i 1945 (Allgemeiner Almanach des Nationalkrankenhauses Surp P'rgich' 1945)* (Istanbul: Ak-Ün Basımevi, Dbakrut'iwn M. Der Sahakyan, 1944).
*Ĕntartsag Darekirk' Surp P'rgich' Azkayin Hiwantanots'i 1946 (Allgemeines Jahrbuch des Nationalkrankenhauses Surp P'rgich' 1946)* (Istanbul: Dbakrut'iwn H. Aprahamyan, 1946).
*Ĕntartsag Darekirk' Surp P'rgich' Azkayin Hiwantanots'i 1947 (Allgemeines Jahrbuch des Nationalkrankenhauses Surp P'rgich' 1947)* (Istanbul: O. Aktaryan Basımevi, 1946).
*Ĕntartsag Darekirk' Surp P'rgich' Azkayin Hiwantanots'i 1948 (Allgemeines Jahrbuch des Nationalkrankenhauses Surp P'rgich' 1948)* (Istanbul: Akın Basımevi, 1947).
*Ĕntartsag Darekirk' Surp P'rgich' Azkayin Hiwantanots'i 1949 (Allgemeines Jahrbuch des Nationalkrankenhauses Surp P'rgich' 1949)* (Istanbul: Becid Basımevi, 1948).
Malkhasyan, Sirvart, Yarman, Arsen (Hg.), *Surp Pırgiç Ermeni Hastanesi 1900 – 1910 Salnameleri* (Istanbul: 2012).
Tevyan, Pakarat, *Erchanig Darekirk' 1946 (Fröhliches Jahrbuch 1946)* (Istanbul: Ak-Ün Basımevi, 1945).
Tevyan, Pakarat, *Erchanig Darekirk' 1947 (Fröhliches Jahrbuch 1947)* (Istanbul: Doğu Basımevi, Bardez Gazetesi Neşriyatı, 1946).
Tevyan, Pakarat, *Erchanig Darekirk' 1948 (Fröhliches Jahrbuch 1948)* (Istanbul: Doğu Basımevi, 1947).

Tevyan, Pakarat, *Erchanig Darekirkʻ 1949 (Fröhliches Jahrbuch 1949)* (Istanbul: Doğu Basımevi, Hermon Dizgievi, ohne Jahr).
Tevyan, Pakarat, *Erchanig Darekirkʻ 1950 (Fröhliches Jahrbuch 1950)* (Istanbul: Doğu Basımevi, 1949).
Tevyan, Pakarat, *Erchanig Darekirkʻ 1953 (Fröhliches Jahrbuch 1953)* (Istanbul: Varol Matbaası, 1952).
Tevyan, Pakarat, *Erchanig Darekirkʻ 1954 (Fröhliches Jahrbuch 1954)* (Istanbul: Varol Matbaası, 1953).
Tevyan, Pakarat, *Erchanig Darekirkʻ: Bardez Kutlu Yıllar Dergisi 1958* (Istanbul: Varol Matbaası, 1958).

## c) Zeitungen

*Agos*, 2003–2013 (nach Thema).
*Aysor*, 1947–1948.
*Cumhuriyet*, 1934.
*Hasg*, November 1950.
*Jamanak*, 1941–1944 (nach Thema).
*Marmara*, 1945–1950.
*Ngar*, 1933–1934.
*Nor Lur*, 1934–1935, 1945–1949.
*Nor Luys*, 1933.
*Nor Or*, 1945–1946.
*Panper*, 1933.
*Paros*, 1949–1950.
*Takvim-i Vekayi*, Nr. 2611, verfügbar unter https://dspace.ankara.edu.tr/xmlui/bitstream/hand le/20.500.12575/67453/0470.pdf?sequence=470&isAllowed=y; und Nr. 3399, verfügbar unter https://dspace.ankara.edu.tr/xmlui/bitstream/handle/20.500.12575/67458/0495. pdf?sequence=495&isAllowed=y (beide abgerufen am 25. Juni 2021).
*Tasvir*, September–Oktober 1945.
*Tebi Luys*, 1950.
*Zartonk*, November 1950.

## d) Unveröffentlichte Quellen

Aram Pehlivanyans autobiografische Notizen vom 22. April 1955; zur Verfügung gestellt von seiner Tochter Meline Pehlivanyan, Berlin.
Delegation of the Armenian National Council of America, *The case of the Armenian People: Memorandum to the United Nations Conference on International Organisation in San Francisco* (New York, 1945).
Kevork Kirkoryan, unveröffentlichte Forschungen, Daten erfasst in 2009.
Programm des Armenischen Weltkongresses, 30. April–4. Mai 1947, Hotel Waldorf Astoria, New York.

Russisches Archivdokument zur Rückführung. Verfügbar unter http://hayrenadardz.org/hy/
document/amn-owm-fransiayowm-ew-t-owrk-iayowm-sshm-despanatnerin-egiptosowm-
ew-irak-owm-sshm-misianerin (abgerufen am 12. Juni 2021).
W. Y.s E-Mail/Brief vom 12. Mai 2007.

## e) Veröffentlichte Primärquellen

Açıkgöz, Hayk, *Bir Anadolulu Ermeni Komünistin Anıları* (Istanbul: Belge Yay., 2006).
Arslanyan, Agop, *Adım Agop Memleketim Tokat* (Istanbul: Aras Yay., 2008). Azadyan, Toros,
*Jamanak: K'aṙasnamea Hishadagaran 1908–1948* (Istanbul: Becid Basımevi, 1948).
Azadyan, Toros, *Lipananean Husher* (Istanbul: Doğu Basımevi, 1949).
Babigyan, Hagop, *Adanayi Yegheṙnĕ* (Aleppo: Ayk Madenashar-6. Hradaragut'iwn Beyruti
Hayots' Temi, 2009).
Balımyan, Şavarş, *U Yes Gertam* (Istanbul: Aras Yay., 2005).
*Bashdonagan Hradaragut'iwn Azkayin Badriark'arani: Adenakrut'iwn Azkayin Ĕnthanur
Zhoghovoy* (Istanbul: Ak-Ün Matbaası, 2. Dezember 1950).
*Bĕyoghlui Egeghets'eats' Ew Anonts' Ent'aga Hasdadut'eants Madagararut'ean K'aṙamea
Deghegakir 1950–1953* (Istanbul: Dbakrut'iwn Narin, 1954).
Boghossian, Sarkis, *Iconographie Arménienne/2: Catalogue de Reproductions en Noir et en
Couleurs de 756 Pièces Originales du XVe au XXe Siècle Suite de la Collection:
nos. 704–1365* (Paris: Selbstverlag, 1998).
*Deghegakir Ĕnthanur Zhoghovoy K'nnich' Hantsnazhoghovi* [Bericht des offiziellen
Untersuchungsausschusses] (Istanbul: Foti Basımevi, 1951).
Halajian, Kĕōrk (T'ap'aragan), *Tebi Gakhaghan* (Boston: Hairenik Publ., 1932). İhmalyan,
Vartan, *Bir Yaşam Öyküsü* (Istanbul: Cem Yayınevi, 1989).
Koçunyan, Ara, *Voğçuyn Amenkin* (Istanbul: Aras Yay., 2008).
Maarif Vekaleti, *Irkçılık Turancılık* (Ankara: Türk Inkılap Tarihi Enstitüsü Yay., Bd. 4, 1944).
Örmanyan, Arch, Maghak'ia, *Khōsk 'Ew Khohk': Ir Geank 'in Verchin Shrchanin Mĕch*
(Jerusalem: Dbaran Srpots' Hagopeants' 1929).
Pehlivanyan, Aram, *Özgürlük İki Adım Ötede Değil* (Istanbul: Aras Yay., 1999).
Pehputyan, Santro (Hg.), *Vaverakrer Hay Yegeghetsu Badmut'ean: Kevork VI. Gat'oghigos
Amenayn Hayots' (1938–1955)*, Bd. 6 (Jerewan: Osgan Yerevants'i Publ., 1999).
Peştimalcıyan, Hrant, *Hrabaragayin Niwt'agan Ew Paroyagan Hamaraduut'iwn 1933–1949*
(Istanbul: Varol Matbaası, 1961).
TBMM–Gizli Celse Zabıtları: Vol. 4 (Ankara: Türkiye İş Bankası Kültür Yayınları, 1985).
Yeghiayan, Zaven Der, *Badriarkagan Hushers: Vgayakirner Ew Vgayut'iwnner* (Kairo: Nor Asdgh
Press, 1947).
Yeghiayan, Zaven Der, *My Patriarchal Memoirs*, übers. von Ared Misirliyan, hg. und mit
Anmerkungen von Vatche Ghazarian (Barrington: Mayreni Publishing, 2002).
Zobyan, Bedros, *Tebi Bitlis William Saroyani Hed* (Istanbul: Aras Yay., 2003).

## f) Mündliche Interviews

A. B., 13. März 2013, München, in türkischer Sprache.

A. K., 20. Januar 2009, Berlin, in türkischer Sprache.

Ara Garmiryan, 3. April 2012, Montreal, in armenischer Sprache. Baghdik Hagopyan, 6. April 2012, Montreal, in armenischer Sprache. Civan Çakar, 8. April 2012, Montreal, in armenischer Sprache.

Evdoksi Suciyan Parsehyan, 1.–8. April 2012, Montreal, in armenischer Sprache. Hayguhi Çakır, 8. April 2012, Montreal, in armenischer Sprache.

K. A., 13. März 2013, München, in türkischer Sprache.

K. B., 21. Januar 2009, Berlin, in türkischer Sprache.

N. D., 16. September 2012, Istanbul, in türkischer Sprache.

Varujan Köseyan, 13. September 2010, Istanbul, in armenischer Sprache.

## II Referenzliteratur und Onlinereferenzen

### a) Biografien

Aghajanian, Krikor Bedros (Kardinal). Verfügbar unter https://encyclopedia.thefreedictionary.com/Grégoire-Pierre+Agagianian (abgerufen am 19. Oktober 2020).

Baban, Cihad. Verfügbar unter http://www.timas.com.tr/yazar/cihad-baban/ (abgerufen am 13. Juni 2021)..

Biberyan, Zaven. Verfügbar unter https://www.arasyayincilik.com/yazarlar/zaven-biberyan/ (abgerufen am 13. Juni 2021).

Gobelyan, Yervant. Verfügbar unter https://www.arasyayincilik.com/yazarlar/yervant-gobelyan/ (abgerufen am 13. Juni 2021).

Koçunyan, Ara. Verfügbar unter https://www.arasyayincilik.com/yazarlar/արա-գոչունեան/ (abgerufen am 13. Juni 2021).

Maşoyan, Rupen. Verfügbar unter https://www.arasyayincilik.com/yazarlar/ռուբէն-մաշոյեան/ (abgerufen am 13. Juni 2021).

Nureddin, Vala. Verfügbar unter https://www.biyografi.info/kisi/vala-nureddin (abgerufen am 13. Juni 2021).

Pehlivanyan, Aram. Verfügbar unter https://www.arasyayincilik.com/yazarlar/aram-pehlivanyan/ (abgerufen am 13. Juni 2021).

Sarper, Selim. Verfügbar unter www.mfa.gov.tr/sayin_-selim-r_-sarper_in-ozgecmisi.tr.mfa (abgerufen am 11. Oktober 2020).

Zanku, Sarkis Keçyan. Verfügbar unter https://www.arasyayincilik.com/yazarlar/%D5%BD-f-qwնqnι/ (abgerufen 13. Juni 2021).

### b) Weitere Referenzliteratur und Onlinereferenzen

Cemiyetler Kanunu (Vereinsgesetz) vom 26. August 1938. *Resmî Gazete*, 14. Juli 1938.

Giragosyan, Amalia (Hg.), *Hay Barperagan Mamuli Madenakrut'yun (1794 – 1967)* (Jerewan: Haygagan SSH Guldurayi Minisdrut'yun, 1970).

Güzelyan, Hrant, *Bolsoy Badanegan Dunĕ: Mnats'ortats'i Duntartsi Badmut'iwn Mĕ*, Hg. Von Yervant H. Kasuni.

*Haygagan Sovedagan Hanrakidaran (Armyanskaya sovetskaya entsiklopediya)*, Bd. 1, 1974, unter dem Stichwort „Alik'sanyan".

*International Encyclopedia of Economic Sociology*, Hg. Von Jens Beckert und Milan Zafirovski (London, 2004).

*Matbuat Umum Müdürlüğü Teşkilâtına ve Vazifelerine Dair Kanun* (Gesetz über Veröffentlichungen). Verfügbar unter www.tbmm.gov.tr/tutanaklar/KANUNLAR_KARARLAR/kanuntbmmc013/kanuntbmmc013/kanuntbmmc01302444.pdf (abgerufen am 3. Oktober 2020).

Nor Şişli Spor Klübü. Verfügbar unter www.sabah.com.tr/fotohaber/kultur_sanat/istanbulun-100-spor-kulubu/39415 (abgerufen am 11. Oktober 2020).

Sayadyan, Liana, „New book sheds light on 1933 murder of Archbishop Tourian and Church split". Verfügbar unter https://hetq.am/en/article/35995 (abgerufen am 13. Juni 2021).

Step'anyan, Karnig, *Gensakragan Pararan*, Bd. 1 (Jerewan: Hayasdan Hradaragch'ut'iwn, 1973).

T.C. Dışişleri Bakanlığı (Außenministerium). Verfügbar unter http://rabat.be.mfa.gov.tr/Mission/MissionChiefHistory (abgerufen am 12. Juni 2021).

*Takrir-i Sükun Kanunu* (Gesetz zur Aufrechterhaltung der Ordnung). Verfügbar unter www.resmigazete.gov.tr/arsiv/87.pdf (abgerufen am 11. Oktober 2020).

Vertrag von Lausanne. Verfügbar unter http://wwi.lib.byu.edu/index.php/Treaty_of_Lausanne (abgerufen am 3. Oktober 2020).

Türk Tarih Kurumu (Türkischer historischer Verein). Verfügbar unter https://www.ttk.gov.tr/tarihce/ (abgerufen am 13. Juni 2021).

*Vakıflar Kanunu* (Gesetz über die religiösen Stiftungen) vom 5. Juni 1935 mit unter anderem den Änderungen vom 14. November 1938 und vom 31. Mai 1949. Verfügbar unter http://www.hukuki.net/kanun/2762.13.text.asp (abgerufen am 1. Oktober 2020).

# III Sekundärliteratur

Aharonian, Kersam, *Khoher Hisnameagi Avardin* (Beirut: Dbaran Atlas, 1966)

Akçam, Taner, *A Shameful Act: The Armenian Genocide and the Question of Turkish Responsibility* (New York: Metropolitan Books, 2006).

Akçam, Taner, *From Empire to Republic: Turkish Nationalism and The Armenian Genocide* (London: Zed Books, 2004).

Akçam, Taner, und Ümit Kurt, *Kanunların Ruhu* (Istanbul: İletişim Yay., 2012).

Alboyadjian, Arshag, *Badmut'iwn Malatio Hayots / History of Armenians in Malatia* (Beirut: Sevan Press, 1961).

Altuğ, Seda, „Viewing state and society relations in Ottoman- Kurdistan from post-Ottoman Syria", Calouste Gulbenkian Foundation, Gomidas Institute and LMU Turkish Studies Lecture Series: The Ottoman Empire and Its Eastern Provinces, 9. Januar 2013.

Andreadis, Yorgos, *Tamama: Pontus'un Yitik Kızı* (Istanbul: Belge Yay., 2012).

Arak'el, Badrig, *Hushamadean Sepasdio Ew Kavari Hayutean*, Bd. 1 (Beirut: Hamazkayin, 1974) und Bd. 2 (Beirut: Hamazkayin, 1984).

Artinian, Vartan, *Osmanlı Devleti'nde Ermeni Anayasası'nın Doğuşu* (Istanbul: Aras Yay., 2004).

Arzumanian, Zaven, *Azkabadum*, Bd. 4.i, 1910–30 (New York: St. Vartan's Press, 1995).

Aslan, Şükrü (Hg.), *Herkesin Bildiği Sır: Dersim* (Istanbul: İletişim Yay., 2010).

Avedis Berberyan, *Badmut'iwn Hayots'* (Istanbul: B. Kirişçiyan Matbaası, 1871).

Azadyan, Toros, *Hushamadean Karagēōzyan Orpanots'i 1913–1948 (Şişli)* (Istanbul: Becid Basımevi, 1949).

Azadyan, Toros, *Kevork Ark. Arslanyan (1867–1951)* (Istanbul: Mshaguyt' Hradaragch'agan: Madenashar T'iw 20, 1952).

Bali, Rıfat N., „İkinci Dünya Savaşı yıllarında Türkiye'de azınlıklar: Yirmi Kur'a ihtiyatlar olayı", in: *Tarih ve Toplum* 179 (1998), S. 4–18.

Bali, Rıfat N., „Vatandaş Türkçe konuş!" Verfügbar unter http://www.rifatbali.com/images/stories/dokumanlar/turkce_konusma_birgun.pdf (abgerufen am 13. Juni 2021).

Bali, Rıfat N., *Cumhuriyet Yıllarında Türkiye Yahudileri: Bir Türkleştirme Serüveni (1923–1945)* (Istanbul: İletişim Yay., 2005).

Bali, Rıfat N., *II. Dünya Savaşında Gayrimüslimlerin Askerlik Serüveni: Yirmi Kur'a Nafıa Askerleri* (Istanbul: Kitabevi Yay., 2008).

Baronian, Marie-Aude, Stephan Besser und Yolande Jansen (Hg.), *Diaspora and Memory: Figures of Displacement in Contemporary Literature, Arts and Politics* (Amsterdam–New York: Rodopi B.V., 2007).

Barsoumian, Hagop, *The Armenian Amira Class of Istanbul* (Jerewan: American University of Armenia, 2007).

Bauman, Zygmunt, *Moderne und Ambivalenz. Das Ende der Eindeutigkeit* (Frankfurt am Main: Fischer, 1995).

Bebiroğlu, Murat, „Cumhuriyet döneminde patrikler ve önemli olaylar". Verfügbar unter https://hyetert.org/2009/05/26/cumhuriyet-doneminde-patrikler-ve-onemli-olaylar/ (abgerufen am 12. Juni 2021).

Benlisoy, Foti, Annamaria Aslanoğlu und Haris Rigas (Hg.), *Istanbul Rumları: Bugün ve Yarın* (Istanbul: Istos, 2012).

Berksanlar, Kurken, „Türkiye Ermenileri diaspora mı?" Verfügbar unter hyetert.blogspot.de/2011/05/turkiye-ermenileri-diaspora-m.html (abgerufen am 11. Oktober 2020).

Beşikçi, İsmail, *Cumhuriyet Halk Fırkası'nın Tüzüğü (1927) ve Kürt Sorunu* (Ankara: Yurt Kitap Yay., 1991).

Bilal, Melissa, „Longing for home at home: the Armenians of Istanbul", in: Marie-Aude Baronian, Stephan Besser und Yolande Jansen (Hg.), *Diaspora and Memory: Figures of Displacement in Contemporary Literature, Arts and Politics* (Amsterdam–New York: Rodopi B.V., 2007), S. 55–66.

Bilal, Melissa, und Lerna Ekmekçioğlu, *Bir Adalet Feryadı: Osmanlı'dan Türkiye'ye Beş Ermeni Feminist Yazar 1862–1933* (Istanbul: Aras Yay., 2006).

Björklund, Ulf, „Armenians of Athens and Istanbul: The Armenian diaspora and the ‚transnational' nation", in: *Global Networks* 3 (2003), S. 337–354.

Bloxham, Donald, „The roots of American Genocide denial: Near Eastern geopolitics and the interwar Armenian question", in: *Journal of Genocide Research* viii/1 (2006), S. 27–49.

Bohman, James, „Practical reason and cultural constraint: Agency in Bourdieu's theory of practice", in: Richard Shusterman (Hg.), *Bourdieu: A Critical Reader* (Oxford: Blackwell, 1999), S. 129–152.

Bourdieu, Pierre, *Outline of a Theory of Practice* (Cambridge: Cambridge University Press, 1977).

Bourdieu, Pierre, *Pascalian Meditations* (Cambridge: Polity Press, 2000).

Bourdieu, Pierre, *The State Nobility: Elite Schools in the Field of Power*, übers. von Loretta C. Clough (Cambridge–Oxford: Polity Press, 1996).

Bourdieu, Pierre, und Loïc Wacquant, *An Invitation to Reflexive Sociology* (Chicago: University of Chicago Press, 1992).

Bruce, Darryl, et al., „Memory fragments as autobiographical knowledge", in: *Applied Cognitive Psychology* xxi/3 (2007), S. 307–324.

Butler, Kim, „Defining diaspora, refining a discourse", in: *Diaspora* 10 (2001), S. 189–219.

Çağaptay, Soner, *Islam, Nationalism and Secularism in Modern Turkey: Who is a Turk?* (London–New York: Routledge Publ., 2006).

Çalışlar, İzettin (Hg.), *Dersim Raporu* (Istanbul: İletişim Yay., 2011).

Çetin, Fethiye, *Anneannem* (Istanbul: Metis Yay., 2004); deutsche Ausgabe: *Meine Großmutter* (Engelschoff: Verlag auf dem Ruffel 2004).

Conway, Martin A., „Memory and the self", in: *Journal of Memory and Language* 53 (2005), S. 594–628.

Conway, Martin A., und David C. Rubin, „The structure of autobiographical memory", in: Alan F. Collins et al. (Hg.), *Theories of Memory* (Hillsdale, NJ: Lawrence Erlbaum Associates, 1993), S. 103–137.

Corley, Felix, „The Armenian Apostolic Church", in: Lucian N. Leustean (Hg.), *Eastern Christianity and the Cold War, 1945–91* (Abingdon, Oxon: Routledge, 2010), S. 189–203.

Corley, Felix, „The Armenian Church under the Soviet Regime, part 1: Leadership of Kevork", in: *Religion, State and Society* xxiv/1 (1996), S. 9–53.

Cronin, Ciaran, „Bourdieu and Foucault on power and modernity", in: *Philosophy and Social Criticism* xxii/6 (1996): S. 55–85.

Dabag, Mihran, Martin Sökefeld und Matthias Morgenstern, *Diaspora und Kulturwissenschaften* (Leipzig: Gustav-Adolf-Werk Verlag, 2011).

Derderian, Katharine, „Common fate, different experience: Gender-specific aspects of the Armenian Genocide, 1915–1917", in: *Holocaust and Genocide Studies* xix/1 (2005), S. 1–25.

Dink, Hrant, „Ermeni kimliği üzerine (I): Kuşaklara dair", in: *Agos*, 7. November 2003, Nr. 397.

Dink, Hrant, „Zorunlu bir saptama", in: *Agos*, 27. Februar 2004, Nr. 413.

Doğan, Yalçın, *Savrulanlar Dersim 1937–1938 Hatta 1939* (Istanbul: Kırmızıkedi Yay., 2012).

Dost, Pınar, „Amerika'nın Türkiye politikasının oluşumu üzerine yeni bir okuma", in: *Tarih ve Toplum Yeni Yaklaşımlar* 13 (2011), S. 177–198.

Dündar, Fuat, *İttihat ve Terakki'nin Etnisite Mühendisliği 1913–1918* (Istanbul: İletişim Yay., 2008).

Erbal, Ayda, „We are all oxymorons", in: *The Armenian Weekly*, 24. April 2007, Sonderbeilage. Vergleiche auch azadalik.wordpress.com/2013/01/21/we-are-all-oxymorons/ (abgerufen am 22. Oktober 2020).

Erbal, Ayda, und Talin Suciyan, „One hundred years of abandonment", in: *The Armenian Weekly*, Sonderausgabe 2011, S. 41–45. Verfügbar unter www.armenianweekly.com/2011/04/29/erbal-and-suciyan-one-hundred-years-of-abandonment/ (abgerufen am 9. Juli 2020).

Erganian, Antranig (Hg.), *Badmutʻiwn Yozgadi Ew Shrchagayitsʻ (Kamirkʻ) Hayotsʻ* (Beirut: Hradaragutʻiwn Yozgadi Ew Shrchagayitsʻ [Kamirkʻ] Hayrenagtsʻagan Miutʻean, 1988).

Ermakoff, Ivan, „Rational choice may take over", in: Philip S. Gorski (Hg.), *Bourdieu and Historical Analysis* (Durham: Duke Univ. Press, 2013), S. 89–107.

Ersanlı, Büşra, *İktidar ve Tarih: Türkiye'de „Resmi Tarih" Tezinin Oluşumu (1929–1937)* (Istanbul: İletişim Yay., 2011).

Ertani, Emre, „Dikkat ‚Türk Müdür' konuşuyor", in: *Agos*, 20. Juli 2012, Nr. 849.

Foucault, Michel, *Überwachen und Strafen: Die Geburt des Gefängnisses*, übers. von Walter Seitter (Frankfurt am Main: suhrkamp taschenbuch, 2013).

Friese, Heidrun, „The Silence-voice-representation", in: Robert Fine und Charles Turner (Hg.), *Social Theory After the Holocaust* (Oxford: Liverpool University Press, 2000), S. 159–178.

Garabetyan, Bedros, *Hnktarean Hishadagaran' Samat'io Surp Kēörk' Yegeghetso 1461–1935* (Istanbul: Terzyan Kardeşler Matbaası / Yeni Türkiye Basımevi, 1935).

Ghazarian, Haygazn, *Badmakirk' Chmshgadzak'i* (Beirut: Hamazkayin Publ., 1971).

Giragosyan, Amalia (Hg.), *Hay Barperagan Mamuli Madenakrut'yun (1794–1967)* (Jerewan: 1970).

Gündoğdu, Cihangir, und Vural Genç, *Dersim'de Osmanlı Siyaseti: İzâle-i Vahşet, Tahsis-i İtikâd, Tasfiye-i Ezhân 1880–1913* (Istanbul: Kitap Yay., 2013).

Güven, Dilek, *Cumhuriyet Dönemi Azınlık Politikaları ve Stratejileri Bağlamında 6–7 Eylül Olayları* (Istanbul: Tarih Vakfı Yurt Yay., 2005).

Güven, Dilek, *Nationalismus und Minderheiten: Die Ausschreitungen gegen die Christen und Juden der Türkei vom September 1955* (München: Oldenbourg Verlag, 2012).

Hagopian, Hovag, *Badmut'iwn Baghnadan* (Boston: Hayrenik Publ., 1966).

Haig, Vahe (Hg.), *Kharpert Ew Anor Osgeghēn Tashdĕ* (New York: Kharpert Armenian Patriotic Union, 1959).

Hatemi, Kezban, und Dilek Kurban, *Bir Yabancıla tırma Hikayesi: Türkiye'deki Gayrimüslim Azınlığın Vakıf ve Mülkiyet Sorunları* (Istanbul: TESEV, 2009).

Hür, Ayşe, „Avar, ne olur kızımı götürme..." in: *Taraf*, 4. Oktober 2009. Verfügbar unter https://m.bianet.org/kurdi/siyaset/117442-avar-ne-olur-kizimi-goturme (abgerufen am 12. Juni 2021).

Hür, Ayşe, „Cumhuriyetin amele taburları: Yirmi Kura ihtiyatlar" in *Taraf*, 26. Oktober 2008.

İskit, Server R., *Türkiyede Matbuat İdareleri ve Politikaları* (Istanbul: Başvekalet Basın ve Yayın Umum Müdürlüğü Yayınlarından, 1943).

İskit, Server R., *Türkiyede Neşriyat Hareketleri Tarihine Bakış* (Ankara: Milli Eğitim Basımevi, 2000).

Kaiser, Hilmar, „From Empire to Republic: The continuities of Turkish denial", in: *Armenian Review* 48 (2003), S. 1–24.

Kalpakcıyan, Ardaşes, „Azkayin Sahmanatrut'iwne ew mer hamaynk'in paghtsankĕ", in: *Nor Luys*, 20. September 1934, Nr. 62.

Kalustyan, Haygazun, „Istanbulahay nor panasdeghdzner: Haykazun Kalustyan (Inknatadut'iwn)", in: *Tebi Luys*, 8. Juli 1950, Nr. 19.

Kemal, Yaşar, und Alain Bosquet, *Yaşar Kemal Kendini Anlatıyor* (Istanbul: Toros Yay., 1993).

Keşmer, Emin, *Bir Poşet İstanbul Toprağı* (Istanbul: Siyah Beyaz, 2012).

Kévorkian, Raymond H. und Paboudjian B. Paul, *1915 Öncesinde Osmanlı İmparatorluğu'nda Ermeniler* (Istanbul: Aras Yay., 2012).

Kévorkian, Raymond H., *The Armenian Genocide: A Complete History* (London: I. B. Tauris, 2011).

Kieser, Hans-Lukas, *Der verpasste Friede: Mission, Ethnie und Staat in den Ostprovinzen der Türkei 1839–1938* (Zürich: Chronos Verlag, 2000).

Kırlı, Biray Kolluoğlu, „Forgetting the Smyrna fire", in: *History Workshop Journal* 60 (1) (2005), S. 25–44.

Klein, Janet, *The Margins of Empire: Kurdish Militias in the Ottoman Tribal Zone* (Stanford: Stanford University Press, 2011).

Koçak, Cemil, „Ayın karanlık yüzü", in: *Tarih ve Toplum Yeni Yaklaşımlar* 1 (2005), S. 147–208, sowie in: *Star*, 20. August 2011. Verfügbar unter www.stargazete.com/yazar/cemil-kocak/ayin-karanlik-yuzu-haber-375966.htm (abgerufen am 20. August 2012).

Koçak, Cemil, *Türkiye'de İki Partili Siyasi Sistemin Kuruluş Yılları: İkinci Parti* (Istanbul: İletişim Yay., 2010).

Koçak, Cemil, *Umumi Müfettişlikler (1927–1952)* (Istanbul: İletişim Yay., 2003).

Köker, Osman, „Sivas Ermenileri bin varmış bir yokmuş", 4. Juli 2009. Verfügbar unter bianet.org/bianet/biamag/115648-sivas-ermenileri-bin-varmis-bir-yokmus (abgerufen am 1. Oktober 2020).

Köseyan, Varujan, *Hushamadean Surp P'rgich 'Hiwanatanots'i – Surp Pırgiç Hastanesi Tarihçesi* (Istanbul: Murat Ofset, 1994).

Levy, André, „Diasporas through anthropological lenses: Contexts of postmodernity", in: *Diaspora* 9 (2000), S. 137–157.

Lovell, Terry, „Resisting with authority: Historical specificity, agency and the performative self", in: *Theory, Culture & Society* xx/1 (2003), S. 1–17.

Macar, Elçin, „Başbakanlık Cumhuriyet Arşivi belgelerine göre tek parti döneminde cemaat vakıflarının sorunları". Verfügbar unter www.bolsohays.com/yazarmakale-73/anonim-tek-parti-doneminde-cemaat-vakiflarinin-sorunlari.html (abgerufen am 15. August 2012).

Macar, Elçin, *Cumhuriyet Döneminde İstanbul Rum Patrikhanesi* (Istanbul: İletişim Yay., 2003).

Maksudyan, Nazan, *Türklüğü Ölçmek: Bilimkurgusal Antropoloji ve Türk Milliyetçiliğinin Irkçı Çehresi* (Istanbul: Metis Yay., 2005).

Mandalian, James G., „The smearer: A reply to Roy John Carlson", in: *Armenian Review* 3 (1950), S. 3–19.

Mardin, Şerif, „Center-periphery relations: A key to Turkish politics?", in: Engin Akarlı und Gabriel Ben-Dior (Hg.), *Political Participation in Turkey: Historical Background and Present Problems* (Istanbul: Boğaziçi University Press, 1975), S. 7–32, und in: *Daedalus* cii/1 (1973), S. 169–190.

Margosyan, Mıgırdiç, *Tespih Taneleri* (Istanbul: Aras Yayıncılık, 2008).

Matiossian, Vartan, „İstanbul diyaspora mıdır değil midir". Verfügbar unter azadalik.wordpress.com/2011/07/05/istanbul-diyaspora-midir-degil-midir/ (abgerufen am 9. Juli 2020).

Matossian, Vartan, „Istanbul diyaspora mıdır, değil midir?". Verfügbar unter: azadalik.wordpress.com/2011/07/05/istanbul-diyaspora-midir-degil-midir/ (abgerufen am 14. Oktober 2020).

McNay, Lois, „Agency and experience: Gender as a lived relation", in: *Sociological Review* 52 (2004), S. 173–190.

Melk'onyan, Ētuart, „Stalini ashkharhakragan ngrdumnerě ew Hayeru hayrenatarts'utiwunē 1946–48", in: *1946–1948 Hayrenatarts'utiwunē Ew tra Taserē: Hayrenatarts'utyan Himnakhntirn Aysōr. Hamahaygagan Kidazhōghōvi Zegutsumneri Zhōghōvadzu*, 2008. Verfügbar unter http://www.hayrenadardz.org/en/article/eduard-melkonian (abgerufen am 13. Juni 2021).

Melqumyan, Armen, „Turkagan ishkanut'yunneri k'agahak'aganutyunē ew Bolsahay hamaynkě 1945–1947 t't'", in: S. Krikoryan et al. (Hg.), *Mertsavor Arevelk (VII): Badmut'yun,*

*K'aghak'aganutyun, Mshaguyt': Hotvadzneri Joghovadzu*, RA National Academy of Sciences, Institute of Near and Middle Eastern Studies (Jerewan: Lusagn Publ., 2011).

Mıntzuri, Hagop, *Istanbul Anıları*, übers. von Silva Kuyumciyan (Istanbul: Tarih Vakfı Yurt Yay., 1993).

Miroğlu, Armaveni, „G. Bolsoy Azkayin Khnamadarut'iwně", in: *Handes Amsorya*, 124 (2010), S. 423 – 434.

Mitchell, Timothy, *Colonizing Egypt* (Berkeley und Los Angeles: University of California Press, 1991).

Neyzi, Leyla, *Amele Taburu: The Military Journal of a Jewish Soldier During the War of Independence* (Istanbul: Isis Yay., 2005).

P'oladian, Antranig L., *Badmut'iwn Hayots' Arapgiri* (New York: Hradaragut'iwn Amerigayi Arapgiri Miut'ean, 1969).

Pamukciyan, Kevork, in: Osman Köker (Hg.), *Ermeni Kaynaklarından Tarihe Katkılar IV: Biyografileriyle Ermeniler* (Istanbul: Aras Yay., 2003).

Papkēn, Giwlēsēryan, *Badmut'iwn Giligioy Gat'oghigosats'* (Antelias: Dbaran Gat'oghigosut'ean Hayots' Medzi Dann Giligioy, 1990).

Paşa, Talat, *Ermeni Vahşeti ve Ermeni Komitelerinin Âmâl ve Harekât-ı İhtilâliyesi (İlân-ı Meşrutiyetten Evvel ve Sonra) 1916*, Hg. Ö. Andaç Uğurlu (Istanbul: Örgün Yay. 2006).

Quataert, Donald, *The Ottoman Empire 1700 – 1922* (New York: Cambridge University Press, 2005).

Radenbach, Niklas, und Gabriele Rosenthal, „Das Vergangene ist auch Gegenwart, das Gesellschaftliche ist auch individuell. Zur Notwendigkeit der Analyse biographischer und historischer Rahmendaten", in: *Sozialer Sinn: Zeitschrift für hermeneutische Sozialforschung* xiii/1 (2012), S. 3 – 37.

Rogan, Eugene L., „Aşiret mektebi: Abdülhamid II's school for tribes (1892 – 1907)", in: *International Journal of Middle East Studies*, xxviii/1 (1996), S. 83 – 107.

Sahagian, Aram, *Tiwtsaznagan Urfan Ew Ir Hayortinerě* (Beirut: Dbaran Atlas, 1955).

Sakayan, Dora (Hg.), *Smyrna 1922: Das Tagebuch des Garabed Hatscherian* (Klagenfurt: Kitab-Verlag, 2006).

Şamlıyan, Suren, „Gěskhalis Doghan Nadi", in: *Marmara*, 3. August 1945, Nr. 740.

Şamlıyan, Suren, „Hagahay krut'iwnner Londoni mamulin mech", in: *Marmara*, 5. November 1946, Nr. 1448.

Şamlıyan, Suren, „Menk khap'shig chenk", in: *Marmara*, 1. August 1945, Nr. 738.

Şamlıyan, Suren, „Panperi bduydnerě: Inch'bēs gabrin Samat'ioo gayanin kaght'agannerě", in: *Panper*, 27. April 1933.

Sarafian, A. Kevork, *Armenian History of Aintab / Badmut'iwn Antebi Hayots* (Los Angeles, CA: Union of Armenians of Aintab in America, 1953).

Sarafian, Ara, „The absorption of Armenian women and children into Muslim households as a structural component of the Armenian Genocide", in: Omer Bartov and Phyllis Mack (Hg.), *In God's Name: Genocide and Religion in the Twentieth Century* (New York: Berghahn Books, 2001), S. 209 – 221.

Sasuni, Garo, *Badmut'iwn Darōni Ashkharhi* (Beirut: Dbaran Sevan, 1956).

Şengül, Hüseyin, „Sanasaryan Han: Gaspın ve zulmün dikilitaşı", 28. Januar 2012. Verfügbar unter www.bianet.org/biamag/azinliklar/135782-sanasaryan-han-gaspin-ve-zulmun-dikilitasi (abgerufen am 30. November 2012).

Sewell Jr, William H., „A theory of structure: Duality, agency, and transformation", in: *American Journal of Sociology* xcviii/1 (1992), S. 1

Siseřian, Misak', *Badmut'iwn Zeyt'uni (1409–1921)* (Beirut: ohne Verlag, 1996).

Steinmetz, George, „Bourdieu, history and historical sociology", in: *Cultural Sociology* v/1 (2011), S. 45–66.

Steinmetz, George, *The Devil's Handwriting: Precoloniality and the German Colonial State in Qingdao, Samoa and Southwest Africa* (Chicago und London: University of Chicago Press, 2007).

Suciyan, Talin, „Armenian representation in Turkey", in: *Armenian Weekly*, Sonderausgabe, April 2012. Verfügbar unter www.armenianweekly.com/2012/06/12/suciyan-armenian-representation-in-turkey (abgerufen am 5. Oktober 2020), und ebenda, „Bir Cumhuriyet açmazı".

Suciyan, Talin, „Bir Cumhuriyet açmazı: Ermeni karşıtlığı ortamında Ermeni temsiliyeti", in: *Toplumsal Tarih* 224 (2012), S. 76–79.

Suciyan, Talin, „Diaspora kim", in: *Taraf*, 20. Oktober 2009. Verfügbar unter: https:// hyetert.org/2009/10/20/diaspora-kim-talin-sucuyan (abgerufen am 28. September 2020).

Suciyan, Talin, „Diaspora kim". Verfügbar unter: https://hyetert.org/2009/10/20/diaspora-kim-talin-sucuyan (abgerufen am 14. Oktober 2020).

Suciyan, Talin, „Dört nesil: Kurtarılamayan son", in: *Toplum Bilim* 132 (2015), S. 132–149.

Suciyan, Talin, „Dündar: İttihat ve Terakki Anadolu'da sistematik etnisite mühendisliği yaptı" (Interview mit Fuat Dündar), in: *Agos*, 6. April 2007, Nr. 575.

Suciyan, Talin, „Ermeniler Varujan Köseyan'a tarihlerini borçludur", in: *Agos*, 29. April 2011, Nr. 786.

Suciyan, Talin, „Tachjian: Her üç aileden birinde böyle bir olay yaşanmış olmalı" (Interview mit Vahé Tachjian), in: *Agos*, 4. Juni 2010, Nr. 740.

Suny, Ronald Grigor, *Looking Toward Ararat: Armenia in Modern History* (Bloomington: Indiana University Press, 1993).

Tachjian, Vahé, „,Repatriation': A new chapter, studded with new obstacles, in the history of AGBU's cooperation in Soviet Armenia", in: Raymond H. Kévorkian und Vahé Tachjian (Hg.), *The Armenian General Benevolent Union: A Hundred Years of History (1906–2006)*, Bd. 2 (1941–2006), S. 291–309.

Tachjian, Vahé, „An attempt to recover Armenian properties in Turkey through the French authorities in Syria and Lebanon in the 1920s", unveröffentlichter Artikel.

Tachjian, Vahé, „Gender, nationalism, exclusion: The reintegration process of female survivors of the Armenian Genocide", in: *Nations and Nationalisms* xv/1 (2009), S. 60–80.

Tachjian, Vahé, *La France en Cilicie et en Haute-Mesopotamie: Aux Confins de la Turquie, de la Syrie et de l'Irak (1919–1933)* (Paris: Edition Karthala, 2004).

Tachjian, Vahé, und Raymond H. Kévorkian, „Reconstructing the nation with women and children kidnapped during the genocide", übers. von Marjorie R. Appel, in: *Ararat* xlv/185 (2006), S. 5–14.

Tekin, Gülçiçek Günel, *Kara Kefen: Müslümanlaştırılan Ermeni Kadınların Dramı* (Istanbul: Belge Yay., 2011).

*Teotig, 11 Nisan Anıtı*, Hg. von Dora Sakayan (Istanbul: Belge Yay., 2010).

Thomassian, Levon, *Summer of '42: A Study of German–Armenian Relations during the Second World War* (Atglen, PA: Schiffer Publ., 2012).

Toker, Metin, *Tek Partiden Çok Partiye* (Istanbul: Milliyet Yay., 1970).

Tölölyan, Khatchig, „Elites and institutions in the Armenian transnation", in: *Diaspora* 9 (2000), S. 107–136.

Tör, Vedat Nedim, *Yıllar Böyle Geçti* (Istanbul: Milliyet Yay., 1976).

Tosun, Funda, „Bir canavarmışım gibi subaylar beni görmeye geliyordu" (Interview mit Garabet Demircioğlu), in: *Agos*, 20. Mai 2011, Nr. 789.

„Türkiye bizimle güzel", in: *Agos*, 5. März 2004, Nr. 414.

Ueno, Masayuki, „For the fatherland and the state: Armenians negotiate the Tanzimat reforms", in: *International Journal of Middle East Studies* 45 (2013), S. 93–109.

Unbehaun, Horst, „Sivas vilayetinde basının doğuşu". Verfügbar unter https://dergipark.org.tr/tr/download/article-file/156714 (abgerufen am 12. Juni 2021).

Üngör, Uğur Ümit, und Mehmet Polatel, *Confiscation and Destruction: The Young Turk Seizure of Armenian Property* (London: Continuum International Publ., 2011).

Ünlü, Barış, „Türklüğün halleri: Barış Ünlü'yle Türklük sözleşmesi ve Türkiye entelektüelliği üzerine" (Interview mit Eren Barış), in: *Express* 133 (2013), S. 24–27.

Ünlü, Barış, „Türklüğün Kısa Tarihi", in: *Birikim* 274 (2012), S. 23–34.

Üstel, Füsun, *İmparatorluktan Ulus-devlete Türk Milliyetçiliği: Türk Ocakları (1912–1931)* (Istanbul: İletişim Yay., 1997).

van Bruinessen, Martin, *Agha, Shaikh and State: The Social and Political Structures of Kurdistan* (London–New Jersey: Zed Books, 1992).

*Vat'sunameag (1866–1926) Kalfayan Aghchgnats' Orpanots' Khaskiwghi* (G. Bolis: Dbakrut'iwn H. M. Setyan, 1926).

Wacquant, Loïç, „Habitus", in: Jens Beckert und Milan Zafirovski (Hg.), *International Encyclopedia of Economic Sociology* (London: Routledge, 2004), S. 315–319.

Yarman, Arsen (Hg.), *Sivas 1877: Boğos Natanyan* (Istanbul: Birzamanlar Yay., 2008).

Yazıcı, Nesimi, „Sırrı Paşa ve Vilayet gazeteleri". Verfügbar unter dergiler.ankara.edu.tr/dergiler/37/781/10025.pdf (abgerufen am 12. Oktober 2020).

Yeghiayan, Puzant, *Jamanagagits' Badmut'iwn Gat'oghigosut'ean Hayots' Giligyoy 1914–1972* (Antelias: Dbaran Gat'oghigosut'ean Hayots' Medzi Dann Giligioy, 1975).

Yıldız, Özgür, „The history of Halkalı School of Agriculture", in: *International Journal of Social Science* v/4 (2012), S. 293–306 (türkische Ausgabe: www.jasstudies.com/Makaleler/11260937_yıldız_özgür_mTT.pdf; abgerufen am 12. Oktober 2020).

Yılmaz, Mustafa, „Cumhuriyet döneminde Bakanlar Kurulu kararı ile yasaklanan yayınlar 1923–45", in: *Kebikeç* 6 (1998), S. 53–80. Verfügbar unter www.ait.hacettepe.edu.tr/akademik/arsiv/ysk.htm (abgerufen am 12. Oktober 2020).

Yılmaz, Mustafa, und Yasemin Doğaner, „1961–63 yılları arasında Bakanlar Kurulu kararı ile yasaklanan yayınlar", in: *Atatürk Yolu* 19 (2006), S. 247–299.

Yılmaz, Mustafa, und Yasemin Doğaner, „Demokrat Parti döneminde Bakanlar Kurulu ile yasaklanan yayınlar", in: *Kebikeç* 22 (2006), S. 151–204.

Zarakol, Ayşe, *Yenilgiden Sonra Doğu Batı ile Yaşamayı Nasıl Öğrendi* (Istanbul, Koç Üniversitesi Yay., 2012).

Zohrab, Krikor, „Pnagch'ut'iwn", in: Alperd Sharuryan (Hg.), *Krikor Zohrab Yergeri Zhoghovadzu*, Bd. 3, S. 519–523.

Zürcher, Erik-Jan, *Turkey: A Modern History* (London: I. B. Tauris, 2004).

# Index

https://doi.org/10.1515/9783110655087-009

www.ingramcontent.com/pod-product-compliance
Lightning Source LLC
Chambersburg PA
CBHW030312100426
42812CB00002B/679